ディスコルシ

「ローマ史」論

ニッコロ・マキァヴェッリ
永井三明 訳

筑摩書房

目次

第二巻

凡例

一、本書は『マキァヴェッリ全集2　ディスコルシ』（筑摩書房、一九九九年一月二十日）を文庫化したものである。文庫化にあたって、誤植、誤記は訂正し、人名・地名などの表記を一部改めた。

二、訳出にあたっては、ベルテッリ版（Sergio Bertelli, Milano, Feltrinelli, 1960）を用いた。

三、本文中（　）内はマキァヴェッリによる注であり、〔　〕内は補注である。

四、マキァヴェッリ『君主論』からの引用は、中公クラシックス版（池田廉訳、二〇〇一年四月）によった。

ディスコルシ——「ローマ史」論

ニッコロ・マキァヴェッリが
ザノービ・ブォンデルモンティ殿ならびに
コジモ・ルチェッライ[1]殿に捧ぐ

献辞

一つの贈り物をさしあげます。これは、私がご両人からいただいているご恩には及びもつかぬものではございましても、まぎれもなくニッコロ・マキァヴェッリがお贈りできる最上のものであることに間違いございません。と申しますのも、世の中の出来事について長年にわたって経験をつみ、たえまなく考え通してきた結果、私が知り、かつ会得したすべてを、この中で吐露しているからであります。

したがって、ご両人も、また他の方々も、私からこれ以上のものをお望みになるのは御無理というものです。またお目にかけるものが多くないからといって、お嘆きになるに及びません。筆の運びが未熟な節は、力の及ばないことをなにとぞお憐れみくださいますように。また多くの個所で話がこみいって、結局、間違ったことを言っている時には、判断力の至らない点をお笑いくださいますように。しかし、そのようになりましたところで、私とご両人のどちらに責任があるということになるのでしょうか。もともと、やってみようなどとはとうてい考えもしなかった事柄を、書いてみよとこの私めに無理強いなさったご両人に対して、私のほうこそ文句を言うべきなのでしょうか。あるいは、ご両人を満足させえない著作を書いた私が、ご両人に責められなければならないのでしょうか。いずれにせよ、これをお受けくださるように。友人から贈られたものは何にせよ、内容よりは、贈る気持を考えて受け取るという習わしに従っていただきたいものです。この仕事にあたって、多くの間違いを犯してきたこととは思いますが、この『ディスコルシ』を献呈する際に、他のなんぴとにも先んじて、ご両人を選ばせていただいた件については誤りのなかったことを、唯一の満足と心得ております点、お信じいただきますように。

普通著述家たちが作品を君主に献げる習慣とはかけ離れているようですが、こうすることによって、私は受けたご恩にいささかの感謝の意を表わしたいと思っているのです。君主に著作を献げる場合、著作家は野望と貪欲に目が眩んでしまい、本来ならその君主の悪徳を口をきわめて非難しなければならないところを、高徳の至りとおだてあげてしまうものであります。そこで私は、このような誤ちを繰り返さないため、実際に君主である人びとには献げないこととし、君主であるにふさわしい無限のよき資質に恵まれた方々に献呈することにいたしました。すなわち、私に位階栄爵及び富を与えることのできる方々にではなく、むしろ、そう望みながらも、その権力をお持ちあわせになっておられない方々に献呈することにしたのです。

なぜならば、公平に見て、権力のおかげで人に恩恵を施せる人よりも、本質的に心豊かな人を尊重すべきだからであります。また、統治をわきまえぬまま、王国を統治している人物よりも、国家を統治する道に通じている人物を尊重する必要があるからであります。

かような立場から識者は、国王であったマケドニアのペルセウス[2]よりも、一私人にすぎなかったシュラクサイ〔シラクサ〕のヒエロン[3]を賞揚するのであります。そのわけというのも、ヒエロンが君主であるには主権だけが不足していたのに対し、ペルセウスは、彼が主権以外は何ひとつ持っていない国王であったことによっています。

ともあれ、この作品の出来不出来を問わず、お考え通りにご利用ください。私の意見が、まがりなりにもご両人の関心をひくに値するとお考えいただけるなら、私は、はじめのお約束通り、この史書の残部を成し遂げることに、やぶさかではございません。

敬白

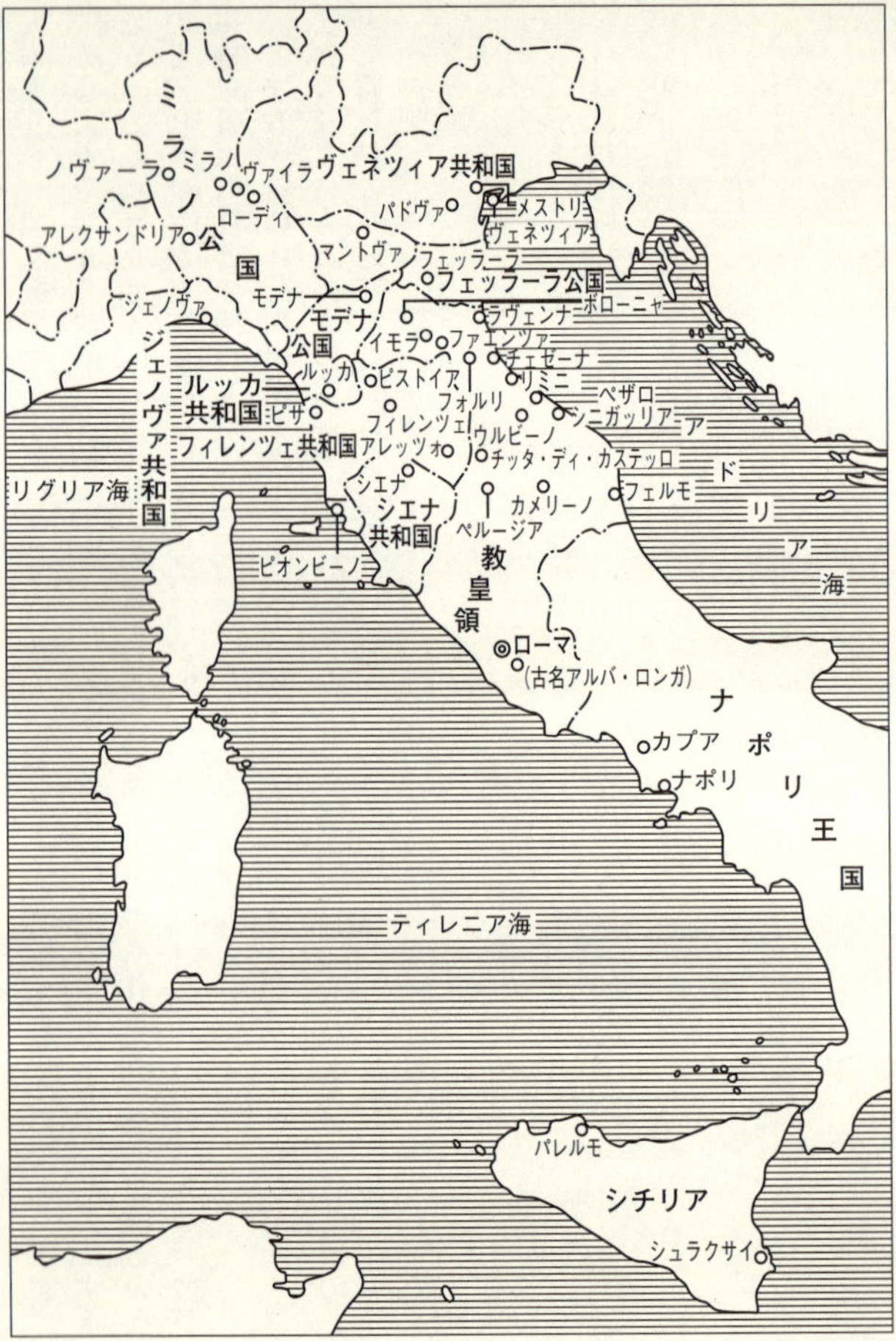

ルネサンス末期のイタリア勢力図

第一巻

はしがき

嫉妬心は人間に生まれつき備わっている性《さが》によるとはいえ、新しい好みや方法は、未知の海洋や陸地を探検するのと同じように、常に危険なことであった。それは人間とは、他人の行動を褒めるよりは進んで非難するものだからである。しかしながら私は、なにごとによらずすべての人びとに役立つことを行ないたいという生まれ持った望みに励まされて、今まで誰もが入っていったことのない道を切り開こうと決心した。実際その道に踏みこんでみれば、途方にくれて動きがとれなくなってしまうであろうが、私の努力を温かく理解し賛同してくれる人びとがあれば、我が辛苦もつぐなわれることになるだろう。

私は才能に乏しく、最近の出来事についても経験が少なく、古代についての学識も貧弱である。そのために、この試みも欠点だらけで役に立たないものになってしまうかもしれない。しかし少なくとも、いちだんと高い才能や分析能力、それに判断力を備えた人士に対しては私の意図するところを満たすことができるであろう。したがって私は、この仕事によって名声を高めることはないにしても、人からとやかく言われることもありえまいと考えている。

思うに、古代に対する崇拝の風潮は深く、かつ数えきれないほど実例がある。すなわち、古代の彫像のかけらを巨額の金をはたいて買い入れ、座右において撫でまわし、家の誇りとしたり、さらには芸術家に依頼して模造させ、さらに芸術家は全作品を大変な努力を払って再現している。

これに対して、歴史が我々に伝えてくれる、あの古代の王国や共和国が演じた気高い役割についてはどうであろうか。現代人ときたら、古代の国王、軍人、市民、立法者、その他祖国のために身を投げだして活躍した人びとに対しては、彼らの行為を手本としようとはせず、口先で褒めるだけである。すなわち、そこには誰も古代の美徳の痕跡すら認めようとはせず、しごく軽く取り扱っている始末である。私には、この風潮がいぶかしく思えるとともに、残念に思えてならない。

市民の間に持ち上がる民法上の紛争が増え、また人びとが病気にかかることが多くなるにつれて、現代人が頼るものといえば、古代人によって下された判決や、彼らによって調合された薬の処方なのである。民法は事実上、古代の裁判官が下した判決であり、それをまとめて判例集としているのに他ならず、それを現代の裁判官が判決を下す時の手引きとしているのである。また医術も、古代の医師の経験にすぎず、それを基礎として今日の医師が診断を下しているわけである。

ところが共和国を整備し、王国を統治し、市民軍《ミリツィア》を編成し、戦争を指導し、隷属民を導き、さらに国土を拡張することになると、君主にも共和国民にも、これらの点を解決するのに、古代の先例に救いを求めようとするようなものは、誰一人として見当たらないのが実情である。

思うに、このような古代無視の現状は、今日の宗教が世間にもたらした無気力による、と私は信ずる。しかし、それよりはむしろ、キリスト教国家の諸地方や諸都市に広がっている思い上がった無関心が引き起こしたものであり、また真の歴史知識の欠如によるのである。これがなければ、たとえ歴史を読んでも、そこから真の意味を引き出すこともできなければ、歴史のうちにある味わいをも理解することができないのである。

このようにして歴史を読む人の多くは、それが繰り広げる事件の推移に興味を持つだけで、それを手本としようなどとは一度だって考えようともしない。むしろ歴史から学ぶのは、手間がかかるばかりでなく、不可能なことだと決めてかかっている。まるで、天空、太陽、元素、人間は、昔あった姿と、その運行、体系、働きを変えてまったく別物になってしまっているかのようである。

そこで私は、人びとをこの誤ちから救い出そうと考えて、ティトゥス・リウィウスの著作のうち、悠久の年月の間散逸を免れて完全な形で我々の手もとに残ったものに基づいて著述するのが適切だと判断した。そして、古代と現代との出来事を比較して、正しく理解するために必要だと思われる事件をつけ加えることにした。その結果、この論集を読む人びとは、歴史研究が目ざさなければならない利益を容易に引き出すことができるだろう。もとより、この試みは至難の業である。けれども私は、この企てに打ち込むことを勇気づけてくれた人びとに助けられている。後進の学徒が、より労少なくして目標に到達しうるように、できる限り筆を進めていくこととする。

1　都市の起源(1)、そして特にローマの起源について

ローマの草創はどのようなものであったか、またローマの立法者たちやその政治機構がどのようなものであったかをこれから読む人は、ローマで何世紀にもわたって、豊かな才幹《ヴィルトゥ》が保たれたこと、そして、この才幹こそがその共和国が大版図を生む原動力となったことを知っても、さして驚くようなことはあるまい。

さて、最初に都市の誕生について論じるために、すべての都市はその地方の土着の人か、またはよそから来た移住者によって建設されるものである、ということについて述べておこう。

第一の場合は、次のような条件のもとで成立する。つまり、住民たちが多くの小集団に分散して生活しているために安全を期しがたいこと、各集団おのおのが、その地形からい

っても、また人数の少ないことからいっても、孤立していては敵の攻撃に抵抗することは難しいこと、敵が迫ってきた時に、打って一丸となって防御しようにも間にあわず、また間にあったとしても、たくさんの砦をそのままにして駆けつけてくるために、かえって敵の餌食《えじき》となってしまう場合に成立する。これらの危険から逃れるために、自発的に、もしくは彼らの中の最有力者の意見によって、住みごこちがよく、防御にも好都合な場所を選んで、集団生活をするようになるのである。

このような例としては、多くの例の中でも特にアテナイとヴェネツィアがあげられる。アテナイは、テセウス(2)の威光によって建設された。彼はちりぢりになって住んでいた住民を、上述の理由に沿って集住させたのだった。ヴェネツィアは、ローマ帝国没落後、イタリアを席巻した新たな部族の侵入によって連日のように引き起こされた戦争を避けた多くの人びとが、アドリア海の一隅の小さな島々に難を逃れたことに端を発している(3)。彼らは自分たちに号令する特定の君主をいただくこともなく、彼ら同士の間で、最も適していると思われる法律に従って、共同生活をはじめた。これが成功したのは、海に囲まれて外界と遮断された地形が、ヴェネツィアに長く平和を保障したからであった。またイタリアを悩ました部族たちが、ヴェネツィアを手に入れるのに必要な船舶を持っていなかったためとも考えられる。このようにヴェネツィア人は、その微々たる出発点から、今日見られるような大国へと成長したのだった。

外部からやって来た移住者が都市を建設する、第二の場合は、自由民か隷属民によって成立するものである。これらの人びとは、本土の人口過剰を緩和するために、また新たに手に入れた領土をできるだけ費用をかけずに確実に防御するために、その支配者たちによって共和国あるいは君主国から送り出された植民である。ローマ人は、この方法でその領土全体にわたって多くの都市を建設した。また、アレクサンドロスによって造られたアレクサンドリア④のように、本来、居住地としてではなく支配者が自分の威光を誇示するために、一君主によって築かれたものもある。これらの都市は、そもそもの成り立ちからして自由がないのだから、大発展をとげるようなことはないし、また国内屈指の都市に数えられるようになることは、まずありえない。

フィレンツェの起源も、これと似たものだった。スッラの部下の兵士たちか、あるいはファエスラエの丘⑤の住民たちが、オクタウィアヌス〔ローマの初代皇帝アウグストゥス。在位、前二七〜後一四〕の支配のもとに永続した平和のおかげで、アルノ河畔の平地に群り住むようになって世に生まれたものである。ローマ帝国の支配のもとで、このようにして建設されたフィレンツェは、その創設期にあっては、ローマ帝国の支配者の好意に期待する以外には、その成長発展の道はありえなかった。

一人の君主の支配下で居を定めていた時でも、あるいは自分たちだけで独立して暮らしていた場合でも、疫病、戦争、または飢餓のために、やむなく郷里を見捨てて新しい場所を求めて、都市を建設した人びとは、自由となるものである。この場合、モーゼ⑥のようにアエネアス⑦がしたように、新しい〔腕ずく〕で手に入れた都市に住みつくことになるか、別の都市を造って移住するかである。後の場合に、我々は、創立に力を尽した人の力量《ヴィルトゥ》と、彼の仕事の出来栄えを評価することができる。その出来栄えは、都市を造った人の力量の大小に従って、すばらしいものにもなり、また、それほどでないものにもなる。その創設者の力量は、二つのものによって見分けられる。その一つが場所の選定であり、他は法律の整備である。

いったいに人間の行動には必要《ネチェシタ》に迫られてやる場合と、自由な選択の結果による場合がある。そして、その行動が威力を発揮するのは、選択の威力が発揮できない、〔むしろせっぱつまった〕時と考えられる。ゆえに、都市を建設するのにも、不毛の地を選ぶのが良策と考えられる。

この場合、人びとは勤勉に働かざるをえず、怠惰に身をまかせることも少なく、またいっそう団結の実を示すようになる。さらに土地が貧しければ、国内に不和が起こる原因も少なくなってくる。貧しい土地に都市が建設されたラウジア(8)や、その他多くの都市に見られる場合がこれである。このような場所を選定することは、人びとが持っているものだけで満足し、他を支配しようなどという野望のない時には、はなはだ賢明で、かつ有効である。

ところが、力を持たなくては自分の安全を保障できない場合には、このような不毛の土地を避けて、きわめて豊かな場所に根を下ろすことが必要である。このような土地の豊かさによって、国を強大にし、攻撃を仕掛けてくる敵をはね返し、発展に逆らうものを打ち破れるからである。その温和な土地柄のために助長される怠惰な風潮については、土地の恵みに慣れきった人びとの心を勤勉にするように、法律の力を借りて規制しなければならない。そのためには、人間を惰弱にし、軍事にたずさわれない腰抜けに変えてしまうほど最高に快適で豊かな地方において、賢明な立法者が、どのような方策を打ち立てたかを学ぶべきであろう。

彼らは、風土の快適さと柔和さがもたらす弊害をうめあわせる方法として、兵士になるべき人びとに教練を課した。この規制のおかげで、本来厳しい風土の、しかも不毛の地方出身の軍隊より、ずっと優れた兵士が成長したのである。

このような立法者の中から、エジプトの王権を引用しておこう。エジプトはその風土の快適さにもかかわらず、厳格な制度のおかげできわめて優れた人材を輩出した。したがってエジプトの立法者たちの名前は、あまりにも古い時代であるために忘れ去られてしまったが、もし現在まで伝えられていたとしたら、アレクサンドロス大王や、今日なお記憶に新しい他の多くの人物に勝る称讃を受けているに違いない。

さらに、大トルコ〔オスマン・トルコ〕のセリム[9]に打倒される前の回教君主国家やマムルーク[10]とその軍事制度を考察する人は誰でも、彼らが兵士に多くの実戦訓練を行なっていたことを知るであろう。また、法律をいくら厳くしても防げなかった温暖な気候による怠惰な風潮を、彼らはどれほど恐れていたかを知りえよう。

そこで、法律の規制によって、豊かさがもたらす悪影響を防げる時にのみ、豊かな地域を選んで都市を造るのが賢いやり方だ、と私は言いたい。

自己の栄光のために都市を設立しようとしたアレクサンドロス大王に対して、建築家ディノクラテスは、アトス山頂ならば容易に都市を造りうる、と提案した。この場所は強固であるばかりか、その都市に人体の外見を与えるように工事ができ、かつそれは驚嘆すべき奇観となるので、大王の偉大さを象徴するにふさわしいものとなろう、というのであった。

そこで大王は、この建築家に何人くらいがそこで住みうるだろうと訊ねると、そこまでは考えなかったという返答だった。これを聞いた大王は笑って、アトス山を取り上げず、アレクサンドリアを建設したのであった。この都市は土地の肥沃さと、地中海とナイル川の便に恵まれているために、人びとが進んで定住することとなった。

さて、ローマの起源に関してアエネアスがその始祖であるならば、ローマは外来者によって建設された都市ということになる。またロムルス[11]を始祖とすれば、土着の人によってローマが建設されたことになる。いずれにしても、ローマは、他に依存せず、自由であったことがわかる。また、後で述べるように、ロムルス、ヌマ[12]、その他の人びとによってこしらえられた法律が、どれほど人びとを束縛していたかがわかるであろう。そんなわけだから、その土地の豊饒《ほうじょう》さ、海のもたらす便宜、たび重なる勝利、そして国土の広大さをもってしても、数世紀間にわたってローマを腐敗させることはできなかった。そして、その法律は、他のどの都市やまた共和国も身につけることのできなかった、あの溢れんばかりの力《ヴィルトゥ》量を維持させ続けることになったのである。

だからローマが達成し、ティトゥス・リウィウスが称讃した諸事業は、政府または個人の努力のたまものである。その諸事業は、内政・外交のいずれにも関わるものだから、私が一番注目に値すると判断する政府の内政から論じはじめて、その成果を述べていくこととしよう。この問題が、私の『ディスコルシ――「ローマ史」論』の第一巻、少なくともはじめの部分の論題となるであろう。

2 共和国の種類について、またローマはそのいずれにあたるかについて

ここでは、都市の創設が外部の力に依存していたような場合を説明するのは、控えておこう。共和国であれ君主国であれ、あらゆる外部の支配から独立した起源を持ち、当初から自分自身の法律によって統治されており、それぞれ独自の起源や法律や制度を持っている国家についてのみ論じよう。

ある都市の場合には、創設当初、あるいは創設直後に、一人の立法者がただの一度で必要な法律を作ってしまっている。ちょうどスパルタのリュクルゴス(1)の例がそれである。またローマのように、偶然の機会に法律が作られたり、何度も法律が制定されたりしているという例もある。

改革する必要もなく、その法のもとで安らかな生活が営めるような、うまく磨きあげられた法律を国家に与えうる賢明な立法者を持った共和国は、幸運な国家というべきである。例えばスパルタは、八百年以上もその法律を変更せずに守り通して、何の危険な騒動も引き起こさなかった。これに反して、用意周到な立法者の手に委ねられることもなく、自力で法律を作り直していかねばならない共和国は、ある程度は不幸なものといえる。またこれらの都市のうちで、正しい秩序からかけ離れた都市の場合は、いっそうみじめである。こうして、正しい秩序を見失ってしまった都市は、乱れた秩序のために発展を妨げられ、完全かつ正しい状態に達しうる正道を全く歩むことができなくなる。このような状態に陥った都市を、正道に引き戻すことはほとんどできないからである。

これとは反対に、たとえ完全な秩序は持っていなくても、よき好ましい発端を持っており、向上改善の余地を残す都市の場合は、色々と手を加えていくにつれて完全の域へと到達することが可能である。けれども、このような改革も、危険を伴なわずには目的を達成できないことも事実である。というのは、変化の必要が誰の目にもはっきりと示されない限り、大多数の人びとは都市の新しい体制を目ざした法律の変革に決して従おうとはしないものだからである。

そして、新しい法律がどうしても必要だと感じさせるにも、なんとしても危険がつきものなので、必要な体制を打ち建てる以前に、共和国のほうが先にまいってしまうことがありがちである。この好例がフィレンツェ共和国である。この国は〔一五〇二年の〕アレッツォの反乱(2)をもって改革されたのだが、一五一二年のプラートの略奪(3)を機としてぬきさしならぬ状態に陥ってしまっている。

さて、ローマの都市で設立された政体がどのようなものであり、それがいかなる出来事を通して完成へと導かれていったのか、を考えてみたい。一般の識者たちが述べているように、政体には君主政、貴族政、民衆政と呼ばれる三通りの種類(4)があって、都市を建設しようとする人は、自分の目的に一番適うように思われるものを、これらの中から選ぶべきだ、ということを指摘しておこう。

多くの人が具眼の士と認める別の識者は政体には六つの種類があるとしている。すなわち、そのうちの三つはきわめて悪しきもので、残りの三つはそれ自身は好ましいものとはいえ、どうかすると堕落しやすくて徹底的に悪質なものに変化してしまう、という意見を持っている。このうちのよき政体というのは、上述の三つをいうのであり、有害な政体とは、この三つのよき政体がそれぞれ堕落して出来た三つのものである。

したがって悪しき三つのものは、その母体によく似ている。ゆえに、一方から別なものへと型を変えるのは大変簡単である。すなわち君主政は容易に僭主政へ、貴族政は簡単に寡頭《かとう》政へ、民衆政はたちまち衆愚政へと姿を変えてしまうものである。だから、たとえ立法者が、自分が基礎をおいた国家に、三つの政体のうちの一つを与えても、その政体を維持できるのは束の間のことなのである。その理由は、どんな手を打っても、政体が悪い形に急変していくのを、とても食い止められないからだ。それほど政体においては、善と悪とは似かよったものなのである。

様々な形態の政体が人間社会の中に発生していくのは、偶然のなせるわざである。世界の始まった時には、その住民の数は少なく、獣と同じようにばらばらに分散して住んでいた。そののち人口が増大するにつれ、彼らは集落を造るようになった。

そして防衛をいっそう完璧なものに近づけるために、彼らは、自分たちの仲間の間で、腕力が人並み優れ、気性もしっかりした人物を選んで自分たちの頭目として仰いで服従するようになった。このことから、誠実で善良な人物が、危険で有害な人物から区別されて尊重されるようになった。

自分の恩人に対して害を加える者が現われると、すぐに人びとの心の中に、この不正を働いた者には憎悪、恩人に対しては同情がわきおこってくる。人びとは忘恩の徒を非難し、恩義に厚い者を称えるようになる。そして自分たちがまざまざと見せつけられた忘恩の悪行が、今度は自分の頭上にふりかかってくるかもしれないと考えて、同じような被害を受けぬように、法律を作り、その法を犯すものには刑罰を作って臨むことになる。ここから、正義についての認識が生まれてくる。

このことは、次のようなことへと結びつく。すなわち、人びとがのちに君主を選ぶ時には、腕力の強い勇敢な男には目もくれず、用意周到で正義感の強い人物を選ぶこととなるのである。だが、選挙によらず相続によって君主が作られるようになると、その後継者はすぐに祖先とは似ても似つかぬ堕落ぶりを示すようになる。彼らは気高い行為をかなぐり捨てて、君主たるものは贅を尽し、色を好み、その他ありとあらゆる放埒《ほうらつ》に身をもちくずすことでは、誰にもひけをとらぬように心がける以外になすべきことは何もないと思い込むのである。その結果、君主は人びとの憎悪を一身に集めることとなった。

このように、自分が憎悪の的になっていることは、彼を恐怖に駆り立てる。この恐怖は彼を逆に攻撃へと駆り立て、それがすぐに僭主政治へと発展する。僭主政治のあげくの果て、当の暴君は滅ぼされるか、または、彼に対する陰謀がはりめぐらされることとなる。

これらのことは臆病でひ弱い人びとが行なうのではなく、人並み優れて度胸があり、人物も大きく、金もあり、しかも名門出身の人たちがやってのけるのである。このような人たちは、暗愚の君主のでたらめな生活には我慢がならない。そこで一般民衆は、この有力な人たちの指導力に引きずられて、君主に向かって武器をとって立ち、それを打倒して、彼らの解放者として指導者たちに服従するのである。

さて、この解放者たちは独裁者という名前を忌みきらって、彼らのグループで新しい政府を作り上げる。そしてはじめの間は以前の僭主の例も配慮して、自分たちで作った法律にもとらないように政治を行ない、公共の福祉の前には個人の利益を後回しにし、公私の事柄には細心の注意を払って統治し、かつ配慮を加える。

ところが、これら行政の任にあたっていた人びとの子供の代となると、彼らは運命のもたらす気まぐれを体験していないし、逆境に陥ったこともないものだから、市民的な平等性という原則にとどまっていることに我慢がならなくなる。そして貪欲に心を動かし、野望に身をさらし、婦人を奪うに至り、ここに貴族政治は変じて、寡頭政治へと堕してしまう。そして市民の権利には、一顧だにせぬようになるのである。

彼らはたちまちにして、以前の僭主の運命の後を追うことになる。なぜなら、このような政治にうんざりした民衆は、現支配者を倒そうとする人物なら誰でも、その命令に従うことになるからだ。このようにして、民衆の力を借りて現支配者を打倒する人物が、たちどころに登場する運びとなるのである。

君主政とそれが犯した悪行とは、いまだ記憶に新しいところであり、また寡頭政治は今打倒されたばかりなので、君主政治にもう一度戻そうなどとは誰も思ってもみない。そこで民衆政へと気持を向けることになり、少数の有力者も一人の君主も何の実力もふるえないような政府が組織されることになる。

どんな政体でも、その出だしはなかなか堂々たるものだから、この民衆政体もしばらくの間はやって行く。しかし、それも長続きはせず、せいぜいその政体を作り上げた世代の間のことである。その結果、たちまち無政府状態になってしまう。そうなると、その状態の中では公《おおやけ》の権威も他人への配慮も無視されることになる。人びとは勝手ほうだいにその日を送り、日ごとに数限りない悪行に身をまかせていく。そこでどうにもならなくなるか、誰か良識ある人の指図によるかして、この混乱を逃れようと、改めて君主政へ立ち戻ることとなる。この君主政は、今述べたような順序で再び無政府的な混乱に逆戻りするのであるが、その成り行きも、その原因も、今までと同じことの繰り返しである。

このことが、自治であろうと統治されようと、すべての国家がたどるように運命づけられた循環の仕組みである。しかし、同一政体に戻ってくる例はきわめてまれである。それは、どの国家にしても何度もこのような循環運動を繰り返して、それでもなお自立できる余力を残しているほどの活力を持つことなど、とうてい無理な話だからである。

また、一貫した分別や力を持たない国家が混乱状態に陥ると、その国よりもはるかに秩序を保っている隣国に従属させられるのが、たいていの成り行きである。ところで、このような隣国による吸収という事態が起こらないと仮定すれば、その国は際限なく諸政体の循環をくり返すことだろう。

したがって、上述のすべての政体は、どれもこれも欠点に満ちたものだと、私は敢《あ》えて言おう。つまり、よいほうの部類に入る三つの政体は、命の短さのゆえにであり、別の三つの悪しき政体は〔持って生まれた邪悪の〕ゆえにである。

慎重に法律を作り上げようとするほどの人なら、誰しもこの欠点をよく呑み込んでいるので、これらの政体のどれ一つとして、そのままの形で適用することはしない。最初の三つの、よき政体の持つ性格のどれをも含んだ一つの政体を選び、それを最も堅実で安定した政体だと判定するのである。そのわけというのも、同じ都市の中に、君主政、貴族政、民衆政があれば、お互いに牽制《けんせい》しあうからである。

このような政体を作った人びとの中でも、最も高い名声を勝ち得たのはリュクルゴスである。彼は国王、貴族、民衆に、それぞれ本来の機能を十分に発揮できるように割り振りを考えながら、スパルタの法律を組み立てた人物である。その国家は、八百年以上も永続したが、〔この法律のおかげで、〕彼の名声は後世にまで轟きわたり、その都市は静穏を楽しむことができたのだった。

しかし、これと反対なのは、アテナイに法律を制定したソロン[5]の場合である。彼は民衆政体のみを樹立したため、それは短命に終わり、彼の死ぬ以前にペイシストラトス[6]の僭主政治が生まれている。

もっとも、その四十年後にはペイシストラトスの後継者は追放されて、アテナイには自由がよみがえったものの、ソロンの体制に倣《なら》って民衆政が回復されたために、わずか百年の間しかもたなかった。しかし、たとえ百年の間にしろその国家が持ちこたえられたのは、ソロンによって見落とされていた有力者の横暴や、民衆の無秩序を抑圧するための多くの法律が作られて、多くの注意が払われたからである。まさに民衆政を君主政や貴族政の持つ効果にとけこませなかったために、アテナイはスパルタに比べると短命に終わった。

だが、話をローマに戻そう。ローマは、一人のリュクルゴスも持たなかった。そのために、創設直後に長期間にわたってローマの自由を保障してくれるような政府を樹立してもらえなかった。けれども、平民と元老院《セナトゥス》[7]との間の不和から生じた多くの事件が、立法者によって提供されなかった機会を生んだのである。

ローマは、よき立法者を持つという一等級の幸運には恵まれなかったが、〔少なくとも〕それに次ぐ利点を備えていた。ローマ本来の法律は隙だらけのものではあったが、それを完成の域へと高めていく道筋から、一歩も踏み外すようなことはなかったのである。ロムルスはじめ、他の国王すべてが多くの優れた法律を作ったが、それはなお自由と両立しうるものであった。

だが、それらの法律の目的とするところは、王国を造るためのもので、共和国のためのものではなかった。それで、ローマが自由な政体になった時は、自由のために必要な多くの制度を欠いていることがわかってきた。事実このような制度は、それまでの国王が誰一人として手がけたことはなかったものである。そしてこれらの王たちは、私がすでに説明した理由やいきさつで王位を失ったが、それを追放した人びとは、ただちに王位に代えて二人の執政官《コンスル》(8)を置いた。こうして、ローマでは国王という名称は抹殺されたが、その実権は保持されたのである。

ローマの政府は執政官と元老院からなっており、それらはすでに指摘した三つの要素のうちの二つ、すなわち君主政と貴族政を混合したものであり、民衆政は採り入れられないままであった。そのためローマの貴族は、後で述べるような理由で横暴になり、人民を貴族に対して立ち上がらせることとなった。そこで貴族はすべてを失うことを避けるために、人民に対して自分の持つ権能の一部を譲らざるをえなくなった。

他方、元老院と執政官は共和国での自分たちの地位を維持しようとして、権力の多くを手放そうとしなかった。ここで護民官《トリブヌス・プレビス》(9)の創設がもたらされて、ローマ共和国はより安定したものとなり、上述の三つの政体の要素が、すべてそれぞれ所を得ることとなった。

これまでに説明したのと同じ理由といきさつによって、権力の所在が国王や貴族から人民へと移行したにもかかわらず、好運《フォルトウナ》に恵まれたローマは、貴族に権力を与えるために王から全権力を奪うこともなく、貴族の権力をけずってそれを人民に分かち与えることもなかった。かえって、それら三者が交ざり合って完全な国家を作り上げていたのである。このような完璧な状態に到達しえたのも、以下の二つの章で十分に説明するような、平民と元老院との軋轢《あつれき》という事態を通してなのである。

3 ローマ共和国を完成した護民官制度設立のいきさつについて

共和国について書きしるしているすべての人の指摘にもある通り、また、どの歴史の中にも溢れているその実例に照らしてみても、国家を打ち建て、それに法律を整備させようとする人は、次のことを肝に銘じておく必要がある。

すなわち、すべての人間はよこしまなものであり、勝手気ままに振舞える時はいつなんどきでも、すぐさま本来の邪悪な性格を発揮するものだと考えておく必要がある。彼らの邪悪さがしばらくの間影をひそめているとすれば、そのようなこれまで経験を経なかった未知の理由によるのであって、そのうちにあらゆる真理の父であるといわれている時間が、その化けの皮をひきはがすこととなる。

ローマでは、タルクィニウス(1)を追放した後、平民と元老院《セナトウス》との間には、この上ない調和《ウニオーネ》が保たれているように思われた。貴族は、その本来の傲慢さを捨てて平民の心を身につけるようにしていたので、最下層民でさえも、彼らにまあまあ我慢できるほどであった。タルクィニウス家の者が生き残っていた間は、このようなうわべの見せかけを通しおおせ、問題もまだ現われてこなかった。それは貴族たちがまだタルクィニウス家を恐れており、一方、民衆を虐待すると自分たちから離れてしまうのを恐れて、彼らを人間的に扱ったからである。

しかし、タルクィニウス家の人びとが死にたえるやいなや、貴族にとって恐怖は消し飛び、胸の中にたまっていたうっぷんを晴らしはじめることになった。そして、あらん限りの方法で平民を苦しめるようになった。

このような事実こそ私が前に述べたこと、すなわち人間とは必要《ネチェシタ》に迫られない限り、善を行なわないものであることの証拠となるものである。そして、拘束が取り払われ、誰も彼もがやりたい放題にできるようになると、たちどころに諸事万端、混乱と無秩序で埋まってしまうこととなる。だから、飢えとか貧困が人間を勤勉へと駆り立て、法律が人間を善良にすると言われるのである。

実際に、法律の力を借りずに、物事がひとりでによい行いへと導かれるようならば、法律などは必要ないだろう。けれども、こんな都合のよい習慣がない場合には、すぐさまこれに代わる法律が必要となる。

だから貴族たちを恐れさせて、その行動を拘束していたタルクィニウス家がなくなった今となっては、かつてタルクィニウス家が果たしていたのと同等の効果を上げうるような法律を新たに考えだす必要があった。こうして、平民と貴族との間にかもしだされた多くの混乱や騒動や反感の危険を経て、平民を守るために護民官が設立されるはこびとなった。この護民官《トリブヌス・プレビス》は、多くの大権と栄誉を賦与されていたので、常に平民と元老院の間を調停して、貴族の横暴を阻止することができたのである。

4 平民と元老院の対立により、ローマ共和国は自由かつ強大なものとなった

タルクィニウスの没後から護民官の設立に至るローマでの内紛について触れないままに、この先を急ぐつもりはない。いやそれどころか、ローマは内紛続きの共和国で、その幸運《フォルトゥナ》と軍事力とが共和国の欠陥を補なうことがなかったなら、大混乱のどん底に陥ってしまって、他のどんな国の足もとにも及ばなくなっていたであろうという多数の人びとの意見に対しては、私は別の意見を持っている。

幸運と軍事力が、ローマ帝国の国力の基礎であったことは否定できない。しかし、軍事力がうまく保たれているところでは、よき秩序を裏づけとしなければならぬという事実を、この見解では説明できぬように私には思える。また、軍事力を伴なわぬ国家の幸運など、

めったに存在しないという事実も説明できぬように思う。
だが、この都市の他の個々の点を見ることにしよう。貴族と平民との不和を非難の対象とする人びとは、私に言わせれば、ローマに自由をもたらした第一の原因そのものに文句をつけているようなものだ。いわば彼らは、彼らが生み落としたすばらしい成果よりは、内紛が巻き起こしたざわめきと叫びのほうに、より心を奪われているのだ。

このように考える人びとは、どんな国家の中にも二つの異なった傾向、すなわち人民的なものと貴族的なものとが存在することを考えてみようともしない。[1]つまり、自由を確保するために作られたすべての法律は、ローマでたやすくその跡をたどりうるように、民衆と貴族との対立から生じたものであることに気づかない。実際に、タルクィニウスからグラックス[2]に至る三百年以上の期間に、ローマに起こった紛争で追放にまで至った事実はわずかしかなく、血を流した例もきわめて少なかった。だから、これらの紛争を有害なものであるとか、国家を分裂させるものである、と判断を下すわけにはいかない。平民と貴族の対立が続いた長い期間にわたって、わずか八名ないし十名の人が追放を受けたにすぎず、死刑になったのもごく少数で、財産没収の憂き目を見た者も多くはなかった。多くの英雄的行為《ヴィルトゥ》によって光彩を放っている国家を、無秩序な国家だとはどうしても言えないのである。というのは、英雄的な偉業は正しい教育のたまものであり、正しい教育はよき法律から生まれる。そのよき法律は、多くの人が考え違いをして非難している、あの内紛に由来しているからである。それらの内紛の結末を慎重に検討してみると、この時代には、公共の福祉を台なしにしてしまういかなる追放騒ぎも暴力沙汰も生み出されたことはなく、むしろ公の自由に役立つような法律や体制が作り出されていたことがわかるだろう。

もし仮に、誰かが次のような疑問をなげかけたことを想定してみよう。この時にとられた手段は、異常でほとんど残虐であった。すなわち、人民が声を合わせて元老院《セナトウス》に抗議し、元老院は人民に向かって非難をし、街路を入り乱れてかけめぐり、商店は閉鎖され、全下層民がローマを立ち退くといった情景が見られたではないか、と。これらすべての言い分は、これを読む人を驚かせるだけのものである。

私は敢《あ》えて、次のように言いたい。あらゆる都市では、彼ら人民は自分の欲望をぶつける吐け口を見つけることができた。特に、重要な問題に人民の意志を反映させることをもくろむ都市では。

これらの方法や手段を用いた国家の一つがローマであった。ローマの場合、人民が一つの法律を獲得しようとして、彼らは私が今述べたような、何かの手段に訴えたり、また戦争の際に兵籍に登録するのを拒否することも起こった。元老院は彼らを宥《なだ》めるために、ある程度満足させねばならなかったのである。自由民の要求は、これが自由に対し害を及ぼすなどということは、ほとんどなかった。そのわけは、自由を求める運動とは、抑圧されているか、または抑圧されそうな心配のある時に出てくるものだからである。

彼らの猜疑心《さいぎしん》が根拠のないものである場合には、有識者で信望のある人物が進み出て演説し、公開討論を通して人民にその間違いを悟らせて、事態を収めればよろしい。トゥリウス・キケロ[3]の言うように、人民とはたとえ無知であったにしても真実を把握する能力を有する。そして人民が信頼するに足るとする人物が、彼らに真理を告げさえすれば、やすやすと説得されうるものなのである。

ゆえに、ローマの統治法を非難する場合は、十分に気をつけた上で行なわねばならない。また、この共和国に生まれた様々のすばらしい成果は、これ以上はないという立派な動機だけから導きだされたものであったことも考えねばならない。内紛が護民官《トリブヌス・プレビス》の成立の原因であるなら、その内紛さえも評価されるに足るものである。次章で説明するように、護民官は行政の中に民の声を反映するようになったばかりでなく、ローマの自由の監視者となったからである。

5　人民と貴族のいずれがより確実に自由を保護するか、新たに権力を手に入れようとする人民か、既得の権力を保持しようとする貴族か、また、どちらがより内紛の原因となるか

一つの国家を細心の配慮をもって作り上げた人びとには、自由の保護監視をする役柄を作り上げることが、何よりも緊急の仕事であった。これがうまくできるかどうかによって、自由が存続する期間が長くなったり、短くなったりしたのである。すべての国家は、

貴族《グランディ》と民衆《ポポラーニ》から成り立っているので、前記の自由守護の大役をそのどちらに委ねたものか、という疑問が起こってくる。ラケダイモン〔スパルタの古い呼称〕では、また現在ではヴェネツィア人がそれを貴族の手に委ねたし、ローマ人は平民に委ねたのである。

だから、どの国家の選択が一番成功を収めたのか、ということを調べる必要が起こってくる。そのどちら側に言わせても、それぞれ理屈はあるに違いないが、結果だけから判断すると、どうやら貴族の手に委ねるほうを取りたいと思う。というのは、スパルタやヴェネツィアの自由のほうが、ローマよりもはるかに長続きしたからである。

はじめに、ローマの例を取り上げてその点を検討してみると、二つの階級のうち、自由を奪い取ろうとする気持の弱いほうに、自由の監視をまかせるべきだ、と私は言いたい。まぎれもなく、貴族と平民とがそれぞれ目ざしているものを考えると、貴族が支配したいという強い欲望に燃えているのに対して、平民は支配されまいとする一心である。したがって、貴族が自由を奪おうとすることほどには人民は自由を奪うことを願うものではないので、彼らは自由な生活へのより強烈な意欲を示すのである。そこで、平民が自由を監視する役をまかされる段になると、彼らは自由をはるかに慎重に処理するし、また自由をひとり占めにもできないから、他者が自由を奪うことを許さない。

これとは反対に、スパルタやヴェネツィアがとった方法をよしとする人びとは、次のように言う。すなわち、自由の監視の役割を貴族の手中に収めることには、次の二つの利点がある、と。その第一は、貴族が指導権を握れば、国内で強い立場に立つことになるから、彼らはもうこのことだけで満足するからである。いま一つは、動揺しやすい平民の心が、権力に食指を動かすことを防止するのに役立つという点である。すなわち、平民の欲望を野放しにしておけば、際限ない不和と紛争を国家に植えつけるもととなり、貴族をどうにもならない絶望に追い込んで、あげくの果てはぬきさしならない事態を引き起こしてしまうものなのである。

ローマそのものが、このよい例を示している。すなわち、ローマでは護民官《トリブヌス・プレビス》(1)に権力を託すようになると、平民は二人の執政官《コンスル》のうち、平民出身の執政官が一名だけでは満足できなくなった。彼らは、二名とも平民出身者に独占させようとしたのであった。これに次いで、彼らは監察官《ケンソル》(2)や司法官《プラエトル》(3)ばかりでなく、その他のローマの各種の支配権をも平民の手に入れようとした。これだけにとどまらず、同様の激情のおもむくまま、時代が下るにつれて、貴族打倒を目ざすものと考えられる人物を持ち上げて、偶像視するようになった。そこで、マリウス(4)のように権力をほしいままにする者が生まれて、これがローマを滅ぼすこととなった。

ここに述べてきた二つの場合について、十分検討を加えた人でも、本当のところ、自由を守るためには貴族か平民か、そのどちらに委ねたらよいかということになると、容易に決断がつきかねるに違いない。どのような傾向の人びとが国家にとって有害であるか、すなわち、すでに獲得済みの栄誉にしがみつこうとする人びとと、持っていないものを獲《か》ちとろうとする人びとのどちらが有害かとなると、容易にはわからないからである。

結局のところ、全部を緻密に検討すれば、次の結論に達することとなるだろう。つまり、ローマのように支配権を確立していこうと努めている国を考えるか、あるいは、すでに手に入れた国力を維持していくだけでよい国家を君は考える。第一のケースでは、ローマのように全部ことを処理する必要がある。第二のケースは、ヴェネツィアやスパルタに倣《なら》うことができる。これらは次章で説明されるだろう。

ここで今一度、どのような人物が国家にとってより有害であるか、すなわち獲得しようとあせっている人間と、いったん獲得したものを手放すまいとしがみつく人間と、どちらが手に負えない存在か、という例の論題に立ち戻ることにしよう。私が述べたいのは、次の話である。

臨時独裁執政官《ディクタトール》(5)になったマルクス・メネニウスも、騎士の長官《マギステル・エクイトゥム》(6)となったマルクス・フルウィウスも、両者とも平民の出身であったが、彼らはカプア(7)で、ローマに対して企まれた陰謀事件のために就任したのだった。そしてこの両人には、さらに平民から新しい権限が賦与された。その権限というのは、ローマにおいて野心のおもむくままに非常手段に訴えてでも執政官や他の要職につこうとする連中を、あばきたてる権限だったのである。

ところが貴族にしてみると、このような大権は自分たちに向けて作られているように思えてならない。そこで、野望や非常手段で要職を得ようとするのは、貴族ではなく平民であり、さらに、彼ら平民こそ生まれの悪さや能力不足をも顧みないで、非常の手段に訴えても要職にのし上がろうとしている、という噂をローマに流した。そして、臨時独裁執政官《ディクタトール》たるメネニウスに、特に非難を集中したのである。

この貴族によって加えられた中傷の声が激しかったものだから、メネニウスは会を開いて、そこで貴族が自分に加えた中傷について詳しく訴えて、臨時独裁執政官の地位を辞し、自分の処置を民衆による裁判に委ねることにした。そこで訴因が討論され、無罪となった。この場で、何も失うまいとする持てる者と、新たに獲得しようとする持たざる者と、どちらがより野心的であるかということが熱心に論議された。というのも、上述のどちらの側の欲望も、容易に大動乱の原因になりうるはずだ、と考えられたからである。

しかし、騒動を一番多く引き起こすのは、持てる者の側のように思われる。何かを失いそうだとする恐れが、新たに物を手に入れようとする人びとの抱く欲望と、寸分たがわぬ結果を生み出すからだ。これは、人間というものが、さらに新しい物が獲得できる保証がないと、物を持っているという安心感にひたれないことによるのである。こうして、さらに新しく獲得した物が増えてくると、ますます大きな権力と行動力を持つようになる。そしてさらに、それによって世の中に改変を加えることが可能となってくる。放縦で野心的な彼らの言動は、さらに悪いことには、何かを得ようとあせる持たざる者の心中に怒りの火をつける。あるいは前者の持っている物を持ちたいと思い、あるいは彼らからそれを奪ってうっぷんをはらすか、または彼ら貴族によって悪用されてきた、富や栄誉の分け前を手に入れられるようになる。

6　ローマにおいて人民と元老院《セナトウス》の対立に終止符を打つことのできる政府を樹立しえたか否かについて

人民と元老院との対立がもたらした結果については、前章で述べてきたところである。この対立は、ローマの自由の喪失の原因となったグラックスの時代にまで持ち越されるのだが、ローマにこのような対立がなかったら、この都市があげた素晴しい成果を成し遂げていたかどうかを考える人がいるかもしれない。だから私には、ローマでそのような対立を取り払われた国家が造られうるかどうかを調べることが、意味のあることに思われてくる。

このことを検討するには、国内に敵対関係や紛争がなかったために、永続的な自由を享受した諸国家に話題を移す必要がある。そして、これらの国家がどのようなものであったか、それらの条件がローマに導入できなかったものかどうかを調べる必要がある。

この例となるのが、これまでに述べてきたように(1)、古代ではスパルタであり、今日ではヴェネツィアなのである。スパルタは、王及び少人数の元老院が国を治めていた。ところがヴェネツィアでは、称号で政府に参加する人びとを区別せずに、行政に参与しうるすべての人びとをジェンティルウォミニ、すなわち貴族という称号で一括していた。このような形態が整ったのは、そういう政体を与えた立法者の先見の明によるというよりは、むしろ偶然のなせるわざだった。前に述べた理由で、今日、〔ヴェネツィアの〕都市が存在する岩礁の上に難を避けて集まった多くの人びとは、人口がたいへん殖《ふ》えてきたので、一緒に暮らしていくために法律を作る必要ができ、ここに一種の政府が成立した。

彼らはしばしば議会で会合し、都市のことを審議した。そして、今では市民の数も殖えて、一つの政府を形成するのに十分の人口となっていたので、新しく移住してきた新参者にはすべて、その政府に参加する権利を認めないこととした[2]。

やがて時代が経つにつれて、政治に参与しえない住民の数がヴェネツィアでいちじるしく殖えてきた。そこで、政治に参画する権利を持っていた人びとの誇りを尊重して、彼らをジェンティルウォミニ、その他の人びとをポポラーニ、すなわち平民と呼ぶこととなった。このような政体が、何のいさかいもなしに成立し、それが保持されえたのは、ヴェネツィアが発生した時、すでにここに住んでいた人びとが、誰も不服を言えないような形でそれぞれ政権に参与していたからである。

また、それ以後に移住してきた人びとも、その国家が強固で、すでに仕上がってしまっているのを見て、これに不服を唱える根拠もなかった。彼らが反対する根拠がなかったのは、新参者は、いかなるものも取り上げられることがなかったからだ。また彼らが騒ぎを起こす機会がなかったのは、支配者側が平民の手綱をしっかり握っており、平民が権力をうかがえないようにしておいたからである。

さらにまた、遅れてヴェネツィアに移り住んだ人びとの数が多くはなく、支配者層の数と、被支配者階級との数が均衡を失うほどにならなかったからだ。貴族の数は平民の人口に匹敵するか、それを上回るくらいだった。[3] これらの理由からして、ヴェネツィアは、その国家を立派に育てあげ、その統一を守り抜くことができたのである。

スパルタも、すでに述べた通り、一人の王と少人数の元老院によって統治されていたのであるが、長期にわたって国家が維持されえたのは、次のような理由による。すなわち、スパルタには人口が少なかったこと、移住してくる者に対しては門戸を閉ざし、リュクルゴスの作った法律を尊重してこれを遵守し（内紛の元となるものは全部これを取り払い）、長い間団結を旨として生活できたことによる。

まさにリュクルゴスはその法律によって、スパルタでのさらなる富の平等と、いっそうの身分差を打ち立てたのである。スパルタでは、一律に清貧であり、国家の役職がごく少数の市民に限られ、平民にはかけ離れた存在だったので、一般民衆には野心が生ずることもありえなかった。また貴族も、与えられたものを悪用することもなく、したがって、権力を貴族から奪い取ろうとする気持を平民に起こさせることもなかったのである。

このことは、スパルタ王たちの力によるものである。終身王位にあって、貴族の中に身を置いていた彼らには、平民をあらゆる不正から守ってやる以外には、その権威を確保していく良策はなかった。このことから、平民は主権に対して恐怖心を持たず、またそれを手に入れようと望むこともなくなった。主権を恐れず、それを手に入れることを望まなかったので、平民と貴族の間の紛争や、内乱の原因がなくなった。このようにして、長い間にわたって、彼らは一体となって生活していくことができたのである。

以上のような協調がもたらされたことには、二つの重要な原因があげられる。その一つは、スパルタの住民が少なかったことが少数者による支配を可能ならしめたことであり、いま一つは、国家の中に外国人を受け入れることがなかったため、それに染まって堕落することもなければ、人口も殖えなかったから、支配権を持つ少数者が政権担当の重みに耐えきれなくなるほどの事態が起こるまでには至らなかったことである。

そこで、これらのことをすべてとりまとめて考えてみよう。前述のヴェネツィアや、スパルタが享受したのと同様の平和をローマにもたらそうとすれば、その立法者たちは、次に述べる二つの事柄のうちの一つを取り上げなければならなかったはずだ。すなわち、ヴェネツィアのように、平民を戦争に使わないこと、あるいはスパルタのように、外来者の移住に対して門戸を閉ざしておくことであった。ところがローマ人たちは、この二つとも、逆のことをやったのである。

すなわち、平民には武力を与え、外国人には移住を認めて人口増大をもたらした。そこで騒動が起こるきっかけは、際限のないものとなっていった。しかし、ローマの国内がもっと平和であったら、逆にローマがより弱体化するという都合の悪い結果をもたらし、あの偉大さに至りうる道を遮断してしまうこととなっていたであろう。内紛のもととなるものをローマが捨て去ろうとすれば、同時に大国になっていく伸長力をもなくしてしまうことになったのである。

したがって、子細に検討してみると、すべてこの世の出来事は、一つの具合の悪いことを除くと、必ずといってよいほど、別の都合の悪いことが生じてくるものだということがわかってくる。すなわち、人民の人口を殖やし、さらに彼らに武器をとらせて強固な主権確立のために利用しようとすれば、後になるととても支配者の手に負えない存在になってしまうだろう。

一方、人民を御しやすいようにその数を少なくして武器も与えずにおくと、新領土を獲得した場合、それを保持していくどころか、ひどく弱体化して外部からの攻撃にはひとたまりもないものとなってしまうだろう。したがって、われわれがなんとしても深く考えておかなければならない点は、どうすればより実害が少なくて済むかということである。そして、右の点を金科玉条と心得て、事にあたるべきなのだ。というのは、完全無欠で何ひとつ不安がないというようなものは、この世の中にはありえないからである。

さてローマでは、スパルタの例に倣って、一人の終身の王と少人数の元老院を作ることも可能だった。だが、ローマが大帝国へと発展を続けようと思えば、スパルタのように市民の数を制限するわけにはいかなかった。終身の王と少人数の元老院は、国家の統一のためには有効であっても、〔大帝国の建設には〕さして役立たなかったはずである。

それゆえ、新たに国家を建設しようとする者は、その国家をローマのように広大な領土と無限の国家権力へと拡げていくべきなのか、あるいはまた狭小な国土にその版図を抑えておくべきかを、まず検討すべきであろう。第一の場合なら、ローマと同じように国家を作り上げ、その中で起こる一般の内紛やら不和の被害を最小限に食い止めるようにしなければならない。そのわけは、人口が多く、かつそれが軍事的に訓練されていない限り、決して国家を拡張もできないし、よしできたところで、それを維持していくなど、とてもできない相談だからである。

第二の立場をとるなら、スパルタやヴェネツィアの例に倣って、国家を造らねばならない。だが国土を拡張することは、この種の国家にとっては有害きわまることだから、あらゆる手段を尽して、国が新しい領土を獲得することを防がなければならない。そのわけは、ひ弱い国力の上に新しい領土が加わるならば、スパルタやヴェネツィアに起こったように、その国家の完全な崩壊を招きかねないからである。

スパルタは、ギリシア全土をほとんど従えたが、ほんのちょっとしたつまずきで、その基礎を台なしにしてしまった。すなわち、ペロピダスによって起こされたテーバイの反乱(4)が起きると、他の国家も決起してスパルタを完全に打ち倒したのである。

同様にヴェネツィアも、イタリアで大きな面積を占有していた。しかし、その大部分は戦争によって戦いとったのではなく、金銭の力や奸策で手に入れたものであったから、その実力がためされる段となると、ただの一度の会戦〔一五〇九年のアニャデッロの会戦〕で、すべてを失ってしまった。

長期間存続するような国家を造ろうとするなら、スパルタやヴェネツィアのように、国内を整備し、天然の要害の地を選んで国家を建て、誰もがそれを容易には制圧できないと思い込むように防備を固めるべきだ、と私は思いたい。だが同時に、隣国に脅威を与えるほどに、その国家を強大なものにしてはならない。以上のようにして国家を造れば、長い間にわたって国家は存続することができるであろう。

なぜなら、国家に対して戦争をしかけるためには、二つの動機が認められるからだ。その一つは、征服して支配権を獲得するためであり、いま一つは、自分が征服されまいとする恐れから出るものである。上述の方法に従えば、戦争の二つの原因をほとんど完全に取り払うこととなる。

なぜなら、もしその国家が、私が前提とするように、防御がきわめて行き届いているために攻略するのが困難な場合には、その国を征服しようと野望をたくましくする者は、めったに出てこないだろうし、あるいは全然ないと言っていいからだ。もし、その国家がその国境内にとどまっていて、その実績から野心などを持たない国だとわかってくれば、自らの恐怖にかられた国が戦争をしかけることは、決して起こらないだろう。その場合、特に国是や法律などで領土拡張を禁じているような場合にはなおさら、戦争が起こる心配がないのだ。このように均衡がとれていると、そこには模範的な政治生活や、都市の真の平和が訪れるものだと、心底から私は信じている。

けれども、人間の事柄すべては、流転してやまないものである。釘づけにしておくわけにはいかないもので、それらは上り坂にあるか、または下り坂にあるかどちらかしかありえない。そして我々は、多くの事柄を行なうのに、理性に導かれてではなく、必要《ネチェシタ》に迫られてやっているにすぎない。したがって、拡張しないでも維持できる国家を作り上げても、四囲の情勢《ネチェシタ》で、どうしてもそれを拡大しなければならぬはめに追い込まれると、国家の基礎はぐらつき、瞬くうちに崩壊するのがわかるであろう。

これとは別に、天の恵みによって戦争を行なわないでも済む場合では、怠惰の風潮が生まれ、それが国家を弱めて分裂が生ずる原因となる。しかも、この二つの傾向があいまって、時にはそれが単独で、国家滅亡の原因を作り上げるのである。しかしながら、私が信ずるところでは、今述べたことのつり合いをうまくとったり、そのちょうどまん中の道を進んでいくことは、とてもできない相談である。したがって、国家を造るにあたっては、少しでも立派だと考えられる方法を選ばねばならない。そして、建設された国家をどうしても拡大しなければならない事態が発生することがあっても、その新しい占領地を確保していけるように手を打っておかなければならない。

さて、ここで、はじめの議論に立ち戻ってみるに、国を建設するのにはローマの組織に範を求めるべきで、その他の国家の例は倣うに値しないと私は信ずる。そのわけは、この二つのタイプの折衷的な方策があるとは思えないからだ。また、人民と元老院との間に持ち上がる対立関係も、ローマのような偉大な国家へと成長するためには、どうしても避けられない必要悪として忍ばなければならないものだと思うからである。

以上述べてきた他に、別の理由があげられよう。すなわち、護民官は自由を守るためには必要欠くべからざるもの、という他に、それが国家内で弾劾権を持っているという利点に、容易に思いをいたすことができるからである。この弾劾権というのは、他の権限とともに護民官に与えられているものだが、これについては次章で述べようと思う。

7　国家において自由を保護するには弾劾権がいかに重要であるかについて

自由を守る役目を国家から委ねられている人物にとって、国家の自由を侵そうとする計画について、民会、行政官の委員会、法廷に市民を告発し弾劾する権能ほど、有効で必要なものは他にない。

この政治制度は、国家に二つの有益きわまる影響をもたらすものである。その第一のものは、市民たちは告発を恐れて、国家への反逆を企てなくなり、万一それがあったところで、たちどころに容赦なく抑えつけられてしまうことである。

いま一つは、都市の中で、何らかの形で特定の市民に対して巻き起こっている怒りに、吐け口を与えてやることである。このような怒りに、適当な吐け口を与えてやらなければ、彼らは非常手段に訴えて、国家全体を危くすることになる。そして、彼らを駆り立てる怒りを爆発させないように調整するために、法律の力で吐け口を与えてやることほど、国家を安泰にし、かつ強固なものにするものはないのである。

それには数々の実例をあげられるが、なかでも適切なものは、リウィウスがあげるところのコリオラヌス[1]の話であろう。この話によれば、ローマの貴族は、平民が護民官の創設によって力を持ちすぎるようになったと考えて、腹を立てていた。まさにその時、ローマは大変な食糧危機に襲われていたので、元老院は、穀類を手に入れるために委員をシケリアに派遣した。

ところが、人民派に敵対していたコリオラヌスは、今こそ平民どもを懲らしめる時が到来したとして、貴族の利益に反して平民が自分たちから奪っていたその権力を取り返すべきだと主張し、そのためには平民に穀物を配給しないで飢えさせればよろしい、と論じた。こんな意見が平民の耳に入ったものだから、コリオラヌスに対する大きな怒りが爆発した。護民官が彼を召喚して、その弁明を聞かなかったとしたら、元老院から出たとたんに、どさくさにまぎれて殺されていたに違いない。

右に述べた出来事は、民衆が特定の市民に抱く憎しみに、合法的に吐け口を与えるように配慮した法律が、どれほど国家に有益で必要欠くべからざるものかを示している。というのは、これを処理する合法的な手段がないとなると、非常手段に訴えることとなり、疑いもなくこのことは、合法的手段を用いるよりも、はるかに悪性の結果に至るのである。一人の市民が正規の法手続きによって処断される場合、それがたとえ誤った判決を受けていたとしても、国家にとっては混乱は起こらないし、起こったところで知れたものである。というのは、それを執行するのは、自由の破壊をもたらす特定の個人の力や外国の勢力ではなくて、公的な力と社会秩序だからである。そしてこれらのものは、それぞれ目的が与えられていて、度を越して国家を破滅させることがないからである。

このような意見を実例によって裏づけるのに、古代ではコリオラヌスの先例だけで十分だと思う。右のことから、誰もが考えるように、彼が暴動の中で殺されていたら、ローマにはどれほど好ましくない結果がもたらされていたことであろう。というのも、このようなことが起これば、個人個人の対立を生み、その対立は恐怖心へつながり、恐怖にかられた人は身を守ろうとする。そのため徒党を組むようになる。そして、国家を分裂させてしまう。その結果は、国家の滅亡ということになる。ところで、このような事態が公的な権威を持つ人物によって処理される場合には、個人が力をもってそれを処理する場合に起こりうるような破滅はすべて、防げるのである。

今日、われわれはフィレンツェ共和国で、同じようなことを改めて体験している。それはフランチェスコ・ヴァローリ〔サヴォナローラを支持したフィレンツェの貴族〕が都市君主のように振舞っていた時〔一四九四〜九八〕に起こったように、この特定の一市民に対する民衆の感情に、吐け口を与えてやれなかった。

この人物は多数の人びとから野望を抱いていると危険視されており、向こう見ずと不敵さで市民の権利〔の限界〕をも踏み越えてしまおうとしていた。共和国の中でこれに対抗できる方法は、彼に反対する党派を作る以外になかった。このためにヴァローリは非常手段がとられない限り、恐れることは何もないので、自分を守ってくれる人たちを身のまわりに集めはじめた。

一方、彼に反対の立場にある人びとにも、彼に抵抗できる〔尋常な〕手段がなかったから、いきおい非常手段を考えるようになり、ただちに武装して立ち上がることになった。この場合、ヴァローリを抑えうる合法的な手段がとられていたら、ヴァローリの勢力を倒すだけで済んだはずだが、実際は、彼一人にとどまらず、他の多くの貴族たちにも破滅を及ぼすことになってしまった。

前にあげた結論をさらに裏づけるためには、ピエロ・ソデリーニ(2)をめぐって、フィレンツェに起こった出来事をつけ加えておくことができる。この事件も、完全に、有力市民の野心に対して弾劾を加える手段が共和国になかったばかりに起こったものである。すなわち、一人の有力者を告発するのに、わずか八人の共和国の裁判官(3)だけでは十分ではなかった。その理由は、少人数ではその決定は少数の者に都合のよいように引っ張られがちなので、どうしても多数の裁判官が必要となるからだ。

もし、〔フィレンツェに〕適切な法が完備しており、なお、市民たちが横車を押すソデリーニに対し弾劾を加えていたら、わざわざイスパニア軍を引き入れるまでもなく、人びとの怒りは和らいでいたろう。またソデリーニのやり方が悪いものでなかったとしたら、あえて彼に異を唱えることもなかったに違いない。彼ら自身が告発される怖れがあるからである。このようにしておけば、騒動の原因となったあの憎悪は、〔ソデリーニと人民の〕両面からその息の根を止められていたに違いない。

以上述べてきたことから、次のように結論することができる。すなわち、ある都市に住む人びとが作り上げた一つの党派が、外国勢力を導入して目的を達成しようとするのは、どんな時であれ、その都市の制度がまずいことに由来すると考えられる。

このように制度上に欠陥があるのは、人びとの心に鬱積《うっせき》した苛立《いら》ちの感情を、非常手段に訴えずに発散させる方法がないからに他ならない。このためには、誰でもが多数の裁判官に告訴できるようにし、しかもその告訴が十分に尊重されて、採択されるようにしておかねばならない。

ローマでは、この方法がきちんと整備されていたから、平民と元老院とのわだかまりがかなりのものであったのに、元老院も平民も、あるいは特定の一市民でも、決して外国勢力を導入しようとはしなかった。国内で適当な手段があったから、わざわざ外に向かってそれを求めるような必要はなかったのである。

これまで論じてきた色々の例で十分に証明しえたとは思うが、ティトゥス・リウィウスがその『ローマ史』の中で述べている、いま一つの実例をつけ加えておきたい。キウジ〔古代名クルシウム〕がエトルリア地方で、その名もひときわ高かった時代に起こった事件である。アルンテ〔エトルリア人たちが用いた弟、むすこたちの通称〕の妹が、一人のルクモネ〔エトルスキ人の貴族をこのように呼んだ〕に犯されたことがある。ところが、この男の勢力がとても強力であったため、アルンテはそれに復讐できず、今日のロンバルディーアにあたる地方に勢力をふるっていたガリア人のもとに赴いて、武器を手にしてキウジに来るように依頼した。この際、自分たちが不当に受けた仕打ちに対して仇《あだ》を討ってくれるなら、どれほど利益になるかわからない、とガリア人に教え込んだ。

この場合、アルンテが仮にキウジの都市の法律によって復讐が可能だったとしたら、彼はなにも辺境部族の力を頼まなかったに違いない。

しかしながら、国の中で、すでに述べてきた弾劾という手段が有効であればあるほど、こんどは中傷ということの弊害が出てくるのである。この問題については、次章で論ずることにしよう。

8 告発が国家に有益であるのに対して、中傷は有害なものである

フリウス・カミルス(1)はその武勲もめでたく、ガリア人の支配からローマを救ったので、全ローマ人はこぞって彼におくられた栄誉と高い位を取り上げるなどとは考えてもみなかった。ところがマンリウス・カピトリヌス(2)だけは別で、カミルスに与えられた絶大な栄誉を見て我慢がならなかった。というのは、彼はカンピドリオの丘(3)を救ったことがあったので、ローマを守ったという点では、カミルスと同等の功績があったはずだし、他の軍事的な評判にかけても、カミルスには劣るはずがないと思い込んでいたからである。

嫉妬の炎に身をこがした彼は、カミルスの名声を見るにつけても、自分を抑えておけなくなった。そして、元老院の中に不和の種子をまく手だても見つからないままに、彼は平

民に向かって、様々の忌まわしい評判をばらまいた。

彼がばらまいたデマの中には、次のようなものがあった。それは、ガリア人に与えるために集められた金品が、ガリア人の手には渡らずに、一部の市民たちに横取りされてしまったというものである。これが取り返されて、公共の使途に振り向けられたなら、平民は税金や個人の負債を、どれほどか軽減できることだろうというのである。

この言葉は、平民の心にしっかりと焼きついた。そこで彼らは集会を開いて、ローマにたくさんの騒ぎを引き起こそうとしたのであった。元老院はこれを遺憾とし、ことは重大で危機をはらんでいると判断し、臨時独裁執政官《ディクタトール》を設けて真相を調査させ、マンリウスの横紙破りを抑えさせようとした。そこで臨時独裁執政官は、マンリウスを即時に召喚し、この両者は公衆を前にして対決することとなった。

臨時独裁執政官は貴族にとりまかれ、マンリウスは下層の平民に囲まれていた。対決の席でマンリウスは、彼が口にした金品が、誰の手もとにあるかを明確にせよ、このことは平民諸君と同様、われら元老院としても知りたいことだから、と要求された。これに対してマンリウスは、これといった返答もせず、皆さんがよくご存じのことだから申しあげるには及ばない、と言い逃れをした。そこで、臨時独裁執政官は彼を逮捕したのである。

この実例は、共和国でも、また他の政体をとる国家の中でも、嫉妬による中傷が、どれほど憎むべきものかを教えてくれる。そして、これを防ぐためなら、どんな方法が持ち出されようと、それを取り上げもせずに放置しておいてはならないことを明示する。このような中傷を取り払う何よりの方法とは、告発できる余地を十分に開いておくことだ。というのは、中傷が国家を毒するのと同じくらい、告発は国家を利するところ多大だからである。

さて、中傷と告発という両者の間には、次のような区別がある。すなわち、中傷するには証人も物証もいらないから、どの市民も手当たりしだいに他の市民を槍玉にあげることができる。ところが弾劾となると、告発が間違いのないことを明示する積極的な証拠や情況証拠を欠くわけにはいかないから、誰でもいいかげんに告発されるようなことはありえない。

他人を告発しようとする人は、行政官や民会や評議会に届け出るのに対し、中傷が行なわれるのは、広場や人びとの集まる建物の中である。この中傷がしきりに行なわれるのは、告発という形式があまり用いられない場合か、その都市に告発を受け入れるような体制が整っていない場合である。したがって国家の建設にあたる者は、どの市民に対しても、何の恐れも危惧も感ぜずに告発権を行使できるようにしておかなければならない。

このようにして告発の体制が整備され、それがよく守られている時は、中傷を行なう者はきびしく罰せられねばならない。以前には、人の集まる建物の中でまき散らされていた中傷が、今では、その相手を堂々と弾劾できるようになっているから、中傷をした者はそのため罰を受けたところで、苦情が言えなくなっている。

このような告発の機能が満足に整っていない国では、とんでもない紛争が持ち上がるのは当り前だ。それというのも、中傷は市民たちを苛立たせはするが、市民を罰するものではない。苛立った人びとは、自分に向かって投げかけられた悪口を恐れるよりすぐさまこれを憎むので、中傷した人間に仕返しをしてやろうと思うからである。

　すでに述べてきたような役割は、ローマでは実によく整っていた。ところが我々のフィレンツェでは、うまく整備されていたためしがない。ローマでは、この制度は大変成績がよかったのに、フィレンツェでは、この制度が整わないばかりに、多くの災難をもたらすこととなった。フィレンツェの歴史を読む人は、いつの時代でも、市の要職についていた市民たちに、どれほど中傷が投げかけられていたかを知ることができるだろう。

　例えば、ある人に関しては、その人が都市《コムーネ》の公金を着服したと言われ、別の人物は、買収されていたから戦争で勝たなかったのだとか、さらに別の男には、その男の野心のために、これこれの不始末を引き起こしたというように、絶えず誹謗《ひぼう》が行なわれた。このために、そのどちらの側も憎悪をつのらせ、その結果、分裂を引き起こし、分裂は党派争いを生み、党派争いは破滅へと連なったのである。もしフィレンツェでも、市民を告発することが許され、一方中傷した者はこれを罰するという規定が完備していたら、中傷がもたらす底なしの内紛は、続かなかっただろう。というわけは、告発されても、あるいは無罪放免になったにしても、市民たちは都市に害悪を及ぼすことはありえないからである。また告発される者は、中傷される者よりはるかにその数が少ない。それは、すでに指摘したように、告発するということは、誰かを中傷するように簡単にはいかないからである。

特定の市民が権力を握ろうとしてよく用いる色々の手段の中には、この中傷という手口がある。これはその人物の野望の前に立ちはだかる有力市民の非を鳴らして、自分の目的を押し通そうとするものである。つまり、人民の側に加担して、彼が噂を流そうとしている人物について人民の間にある悪評を強めて、人民を味方につけるからである。

このことについては、いくらでも実例をあげられるが、その一例だけで満足しておきたい。ルッカの包囲の際〔一四三〇～三三〕、フィレンツェ軍は司令官ジョヴァンニ・グィッチャルディーニ殿に率いられていた。彼の作戦指導がまずかったのか、あるいは運に見はなされていたのか、ルッカ攻略はならなかった。そこで、いつの場合でも起こりがちなことだが、ジョヴァンニ殿はルッカ人に買収された、と非難されることとなった。このような中傷は敵方によっても助長されたので、ジョヴァンニ殿は破滅ぎりぎりのところまで追いつめられた。彼は身の潔白の証しを立てたいと思い、自分から進んで市政長官《カピターノ》[4]のもとに出頭したのだが、無罪を証明できないままに終わってしまった。それというのも、フィレンツェには、それが証明できるような手段がなかったからである。

その結果として、その大部分が有力者であったジョヴァンニ殿の友人たちの間で、またフィレンツェの政治変革を望んでいる人びとの間で、激しい憤激が巻き起こることとなった。この事柄の上に、その他の色々な原因が重なっていって、とうとう共和国の滅亡をもたらすほどの事態に至る[5]こととなる。

マンリウス・カピトリヌスは中傷を事とした人物であって、告発を行なったのではなかった。ローマ人は、まさにこのケースの中で、中傷を行なうものは罪に値することを明示したのであった。この事件を契機として、ローマ人は正しい告発を行なう習慣を持つこととなった。そして、その告発が真実を伝えていることとわかれば、賞せられ、少なくとも罰せられないことになる。だが、真実にもとる場合には、マンリウスのように罰せられることとなったのである。

9　新しい国家の設立、または旧い制度の徹底的な改革は、一人の人間が単独でなすべきことである

これまでの話で、私はどうやらローマの歴史そのものに深入りしすぎて、国家を建設した人びとの話やら、宗教や軍事に関わる諸制度の説明を忘れているのではないか、とお考えの向きもあろうかと思う。このような点について、私の考えを聞きたいと考えておられる方々の気持をじらしたままにしておくのは、もともと私の本意ではない。そこで、多くの人びとには芳《かんば》しくない実例とされているロムルスのことをあげておこう。

ローマ建国の祖である彼も、実は、はじめに弟を殺《あや》め、さらに自分に王権を共有することを選んでくれたサビニ人の王ティトゥス・タティウスの殺害にも加担した人物である。この実例から、次のような意見も出てくるに違いない。

すなわち、〔もしそのような行為が評価されるなら、〕統治権を手に入れたいと望む野心的な市民は、〔ロムルスの例に従って、〕自分たちの権力に逆らう人びとに危害を加えてもよい、と主張するであろう。しかし、この意見も、なぜロムルスがあのような人殺しをしなければならなかったかという目的までも考えあわせないことには、的はずれのものとなってしまうだろう。

我々は、一般論として、次のように考えるべきだ。どんな共和国や王国でも、そのはじまりからすでに完璧の域に達していることなど全くありえない、またあっても稀なことで、誰か一人の人物がやらない限り、古くからの制度を新たに根本から改められるものではない。ともかくその方法を与えるのは、たった一人の人間であり、こういう人物の精神に基づいていろいろな改革が行なわれることとなるのである。だから、こまかい心配りで国家を打ち建てていこうとする者で、私利私欲もなく、ただ公《おおやけ》の役に立つことを念願し、自分の子孫に対してではなく、祖国を第一とする人物にこそ、まさに絶対的な権力を手に入れるために奮闘してもらわなければならない。

だから、その人物が王国を打ち建てたり、あるいは共和国を造るのに、どのような非常手段を取り上げようとも、道理をわきまえた人ならば、とやかく言ってはならないのだ。たとえ、その行為が非難されるようなものでも、もたらした結果さえよければ、それでいいのだ。ロムルスの例のように、もたらされた結果が立派なものなら、いつでも犯した罪は許される。単なる破壊に終始して、なんら建設的な意味のない暴力こそ非難されてしかるべきものだからである。
〔このようにして国家を建設する器の人物は、〕細心でかつ積極的でなければならないのだが、彼は自分の手中にした権力を遺産として誰かに残すようなことがあってはならない。それというのも、人間とは善よりは悪に傾きがちのもので、先の権力者が立派な目的のために用いていた権力を、その後継者は個人の欲望を満たすために乱用してしまうに違いないからである。

なお、たとえ一人の人物が国家の建設に活躍したところで、〔その国家を維持していく負担が〕一人の肩の上にのしかかるようでは、とてもその国家は長続きするものではない。だが、多くの人びとが祖国のことを心から憂い、これを維持していこうと努力をすれば、繁栄を示すことは間違いない。というのも、多くの人間がいくら集まってみたところで国家を作り出す良い方法がわからないものだから、彼らの間に様々な意見が引き起こされて、同意を見ぬままに打ち捨てられることがわかるからである。

またロムルスは自分の弟と協力者を殺しても、なお許される。これは彼が、自分の野望を満たすためではなく、社会のために行動したからなのである。ロムルスはすぐに元老院を設置して、それに諮問《しもん》したり、その審議の結論を尊重したことが何よりの証拠といえよう。ロムルスが持っていた権力を調べてみると、彼の持っていたのは、戦時における軍隊の指揮権と、元老院の召集権にすぎないことがわかる。

このことは、のちにローマ人がタルクィニウスを追放して、解放に成功した時にも見られる。この時には、終身制の国王の代わりに、一年交替の二人の執政官を置くことにしただけで、その他は、旧来の制度を何も改めるようなことはなかった。このことは、ローマ草創期の制度が、どれを取り上げてみても、専制政治や僭主政治に比べて、はるかに自由で市民らしい生活を送るのに、どれほどぴったりしたものであったかを証明するのである。

　これまで私が述べてきたことを裏づけるために、モーゼや、リュクルゴス、ソロン、その他の立法者たちの例をいくらでも引くことができる。これらの人物は、彼らが〔絶対的な〕権力を持っていたからこそ、社会の利益を主眼とした法律を打ち出すことができたのであった。けれども、これらの事柄は誰でも知っていることなので、これ以上触れるのは差し控えよう。ただ、有名でない例を一つだけあげるにとどめる。これは、優れた立法者たらんとする者が心にきざみつけるべき例なのである。

　スパルタ王アギス〔五世。前二四四年即位〕は、かつてのリュクルゴス法が定めていたところをスパルタ市民に厳しく守らせようと考えた。彼の目には、スパルタ市民がリュクルゴス法から逸脱してしまっていて、スパルタ旧来の良俗はまったく地に堕《お》ちたばかりでなく、それにつれて国勢も支配力も失われているように映じたからである。だがアギスは、その改革に手をつけたばかりのところで、自ら僭主になろうとしている〔危険人物だ〕ということで、スパルタの監督官《エフォロイ》(1)に殺されてしまった。

　彼の後を受け継いだクレオメネス〔三世。前二二七年即位〕も、アギスと同じ考えを持っていた。クレオメネスは、アギスに関する記録やアギスの著作を通して、アギスの考えていたことを理解していたのである。こうしてクレオメネスは、自分一人で全権を掌握しない限りは、スパルタにリュクルゴス法を復活させることなどできるものではないと悟ったのである。クレオメネスが大多数の人に役立つ仕事をしようとしても、一部少数の者の野心に妨げられてできるものではないと感じたからである。

そこで好機をとらえたクレオメネスは、監督官全員をはじめ、自分にはむかう者は誰彼かまわず殺してから、リュクルゴス法を完全に復活させたのである。クレオメネスの果断な行動は、スパルタに起死回生をもたらし、リュクルゴスに匹敵する名声を与える筈であった。ところがマケドニアが強大になり、それに比べて他のギリシア諸国が衰退の一途をたどるという現象が起こらなかったと仮定したらの話である。

すなわち、クレオメネスの改革が終わってまもなく、マケドニアの攻撃を受けると、スパルタは国力においても劣っていたし、援助してくれる国もなかったことから、敗れてしまった〔前二二二年〕。彼の計画がどれほどまっとうで、称えるべきものであったとしても、結局は未完成のままとなってしまったのである。

これまで述べてきたことをあれやこれや考えあわせると、一国を建設するには独裁者にまかせることが必要だということになってくる。そして、レムスやティトゥス・タティウスを殺害したロムルスは、罪に値することもないし、非難すべきでもないことになる。

10　王国や共和国の創設者は称えられるべきであり、僭主政治の始祖は呪われるべきである

すべて称讃に値する人びとの中で、ひときわ尊敬を受けるべき人物とは、宗教の創始者とあがめられている人である。これに次ぐのは、王国か共和国を建設した人である。さらに、これらの人びとに次いで敬慕の的となるのは、軍隊の総帥として、自分の領土なり祖国の国土なりを拡張した人物があげられる。またその次には、筆をもって立った人びとが加えられる。彼らの仕事には色々の専門の分野があるのだから、それぞれの部門でそれ相応の尊敬を受けることになる。また、非常に多くの他の人びとも、その技能や職業に従って、社会からの尊敬を分かち与えられる。

これとはまるで反対に、宗教を破壊したり、王国や共和国を破滅に追い込んだり、人類にとって有益でかつ誇りをもたらす美徳や、学問や、その他の技能を敵視する者は、破廉恥で呪われるべき存在である。まさに彼らこそは、不信、横紙破り、大馬鹿者、能なし、無為怠惰、卑劣と呼ぶに値する。

これまで述べてきた二種類の人間を区別する場合、愚かな者であろうと賢い者であろうと、また悪党であろうと聖人であろうと、称えるべき者を称えず、非難すべき者を非難しない人はいないであろう。しかしながら、ほとんど全部の人間が、うわべの善行とか見せ

かけの栄誉に簡単に惑わされ、自ら望んで、あるいは気がつかないままに、優れた者よりは喰わせものに引きずられてしまうものだ。

したがって、共和国や王国を建設して不朽の栄誉を担えるほどの人物でも、どうかすると僭主政治に心を奪われがちである。そして踏み込んでしまうと、名声や栄誉や、また我が身の安全と静けさで満ちたりた心を失い、またどれほどの悪評、罵詈雑言《ばりぞうごん》や非難や危険、動揺が襲いかかってくるものかということには、気づかないものなのである。

共和国の中で一介の市民として暮らす人でも、また運《フォルトゥナ》に恵まれ、力量《ヴィルトゥ》に助けられて、君主へとのし上がった人物でも、歴史を読んで、昔の先例から何かを学びとろうとしたとしよう。そうすれば、その祖国の中で一市民として生活する人は、スキピオよりもカエサルの役割を演じたい、と希望することなどありえないだろう。一方、君主になった人物が、アゲシラオス〔二世。スパルタ王。前四四四～三六〇〕、ティモレオン〔コリントの将軍。前四一〇～三三七〕、ディオン[1]よりナビス〔スパルタ王。前四三〇頃～三六七〕、ファラリス〔アクラガスの僭主。在位、前五七〇～五四頃〕、ディオニュシオスを重んずることも考えられないだろう。

そのわけは、カエサル、ナビス、ファラリス、ディオニュシオスらが、揃いも揃って悪しざまに罵られているのに、スキピオをはじめとするその他の人物は、いやが上にも尊敬されているのを見るに違いないからである。またティモレオン以下の賢君が、その故国で、ディオニュシオスやファラリスなどの僭主に劣らない権力を持ちながら、しかも生涯にわたって平和に過ごしたことを知ることができるはずだからである。

多くの人の筆で最大級に尊敬されているあのカエサルの栄光に、惑わされない人はあるまい。つまり、カエサルをほめそやすような輩《やから》は、彼の財力に買収されてしまったか、またはカエサルの名の下で帝国がどこまでも続くものだから、すっかり萎縮《いしゅく》してしまって、カエサルのことを好き勝手にしゃべることができなくなってしまった人びとなのである。カエサルについての自由な論評を知りたい人は、カティリナ[2]を論じている個所を見るがよい。そこでは、カティリナよりカエサルが、さらに非難を受ける立場になっている。それは、悪事を企んだだけのカティリナより、実行に移したカエサルのほうが非難されるに値するからだ。また、ブルトゥスに対する讃辞を見てもよくわかる。論者はカエサルの権勢に気圧《けお》されて、とても正面きって非難はできなくても、カエサルの敵であるブルトゥスを褒めちぎっていることでよくわかるのである。

さて、一国の支配的地位につくほどの人物を取り上げて、ローマが帝国になった後で、法を重んじ賢君の誉れも高かったローマ帝政時代の皇帝たちが、それとは反対の道を歩んだ皇帝に比べて、どれほど称讃に値するものであったかを考えてみるべきだ。この考え方に立てば、ティトゥス、ネルワ、トラヤヌス、ハドリアヌス、アントニヌス、マルクスなどの賢帝[3]たちが、近衛兵も護衛用の大軍団をも用いることがなかったのは、民衆を慈しみ、元老院を尊重したしきたりそのものが防御の役割を果たしたからだということが理解されるだろう。

逆に、カリグラ、ネロ、ウィテリウス、その他悪逆無道の皇帝たちにとっては、自分のふしだらな品行や、その腐りきった生活が引き起こす敵の攻撃から身を守るには、たとえ東西世界の軍隊を集めたところで十分ではなかったことがわかるであろう。

これらの人物の歴史を十分に検討すれば、君主にはこれ以上ない教訓となり、彼らに栄光か罵倒《ばとう》か、安心か不安か、どちらの道を選ぶべきかを示してくれるだろう。

右の理由として、カエサルからマクシミヌスまでの二十六人の皇帝のうちで、十六人が殺され、天寿をまっとうしたのは十人だったからだ。これら殺された人びとの中には、ガルバやペルティナクスのような善帝が入っているが、これらの善帝は一般に、それぞれの先帝が軍隊の中に植えつけた腐敗がもとで殺されているのである。他方、天寿をまっとうした者の中にセウェルス[4]のような極悪非道の男もいたが、彼の場合は、つきすぎるくらいの運のよさとその積極性《ヴィルトウ》から生き長らえられたのである。まさにこの二つの要素は、ごく少数の人間に限ってのみ与えられるものである。

以上のようなローマの歴史が教えるところに従えば、どうしたら優れた国家を打ち建てることができるか、が理解されるようになるだろう。つまり、世襲で位についたすべての皇帝は、ティトゥス[5]を除いて、揃いも揃って悪帝であるのに対して、養子として皇帝の位を継いだ者は、ネルワからマルクスに至る五賢帝の例のように、すべてが名君なのである。このように皇帝の位が世襲されるようになると、支配権は地に堕ちるものなのである。

したがって君主たる者は、ネルワからマルクスに至る時代の中に自分を置いて、それをはさむ前後の時代とひき比べてみるがよい。そしてさらに、どちらの時代に生まれたいか、どちらの時代の統治をしたいかを選んでみるがよい。

というのは、賢帝たちのもとで統治される時代には、支配者は幸せな生活を送る臣下に取り囲まれており、その治世は平和と正義に満ち溢れているのが見られるからだ。また元老院は、その権威を掲げ、もろもろの行政の任に当たる者は、その誉れも高く、富裕な市民は、それぞれの富を楽しむことができた。そこには気品に満ち、美徳に溢れ、そしてすべてが平和と幸福にひたりきっているのが見られるであろう。ところがそれ以前の時代には、様々の恨みや放縦や腐敗堕落と野望が渦まいていた。

やがて黄金時代が回復すると、誰もが自分の意見を持ち、それを守り通せるようになってくる。そしてついに、この世の勝利の時が訪れる。そこでは、皇帝は尊敬と栄光を一身に集め、民衆は愛と平和に包まれて生活しているのが見られるだろう。

これとは別に、他の皇帝たちの時代を詳しく検討してみると、皇帝たちは戦争に苦しみ、暴動でさいなまれ、戦時平時を問わず、残虐を事としているのがわかる。これらの多くの皇帝は刃《やいば》のもとで命を落とし、内乱は絶えず、また外国との戦いに休む暇もない。このためにイタリアは荒廃し、日ごとに加えられる無限の災厄に打ちひしがれ、その各都市は荒野同様となって略奪にさらされた。

ローマの都は灰燼《かいじん》に帰し、そのカンピドリオの丘は市民の手で破壊されるところとなり、古い寺院も荒れるにまかされ、宗教行事は堕落して、各都市は邪淫の巣窟になりはてた。

海上は追放者を運ぶ船で満ち、岸辺はすべて血ぬられたのが見られよう。ローマでは、数限りない残虐な行為が繰り返され、高貴さ、富、過去の光栄、特に勇気《ヴィルトウ》などは死に値する大罪とされたのである。中傷を事とする者はかえって褒められ、奴隷は賄賂を受け取って自分の主人を裏切り、自由民も主人に叛いた。たとえ他人から恨まれる覚えのない人でも、友だちからひどい目にあわされたのだ。こういったことがわかってはじめて、ローマが、そしてイタリアが、さらに全世界が、カエサルのためにどんな破目に立たされたかをはっきりと見極めるであろう。

もしもカエサルが、もう一度生まれ変わってきたとすると、みんながカエサルの時代を真似《まね》ようとするのをみて仰天して、世の中をよいほうに引き戻そうという気持で、いても立ってもいられないに違いない。

まことに世界じゅうの光栄を一身に集めたいと心から熱望する君主ならば、カエサルのようにすべてを崩壊させるためではなく、ロムルスの例に倣《なら》って建て直すために、腐敗した国家を治めることが、まさに望むべきことである。天は、本当のところ人間に対して、これ以上のすばらしい栄誉をもたらすチャンスを与えてくれることはできないし、また人間のほうからしても、それ以上を望みうるものではない。

万が一の話ではあるが、立派な国家を作り上げるためには、どうしても君主政をやめてしまわねばならない場合に出くわした君主が、自身の君主権を失うまいとして、国家の改革を投げ出してしまったとしても、ある程度は大目にみてもらえるだろう。だが、君主政を維持しながら国家も改革できる場合なら、何の言い逃れをする必要もない。つまるところ、このような千載一遇の好機を天から与えられたような人なら、自分の前に二つの道が開けていると考えるべきである。その一つは、彼に安定した生涯を約束し、その死後も輝かしい名声を与えずにはおかないものであるし、いま一つの道とは、生きる限り苦しみにさいなまれ、死後は死後で、消し去ることのできぬ悪評を浴びることになるものである。

11 ローマ人の宗教について

ローマにはじめて基礎を与えたのがロムルスで、ローマは彼の娘同様に生をうけ、そして育まれていった。しかしながら、天はロムルスの作った制度だけでは、強大な支配権を満たすことはできないと考えて、ローマの元老院にある考えを吹き込んで、ロムルスの後継者としてヌマ・ポンピリウスを指名せしめた。こうなったのも、ロムルスが手をつけないままに残しておいた法律を、ヌマの手で完成させようとの心づもりだったからである。人民がきわめて狂暴なのを見てとったヌマは、平和的な手だてで、彼らを従順な市民の姿に引き戻そうとして、ここに宗教に注目した。彼は宗教を、文化を備えた社会を維持していくためには必要不可欠と考え、宗教を基礎として国家を築いたのであった。こうして、数世紀経つうちにこの国の神に対する尊敬は、他のどこにも見られないほどのものになった。このことが背景にあったため、ローマの元老院や有力者が試みた、どの企てもやすやすと事が運ぶようになったのである。

ローマ人民という集合体として、また多くのローマ人が個人として成し遂げた数限りない仕事を検討する人は誰でも、ローマ人たちが法律に触れるよりは、誓いを破ることをはるかに恐れていたことを理解するだろう。このことは、彼らが人間の力よりは、神の方を尊重していたからに他ならない。そしてこのことは、スキピオとマンリウス・トルクァトゥス[1]の、それぞれの実例の中ではっきり現われている。

すなわち、ハンニバル[2]がカンナエでローマ軍を撃破した後のこと、多くのローマ市民が一カ所に集まって、祖国を救う望みもなくなったことだから、イタリアを捨ててシケリアへ難を避けようと衆議が一決した。これを聞いたスキピオ[3]は、その場に乗り込み、抜き身の剣をふりかざし、決して祖国を見捨てはしない、と彼らに無理やり誓わせたのである。

また、もう一つの例は、ティトゥス・マンリウス[4]の父にあたる、のちにトルクァトゥスと呼ばれたルキウス・マンリウスが、護民官の一人マルクス・ポンポニウスに告発された時のことである。

その裁判の当日が来る前に、せがれのティトゥスはマルクスを訪れて面会し、父の告訴を取り下げると誓わなければ、おまえを殺してやるぞと脅かし、それを誓うように強いた。そこでマルクスは、恐さのあまり誓いを立てて告訴を取り下げてしまったというのである。

スキピオの例に出てくる逃亡を企てた市民たちは、祖国に対する愛によっても、また法律をもってしても、イタリアに縛りつけられなかった人びとなのだが、誓いを立てたことによって、祖国に踏みとどまることとなり、力ずくで捕えられたような形となった。またいま一つの護民官の例は、父親ルキウスへの憎しみや、息子ティトゥスからこうむった理不尽の振舞いやら、自分の体面やら、これら全部を、いったん立てた誓いを守るためには、忘れさらねばならなかったわけである。

以上述べてきた誓いを守るという精神は、ヌマがかつてローマに導入した宗教から生まれ出たものに他ならない。

また、ローマの歴史をよくよく吟味するなら、軍隊を指揮したり、平民を元気づけたり、善人を支持したり、悪人を恥じいらせたりするのに、どれほど宗教の力が役に立っていたかがわかるであろう。ロムルスかヌマか、ローマはそのどちらの君主に負うところがより多いのかを論ずるならば、私は、むしろヌマを筆頭に推すべきだと信じている。

その理由とは、宗教の行き渡っている国家では、平民に武器をとらせるのは容易なわざであるのに、武勇には抜きんでているが宗教のないような国家では、平民を宗教により教化していくことは至難の業だからである。

元老院を組織したり、その他の文武の諸組織を整備したりするのに、ロムルスは神の力を借りることを必要としなかったが、ヌマのほうは大いに神の導きを受けるところがあった。つまりヌマは、ニンフと親しく語らって、どのように人民を善導したらよいかという相談を持ちかけたのだと称していた。ヌマがこういうことを言ったのは、彼がローマで新しい格別の法律制度の実施を狙っても、自分の威光だけでは実現は危いと考えたからに他ならない。

事実、どんな立法者にしたところで、神の力を借りないで非常時立法を制定した者はなかった。そうしなければ、新立法はとても受け入れられなかったからなのだろう。

実際、一人の賢明な人物には、非常に有益なものだということが明々白々であっても、これといってはっきりした証拠がないばかりに、他の人びとに説得するにはいま一つ迫力に欠けていることがあるものである。したがって頭のよい人物は、このような壁を取り去るために神の力に頼ることとなる。リュクルゴスやソロンや、同じ目的を持っていた他の多くの人びとがこの手を使ったのは、今述べた事情によるものである。

さて、ローマの人民は、ヌマの誠実さと考え深さとにはつくづく感心しきっていたものだから、彼の考えにはどんなことでもなびいた。まことに、この時代は宗教的な雰囲気に満ち満ちており、ヌマが取り扱わなければならなかった人民は、粗野そのものであった。だからこそ、ヌマはやすやすと自分の思い通りに事を運んで、これらの人びとをどんな新しい様式にでもたやすく順応させ、型にはめこむことができたのである。

今日、一つの国家を造ろうとする人びとにとって、文化の爛熟した都会に住みなれた人間を取り扱うよりも、文化の光の遠く及ばない山間僻地《へきち》の住民を対象とするほうが、はるかに事は簡単だということは、疑う余地がない。彫刻家が、すでに誰かの手で下手な下彫りのしてある大理石を使うより、大理石の原石を使うほうが、立派な彫像を作りやすいのと同じ理屈である。

これまで述べてきたことを考えあわせれば、ヌマがもたらした宗教こそ、ローマにもたらされた幸せの第一の原因だ、と結論づけられよう。なぜなら、宗教が優れた法律制度をローマにもたらす下地となったからであり、その法律制度は国運の発展を招き、このような国運の隆盛に従って、どんな事業を行なってもうまく図にあたるということになったからである。そして、宗教を大切にすることが、国家の大をなす原因であるのと同様に、宗教をないがしろにすることが、国家滅亡のもととなるのである。

神への畏《おそ》れのないところでは、その国家は破滅の他はないだろう。さもなくば、宗教のないのを埋め合わせのできる君主を畏敬する気持によって統治されるより他はないだろう。そのような君主たちの生命も限りのあるものだから、彼らの能力《ヴィルトゥ》に衰えが見えてくると、たちまち国勢も地に堕ちることになる。

そこで、次のような考えが出てくる。すなわち、たった一人の能力にその運命を賭けているような王国は、短命である。なぜなら、その支配者の命とともに、統治力《ヴィルトゥ》も散っていくものだから。しかも、先帝の遺徳が、次帝の中に再び花開くというようなことは、ほとんど絶無に近い。したがってダンテは、適切にも次のように述べたのだった。(5)

人の美徳、その後裔《こうえい》に受け継がれ、
そこに花開くこと、絶えてなし。

人の美徳、分かち給うは神の心にして、
その御手によりてこそ
おのがじしこの美徳を手にするものなれば。

したがって、共和国または王国の安寧秩序は、その生命の続く限り慎重この上なく統治をしていく支配者がいるかどうかということにあるのではない。むしろ、自分の死後でも、国家がうまく維持されるように、法律をあらかじめ与えておいてくれる人物がいるかどうかにかかっているのである。

粗野な連中に、新しい法律制度や新しい考えを吹き込んで納得させることは、造作もないことである。文化が進み、自分でも先進的だと自負している人びとをも、同じ方法で引きずっていくことも、やってやれないことではない。フィレンツェの人間は、確かに無知でもなければ粗野でもないようだが、修道士ジローラモ・サヴォナローラの神と語ったという説教に慴伏《しょうふく》してしまった。私は、サヴォナローラが正しいか正しくないかということを、ここで決めようとしているのではない。これほどの大物ともなると、尊敬を払わずに語ることはできないからである。

しかし、私は次のことだけは言えると思う。すなわち、夥《おびただ》しい数の人びとが、サヴォナローラの言うことを信じたのだが、そう信じるようになったのは、奇跡を自分自身で体験したわけではなかったということである。つまり、彼の生涯、彼の教え、彼が説教に取り上げた『聖書』の内容[6]が、サヴォナローラの説教を人びとに信じさせるに十分の手だてとなったのである。

けれども、以前に誰かがやりおおせたことは、今日ではもう通用しない、などとゆめ思ってはならない。なぜかというと、この書物の「はしがき」で述べておいたように、人間とは、いつの世でも同一のルールに従って生まれ、生活し、そして死んでいくものだからである。

12 国家における宗教に対する配慮の重要性について、またイタリアはローマ教会に対する考慮を欠いたためにいかにして破滅したかについて

落ち目にならないように注意を怠らぬ君主たちでも、また共和国の場合でも、それぞれの宗教儀式をきっちり守り、常にうやうやしく崇め続けていくことは、何にもまして大切なことである。なぜなら国家にとって、敬神の念がおろそかにされるようなこと以上の破滅の前兆はありえないからである。

このことは、その人間が生まれた土地の宗教が何に基礎を置いているのかを知っていれば、容易に理解できるところだ。その訳はどんな宗教でも、その生命の本質は、何か一つの原理で支配されているからである。異教徒の信仰生活は、神のお告げとか、占い師《インドヴィーニ》や腸卜師《アウスピチ》の予言などに基づいていた。一切の儀式やいけにえ、それに祭祀はこれらのことに

のみ基づいていたのである。自分たちの未来の吉凶を予言できる神なら、当然よい方向へ導いてくれるものと信じられていたからである。

こういった事情から、神殿、いけにえ、祈禱《きとう》、その他もろもろの宗教儀式万般が生じてくる。すなわち、デロスの神託[1]、ユピテル・アモンの神殿[2]、さらには他の有名な神託が世の尊崇を集めるようになった。ところで、やがてこれらの神殿が権力者に迎合するような神託だけを述べはじめ、それが欺瞞《ぎまん》であることが民衆に見破られるようになると、人びとはもう何も信じないようになり、せっかくの神聖な慣習をぶち壊すこととなった。

だから共和国や王国の主権者は、自分たちの国家が持っている宗教の土台を固めておかなければならないのである。こうしておけば、何の苦もなくそれぞれの国家を宗教的な雰囲気にひたしておけるし、その結果、国内の秩序は整い、その統一も強固になるものである。たとえ眉唾《まゆつば》ものだと思われるようなものでも、宗教的雰囲気を盛り立てていけそうなものなら、何でもそれを受け入れて、強めていくようにしなければならない。このように、支配者が宗教のことを慎重に取り扱えば、それだけ彼らは世間の出来事について、より的確に把握できるようになれるはずである。

世に賢人と言われる人が、これらの点をよく守れば、まやかしではあっても、宗教により奇跡が行なわれているに違いない、と考えるようになってくるものである。すなわち、賢者たちが宗教をおおげさにほめそやすなら、その宗教のそもそもの生い立ちがどんなものであろうとも、賢者たちに倣って一般の人びとも宗教に信をおくようになるものなのである。

このような奇跡の例はローマでは数えきれなかった。その中には、次のような話がある。ローマ兵がエトルスキ人の都ウェイイ(3)を略奪した時のこと、そのうちの幾人かの兵士がユーノーの神殿に入り、ユーノーの像に近づいて、「ローマに赴きたまうか」と訊《たず》ねた。その時、ある兵士にはユーノーの像がうなずいたように見えたし、別の兵士は、「よろしい」と答えたように聞いたのである。

この兵士たちは、信仰篤《あつ》い人びとだった。(ティトゥス・リウィウスによれば、兵士たちは神殿に入るにも、静かに行儀よく、できる限りの敬神の念を捧げたという。)それで、たぶん、自分たちが伺いを立てたことに神が答えたもうた、という気がしたらしい。ただしこれは、自分たちの心の中で勝手に推測してしまったものであろう。このような考えは、カミルス(4)や、その他のローマの有力者の支持を受けるところとなって、ますますひろがっていった。

もしキリスト教がキリスト教国の支配者の手で、その設立者によって授けられたままの姿を維持されていたなら、今日のキリスト教諸国家は、現在よりもっとまとまりのある、はるかに幸せなものになっていたであろう。キリスト教の教皇の座であるローマ教会のすぐそばに住む人びとが、これといった宗教心を持ちあわせていない現実に勝るキリスト教の堕落を推測させるものはあるまい。

原始キリスト教の時代に思いをいたし、目を現在の習俗に移して、なんという隔たりが両者の間にできてしまったかと気づくほどの人ならば、破滅と天罰の差し迫っていることを、ためらうことなく判断するに違いない。

さてイタリアの安寧秩序は、一にローマ教会によっているのだという考えが広く受け入れられている。そこで、私はこの意見に反対するために、自分の心に浮かんでくるいくつかの理由を述べてみたいと思う。これらの理由の中でも、一番根拠のある二つの理由をあげようと思うのだが、私の考えでは、これらには誰も反駁《はんばく》しえまいと思われる。その第一のものは、ローマの教皇庁の悪例にそまり、イタリアがまったく信仰心や宗教を失ってしまって、無限の災厄と底なしの大混乱に引きずり込まれてしまっているという事実である。すなわち、宗教のあるところはどこでも、必ず善行が行なわれているのと同様に、宗教のないところでは悪が支配するのだと考えざるをえないからである。

教会やその坊主のおかげで、第一に我々イタリア人は宗教もろくに持たずに、よこしまな生活にふけっているという。さらにそればかりでなく、はるかに大きな不幸を教会や坊主のために受けている。それは、我々に破滅をもたらす第二の原因となるものである。すなわち教会は、イタリアを昔から今まで一貫して分裂させてきたのである。

確かに、共和国の場合であろうと、君主国の場合であろうと、フランスやスペインの例に見られるように、一つの政府のもとで支配されていない限り、どんな国でもまとまりとか幸福とかがありえようはずがない。イタリアがフランスやスペインと同じようにいかず、イタリア全体をまとめて統治する単一の共和国または君主国を出現させなかった理由は、一にかかって教会にあるのである。

つまり教会は、世俗権力に安住してこれを行使することに努めてはいたが、さりとて国力と意欲《ヴィルトウ》がもうひとつ十分でないので、イタリアの僭主たちを制圧して、それに君臨するには至っていない。かといって教会は、さほど弱体でもないので、他の国々がイタリアで勢力を伸ばしすぎるのを妨害するために教会が外国勢力を導入しても、自己の世俗権力が失われる心配はなかった。

過去には、夥《おびただ》しい先例がある。例えばシャルルマーニュ[5]の手を借りた教会は、全イタリアをほとんど征服していたロンバルド族[6]を追い出しているし、当節の話としては、フランスの援助のもとに、教会はヴェネツィアの国力をそいでいる[7]。そしてその後では、スイス人の助けでフランス人を追い出したのであった[8]。

このように教会は、イタリア全土を征服できる力もないが、さりとて他の国が統一を達成するのを許さぬくらいの力は備えている。そのため、イタリアは一人の支配者に統一されることがなく、結局、数名の君侯の支配に甘んじる結果となってしまった。こういった情況は、イタリアに内紛と弱体化とをもたらし、強力な外敵でなくても、誰かが攻めてきさえすれば、誰の手にも容易に落ちるようになりはててしまった。

こうなってしまったのも、我々一般のイタリア人にとっては、教会のせいなのであって、他の誰のせいでもない。もし何者かが実際の経験にのっとって、このことの真実を証明しようとするなら、彼はローマの教皇庁を、それがイタリアで握っている権威もろともスイスの地に住むように送り出す必要がある。

スイスの人びとは、今日でも、昔と同様の宗教心と軍事力とを兼ね備えている唯一の国家だが、教皇庁が入ってくることにでもなれば、いくばくも経たないうちに、スイス全体が教会の堕落した悪習がもたらす災厄で大混乱に陥ることは間違いない。教会の悪影響というのはいかなる時でも、他のどんな不測の事態をもってしたところで、その足もとにも及ばないほどの猛烈なものなのだから。

13 都市の諸制度を樹立し、各種事業を遂行し、内紛を抑えるため、ローマ人はどのように宗教を利用したか

ここでローマ人が都市を建設し、その事業を遂行していくのに、宗教をどのように役立てたかという、いくつかの実例を引用してみるのも、あながち本論から外れるものとも思われない。ティトゥス・リウィウスは、多くの実例をあげてはいるが、私は次のような例を引くだけにとどめたいと思う。

ローマ人は執政官《コンスル》の権限を持った護民官《トリブヌス・プレビス》を選出したことがあったが(1)、このとき一人を除いて、全部が平民の出身だった。ところがこの年は、たまたま悪疫と飢饉が到来して、のっぴきならぬ事態になっていた。貴族たちは、このような情況を新護民官の選出に利用

した。そして、ローマが主権の尊厳をないがしろにしたことが神の怒りに触れたのだ、この怒りを解くためには、次期の護民官の選出は元通りの方法でやるより他にない、と主張したのだった。この結果、宗教的な恐怖にかられた平民は、護民官全員を貴族出身者にしてしまったのである。

いま一つの例は、ウェイイ市の攻略にあたって、ローマ軍隊の指揮官たちが、作戦遂行を容易ならしめるために、宗教の力を利用したことである。すなわち、たまたまこの年は、アルバ湖が未曾有の大氾濫となった上、ローマ軍の兵士もしだいに多年の包囲戦に疲れはてて、ローマへの帰心矢のごときものがあった。ところが、アポロやその他の神のお告げとして、アルバ湖の水が大増水する年に限ってウェイイ市は陥落するものだ、と言われているのがローマ兵の耳にはいった。これを知った兵士たちは、ウェイイ陥落は間近いという希望に勇気づけられて、包囲戦の疲れを吹きとばし、進んで作戦に従事した。そしてカミルスが執政官に任命されて、彼のもとで包囲が続けられ、十年ののちにウェイイは陥落したのだった。

以上の例でもわかるように、宗教を利用することによってウェイイ市の攻略と、護民官を貴族の手に取り戻すことに成功したのである。ここで述べたような方法を使わなかったとしたら、どちらのケースも、もっと由々しい事態に直面していたことであろう。

傍証をかためておく手数をいとわず、もう一つ別の例を引用しよう。

護民官テレンティルスが火つけ役となってローマで大騒動を引き起こしたことがあった

が、それは、後の章(2)で説明するような理由で、彼がある法律を制定しようとしたからであった。この騒動を鎮めるために、貴族たちが用いた収拾策の第一の手段は、宗教であった。これは二通りの方法によって行なわれた。

その第一のものは、運命の書『シビュラ』による予言を用いたことである。その神託によれば、ローマは内乱を起こせば、その年のうちに自由を失うほどの危機にみまわれるだろうというのであった。護民官たちはすぐに〔そのまやかしを〕見破ったが、平民のほうは心中に恐怖がこみあげてきて、とても護民官を支持するどころではなくなってしまったのである。

さて、貴族の用いた第二の手段というのは、次のようなものであった。つまり、アッピウス・ヘルドニウスという男が、四千を数える無宿者や奴隷の集団を率いて、夜陰に乗じてカンピドリオを占領した。そして、このどさくさにつけこんで、ローマとは不倶戴天の敵であるアェクウィ族やウォルスキ族がローマに攻めてきて、ローマを掃討するかもしれないという恐怖を、植えつけた。

ところがこんな事態になっても、護民官はテレンティルス法(3)の成立を強く推し続けて譲らず、外敵が攻めてくるかもしれないというのはデマだ、と決めつけた。そこで市民の中で重きをなし、信望もあついプブリウス・ルベティウス(4)が元老院の外に出て、平民を宥《なだ》めたり脅したりしながら、ローマの火急の情況を説いて、彼らの要求が時機を誤ったものであることを納得させた。そうして、無理やりに平民に執政官の意に逆らって行動するようなことはない、と誓わせてしまった。こうして、服従を強いられた平民は、実力でカンピドリオを奪い返した。

だが、この攻撃戦の中に執政官プブリウス・ワレリウス[5]は戦死し、ただちに後継の執政官として、ティトゥス・クィンクティウス[6]が選ばれた。この新しい執政官は、平民に一息いれさせず、またテレンティルス法のことを思い出す余裕など与えないようにして、彼らにローマから出て、ウォルスキ族に向かって進撃するように号令を下したのだった。その際、すでに平民は執政官にそむかないという誓いを立ててしまっているのだから、今度も、どうしても命令に服従しなければならない、と新執政官は主張した。

ところで一方、護民官側は、平民が誓いを立てたのは死亡した前任の執政官に対してなのであって、なにもクィンクティウスに誓いを立てたわけではない、と反対した。ところがティトゥス・リウィウスによれば、平民は宗教上の恐れにかられて、護民官を信ずるよりは執政官に服従したのである。

リウィウスは、この点をめぐって昔の宗教のあり方を称えて、次のように説明している。[7]「今日、普通のこととなっている神をないがしろにする風潮は、その頃ではさして進んでいなかった。したがって、人びとが手前勝手に誓いを破ったり、法をまげたりするようなことはなかったのである」と。

事態がここまで立ち至ると、護民官は自分たちの権威が元も子もなくなってしまうのではないかと心配になってきたので、執政官と仲なおりして、その命令に従うことにした。

つまり、向う一年間、護民官はテレンティルス法を持ち出さないこと、また執政官は、平民を戦争にかりださないことに意見が一致したのである。

このようにして、宗教の助けを借りた元老院は、それがなければとても成功しそうにもなかった難局を、打開することに成功した。

14　ローマ人は必要に従って鳥占い《アウスピチ》を解釈した、占いを無視しなければならない場合でも、抜け目なく形式的に宗教の建前を守った、また宗教を踏みにじる者があれば罰せられた

すでに論じたように(1)、卜占官《アウグリィ》はキリスト教以前の異教の古代宗教の根幹であったばかりでなく、ローマ共和国の繁栄の因をなすものでもあった。したがってローマ人は、鳥占いを他のどんなものよりも大切にして、民会を開いたり、新しい国家事業を起こしたり、軍隊を派兵したり、一大決戦を挑んだり、平時戦時を問わず重大事件を処理する際には、すべてこの占いに頼っていた。

だから出征に際しては、神の加護で勝利が約束されている旨を兵士に納得させない限り、軍隊が前進をはじめるようなことはなかった。いろいろの占師《アウスピチ》の間に、プラリイと呼ばれる特定の占師がいつも従軍していた。その軍隊が敵軍に決戦を挑もうとする時は、いつ

でもこのプラリイに鳥占い《アウスピチ》を命ずることになっていた。

この占い方はというと、鶏が十分に餌《え》をついばむ時は、吉兆を背負って会戦を続けることができるし、鶏がいっこうに餌をつつこうとしない時には、決戦を差し控えるというのである。占いの結果が思わしくなくても、どうしても予定の行動をとらなければならないような時は、ともかく実行に移す。しかしその場合も、自分の信仰についていささかの疑念も呼びおこさせないように、きわめて抜け目のないやり方で占いそのものを勝手に解釈して変えていた。

このようなやり方を、執政官《コンスル》パピリウス(2)はサムニウム軍との天下分け目の戦いで用い、サムニウム人を永久に弱体化して立ち上がれなくした。パピリウスはサムニウム軍と相対《あいたい》峙《じ》して陣を張っていたのだが、ぶつかりあえば、どこから見ても勝利が転がり込んでくることは間違いないように思えた。そこで勝負に出ようとして、プラリイに命じて鳥占い《アウスピチ》をさせたのである。

ところが、鶏は餌をついばもうとしない。そこでプラリイの長は、軍全体に戦おうという気力が充実しており、将兵ともに勝利を確信しているのを見てとって、千載一遇のこの機会を、この軍隊から奪うにしのびず、占いの首尾が上々だった、と執政官に報告してしまった。

ところが、パピリウスが陣型を整えたその時、プラリイのうちのある者が、数名の兵に鶏はついばまなかったという事実を告げてしまった。このことが執政官の甥スプリウス・

パピリウスの耳に入り、さらに彼から執政官に報告された。執政官はすぐさま答えて、自分は職責をまっとうするつもりだ、自分や軍隊にとっては、鳥占い《プラリイ》は吉と出ている、それなのにもし占師の長が偽りの占いをしたとしたら、それは占師自身の予断のせいなのだ、と言った。

さらに執政官は、戦局の推移は予言通りになるものだから、占師たちを激戦の第一線にもっていくように指揮官に命じた。機がいよいよ熟して敵と正面からぶつかりあうときになって、味方のローマ兵の一人が投げた槍が偶然にもプラリイの長を殺してしまった。これを聞いた執政官は、次のように言った、「万事は順調に神のご加護のもとに運んでおるぞ。あのほら吹きが死んでしまったからには、あの男がわが陣営に持ち込んでいた罪業と神の怒りは、祓い清められたことになるのだ」と。このように、執政官は自分の計画を占いにうまく当てはめることができたので、味方の軍隊に、自分が信仰の命ずるままには行動していないことを感づかれずに、決戦へと臨むことができたわけである。

さて、第一次ポエニ戦役のとき、シケリアでアッピウス・プルケルがとった処置は、これとはまるで逆のものだった。カルタゴ軍と決戦をしようとして、プラリイに鳥占いをさせる段となったが、鶏が餌をついばもうとしない、と彼に報告した。そこで彼は、「それなら鶏が水を飲むか飲まぬか見てやろう」と言って、鶏を海の中にほうりこんでしまった。そこでいよいよ決戦となったが、敗れてしまった。彼の振舞いについては、ローマでは悪評高いものがあり、逆にパピリウスの処置は称讃を博したものだった。

このように両者への評価に大差が出てきたのは、一方が勝ち、他方が敗北を喫した結果からきているというよりは、むしろパピリウスが鳥占いを慎重に取り扱ったのに対し、プルケルのほうは軽はずみに鳥占いをもてあそんだからなのである。

このように鳥占いを行なうことは、決戦の場に兵士たちを確信を持って赴かせる目的以外には何もない。確信を持てばこそ、連戦連勝の戦果をもたらしうる。この方法はローマ人だけが用いたものではなく、外国人もまた同じことをやっていた。このことについては次章で一つの例をあげてみようと思う。

15 サムニウム人はどん底の状態からはい上がる最後の手段として宗教によりどころを求めた

サムニウム人は何度となくローマ人に打ち破られてきたが、ついにエトルリア地方[1]で決定的な大敗を喫して、その軍隊は壊滅し、将軍は死んでしまった。そしてエトルスキ人、ガリア人、ウンブリア人という同盟国も、同じように破滅の憂き目をみた。

リウィウスによれば[2]、「彼らは自分の力をふりしぼっても、また外国の助力に頼っても、どちらにしてもあてにはできなくなっていた。けれども、戦意を喪失してしまったわけではない。彼らは自由を放棄してしまったのではなく、たとえ防戦して敗れたとしても、手をつかねて敵に屈服してしまうよりはよいと考えていたのだった」。

そこでサムニウム人たちは、最後の手を打ってみることに決めた。彼らとて、戦いに打ち勝つには、兵士の精神の中に頑強な敢闘精神を植えつけなければならないことは承知していた。そのためには、信仰の力を借りるより他によい方策はなかった。

そこで、サムニウム人の祭祀をつかさどるオウィウス・パキウスの意見に従って、犠牲《いけにえ》を使って執り行なう古い祭の形式をもう一度やってみよう、と考えるに至った。その祭は、次のような順序で執り行なわれた。まず、おごそかに犠牲の儀式を執り行ない、犠牲となった獣の死骸と燃えさかる祭壇との間に、軍隊のおもだった者を残らず立たせておいて、白兵戦になっても一歩も退かぬことを誓わせた。

そうしておいて、一人ひとり兵士を呼び出して、抜き身の剣を手にした百人隊《チエントウリオーニ》に囲まれた祭壇の前に立たせて、まず各自にここで見聞したことを誰にもしゃべらないことを誓わせた。そして、身の毛のよだつような呪文を唱えて、指揮官の命ずるところならどこでも進んで死地に赴き、死闘となっても一歩たりとも退かない、また逃亡が見つかれば、誰彼を問わず殺される旨を神の前で誓わせたのである。さらに、この誓いを破る者があれば、その罪は彼の属する家族の長、さらに子々孫々にも及ぶことも認めさせられた。

数名の兵士は肝をつぶして誓おうとはしなかったので、たちどころに百人隊に殺されてしまった。これに続いて、その場に呼び出されたその他の者は、この恐ろしい情景を見てすっかりおじけづいて、残らず誓いを立てたのである。四万を数えるこの軍団をさらに堂々と見せるために、半身を白衣でおおい、かぶとは前だてと羽根で飾りたてた。このようにして態勢を整え、アクィロニア周辺に布陣したのだった。

このサムニウム人の陣営に対峙したローマ軍の指揮官パピリウスは、次のように声を大にして部下を激励した。「かぶとの飾りでは、けがもせんぞ。敵軍の楯は色を塗りたくり、金ピカかもしれんが、ローマ軍の投げ槍を防ぐことはできぬわい。」

そして、サムニウム軍が誓いを立てている軍隊だという圧迫感を軽くするために、サムニウム人の誓いなどは、彼らを勇気づけるどころか、逆におじけさせるものだと言ってのけた。

なぜなら、サムニウム人は自国の同胞や神を畏《おそ》れるのはよいが、〔同時に〕敵をも恐れてしまうからであると説明した。実際、戦いを交えてみると、サムニウム人は敗れてしまった。その原因は、ローマ軍が気力《ヴィルトゥ》で優れていたこと、さらにサムニウム人には何度戦っても敗れたという苦い体験から、今度もやられはせぬかという不安があり、これらがサムニウム人の信仰心や誓いの強さを上回ったからであった。

とはいえ、サムニウム人は、祖先の持っていた勇猛心を呼び戻す希望をかきたてるには、彼らのとった手段以外にはこれといってよい方法がないことを十分に知っていたらしい。

このサムニウム人の実例は、宗教がうまく使われる時、宗教が与える確信の強さを示すものだ。私が今仮にあげた実例は、ローマの政治に関係のないことかもしれないが、ローマ共和国の一番重要な課題につながることなのである。だから、論点が分裂してしまったり、この後で何度も取り上げる必要が起こらないように、この個所で述べたほうがよいと思った次第である。

16 君主政の支配に甘んじている人民は、たまたま解放されたとしても、自由を維持していくのは困難である

長らく一人の君主のもとで統治されることに慣れきっていた人民が、たまたまタルクィニウスの追放後のローマのように、なにかしらのきっかけで自由の身になったところで、その自由を維持していくのがどれほど至難なことであるかは、古《いにしえ》の歴史の中の数限りない実例からしても明らかなところである(1)。それは、しごく当然な理由による。つまり、このような国民は、本来荒々しい野生の猛獣が檻《おり》に入れられたまま飼育され、言うなりにされてきたのと似ている。こんな獣は、たまたま原野に放たれても、どのように餌を手に入れたらよいのか、どこにひそんでいたらよいのか、いっこうにわからないので、捕えようと思えば誰でもわけなく捕えられるのである。

これと同じことが、人民にも当てはまる。つまり、他人に支配されることに慣れてきた人びとは、どのようにして自分たちだけの力で防いだり攻めたりしたらよいかも知らず、それを知っている君主もいなければ、通暁している人もいないので、たちまち隷属状態に

陥って、少し前に背負わされていた重荷よりも、はるかに苛烈な圧政にさらされがちなものである。

もっとも、このような困難に陥るのも、とことんまで堕落しきっていない人民だけに限られる。つまり、完全に堕落の淵に沈みきってしまった人民の間では、束の間でも自由を手に入れることなど、思いも及ばぬことであろうからだ。その理由は後述することとする。したがって、ここで論じようとしているのは、腐敗堕落も骨の髄までは侵されてはおらず、善がなお悪に打ち勝っているような国家に限ってのことである。

今述べた自由を守る難しさには、さらに一つ別の理由が加えられよう。自由を手に入れた国家では、敵対者を結束させるだけで、与党の側に団結は生まれない。かつて専制的な僭主の国家のもとで、僭主の富から養分を吸収していたような連中は、全部敵側にまわる。これらの輩にしてみれば、自分たちを支えていた養分がなくなってしまうと、とても満足には暮らしていけなくなるので、そこでもう一度甘い汁にありつき権勢を張ろうとして、団結して僭主政体の復活のために暗躍することとなる。

ところがすでに述べたように、自由を獲得した側には、味方は生まれてはこない。自由を骨子とする政体では、栄爵は一つのはっきり決まったルールに基づいて与えられるので、それ以外の者は対象にならない。ここに一人の功績のある人物がいて、栄誉や特権を受けたとしても、それを授けてくれた権威のおかげと考えなければならない道理はない。

以上のことは別としても、自由な国家から国民の誰彼に与えられる栄誉や特権は、資格のある者なら等しく享受しうる性格のもので、格別に特別扱いされるものではない。また国家から得た特権は、何の遠慮気兼ねもなく自由に享受できるものである。さらに、このような国家が保証してくれることは、妻子の名誉についても、また自分自身の名誉についても、脅かされることのないように配慮してくれるというものである。したがって、脅かされることのない相手であるから、格別に負担を感じることはなくなるであろう。

　このようなわけだから、すでに指摘したように、最近に自由を獲得した国家は、強敵を向こうにまわすことになっても、信頼できる味方はできっこない。このような都合の悪い事態や、それに付随して起こってくる無秩序を解消するには、言ってみれば、「ブルトゥスのせがれども[2]を殺してしまう」こと以外には、有効確実な良策はありえないだろう。

　さて、この「ブルトゥスのせがれども」は、歴史で周知のとおり、他のローマの青年たちをそそのかして、祖国に弓を引く陰謀に加担させた人物である。なぜブルトゥスのせがれたちが、この挙に及んだかといえば、国王の君臨していた時代に、彼らがほしいままにしていた権力の甘い汁を、執政官統治のもとでは、もう味わえなくなってきたからである。つまり彼らは、人民に自由が与えられることは、とりもなおさず、自分たちにとっては敗北だ、と考えないわけにいかなかったのである。

　いったい、共和国でも君主国でも、ともかく民衆を統治していこうとする者にとって、その体制に敵対するものは誰彼かまわず、手も足も出ないようにさせておかねばならない。さもないと、その支配は砂上の楼閣となってしまう。国家を維持していくに際し、民衆に対して非常手段を用いなければならぬ君主を、本当に不幸な人だと思う。その理由はわずかしか敵のいないような君主は、さしたる波瀾もなく平穏無事に過ごすことが可能だからだ。だがどちらを向いても民衆という敵に取り囲まれているような君主は、身の安穏をはかることは決してできない。

したがって、やむをえず苛酷な手段に訴え、弾圧すればするだけ、ますますその君主国は弱体化していくのである。こう考えてくると、最上の方策とは、民衆の信頼を勝ち得るように努力することに他ならない。

まず君主国について、さらには共和国を論じて、これが本章の論旨を混乱させる恐れがあるが、この後でこの問題にもう一度戻らなくても済むように、ここで少しく説明を加えておこう。

さて、君主が自分をよく思っていない人民の感情を好転させようと思うなら——この場合私は、自らの国で僭主にのし上がった人物を指している——何よりも第一に、人民がいったい何を望んでいるかを調べてかからねばならない。そうすれば、その君主はきっと人民が二つの事柄を希望しているのに気づくに違いない。

その一つは、人民というものは、自分たちを縛りつける当の張本人に仕返しをしようとしていること。もう一つは、人民は今一度自由を取り戻してやろうという希望を持っていることである。はじめのほうの人民の望みに対しては、君主はすっかりその望みをかなえてやれるし、二番目のものも、そのいくぶんかは満足させることができるはずだ。第一の場合に限定すれば、次のような実例をお目にかけることができる。

ヘラクレアの僭主クレアルコス〔ヘレスポントスの僭主、在位、前三六四〜三五二〕が追放中のこと、たまたまヘラクレアの人民と貴族との間に軋轢《あつれき》が生じた。劣勢を覚った貴族側は、そこでかつての僭主クレアルコスを味方につけた。そして共謀の結果、クレアルコスをヘラクレアの人民に対立させ、人民の自由を奪った。

クレアルコスは、どのような手だてを用いても満足させたり支配もできないほどに思い上がった貴族たちと、他方、自由を奪われたことに耐えられず憤激にいきりたつ人民との板ばさみになったのを知った。クレアルコスは、貴族側のやり方にうんざりして、人民たちを味方につけようとすぐさま決心した。そして好機をとらえた彼は、貴族側を一人残らずこま切れに斬りさいなんで殺してしまった。このことは、人民側になにごとにも勝る満足を与える結果となった。

以上述べたような手段で、クレアルコスは人民が持っていた望みの一つ、つまり復讐ということに吐け口を与えてやったのである。

しかしながら、いま一つの人民の希望である自由の回復については、君主としてとてもかなえてやれないのだから、ともかくも、どんな理由で人民が解放されたがっているのかを、よく調べてかからなければならない。そうすれば、次のことが明らかになってくるだろう。

すなわち、人民のうちのごく少数の連中は、実のところ、自分が命令する立場になりたいから自由を求めるのであり、その他の無数の人民全体が自由を求めてやまないのは、自分たちの生活の安定を願うからに他ならないからである。どのような形で統治されていようと、どの共和国でも、命令できる立場にある市民の数は、せいぜいのところ四十人から五十人どまりである。

つまり、その数はいたって少ないのだから、その連中を亡きものにしてしまうか、あるいは逆にそれぞれの条件に適うように論功行賞を与えて彼らをほぼ満足させるかして、自分の身の安泰をはかるのはいとたやすい。他方、生活の安定をひたすら願うだけの人民を満足させることは造作もないことであって、支配者の権力が民生安定とみごとな調和をかもしだすように、法律制度を整備しておけばよろしいのである。

君主がこのことを実行し、人民の側もどんなことがあっても法を破るような挙には出ないように自制するようになれば、ほどなく彼らには、安定して満ち足りた生活が訪れてくることであろう。

フランス王国がその最もよい例である。(3) この国が安泰な歩みを続けているのは、フランス国王〔ルイ十二世〕が全国民の民生安定を約束している無数の法律を厳守しているからに他ならない。フランスにこの体制を与えた彼は、次のように考えていたようである。すなわち国王というものは、軍隊や金は思いのままに動かせるとしても、その他のことはどんなことでも、法律の明示するところがなければなしえない、と。

君主国の場合でも、共和国の場合でも、その建国にあたって十分に基礎を固められなかったような場合には、ローマ人のしたように、最初の機会をとらえて国家を強化しなければならない。この機会を逸してしまった者は、するべきことを怠ったことについて、どんなに後悔してみたところで手遅れである。

さて、自由を再び手に入れた時にはローマ人は、まだそれほど腐敗堕落はしていなかったので、ブルトゥスの息子たちを殺し、タルクィニウス家一門をも滅ぼした後は、私がすでに論じてきたありとあらゆる手段や制度を用いて、なんとか自由を維持していくことができたのであった。けれども、国民が堕落しているような場合では、ローマでもその他の国でも、自由を守っていける有効適切な手段は見い出せるものではない。この点は次章で触れることにしよう。

17　退廃した人民は、解放されたとしても、自由を維持していくのはこの上なく困難である

ローマで王制が廃止されたり、瞬く間に国勢が衰えて無力になってしまったのは、当然の趨勢《すうせい》だった、と私は思っている。すなわち、当時の王たちがどれほど堕落していたかを考えあわせると、もう二、三代王政が続いていようものなら、王の腐敗が国民全般に蔓延《まんえん》して、国家全体は取り返しのつかないくらいに腐りはてていたに違いないからだ。ところ

が、腐りきった頭の部分を切り捨てても、胴体が無事に残ったので、ローマは、さしたる困難もなしに、自由と秩序を復活することができたのであった。

君主に支配されている都市がもともと堕落しているような場合、たとえ君主とその血統すべてを根絶やしにしたところで、この都市に自由が導入できるなどとは、考えられない。つまり、新しい君主が次々立って簒奪《さんだつ》を繰り返していくことになるからである。そういう都市では、人徳と力量《ヴィルトゥ》とを兼ね備えた名君が立って、都市に自由を獲得してくれない限り、何度君主が替わってみたところで、いつまで経っても事態は改善されないであろう。けれども、〔名君のもとで保証された〕その自由も、その君主が死んでしまったら、もうそれっきりのものだ。例えば、シュラクサイのディオンやティモレオン(1)の例がある。この二人が存命中は、彼らの力量によってかなりの時期にわたって、シュラクサイは自由を享受することができた。ところが彼らが死ぬと、シュラクサイはただちに以前の僭主政へと逆戻りしてしまったのである。

けれどもローマの実例ほど、この点にぴったりのものは他にあるまい。タルクィニウス家を滅ぼした後は、ローマはすぐに自由を手に入れてこれを維持していくことができた。しかし、カエサルやガイウス・カリグラ、さらにネロの死後、カエサルの血統が完全に絶滅した後では、ローマは自由を維持するどころか、それに一歩も近づくことができなかったのである。同じ都市を舞台として、同じような条件のもとで起こったことなのに、結果はまったく正反対になってしまった理由は、次のように説明される。

つまりタルクィニウスの時代では、ローマ人民はまだそれほどまでに堕落しきっていなかったのに対し、カエサルの時代では、中身から腐りきってしまっていたという違いがあるからである。タルクィニウスの時代には、ローマの人民をして国王の圧政をはねのけようと堅く決意させるのには、「ローマではこれから先、いかなる王も統治することを許さない」と人民に誓わせるだけで事足りたのだ。

ところが、後の時代になると、全オリエントの支持を背景に持ったブルトゥス(2)の権力や苛酷さをもってしても、ローマ人民を奮起せしめて、自由を守り通すようにしむけられなかった。このブルトゥスは、初代のブルトゥスの前例に倣って、ローマ人民に自由を取り戻そうとはげんだ人物である。このように自由を回復するのに成功しえなかったのは、それまでにマリウス一派が人民に植えつけていた堕落した風潮のせいである。そして、マリウスの平民党の首領にのし上がったカエサルは、うまく人民の目をふさいでしまったので、彼ら自身は首枷《くびかせ》をはめられているのにも気づかなかったのである。

以上のようなローマの実例に対しては、他のどんな例を持ち出してみても、とても太刀打ちできるはずもないが、私は、この点をめぐって、現代の誰でもが知っている生きた実例を並べてみようと思う。

つまり、天地がひっくり返るような大騒動が持ち上がってみたところで、ミラノやナポリが二度と自由を掌中にするようなことはありえない。それというのも、両国民が芯から腐りきっているからである。

ミラノの僭主であったフィリッポ・ヴィスコンティ[3]の死後、ミラノは自由を回復しようとしたが、自由を維持していく力量《ヴィルトウ》もなければ、その術《すべ》も知らなかった事実からも明らかだ。

それゆえに、ローマでは王政がすぐ堕落して放逐の憂き目を見たために、国王の腐敗ぶりがローマの骨の髄にまでしみこむ余裕がなかったことは、何よりの幸いだった。このような腐敗堕落は、ローマに数限りない混乱をもたらしたのだが、それでも人びとの心構えがしっかりしていたために、共和国は災いを転じて福にすることができたのであった。

さて、結論を述べる運びとなった。

人民が健全でありさえすれば、どんな騒動や内紛が起こったところで、損なわれるようなことはない。けれども、人民が腐敗していれば、どんなに法律がうまく整備されていたところで、何の足しにもならない。最高権力を持った一人の人物が出て、人民が健全になるように、法律を守らせるよう舵をとらぬ限り脈はない。

それにしても、こういった破局を救える例が今日まで起こったことがあるのかないのか、そんなことができるものなのかどうかについては、私自身にもわからない。というのは、少し前の個所で触れたように、人民の腐敗によって崩壊に瀕した都市が、万が一、もう一度持ち直すことがあるとしたら、それはあくまでも、優れた法律を守ろうとする民衆全体の力によるのではなく、その時生きている一人の有力者の力によるのに違いないからだ。だから、この人物が死んでしまうと、とたんに世の中の状態は元の木阿弥になってしまう。

例えばテーバイでは、エパメイノンダス(4)の存命中は、その力量《ヴィルトウ》によって共和政を堅持できたが、彼が死んでしまうと、もとの無秩序状態へ逆戻りということになった。

なぜなら、さして長くもない人間の生命をもってしては、長期間を通して植えつけられてきた都市の悪風を、正しい道に引き戻すには、とても時間が足りないからだ。すなわち高齢まで長生きして、長年にわたって政務を執りうるか、さもなければ、二代続いて名君が現われて統治することでもない限り、上に述べたように、支配者が死んでしまうと、すぐに破滅へと逆戻りしてしまうものである。たとえどんな危険を冒し、またどれほど夥しい流血の犠牲を払って成立した国家であっても、立ち上がれぬであろう。

つまり腐敗とか、自由な政体を保持していけぬということは、もとをただせば、その国家の中にしみついている不平等に起因しているからだ。そして平等を取り戻させるには、どうしても極端な非常手段をとらざるをえない。このような荒療治は、ほんの少数の人が知っていて用いればよいものなのだ。このことについては、のちほど詳しく述べることとしよう。

18　腐敗した国家に存在する自由な政体はどうしたら維持していけるか、また、自由な政体がない場合、どうしたらそれを作ることができるか

さてここで、腐敗している国家が、すでに獲得している自由な政体を維持していけるものか、逆に自由な政体が存在したことのない国家で、新たに自由な政体を打ち建てられるものかどうか、を考えてみるのも、あながち場違いではなかろう。また、これまで述べた議論と食い違うものでもないと思う。この問題については、どちらを取り上げたところで、難問であることに違いはない、と私は考えている。

腐敗の程度に従って、その処置も異なってくるものだから、一つの規準に当てはめることは、とてもできない相談である。しかし、どんな問題にしろ、けじめをつけておくことは悪いことではないから、この問題をあいまいな形でほうり出しておきたくない。

さて、最後の最後まで腐りきっている国家を例にとってみると、これはどうにも手のつけられない難題である。というのも、どこもかしこも腐敗しているような国家には、腐敗を食い止めるのに十分な法律も制度もありはしないからだ。社会的な良俗を保っていくには、法律の裏づけを必要とするように、逆に法律が尊重されるには、民衆の良俗に待たなければならないからである。

なおこの他に、次のような不利な条件が加わる。つまり、人びとの精神が健全であった

国家の創設期に設けられた制度や法律も、堕落が進んでいる時代には、もはやぴったりしないものになる。そして法律は、国家が体験する色々な事件に従って変えられていくにしても、国家の仕組みそのものはめったに変わるものではない。

こういった次第だから、いくら新しい法律を作ってみたところで、何の役にも立たない。それというのも、国家の仕組みそのものは元のままであって、新しく作られた法律を腐敗させてしまうからである。

この点をよりわかりやすくするために、説明を加えよう。ローマでは、統治を規制する制度、あるいはむしろ統治形態を規制する体制があった。さらに、法律が行政官に市民を統制させていた。国家の仕組みには、民会、元老院、護民官、執政官などの権限があった。また行政官を選挙したり、任命したりする方法や、法律を制定する手続きもその中に含まれていた。このような制度はほとんど変わらなかったし、突発事があったところで全く変化を受けなかった。

ところが、市民を統治するためのもろもろの法律は変わっていった。例えば姦通罪、奢《しゃ》侈《し》禁止令、選挙違反や、その他の多くの罪に関する法律は、市民がしだいに堕落していくにつれて、次々と変わっていったのである。

ところが、国家の本来の諸制度は元のままで、堕落してしまった実情にそぐわないものとなっていた。そのため、いくら表面上の法律だけを変えてみても、人びとを善導するなどできよう筈もなかった。法律だけをいじくるのではなく、それと同時に、国家の制度をも変えてしまわなければ、制度は変えられるものではない。

さて、本来の制度が堕落した国の現状にもはやそぐわなくなっている事実は、二つの主要な現象、すなわち行政官を任命することと、法律を作り出すことにおいて、はっきりと見い出だせる。

このうちの前者について論じよう。ローマ人は、本来自分から進んで申し出ない限り、執政官やらその他の高官〔の地位〕を与えられることがなかった。このやり方は、はじめの間はうまくいっていた。そのわけは、自分がそのポストに十分耐えうる自信のある人物に限って就任を要求したのであり、また就任を拒否されることは不面目なこととされていたからである。

こういう次第だから、彼らは自分が志望する官職に適任だとみんなに判定を下してもらおうと、日常ふだんの行為にも最善を尽したものだった。ところがこのような方法も、国家が腐敗していくにつれて、危険きわまりないものとなっていく。それというのは、行政官の地位を志望するのは、高邁有能《ヴィルトゥ》の士ではなく、より権力を手中に収めている人物が公職につくよう立候補するようになるからである。

したがって、どんなに有能《ヴィルトゥオージ》で高潔でも、権力を持っていない《インポテンティ》人物は恐怖にかられて、希望を申し出ることを差し控えるようになる。このような好ましくない状態は、他のもろもろの悪風の形成過程と同じように、一挙に現われてきたものではなく、徐々に出てきたものなのである。

ローマ人はアジアとアフリカを統治し、ほとんどギリシア全土を征服して、ローマの自由は確固不動となり、ローマに脅威を与えるような敵は、影をひそめてしまったように思われた。このような天下泰平の状態と、ローマの敵の無力化とは、人びとが執政官を選ぶにあたって、人物本位《ヴィルトゥ》ではなく、感情的な好き嫌いで決めるようにさせてしまった。

このようにして、敵を撃破することにかけては並ぶもののない人物をさしおいて、人びとをうまくあしらう術《すべ》を知っている人間を執政官に登用するようになったのである。さらにのちの世になると、人気で決められていたことから、さらに堕落して、権勢をほこる人物が選ばれるようになってしまう。このようにして、優れた人物が執政官になるようなことは完全になくなってしまった。

護民官やその他どんな市民でも、民会に法律を提案でき、そしてどんな市民でも提案が民会で採決される前に、その法案に関して、賛否を表明することができた。このような制度は、市民が一般に良識に富んでいる限りは、非常によいものである。誰でも社会に役立つと思ったことを提案しうるのは、すばらしいことだからである。

また、その提案についてみんなが意見を述べることができて、さらにそれぞれの意見について一般民衆が理解を深めて、その中で一番よいと思われるものを選べるようになっているのは、有益なことであった。けれども市民が堕落を重ねるにしたがって、せっかくの制度も、最低のものとなっていった。権力者だけが法の提案をするようになる。それも公共のためではなく、自分の権勢を張りたい一心からである。しかも人民は、彼らの威光をはばかって、その提案に面と向かって反対できなくなってしまった。このようなしだいで、人民はだましすかされるか、または力ずくで、自分の破滅への道をたどることになったのである。

ローマは堕落の淵にたたずみながらも、自由を守り抜くことを念願して、歴史の歩みに応じつつ、新しい法律を作り、新しい制度を打ち建てたのであった。なぜなら、健全な国家で使われているのとはまったく違った制度や方法が、堕落した国家には必要となってくるからだ。健全と堕落という、まったく正反対の対象に同一の様式が当てはまることは、ありえないからである。

さて、国家の旧来の制度が、もう何の機能も果たせなくなったことが読みとれるなら、すぐにも全面的に改めるか、それともいま一つの方法としては、それぞれの不備が露呈する機先を制して、ぼつぼつ改めていかなければならない。

しかし、実のところ、これら二つの方法のどちらにしてみても、ほとんど実行不可能な気がしてならない。つまり、少しずつ改革を重ねていく立場をとるなら、きわめて遠い存在でまだ芽のうちに、具合の悪い点を見抜けるような鋭い観察力を持った人物が必要だ。ところが、当然こういった理想的な人物は、どんな国家でも容易に見つかる筈もない。たとえ見つかったにせよ、彼の意図を凡俗の者に納得させるのはおぼつかない。なぜなら、人間は自分がなじんだ生き方を、変えようとしないものだから。それも、弊害が実際に眼前に立ちはだかっているわけでもなく、〔警告を受けても〕それが憶測としか受け取られないのだから、なおさらである。

他方、誰の目から見ても、国家の制度がどうも具合が悪い時には、一挙に改めてしまうべきなのだ。しかし、その不備がどんなに明白に見えても、これを匡正《きょうせい》するのは至難のことだ、と思う。というのは、このような改革をやりきるのには、ありきたりの手段は〔一般に〕不適切なものなので、尋常の手段を用いるだけでは不十分である。そんなことよりも、力ずくにせよ、武力を使用するにせよ、非常手段によらなければならない。したがって、何よりも第一に、国家の支配者になっておかなければならない。それから思いのままに権力をふるう必要がある。

ところで、一国の政治体制を再編するには、高潔な人物が必要だ。一方、力ずくで共和国の支配権を手中に収めるには、悪知恵の働く男でなければならない。しかしながら、高潔な人物が君主になるために、その志がどんなに立派でも、感心できない手段を用いることは、きわめてまれにしか見られない。

またこれとは反対に、君主になった一人のよこしまな人物が急に気が変わって善行を施したり、不正の手段で手に入れた権力を、今度は正しく用いようと思い立つような例も、きわめてまれである。

以上述べてきたことを総合すると、次のような結論が生まれてくる。すなわち、腐敗した国家にあっては、自由な共和政体を維持したり、新たに生み出すことはとても難しいか、あるいは不可能だということである。

さて、一つの政体を打ち建てて、これを維持していかねばならないことが仮にあるとすれば、共和国を造るよりは君主政体を導入するほうが都合がよいように思われる。なぜなら、法の権威に従わないほど横柄な人民も、王権に近い権力なら、何とか抑えられるからだ。その他の手段を使って、人民を好ましい方向へ向けようとしたところで、すでに、クレオメネスについて述べた[1]ように、結局は残虐きわまる手段を選ばなければならなくなるか、さもなければ、何をやったところで失敗に終わるだろう。

このクレオメネスは、権力を独占しようとして監督官《エフォロイ》を殺してしまった。またロムルスも同じ理由で、自分の弟とティトゥス・タティウスを殺《あや》めてしまった。しかし、その後で両人とも手に入れた権力を善用している。しかしながら、たとえそのような事実があったにもせよ、二人とも、この章で対象として考えている、腐敗堕落した人民を相手にしているわけではなかったことに、注目する必要がある。だからこそ、彼らは理想を求められたのであり、自分の計画をカムフラージュして、それを実行したのである。

19 惰弱な君主でも強力な君主の後を継いだ場合には国家をしばらくは維持することができる、しかし無力な君主が二代続いた場合には国家を維持することはできない

ローマ建国当初の三代の国王、ロムルス、ヌマ、トゥルス[1]の資質《ヴィルトゥ》や業績に思いをいた

してみると、当時のローマは幸福の絶頂にあったのではないか、という気がしてくる。さて、ロムルスは勇猛で武断の国王であり、それに続くヌマは冷静で信仰あつい人物で、第三代目のトゥルスはロムルスに似て武勇に優れており、内治よりも外戦に精魂を傾けることを好んだ。歩みはじめた頃のローマには、国内の生活に基礎を与える立法者の出現が、どうしても必要だった。ところが、後に続く諸王は、かつてロムルスの示した〔対外的な〕武勇《ヴィルトウ》を用いる行き方に立ち戻らねばならなかった。さもなければ、ローマはたちどころに弱体化して、隣国の好餌《こうじ》になったに違いないからである。

さてこの場合、先王ほどの才幹《ヴィルトウ》に恵まれない後継者でも、先王の遺徳に浴してうまく維持していけるものであるし、さらに先王の苦心のたまものである治績の成果を享受できる。ところがたまたま、この後継ぎである国王が長生きをするとか、あるいはこの王のさらに後に出てくる王が初代の王に匹敵する能力《ヴィルトウ》と勇気を持っていない場合には、この国の崩壊は火を見るより明らかである。

これとは反対に、並外れた手腕《ヴィルトウ》と高徳を兼ね備えた国王が二代も続けて出現すれば、大偉業が達成され、その名声は天にも届くほど高められるのを眺められよう。

さて、ダヴィデは疑いもなく、軍人として、また学者として、さらに裁判官として、きわめて優れた才幹《ヴィルトウ》を備えた人物だった。彼は軍事的能力に秀で、近隣諸国を破って服従させたのち、息子のソロモン[2]に平和な王国を残した。後を受けたソロモンは戦争によらずに、もっぱら平和的な手段で国家を維持して、父王の遺徳と遺業を、楽々と享受することができた。ところがソロモンは、その子レハブアムに同じような遺産を残すことができなかった。またレハブアムも、祖父が持っていたような手腕もなければ、父が得たような幸運《フォルトゥナ》にも恵まれなかったので、わずかに王国の六分の一を遺産として残すのがやっとだった。

一方、トルコのスルタン、バヤジット(3)は戦争よりは平和を愛好した人物であったが、彼も父のメフメット二世(4)の遺業を享受することができた。メフメット二世という人物は、ちょうどダヴィデのように隣国を征服して、息子に強固な王国を残していた。だから息子のバヤジットは、平和的な手段だけでやすやすと王国を維持していけたのである。だが、バヤジットの息子セリム(5)〔現在のスルタン〕が〔文弱な〕父に似て、〔尚武の〕祖父の血を受けていなかったら、トルコはすでに滅びていたに違いない。ところが実際は、彼は祖父の名声をしのぐばかりの人物であるようだ。

以上のような実例から、次のように言えると思う。卓越した君主の後を受けて、迫力に欠ける君主が出たところで、国家は持ちこたえていける。しかし、このような弱々しい国王が二代重なって位についたら、フランス王国の例に見られるように、古くからの制度で支えられていなければ、とてもその国は維持できるものではない。ついでながら、右に使用した「弱々しい国王」という意味は、戦いの駆け引きがうまくできない国王のことを指している。

さて、いよいよ結論である。それは、ロムルスの偉大な力量こそが、ヌマ・ポンピリウスによる長年のローマ支配を、平和的な手段で可能にしたのだということである。ヌマの後を継いだのはトゥルスだったが、その武勇はロムルスの名声をしのばせるものがあった。トゥルスの後継者アンクス(6)は生まれ持った才能があって、平和的手段と戦争を同じように使い分けることができた。はじめのうち彼は、平和的な手段に訴える方針を立てていたのだが、そのうちに近隣諸国がローマを弱体だと思い込み、いささかこれを軽んじるかのような気配が察知されるようになった。そこでアンクスは、ローマを維持していこうとすれば、ヌマの方式ではなく、ロムルスのやり方に倣《なら》って戦争へ踏みきらねばならぬ、と考えるようになったのである。

国家を統治していこうとするすべての君主は、以上述べてきたことから先例を摑み取らなければならない。なぜならヌマのやり方を踏襲しようとする君主は、彼をめぐる時代《テンピ》や運《フォルトゥナ》によって、王位を保つことができることもあれば、時によっては、失う事態に陥らなければならないであろう。ところが、ロムルスの先例に倣って、彼のように細心な配慮と武力で身をかためておけば、何かしら頑強で抵抗しえないような力でうちひしがれない限り、必ず国を堅持していけるであろう。

もしローマが、三代目の王に勇武をもって鳴る〔トゥルスのような〕人を得なかったら、その地歩を獲得はできなかったろう。またローマが打ち建てた偉業も実現しなかったことであろう。また、それほどでなくても、筆舌に尽しがたい困難につきあたった上で〔やっと〕足場を固めることができたであろう。また、ローマが得た成果を達成できなかっただろう。

このように、国王によって統治されている限り、ローマは惰弱な、あるいはよこしまな国王によって破滅させられる危険に、絶えずさらされていたのである。

20　有能《ヴィルトゥ》かつ高潔《オージ》な君主が二代続く場合、その成果は計り知れない、また体制の完備した共和国では当然手腕《ヴィルトゥ》のある統治者が続出するので、国土及び国力は非常に大きく発展する

ローマは、王を追放してしまってからは、すでにこれまで述べてきたような危険(1)にはさらされずに済むようになった。それというのも、それ以前に位についていた王たちは、揃いも揃って腰抜けであって、その上邪悪であった。ところが、最高権力は執政官《コンスル》の手中に移ることになった。しかも、彼らは世襲や欺瞞《ぎまん》や露骨な野心などによらずに、自由な投票にまかせて執政官の権力を得ていたのだから、常に、みな揃って清廉潔白の人物だった。これらの人物の手腕《ヴィルトゥ》と名声の恩恵に絶えず浴していたローマは、やがてその全盛期に到達することができた。この全盛期は、ローマが王の支配下にあった期間とほとんど同じくらいの期間続いたのである(2)。

有能で高潔な支配者が二代続いて立てば、全世界を征服するに足る、と考えられる。このことはマケドニアのフィリッポスとアレクサンドロス大王の例からも、理解できよう。この点に関する利点は共和国の場合、さらに大きなものとなるに違いない。なぜなら、共和国における選挙という方法は、王国のようにたった二代の君主を生むだけではなく、次から次へと無限に続けて、きわめて能力の高い為政者を選んでいくからだ。そして、体制が確立整備されている共和国はどこでも、以上のような立派な継承が行なわれることとなる。

21　自国民で編成された軍隊を持たない君主や共和国は大いに非難されるべきである

今日の君主や共和国の中で、攻防を事とする時に、自国民からなる軍隊を使用していないものは、それだけで自らを深く恥じなければならない。さらにトゥルスの示した模範を見れば、次のことが確信できよう。すなわち、国民軍が存在せぬのは兵士になるに適した人材を欠いているからではなく、自国民を軍役に奉仕させるようにうまくもっていけない為政者自身の罪に原因がある。

トゥルスの先例とは、次のようなものだ。トゥルスが王位についたときには、四十年間ローマに平和が続いていたばかりに、ローマでは実戦経験のある人間を一人として見つけられなかった。ところが、戦争をもくろんでいた彼は、戦争には慣れていても、サムニウム人やエトルスキ人、あるいはその他の部族を使う気にはなれなかった。

そこでトゥルスは、思慮深い名君の名を裏切らず、自国の人民を軍役に使おうと決心した。彼の手腕《ヴィルトゥ》はまことにずばぬけていたので、瞬く間に彼の支配の下で最強の軍隊を造り上げることができた。

人間はごろごろしているのに、兵隊のなり手がないというのは、君主の責任なのであって、別に地理的な、あるいは自然的な欠陥によるのではないことは決まりきった道理である。

この点について、ごく最近の記憶に生々しい実例をあげておこう。周知のように、ごく最近イギリス王[1]がフランス王国に攻め入った時のことである。その時、彼は自国民以外の軍隊は用いなかった。ところがイギリスは、三十年このかた戦争をやったことがなかったので、兵士にしろ将校にしろ、軍事体験を持った者はいない。にもかかわらず、イギリス王はためらわずに彼らを率いて、武勇の誉れ高いフランスに攻め入った。フランスといえば、指揮官や訓練の行き届いた兵士を無数に備えており、彼らはイタリアで行なわれている戦役に絶えず参加していたのである。イギリスのフランス進攻はとりもなおさず、このイギリス王のような用意周到な名君が現われ、かつその王国が整備充実されてしかも治にあって乱を忘れないときに限って、はじめて可能となってくるものである。

テーバイの人ペロピダスとエパメイノンダスとは、祖国を解放してスパルタ支配による束縛を取り去った。しかし、その後で彼らは、テーバイの都市がすっかり奴隷根性に慣らされていて、惰弱な人間が満ち溢れているのを知った。剛胆な二人はためらうことなく、彼らに武器をとらせ、共に戦場に赴いてスパルタ軍と相見え、これを打ち破った。

この点について、ある歴史家(2)は次のように書いている。戦士が育まれるのは、あながちラケダイモンにおいてばかりとはいえない。もし誰かが人びとに武器をとるように指導さえすれば、人間さえ住んでいるところなら、どんな国でも軍隊は育つものだということを、これら二人の人物は、短時間の間に実証したのである、と。

この実例として、トゥルスがローマ人をどのように軍事的に指導しえたかということがあげられる。ウェルギリウスは、このような考えに適切この上ない表現を与えた。他のどんな言葉をもってしても、それに匹敵しうるものはあるまい。すなわち言う。

かくてトゥルス、その怯懦《きょうだ》の士の手に
武器をとらしめ、奮い立たせたり(3)

22 ローマのホラティウス家の三人の戦士とアルバのクリアティウス家の三人の戦士との間の決闘について何を記憶するべきか

ローマ王トゥルスとアルバの王メティウスとは、それぞれの国から三人のチャンピオンを出して戦わせ、それに勝ち残ったほうの人民が、敗れたほうの人民を支配しようと意見がまとまった。アルバ側のクリアティウス家の三人は、全部殺されてしまい、ローマのホラティウス家のうちの一人が生き残った。この結果、アルバ王メティウスは、配下の人民とともにローマの支配に甘んずることとなった。さて、勝ち残ったホラティウス家の一人は、ローマに帰還し、彼の妹に会った。

ところがこの妹は、殺されたクリアティウス家の戦士の一人と結婚しており、夫の死を悲しんで泣いていたため、兄は彼女を殺してしまった。この罪を咎《とが》められたホラティウス家の一員は、裁判にかけられることとなり、さんざん議論をしたあげく、釈放されることに決まった。この釈放の理由は彼の勲功によるよりも、むしろ彼の父の嘆願によるものであった。

さて、ここで、次の三つの点に注意しなければならない。第一には、自国の軍隊の一部だけで戦争をして、国家の全運命を賭けるようなことは断じてやってはならないということ。第二には、いやしくも法律制度の完備した国家にあっては、罪を犯した者は、たとえ功績があったからといって、帳消しにしてはならないということ。さて第三には、約束を相手方が守るかどうか疑わしい時、あるいははっきり疑えるような時は、取り決めをしないのが賢明なやり方だということである。なぜなら、一国が他国に奴隷化されるということは、重大事だからである。

だから両国の王も、あるいは人民も共に、互いに三人ずつの勝負の結果で自分たち全体の運命を決めてしまったことに、満足しているとはどうしても信じることはできない。

メティウスが、その後やろうとしたことを見ればよくわかる。なるほど彼は、ローマの代表戦士が勝った直後、敗北を認め、トゥルスへの服従を約した。ところが、彼も参加を余儀なくされたウェイイ人に対する第一回の遠征では、彼はローマ王を欺こうとしたようだ。メティウスは自分が結んだ不用意な約束に、いまさらのように気づいたのだが、すでに手遅れであった。

この第三の項目については、以上で述べたことで十分だから、続く二章の中で、他の二つの項目について説明しよう。

23　全力をふりしぼらずに全運命を賭けるようなことがあってはならない、ゆえに、軍事的要衝だけを防御するのは大変危険である

全精力を集中せずに自己の全運命を危険にさらすのは、決して賢明な策とは考えられない。色々違った形で、こういうことはくり返されてきている。

その一つは、トゥルスとメティウスとが行なった例の事件である。この二人の王は、祖国の全運命と、両国の軍隊を構成している多くの人びとの名誉とを、人民のうちのたった三人の市民の武勇《ヴィルトゥ》と幸運《フォルトゥナ》に委ねたのであった。この三人という数は、二人の王がそれ

ぞれ抱える軍隊の数に比べれば、まったくなきに等しい数だといえよう。二人の国王が、こういう暴挙を敢えてした時、次のような事実に気づかなかったのであろう。

つまり、彼らの祖先たちが国家建設にあたって、永久に自由を確保し、かつその市民を自由の守護者に仕立てるために、どれほどの辛苦を続けたかということ、さらにその努力の成果も、少数の者の手に委ねて手放してしまえば水泡に帰すかもしれないことには、思い及ばなかった。二人の王が打った手ほどまずい方法は、他には考えられない。

さらに、〔二人の王が冒したような危険は、〕敵軍が進撃してきた場合、その前進を阻止するために、要害の地によって守りを固めたり、敵軍が進撃してくる通路を警戒しようとする場合にもたいてい生じる。このようなやり方は、必ずといってよいほど、危険をはらむものなのだ。なぜなら、このような要害堅固の場所では、全兵力を思いのままに配置できないからである。

もし思い通り配置ができる場所なら、それに沿った〔全軍配置の〕決断をとるべきだ。その地点の地形が険難で、とても全軍を配置できないようなら、この方法は百害あって一利ないものとなる。

私がこのような考えを持つに至ったのは、次のような実例に影響を受けているからだ。山地や絶壁に取り囲まれた国が強力な敵国から攻撃にさらされた時は、要路や山によって戦いを交えようとするのではなく、普通その場所から前進して敵を求めて戦うものである。また、もしそうしたくない時には山を降りて、戦いやすい広々した場所で、敵軍の進撃を待ち受けるものである。

こういう作戦を立てる理由は、すでに述べておいた。実際のところ、険しい地形によって守る時には、多くの兵員を配置しておくことができないからだ。つまり、そんな所では大軍が長期間陣を張れないし、またこのような狭隘《きょうあい》な地点では、少数の兵員しか配置できないので、敵が大軍をもって押し寄せてくれば、とても支えきれないからである。

一方、敵側にしてみれば、その場所に大軍を差し向けることはいとたやすい。なぜなら、敵の目的はその場所に駐屯することではなく、そこを突破することだからだ。ところが守る側では、大軍をもって防備を固めるわけにはいかない。なぜなら、敵がいつ例の狭隘な荒地を突破しようとするのかはわからないので、常時そこで露営をしなければならないからである。

さて、国の当局者も、この地点を確保しようともくろみ、さらにその国民も軍隊もその要害に頼りきっている時、この要害が占領されるようなことがあれば、国民と残余の軍隊は必ずや恐慌状態に陥り、気力《ヴィルトゥ》を全部出しきらないままに敗れてしまう。このようにして、その国は軍隊の一部を使っただけで、国家の運命全体を失ってしまうことになるのである。

ハンニバルが、フランスとロンバルディーアとを隔てるアルプスの天険をどんなに苦労を重ねて通過したか、またロンバルディーアとトスカーナとを分かつアペニン山脈の峰を、どんな辛苦の末踏破したかは、周知の事実である。

一方、ローマ人は最初はティキヌスのほとり、続いてアレチウムの平原、〔トラシメヌスの湖で〕ハンニバル軍を迎撃しようとした〔前二一七〕。ローマ軍は、山地にハンニバル軍をおびきよせておいて、その地形の難しさを利用されて撃破されるより、むしろ勝つ機会のあるところで戦って敗れるほうを好んだのだ。

様々の史書を注意して読むと、有能な指揮官ならば、このような要害の通路の確保だけに終始するのは、きわめて少なかったことを知りうるだろう。その理由はすでに述べた通りだが、その他に、その道を確保したところで、完全には全体の交通を遮断《しゃだん》できなかったからに他ならない。というのは、山地といえども平野と同じく、踏み固められて人通りの多い通路だけでなく、よそものは気づかないが、地元の人間なら知っている間道も多いので、これを利用すれば、どのように阻止したところで、敵はその意表をついて望みの地点に姿を現わすことができるからである。

この点に関しては、一五一五年というごく新しい時の実例をお目にかけることができる。(1) フランス王フランソワ一世が、ロンバルディーア地方を再占領(2)するためイタリア侵入をもくろんだとき、それを阻止するイタリア人の一番のよりどころは、スイス人がアルプスの要路を利用してフランス軍の進撃を阻止してくれるに違いないということであった。ところが、それから実際に起こったように、これは無駄な期待だということになった。

なぜなら、フランス王はスイス人が固める二、三の要路をはずして、あまり知られていない別の通路〔マッダレーナ峠〕を越えて、イタリア人がまだ何も気づかないうちにイタリアに侵入したからであった。そこで肝をつぶしたイタリア軍は、ミラノに退却してきた。一方、フランス軍がアルプスで前進を阻まれるに違いないという期待を裏切られたロンバルディーアの住民は、今やすべてフランス人の側に加わるようになったのである。

24　統治の行き届いた国家では、市民に対する賞罰の制度が定められている、したがって、功績があったからといってその罪を差し引くということはありえない

勇敢にもクリアティウス家の三人を打ち破ったホラティウスの武勲は、まことに計り知れないものであった。しかし、妹を殺してしまったことは、なんといっても恐ろしい大罪に間違いなかった。ローマ人にとって、この大罪は許されるものではなかったので、彼が立てたばかりの手柄は並外れた、かつ生々しいものではあったが、死刑にするかどうかを論議することになった。

こういうことの次第は、表面的にしかものを考えない人びとにとっては、人民の忘恩的な傾向の一つの現われだ、ということになるかもしれない。けれども、もっと深く検討しようとする人、また国家の仕組みがどうあるべきかをさらに思いめぐらす人ならば、人民が彼を処罰もせずに、逆に釈放してしまったことを責めてしかるべきであろう。

その理由は、法律制度の整備された国なら、どんな国家でも、その市民に功績があった

からといって、彼が犯した誤ちを大目に見るようなことは、断じてありえないからだ。立派な仕事をやりとげた者には褒賞《ほうしょう》が与えられ、悪事を働いた者には罰が下される。したがって、善行ゆえに表彰されたその当人が、その後で罪を犯したら、以前の善行をなんら考慮に入れずに、罰せられることとなる。

はっきりとこの制度が守られていけば、国家はいつまでも自由を謳歌しうるであろう。その逆ならば、国家はたちまちに滅ぶことは必至である。仮に祖国のためにすばらしい仕事をやりとげた市民が、それによって得た名声に酔って、向こう見ずとなり、よからぬ行為に及んでも処罰の心配がないと思い上がるようになれば、たちまちに横柄になって社会の手綱がゆるんでしまうだろう。

さて、悪事を犯せば罰せられることを心に植えつけようとするなら、ローマのように、善行には褒賞を与えることが基本である。国家が貧しくて、貧弱な褒美しか出せなくとも、少ない賞でも出ししぶってはならない。どんなにささやかな褒美だって、たとえ大きな善行に対する表彰として与えられたものでも、受け取る側にとっては、栄誉ある最大の贈り物として重んぜられよう。

ホラティウス・コクレスとムティウス・スカエウォラの物語は、特に有名である。前者は橋の上で、橋が落ちてしまうまで一人で敵軍を支えたのだし、いま一人のほうは、エトルスキ王ポルセンナを殺しそこなった腕に罰をくらわせるために、それを焼いてしまったという人物である。こういう立派な振舞いをした二人に対して、それぞれ二スタイアの土地が政府から与えられた。

また、マンリウス・カピトリヌスの話も有名である。彼は、その前に布陣していたガリア人からカンピドリオの丘を救ったのだが、その時彼と一緒に包囲されて戦った人たちから、少量の小麦粉が贈られた。ところが、少量ながらこの褒美は、当時ガリア人の包囲が引き起こしたローマの窮屈な食糧事情からすれば、大変なものだった。

けれども、そののちマンリウスは、栄達を我がものにしようとあせったのか、あるいは持って生まれた性格の悪さが災いしたものか、ローマに反乱を起こすために、人民の支持を得ようとした。そして、彼の功績にはなんの配慮も加えられないまま、以前は奪回に成功し、彼に栄誉をもたらしたあのカンピドリオから、まっさかさまに投げ落とされてしまった。(1)

25 自由な国家において現制度を改革しようとする者は、少なくとも旧制度の外見だけは残しておくべきである

一国の政体を改革しようとする人は、改革がみんなに受け入れられて、またみんなが満足してこれを維持していくのを望むように、せめてこれまでの制度の外見だけでも残して

おく必要がある。すなわち新しい制度の実体が、これまでのものとはまったく無関係なものになったとしても、人民が、何の変更もなかったと思い込むようにしむけなければならない。というのは、大多数の人間は、実体と同じくらいに外見にも心を奪われがちなものだから。というよりは、むしろ実体はそっちのけにして、外見だけで動かされることが多いからである。

こういう事情があるので、ローマ人は共和政の当初に、この必要性《ネチエシタ》を認識しており、一人の国王の代わりに二人の執政官を置くことにしたのだった。そして、王に随行していた従者の数を超えないように配慮して、執政官の警護にあたる人員も十二人以下に制限した。さらに、ローマで毎年行なわれていた犠牲《いけにえ》の例祭は、国王自らが儀式を執り行なうしきたりであったが、王がいなくなったため、昔の何かの名残りを人民がなつかしむことのないようにとローマ人たちは望んで、この儀式の主催者を作った。そして、これを「犠牲祭の王」[1]と呼び、さらにこの職を最高の聖職者に委ねることにした。人民は犠牲の祭が、このやり方で執り行なわれるのに満足した。こうして、祭に王がいないのを見て王政を復活したいものだ、などと人民が考える根拠がなくなった。

さて以上の事柄は、国家の旧来のしきたりを払拭《ふっしょく》して、新しく自由な方式を導入しようと考えている人なら、誰でも守らなければならないことである。

つまり、新方式によって人びとの頭を新しく切りかえさせる時でも、できるだけ旧来の方式をとどめておくように工夫しなければならない。また行政官の人員や権限や、その任期をすっかり変えてしまうことがあっても、少なくとも昔ふうの名称だけはそのままにしておかなければならない。すでに言ったように、共和政であろうと君主政であろうと、政権を確立したいと考える人は、ぜひ以上のことを守らなければならない。

しかし、これに反して、多くの論者が僭主政と呼んでいる、絶対的権力を獲得しようと志す人物は、次章で述べるように、なにごともすべて、改めてしまわなければならぬのである。

26　一都市または一つの国を征服した新君主は、なにもかも新しく編成しなおすべきである

ある都市、またはある国家の君主になった者は、誰でも次のことに配慮しなければならない。特に自分の権力基盤が弱く、かつそれまでの君主政や共和政の原則を用いたくなければ、自己の支配権を確保しうる最上の手段は、君主になったはじめから、国家全体を抜本的に改革してしまうことである。

すなわち新君主は、新たな職名、新しい権限、新しい陣容による行政官を任命して、その国家のすべてを一からはじめなければならない。そして、ダヴィデが王になった時にやったように、金持を貧しくし、貧しき者を富ませなければならない。まさに、「飢えてい

る者を良いもので飽きさせ、富んでいる者を空腹のまま帰らせ」[1] るようにしなければならない。

さらに、新しい都市を建設し、古いものを壊さなければならないし、住民を一つの場所から他の場所へと移しかえなければならない。つまり、その国の古くからあるものならなんでも、元のままにしておいてはいけないのである。

要するに、君主から与えられたものと認められて所有するものを除き、位階、階級、身分、そして富を、この地方に何ひとつ残しておいてはならない。さらに新君主は、常にその規範をマケドニア王フィリッポスにとらなければならない。彼はアレクサンドロスの父で、ここに述べた政策をとって、小国の王からギリシア全体を支配するようになった人物である。フィリッポスを扱った歴史記述によれば、彼はあたかも羊飼いが羊の群を一つの場所から他の場所へと追っていくように、人びとを一つの地方から別の地方へと移動させたのであった。

こういったやり方は、キリスト教の立場からだけでなく、人間としての立場からいっても、残酷きわまるもので、あらゆる生活を破壊するものだ。どんな人でも、人類の破滅をもたらすような王に支配されるくらいなら、いっそ逃げだして、一人で生活したくなるに違いない。けれども、善行という第一の道筋を取り上げるのに気が進まぬ人間にとっては、当人が持っているものを手中にしておきたい時には、この好ましくない道に入るのが得策である。[2]

けれども、人間は中道をとって、そのために大変な危険に引きずり込まれるものだ。というのは、人間は、完全な善、あるいは完全な悪に徹底してなりきれない存在だからである。これについては、次章で実例をあげて説明することにする。

27　人間は、悪党になりきることも善良になりきることも、まずできないものである

一五〇五年、教皇ユリウス二世はボローニャに赴き、百年の間そこに君臨していたベンティヴォリオ家を追放した。さらに彼は、ペルージアの僭主、ジョヴァンパゴロ・バリオーニ(1)をも追い出そうと、もくろんでいた。これはユリウスが、教会領を侵していたすべての僭主に対して企んだ陰謀の一部をなすものだった。

ユリウスがペルージアに到着した時は、彼の考えはすっかり知れ渡っていた。ところがユリウスは、〔十分な〕護衛の兵力をひきつれてペルージアに入城するのを待たなかった。つまり、城内にはジョヴァンパゴロが防衛のため大軍を集結していたにもかかわらず、教皇は軍隊を伴なわずに入城してしまったのである。

ユリウスは彼の全行動を一貫するいつもの熱狂的な傾向に導かれて、ごく身のまわりの護衛だけを伴なって敵中に身を投じたのだった。

そして、すぐさまジョヴァンパゴロをそこから連れ去り、その後釜に総督を置き、この

総督に教皇領に対する責任を持たせた。その時教皇と行動を共にしていた具眼の士(2)は、教皇のいつに変わらぬ大胆不敵な行動に舌を巻くと同時に、ジョヴァンパゴロの臆病さに気づいたのであった。

また、これらの同行者には、ジョヴァンパゴロがなぜ〔この好機をとらえて敵である教皇に〕一撃を喰らわさなかったのか、どうしても納得できなかった。なぜなら、思いきって彼がそれを断行していたら、のちの世まで名声を轟かせたろうし、また同時に、略奪で大変な富を手中にできたはずなのに。というのは、この教皇には全枢機卿が、それぞれありとあらゆる贅《ぜい》を尽して身を飾って従っていたからである。

この挙に出ないように、ジョヴァンパゴロを押しとどめたものが、彼の心の中の善意とか良心とかだとは信じられない。というのは、実の妹と近親相姦《そうかん》の事実があり、王位を奪うためには、従兄も甥も殺してしまったこの破廉恥漢の心の片隅には、いかなる慈悲心めいたものも残っていることはありえなかったからだ。

だが、ジョヴァンパゴロのこの行動から、人間とはどんな悪でも平気で犯せるものでもないし、かといって、完全無欠な聖人でいることもできないものだという事実を引き出すことができる。そして悪事が、それ自体にスケールの大きさといくらかの大まかさとを持つ場合には、ジョヴァンパゴロは悪事に手を出すことができなかった。

このようなわけで、近親相姦や親族殺しの汚名を浴びても平気であったジョヴァンパゴロでさえも、みんなからその勇気を間違いなく称えられる行為を公然とできる好機がやって来たのに、なす術を知らなかった。というより、もっと正確に表現すれば、行動を起こそうとしなかったのだ。もし彼がこの機会に行動を起こしていたら、長く記憶に残る人物となっていただろう。すなわち彼は、ユリウス一党のように振舞い支配するような輩が、どれだけ軽んじられてしかるべきかを、はじめて教会に教えてやった人物としての栄誉に輝いたことであろう。

それればかりではなく、どんな破廉恥なことでも、またそれに付随して起こる危険でも、いっぺんに吹きとばすような大事業をやっていたことだろう。

28 ローマ人がアテナイ人よりも自国民に対して恩知らずでなかったのはなぜか

色々の共和国の歴史を読んでみると、その歴史が自国民に対する様々な忘恩的仕打ちに彩られているのを見るであろう。ところがローマでは、アテナイや、たまたま他のいずれかの共和国ほどにはその例を見ないのである。この理由をローマとアテナイについて探ってみると、ローマ人は、アテナイ人ほどには自国の市民を疑わなければならない理由がなかったからであろう。まさしくローマでは、王政の廃止以後、スッラやマリウスの時代に至るまで、ただ一人の市民からといえども、その自由が奪われることはなかったのである。したがってローマでは、市民を疑ってかからなければならないこれといった理由がなかった。そのため、当然のことながら、軽々しく市民を損なうようなことも起こりえなかった。ところがアテナイでは、ちょうどこれと反対であった。なぜならアテナイが繁栄の絶頂にあったその時に、ペイシストラトスは、表向きは善意を装いつつ、アテナイから自由を欺むき奪ってしまった。やがてアテナイは自由を取り戻すと、市民は自分たちに加えられた侮辱と、さらにかつての屈辱の日々を思い起こし、たけりくるう復讐の鬼と化したのだった。そして、その市民の中で間違いを犯したものは言うまでもなく、その疑いがあるというだけで、仮借《かしやく》なくこれを罰したのである。

かくて、多くの優れた人材が追放の憂き目にあったり、死刑に処せられることとなった。陶片追放《オストラキスモス》(1)の制度が成立したのは、このような情勢の中からであった。その他のありとあらゆる暴力が、それ以後のアテナイの様々の時代にわたって、上層市民の上に投げかけられていったのである。

共和政について論じた政治学者たちの次の言葉は、まさに真理そのものと言わなければならない。つまり、人民というものは、自由を失わずに持ち続けている場合よりも、むしろ自由を取り戻した時のほうが、過激な行動を示すものだ、というのである。

この言葉をよく味わえば、アテナイをそしるのも、ローマを称えるのも、どちらもできないであろう。これら両国がそれぞれ経験したことがまるきり違ったものであったから、それにつれて両国の差が生まれてきたにすぎない、と言えるだけである。この事実をより深くつきつめて考えるなら、きっと次のことに思い至るであろう。

すなわち、もし仮にローマでもアテナイと同じように、いったん自由を失ったという事実があったとしたら、ローマはアテナイより以上に、自国の市民に対して寛容であるようなことはなかったろう。ローマが王を追放した後で、コラティヌスとプブリウス・ワレリウスに起こったことをめぐり、以上に述べたことがこの上なく正しく推論されうるであろう。

そのコラティヌスという人物は、ローマの解放には与って力があったにもかかわらず、タルクィニウス家の名前をそのまま名乗っていたばかりに、追放の憂き目にあった。また、いま一人のワレリウスは、カエリウスの丘に自宅を造ったので人びとの疑惑を招き、危うく彼も追放になるところだった。

ローマが、これら二人の人物に対し、どれほど疑惑を抱き、苛酷に臨んだかを見れば、その草創期や大をなす以前に、もしアテナイのように自国の市民によってひどい目にあわされたような事実があったら、ローマとてもアテナイ同様、忘恩のそしりを免れなかったに違いないと推測されるのである。

この忘恩という問題を、後で繰り返さなくてもよいように、これに関連した説明を続けて行なうことにしよう。

29　人民と君主といずれが恩知らずか

前章で述べたことに関連して、忘恩的だという非難が当てはまるのは、人民のほうか君主のほうか、いったいどちらかについて述べよう。この問題をいっそう掘りさげて論じるためにも、私はまず、忘恩という悪徳のよってきたるところは、貪欲か、あるいは不信感にあるのだと言っておきたい。

共和国、あるいは君主が重要な遠征のために一人の将軍を派遣する場合、この将軍が大勝を博して非常な栄誉に輝くことがあれば、くだんの君主にせよ人民にせよ、この将軍に対して賞を与えなければならない。

ところが物惜しみしたばかりに、その将軍に賞を与えるどころか、逆に無作法や侮辱という煮え湯を飲ませることにでもなれば、また、この貪欲さによって将軍を満足させることを望まなかったら、その誤ちは弁解の余地のないばかりでなく、汚名は末代にまで轟きわたるであろう。

実際、このような誤ちを犯した君主の実例は、枚挙にいとまがない。その理由をコルネリウス・タキトゥスは、次のような言葉で説明している。(1)「恩には恩でむくいるより、忘恩で裏切るほうがたやすい。それというのも、恩返しをすることは、大変な負担であるのに対し、恩を仇《あだ》で返す仕打ちは儲けにもなる、と考えられるからである。」

物惜しみからではなく、猜疑心《さいぎしん》に動かされて、勲功のあった将軍に与えるべき賞を与えないような場合、もっとはっきり言えば、その人物をおとしいれるような場合は、当事者である人民全体にしろ、あるいは君主にせよ、その忘恩的振舞いは、場合によっては言いわけがつく。このような理由で用いられた忘恩の先例は、書物を読めばどこにでもお目にかかれる。〔それによると、恩を仇で返す振舞いは、次のようにして起こるのである。〕

つまり、派遣された将軍が一大勇猛心を発揮して敵を粉砕し、占領した土地を自分の君主に献じて、自分自身は武勲を轟かせ、部下には富にあずからせたとする。すると自然の成り行きとして、彼の部下はもちろん、敵軍の将兵も、彼を派遣した君主に臣従する一般民衆も、その勝利をやんやと賞《ほ》めそやすこととなる。そのため、せっかくの勝利も、将軍を派遣した君主にとっては、うとましく感じられてくる。

人間は生まれながらにして虚栄心が強く、他人の成功を妬《ねた》みがちで、自分の利益追求には飽くことを知らないから、部下の将軍が勝利を博したとなると、その君主の中には猜疑心が芽生えるのは避けられない。しかも、いったん芽生えた君主の不信感は、将軍の思い上がった横柄な言動に刺激されて、高まらざるをえない。

さて、君主というものは、我が身の安泰を願う以外は、なにごとも念頭にはないものである。この目的を貫くために考えつくことは、将軍を殺してしまうか、あるいは将軍が君主の軍隊や人民の中で勝ち得た名声を台なしにしてしまうか、どちらかである。将軍の名声に水をさすためには、手練手管を使って、次のようなことを証明することである。

すなわち、将軍が勝利を握りえたのは当人の手腕《ヴィルトゥ》が優れていたからではなく、運《フォルトゥナ》がよかったからなのだ。または敵が弱かったか、さもなければ、この将軍と一緒に作戦に加わった他の将軍たちが万事抜け目がなかったからだ、と。

ユダヤにいたウェスパシアヌス[2]が軍隊によって皇帝に推されると、別の軍隊を率いてイタリアに駐屯していたアントニウス・プリムスはウェスパシアヌスに加勢してイタリアに侵入し、ローマに権勢を張っていたウィテリウス[3]と戦うこととなった。そして、ウィテリウス麾下《きか》の二つの軍団に壊滅的な損害を与えて、ローマを占領したのであった。

さて、ウェスパシアヌスの使者ムキアヌスがローマにやって来ると、まず目に触れたのは、あらゆるものを一身に集め、ありとあらゆる困難に打ち勝って日の出の勢いにあるアントニウスの姿だった。ところが、アントニウスの功績に対して与えられた報酬といえば、ムキアヌスがただちにアントニウスの手から軍隊の指揮権を取り上げてしまうということだった。

それればかりでなく、だんだんとアントニウスの手からローマでの権力を取り上げていって、とうとう残らずこれを奪ってしまったのである。そこでアントニウスは、当時アジアにいたウェスパシアヌスのもとに赴いた。ところが、ウェスパシアヌスのアントニウスに対する取り扱いは冷酷なもので、たちまちすべての位階を取り上げられてしまったので、アントニウスは失意のうちに悶死してしまったほどであった。

このような実例は、歴史のどこを開いても、いたる所で見かけるものだ。この現代に生をうけている人なら、誰によらず、ゴンサロ・フェルナンデス・デ・コルドバ(4)がどれほど辛苦を重ね、かつ勇猛心をふるいおこしてフランス軍と戦ったかを承知の筈である。

　ゴンサロ・フェルナンデスはアラゴン王フェルナンド(5)のために、ナポリに兵を出してフランス軍と戦い、これを破ってこの王国を確保した。ところが、彼の勝利に対する論功行賞は、実のところ次のようなものにすぎなかった。つまり、アラゴンを発《た》ったフェルナンド王は、ナポリに到着するとすぐに〔一五〇七年六月〕、まずゴンサロ・フェルナンデスの軍隊指揮権を召しあげて、次にその要塞をも放棄させ、最後にはスペインに連れ帰ったのである。彼はまもなく、栄誉を失って死んでいった。

　さて、以上述べたような猜疑心の強さというものは、もともと君主に具わった本性ともいうべきものなのだから、この悪徳から逃れうるものではない。また、これら君主の旗のもとで戦って勝利を得て、君主に広大な領地をもたらした人びとの勲功に対しても、君主はそれに酬いてやれるものではないのである。

　以上の例に見られるように、君主は猜疑心をどうしても抑えきれないものだとすれば、共和国の人民だとて、彼らの猜疑心をどうしても消し去れないのは不思議ではないし、特記に値することでもない。

　さて一般に、共和政を布く国家では、いつも二つの目的を持っている、その一つは自国を強大にすること、他は自由を維持していくことである。しかし、しばしばそのどちらか一方の欲望が強くなりすぎて、失敗に終わることが当然ある。

領土の拡大に心を奪われて失敗をする例は、後で述べるとして、自由の維持だけに汲々《きゅうきゅう》としすぎて犯す誤ちについて述べよう。それはとりわけ、次に述べるようなものである。すなわち、功績を考えれば賞が与えられてしかるべき人物を、反対にひどい目にあわせたり、また信用されるべき人物を、疑惑のまなざしで見てしまうことである。

すでに腐敗してしまった共和国に、右で述べたような風潮が持ち込まれたりすると、とんでもない災厄を引き起こしかねない。すなわち、ローマでカエサルが振舞ったように、僭主政になってしまう危険がきわめて高いのが普通である。このカエサルの振舞いというのは、本来なら人民の忘恩的な傾向のために、〔功績のあった〕カエサルには、与えられる筈もなかった特権を、彼が力ずくで自分のほうからむしり取ったものである。

ところが一方で、腐敗していない国家に自由擁護の精神が導入されると、共和国にまたとない幸せをもたらすものになり、その国の自由を長期にわたって継続させる原動力ともなるのである。つまり、罰を受けるのを恐れて、人びとはいっそう善行にはげみ、下手な功名心を抑えようとするからだ。

かつて大版図を領有した諸国民の中では、上述の議論からして、とりわけローマ人に忘恩的な傾向が少ないのは事実である。実際、彼らの忘恩の実例は、わずかにスキピオに対する先例をとどめるにすぎない。

コリオラヌスとカミルスとは、二人とも平民に対して無法を働いたため、追放の憂き目をみた。そのうちのコリオラヌスは、心底から人民を憎み続けていたばかりに、終生許してもらえなかった。

ところがカミルスのほうは、ローマへの帰還をかなえてもらったばかりでなく、彼の生涯を閉じるまで、いつに変わらず第一級の人物として尊敬を一身に集め続けたのであった。

スキピオに対する人民の忘恩的な行為は、彼らが他の人物には一度も抱くことのなかった猜疑心が、スキピオから生じてきたからである。

スキピオが打ち破った敵があまりにも手強い強敵であったこと、またあれほど長期にわたった危うい戦争の勝利が彼にもたらした名声、勝機を摑むことのすばやさ、さらに彼の若さ、慎重な配慮、そしてその他のすばらしい能力《ヴィルトウ》、これらすべての事柄が、人民の心の底にスキピオに対する猜疑心を芽生えさせたのである。

スキピオが兼ね備えていたこれらの力量《ヴィルトウ》が、まったくたとえようもなく強大なものであったから、他の者は言うまでもなく、ローマの行政官たちさえも彼の威光に恐れをなしたものだった。このような現象は、ローマではかつてないことだったので、心ある人びとの顰蹙《ひんしゅく》を買うこととなったのである。

このように、スキピオの存在がどう見ても異常なもののように感じられてきたので、高潔な人格をうたわれていたカトー(6)は、行政官が一目置くような市民が一人でもいるような都市なら、自由な都市と呼ばれるに値しないと、スキピオ弾劾の口火を切った。

だからもしこの場合、ローマ人民がカトーの意見になびいたところで、彼らの行為は許されてしかるべきものである。なぜなら、すでに述べたように、人民にしても君主にしても、猜疑心にかられて忘恩的になった場合には、ある程度やむをえないことだと考えられるからである。

さて、この章では、次のように結論づけられる。つまり、忘恩的な行為が用いられるのは、貪欲によるか、あるいは猜疑心によるものであるが、人民の場合には、貪欲に動かされて忘恩的な行為に訴えることはありえない。また、人民が猜疑心に動かされる場合も、君主の場合に比べると、非常に少ないように思われる。それは、人民が猜疑心にかられるような理由が、君主の場合に比べてずっと少ないからである。このことについては、後に述べることにしよう。

30　君主や共和国が忘恩の悪徳を犯すのを避けるにはどうしたらよいか、また市民や将軍が忘恩の被害を受けないようにするにはどうしたらよいか

いつも他人に対する猜疑心に悩まされたり、あるいは受けた恩を仇で返さなければならぬ破目に立たされる君主が、こんなことをしないで済ませようとすれば、それには君主自らが進んで遠征に赴く以外に手はあるまい。自ら遠征することは、初期のローマ皇帝が行ない、今日ではトルコが好んで用いるところのもので、昔も今も、勇武の誉れ高い皇帝がやったことであり、また行なっていることである。

もし自ら陣頭に立って遠征に成功すれば、君主は栄誉と、広大な領土と戦利品すべてが自分のものとなる。ところが、せっかくの遠征軍に君主が参加していないような時は、その栄誉は君主のものとはならず、実戦に参加した他の人のものとなる。そうして、君主たるものは、掌中にすることが自分の利益になるこの栄誉を、他人の手から奪いあげてしまわない限り、戦いに勝っても、得たものを享受できないように思えてくる。そして、忘恩的な挙に出たり、人の道を踏み外したりするようになってくる。

こうなると、まぎれもなく、得るものより損失のほうが多くなる。さて、面倒くさがったり、または先の見通しがまずくて、遠征に自ら出かけずに部下の将軍を派遣しておいて、自分は宮廷でのんべんだらりと日々を送るような君主には、どうぞお気に召すままになさい、とでも言うより仕方がない。

さて一方、こんな君主の部下である将軍についていえば、彼らは、〔せっかく手柄を立てたところで、〕恩を仇で返すような仕打ちに泣かされるのは必至だと思うから、次に述べる二つのうちのどちらかの行動をとるべきだということを指摘しておきたい。

その一つは、勝利を得たら将軍は、すぐさま戦列を離脱して、主君の身近に身を置き、主君が自分にいささかの疑惑も差し挟むことのないようにすることだ。そして褒賞する気にはなっても、危害を加える気にはならないように、傲慢なそぶりも、また功名心にかられた言動をも、いささかも表わさないように身を慎むべきである。

あるいは将軍が、このやり方は得策ではないと考えた場合は、思いきって反対の行動を選ぶべきだ。すなわち、戦争によって獲得したものは将軍自身のものであり、君主のものではないと人びとが信じるように、あらゆる努力をかたむけるべきである。

そのためには、この将軍は兵士たちや領民を懐柔し、隣国の君主たちとは改めて友好関係を樹立して、腹心の者に国内の要衝を占領させ、主君側の軍隊の中堅を買収し、買収に応じない者を確かめておいて、主君がやがて自分に飲ませるに違いない忘恩の煮え湯を、あらゆる手だてによって〔あらかじめ〕封じ込めておくべきである。それには、右に述べてきたような二つの道以外に方法はない。

ところが、すでに述べておいたように、(1) 人間は、とことんまで陰険になり切ることもできなければ、また、そこぬけに善良になることもできないものである。したがって、大勝利を博した後の将軍は、えてして、軍隊ときっぱり手を切ったり、へりくだって身を処していくことが、どうもできないものである。かといって、自分の行為に尊敬を抱かせる思いきった手段に出ることもためらわれる。したがって、どちらつかずでぐずぐずするうちに、息の根を止められてしまうのである。

共和国にとって、忘恩的な挙を避けようと思えば、すでに君主の場合について論じたのと同様の手段を用いることはできない。すなわち、他人まかせにせずに、君主は自分から一市民に委せなければならないからだ。遠征軍を率いていけばよいのだが、共和国の場合には、どうしても遠征軍を自国の一市民に委せなければならないからだ。

この場合私が推奨したい手段は、実は、ローマ共和国が取り上げていたのと同一のことをやってみよ、ということである。〔遠征軍を他人まかせにせずに、共和国が直接把握したおかげで、〕ローマは、他の国に比べて、さほど忘恩的なやり方を犯さないでも済んだのである。

その方法がとれたのは、ローマの統治形態のしからしめるところだった、とも言える。というのも、ローマでは戦争になると、貴族だろうと平民だろうと、全市こぞって従軍する建前となっていたからだ。それでローマでは、いつの時代に限らず、数々の戦勝の栄誉に輝く武勇の誉れ高い人びとが輩出した。そして、このような有力な人物の数が多いおかげで、お互いに牽制《けんせい》しあうことになって、そのうちの特定の一人だけを対象として猜疑心を燃やす理由はなくなったのである。

一方これら有力な人びとも、厳正に身を持し、いやしくも一かけらでも野心を抱いてないか、と人民に疑われぬように注意をし、また彼らが野心的な人物だとして人民に攻撃させるような根拠も与えぬようにした。それで臨時独裁執政官《ディクタトール》になった時には、その職を辞すのが早ければ早いほど、より大きな栄誉が手に入った。

以上のような、ローマで用いられた方法にあやかっていけば、特定の人物に対して猜疑心がわくことはない。したがって、功績のあった人物に、忘恩的に振舞うこともなくなってくるわけだ。だから、忘恩的な行為だけはご免こうむりたいと願う共和国であれば、ローマの先例に倣って統治するよう心がけるべきであろう。また一人ひとりの市民も、〔功績のあった者に恩を仇で返すという〕あの非難から逃れようとすれば、必ずや、ローマ市民が守っていた方式に従わなければなるまい。

31　ローマの将軍たちは過失で犯した罪で厳しい罰を受けることは決してなかった、たとえローマに損害を与えたとしても、無知とかまずい決断のためであれば罰せられることはなかった

すでに論じたように、ローマ人は他の共和国に比べて、自国の功労者に対して、さほど忘恩的な振舞いに出なかったばかりでなく、その軍隊の将軍を処罰するにしても、他の国では見られないような温情と深い思いやりを示した。というのも、将軍の犯した罪が故意であったところで、彼らは人間的な取り扱い方で罰せられたからである。また故意ではないときは、まったく処罰せられなかっただけでなく、賞を受けたり名誉を与えられたのである。

このようなやり方は、ローマ人には、当り前のことと考えられていた。というのも、軍隊を統率する将軍にとって、その任務を遂行するにあたって、心を自由でのびのびした状態に置き、〔作戦の〕決断を下すにあたって別の筋違いの事柄にわずらわされぬことが、非常に大切なことだと考えられていたからである。

そして、〔それ自体ただでさえ〕難しくて危ない軍隊統率という厄介な仕事の上に、さ

らにいま一つ、新手の面倒で物騒な用件を持ち込むことは好ましくない、とされていた。つまり、そんな厄介なことまで背負い込ませたら、どんな将軍でも、勇敢に作戦に従事できなくなると考えられていたからである。

例えばローマは、マケドニアのフィリッポスと戦うために、ギリシアに軍を送らねばならなかった。あるいはハンニバルを迎え撃つために、またはローマが以前に制圧した異部族〔の反抗を〕抑えるために、イタリア各地に軍隊を動かさなければならなかった。そんな場合、遠征軍の指揮にあたった将軍は、重責かつ重大きわまりない遠征という大事業が当然もたらす、ありとあらゆる気づかいの重荷を背負い込むことになった。

ところが、このような心労に加えて、戦闘に敗れたことで磔《はりつけ》にされたり、その他のやり方で死刑になった多くのローマの将軍のことが耳に入りでもすれば、その将軍の心の中に逡巡遅疑のために果敢な行動に出るなど思いも及ばぬこととなってしまうであろう。敗戦の汚名は当の将軍たちにとっては、それだけでこの上ない罰だと考えられていたので、それに追い討ちをかけるように、別の重罰を科してまで将軍連の肝をつぶさせるまでもないと、当時の人びとは考えていたのである。

さて、次に掲げる実例は、故意に犯した罪に対しては、どんな処置がとられたかを示すものである。

セルギウス(1)とウィルギニウス(2)とは、ウェイイ人との戦いに参加し、それぞれ別の方面を受け持って配置についた。セルギウスは、エトルスキ人が進撃してくるかもしれぬ前面の守りをかため、ウィルギニウスは別の場所に陣を張っていた。たまたまセルギウスは、ファレリ人(3)やその他の種族に攻めたてられたのだが、彼はウィルギニウスに援軍を求めるくらいなら、いっそ打ち負かされて敗走したほうがましだ、と考えた。

一方ウィルギニウスのほうは、自分の競争相手がさんざんな目にあえばおもしろいと思っていたので、セルギウスの軍隊を助けにいくくらいなら、祖国が敗戦の憂き目にあおうと、セルギウスの軍が壊滅しようとかまうものか、と構えていた。これは明らかに背任行為であって、記憶されてしかるべき悪質のものである。

もし、二人の将軍のうちのどちらかでも処罰を免れるものなら、それはローマ共和国の名をはずかしめるものである。ところが、他の共和国でなら必ず死刑になったはずなのに、ローマは二人に罰金刑を申し渡したにすぎなかった。しかし、このような結果となったのは、二人の犯した罪が重い刑を受けるに値しないからではなくて、ローマ人は、すでに説明したような理由で、この場合も、昔からの伝統的なしきたりを守ろうとしたからなのである。

故意ではなく犯してしまった誤りをどう処理したかという点については、ワロ(4)の実例にすぎるものはない。この人物の軽率な行動のために、ローマ人はカンナエでハンニバルに大敗を喫したのであり、共和国は危うく自由を失うところだった。けれども、ワロの行動は知らずにやったので、悪意からではないので、ローマ人は彼を処罰しなかったばかりでなく、賞《ほ》めそやしたものだった。そして元老院議員《セナトウス》全員が、こぞってワロのローマ帰還を迎えたのである。もっとも、ワロのもたらした敗戦に謝意を表するわけにもいかなかったので、彼が無事ローマに帰還したこと、それに彼が祖国の非運にもめげることのなかったことに感謝の気持を献げたのである。

またパピリウス・クルソルが、ファビウス[5]が命令に叛いてサムニウム人と戦ったのを咎めて、死刑にしようとした時のことである。このとき、ファビウスの父が臨時独裁執政官《ディクタトール》パピリウスの頑迷な考えに反対していろいろ理由をあげたが、その中でも、とくに次のような点が主張された。つまり、ローマ市民はただの一度だって、どの敗戦の将にも科したことのなかったことを、今パピリウスがファビウスの勝利に対してやろうとしているのだ、と。

32 共和国も君主も、自分が危機に追い込まれるまで、自国民に恩恵を施して民心を得ることを延期してはならない

古来、ローマ人は国家が危急存亡の時にあたっては、人民を優遇して、それによって難局を幸いにも切り抜けてきた。例えば、ポルセンナ[1]がタルクィニウス家を再び王の座に戻そうとして、ローマに攻撃をしかけてきた場合もそうだった。

この時元老院は、戦争に協力するくらいなら、平民がいっそタルクィニウスを王に迎え

入れることを選ぶかもしれない、と危ぶんだ。そこで平民の支持を得るために、「貧民は、その子弟を養育しているだけで、十分に社会に奉仕していることになる」と称して、塩税をはじめその他の負担を軽くしてやったのである。このような恩義に感じたからこそ、平民は包囲と飢えと戦いに身を挺して、よくこれに耐えたのであった。

ところが、このような先例があるからといって、平民の心を摑むことを怠り、いよいよの土壇場まで何の手も打たないでいることは、誰であれ許されるものではない。ローマ人の場合にうまくいったからといって、いつでも成功するとは限らない。

それというのも、一般民衆は、自分たちがこうして恩恵に浴するのは、為政者に恩義を感じているからではなく、為政者が敵の脅威を感じているからだ、と考えるものであるからだ。だから彼らは、危機が去ると、為政者はいったん民衆に与えざるをえなかったものをまた取り上げるのではないかと勘ぐるに違いなく、為政者には何の恩義も感じないようになる。

では、ローマ人のやったことが、なぜよい結果を生んだのだろうか。その理由は、国家がまだ若く、固定化しない〔柔軟な〕ものだった上に、ローマ人民が、それまでの経験から、法律というものは、自分たちの利益をおもんぱかって作られていくものなのだ、と信じていたからである。例えば、裁判の判決に不服があれば、民会に提訴できる法律などが、その一例だった。

このようなわけで、人民に与えられた恩恵は、敵が攻めて来たから、〔人民の歓心を買うために」そうせざるをえなかったのではなくて、元老院が心から人民のためを思う誠意のたまものだ、と人びとは納得していたのである。

これに加えて、それまでの諸王によって、色々な形で人びとに加えられてきた侮辱や虐待は、いまだ記憶に新しいところであった。

けれども、すでに述べたようなローマの条件と同じ条件が揃うような事例はめったにないことだから、ローマと同じ手段を用いたからといって、成功する率はきわめて低いだろう。したがって、君主にせよ共和国にせよ、国家の統治を預かる人は、国家が逆境に立たされるのはどのような時か、そしてそのような非常時にはどんな人物が要請されるのか、ということを前もって考えておかなければならない。さらに、どんな辛苦にあおうとも、それに耐えぬくことが自分たちのつとめだという気持を人びとに持たせるように、ふだんから人民と苦楽を共にしていなければならない。

君主に特にその例が多いのだが、君主の場合でも、共和国の場合でも、以上述べてきたことを守らずに統治を続けるだけでなく、さらに国家が左前になってはじめて、恩賞を与えて人びとを釣ったらよろしいと信じている手合いがいる。これは誤りもはなはだしい。こんなことをしたら、自分の地位を保っていくことが難しいどころではなく、その身の破滅を早めることになる。

33 国家の内部あるいは外部から難事が起こった場合、真正面からあたるよりは時を稼ぐほうがはるかに安全である

ローマ共和国が、その名声、国力、版図を共に増大していくにつれて、はじめのうちは、この新しい国家が自分たちに災いをもたらすなどとは思いも及ばなかった近隣諸国家も、どうやら自分たちの見当違いに気づくようになったのだが、もうその時は手遅れだった。そして、当初の失策を取り戻すために救済の手を打とうとして、優に四十もの部族国家が盟約を結んでローマに相対することとなった。

ローマ人が、国家存亡の危機の折に常用した様々の打開策の中で、特に臨時独裁執政官《ディクタトール》の制度を創設したのはこの時(1)だった。この制度は、一人の市民に最高権力を与えるものである。その市民は、いかなる審議会の決議にも拘束されずに、決定を下すことができ、またその決定を実施するにあたっても、何者もこれに異議を唱えることができないことになっていた。

この施策によって、ローマは当時置かれていた危機を収拾しえたのである。そして、さらにこれによってローマは、やがてその版図を拡大するにあたって、共和国を脅かした不測の事態に対して、常に有効適切に対処したのだった。

この問題に関して私は、何よりも先に次のように言いうると思う。国家の中で、または

外部から、つまりその原因が内部的であろうと、あるいは外部的な誘因によるものであろうと、非常の事態が持ち上がり、それが誰の目にもはっきり脅威と映ずるほど大きなものとなってきた場合、それを消してしまおうとするよりは、うまくあしらっておいて時間を稼ぐほうが、ずっと確実なやり方である。それというのも、災いを押し殺してしまおうとすれば、たいていの場合、かえってその勢いを燃え上がらせることになり、心配されていた危機を早めることになるからである。

この類《たぐい》の出来事は、共和国では外部的な理由よりは、むしろ内部的な理由によって引き起こされることがずっと多いものだ。しかもそれは、一人の市民が必要以上に権力をもてあそぶようになったり、自由な社会の核心であり、生命でもある法律が麻痺状態に陥りはじめると、多くの場合起こってくるものである。しかも、このような情勢は、どんどん悪いほうへ進んでいくものなので、手直しをしようとするよりは、しばらくそのままにして様子を見るほうが、害がないようである。

また、このような危機を芽生えたばかりのうちに見分けるのは、とても難しい。というのは、人間は目新しいものにすぐ飛びつきたがる性質を持っているからだ。このような性質は、他のどんな場合よりも、その事業自体がなにかしらきわめて有意義であるように思われる場合、あるいは青年の手でそれが断行されるような場合に、はっきりするものである。すなわち、もし共和国の中で、ずばぬけた力量《ヴィルトウ》を具えた高潔な青年が頭角を現わすと、すべての市民の目がこの青年の上に注がれるようになり、彼らは見さかいもなく、この青年をきそって持ち上げてしまうものである。

そのため、もしこの青年が野心の片鱗を抱いていれば、この青年の持って生まれた才能と、この出来事とが重なりあって、たちどころに彼を権力の高みへと押し上げてしまう。そして、市民たちが自分たちの誤ちに気づいた時には、その青年を抑えるにも手の施しようがなくなってしまっているのである。もし、またあらゆる手だてを講じて強いてそれを実行してみたところで、その青年をますます権力に近づける結果に終わるにすぎない。

このような実例は、いくらでもあげられるのだが、私は、わがフィレンツェに起こった一例を掲げるにとどめよう。フィレンツェに権勢をふるうメディチ家の礎《いしずえ》を築いたコジモ・デ・メディチ(4)は、その持ち前の賢明さと、市民が軽率にも彼を持ち上げたおかげで、たいした名声と権力を勝ち得た。そのため彼は、政府にとって脅威の種となった。その結果、市民たちは、下手に彼を攻撃したら物騒だし、かといって、このままほうっておいたらもっともっと危険きわまりないことだ、と判断を下したのである。

ところが、この頃、フィレンツェにニッコロ・ダ・ウッツァーノ(5)という人物がいた。彼は国家全般の事情に通暁している、と評判の高い人であった。その彼も、コジモの名声から生み出されるに違いない危険性を予測できない、という第一の誤算を犯してしまった。けれども、彼の存命中には、第二の誤りが人びとの手で犯されるのは、断じて許そうとはしなかった。その第二の誤りとは、コジモを追放しようと試みることだ。このような計画は、国家そのものの完全な破滅へと連なるものだ、とウッツァーノは判断した。事実、彼の死後の事件が、このことを証明したのである。つまり、フィレンツェ市民は、ウッツァーノの忠告に従わず、コジモに対抗して団結し、彼をフィレンツェから追放してしまった。

　このやり方に憤激したメディチ派は、いくらも経たぬうちにコジモを呼び戻し、彼を共和国の元首にすえたのである〔一四三四〕。市民が繰り広げた公然たるコジモ派排斥運動がなかったら、彼が共和国元首の地位にまでのし上がることは、決してありえなかっただろう。

　これとまったく同じことが、ローマではカエサルの場合に起こっている。すなわち、ポンペイウス[6]もその他の市民も、はじめのうちこそ、カエサルの手腕《ヴィルトウ》や気質をほめたたえていたが、すぐ後にはその好意も恐れへと変わった。これについて、「ポンペイウスが今頃カエサルに恐れを抱きはじめても、もう手遅れだ」と述べたキケロの言葉が、この間の事情を証明する。このような恐怖にかられて、人びとは打開策を練ったのだが、彼らがどんな手を打ったところで、共和国の破滅を早めることになったにすぎなかった。

　ここで私は、危険を未然にその萌芽《ほうが》のうちに見つけて、これを摘み取ることは至難の業だ、と言っておこう。その理由は、これらの災いは、最初のうちは錯覚を起こしがちなものなのだからである。したがって、災いを見つけても、それをやみくもに叩きふせたりしないで、うまくあしらって時間を稼ぐほうが、賢明なやり方だと思う。

　というわけは、このようにうまくあしらって時間をかけているうちに、その兆候が自然消滅することもありうるし、さもなければ、少なくとも、この危険の襲来を、はるか後に引きのばせるであろう。したがって、君主たるもの、災いを打ち払おうと、身を挺して激しくそれに対決しようと心掛けるなら、すべてのことに目を見開かなければならない。そしてその場合、かえって災いを大きくしてしまってはならない。情勢を逆転してやろうと考えて、逆にそれを悪化させてしまったり、あるいは植物に水をやりすぎて、反対にそれを枯らしてしまうようなことのないようにしなければならない。

そして、その災いの大きな力を、十分に考えに入れておくことが肝要だ。その上で、その災いをいやすのが十分だという見通しが立てば、くよくよせずに断固として、攻撃をすべきだ。ところが、事態がそれほどなまやさしいものでないとわかれば、しばらくは事の成り行きにまかせて、どんなやり方にせよ、下手に手を下してはならない。その理由は、すでに論じたように、このようなやり方を守らないと、ちょうどローマの近隣の諸部族が味わった苦杯を、体験しなければならなくなるからだ。

ローマの周囲の諸部族にとっては、ローマがしだいに勢力を増大して侵しがたいものになっていったのだから、平和的な風潮を盛り上げてローマを宥《なだ》め、刺激しないようにしておくことがはるかに身のためだった。それなのに戦争という手段に訴えて、ローマに新しい態勢と新しい防御の構えを編み出させることになった。

つまり、ローマ近隣の諸部族同士の同盟は、かえってローマ市民の間に、これまで以上の団結と攻撃精神とを植えつけた。そして、さらにごく短期間のうちにローマに国力を増大させることになった新しい制度を考案させたのである。このように、近隣諸部族の団結がもたらしたローマ内部の改革の一つが、臨時独裁執政官の創設であった。

この新しい制度のおかげで、ローマは襲いかかる様々の危機を乗り越えることができた。そして、そればかりでなく、この制度がなければ、ローマはきっと破滅したに違いないほどの底なしの国難をも切り抜けることができたのである。

34 臨時独裁執政官の権力はローマ共和国に恩恵を施しこそすれ弊害を伴なうものではなかった、国家にとって有害なのは一部の市民に強奪された権力であり、自由な投票によって与えられた権力ではない

識者の中には、えてしてローマ人がそこに臨時独裁執政官《ディクタトール》の制度を導入したことを見て、このためにやがてローマが僭主政治に毒されることになったのだ、と非難を加えてきた。そしてこれら識者たちは、ローマに現われた最初の僭主が臨時独裁執政官という称号をもって都市に号令を下したのだ、と主張する。

さらに、この制度が創られていなかったら、カエサルも他のどんな称号を帯びてみたところで、とても専制的な権力を手に入れられなかったはずだ、と力説する。このような考えをとる人びとは、事実を十分に検討しているわけではなくいわれのない根拠を前提として論議を組み立てているのである。

ともかくローマを奴隷化したのは、臨時独裁執政官の称号でも官職でもなかった。ある特定の市民が、長年にわたって支配権を手放すまいとして、その権力を行使したことによるのである。たとえローマに、臨時独裁執政官という官職名がなかったところで、野望をたくましくする人びとは、別の呼び方を用いたことであろう。なぜなら、権力さえ具えていれば、どんな名前のついた役職だって簡単に手に入れられるが、官職の肩書を持っているからといって、必ずしも権力を握ることはできないものだからだ。

臨時独裁執政官の権力が法律上の手続きを踏んで授与され、個人の恣意《しい》に基づいて作り上げられるのではない限り、この臨時独裁執政官という制度は、常に国家にとっては有益なものとなる。なぜなら、国家を毒するのは、〔独裁的に〕創設された行政職であり、また非常手段で設けられた権力だからである。合法的な手続きを踏んで作られたものなら何の心配もない。

ローマの長い歴史の歩みを追えば、どんな臨時独裁執政官だって、国家に貢献しなかった者は一人として見当たらない。これについては、きわめてはっきりした理由がある。まず第一に、一人の市民が法律を犯して、非常手段に訴えて権力を奪うようになるには、腐敗していない国家では決して見られないような、色々な条件が同時に揃わなければならない。例えば特定の一市民が、ずばぬけた財力を持ち、数多くの支持者や与党を抱えているという条件がどうしても必要である。

ところが、こんな条件は法律が守られている国家なら、とうてい満たされるはずもない。

ところが一歩譲って、そのようなことがあったとしても、そんな人物は恐ろしい存在として危険視されるから、自由な選挙で一般の支持を集めることはできない。

そのうえ臨時独裁執政官は、任期が限られていて終身ではない〔約六カ月〕。しかも彼が、そのために任命された非常事態に関連する案件だけに限って、権限が与えられたにすぎない。その権限をふるえるのは、緊急の非常事態の打開策を、自分の判断で決定することだけであった。そしてこの場合、何の相談もせずに、どんなことをやってもよいし、控訴の手続きを認めずに、誰でも有罪にすることができた。けれども、元老院や民会の権限を削減したり、旧来の制度を廃止して、新しい制度を打ち出すような、現行の統治形態に悪影響を与えることは、許されていなかったのである。

このように、臨時独裁執政官の任期はきわめて短く、その保持する権力も制限つきであり、しかもローマの民衆もまだ堕落していなかったという諸条件が重なっていたから、臨時独裁執政官といえども、与えられた権限の外に踏み外して、国家に害毒を流すことは、しようにもすることができなかった。したがって、この臨時独裁執政官の制度は、その歴史的経験からいって、いつの世にも社会に貢献してきたものであったことが理解できよう。

実際、その他のローマの諸制度の中で、臨時独裁執政官の制度は、ローマが広大な版図を領有するようになった要因と考えられ、かつ〔その原動として〕挙げられる。なぜなら、このような制度がなかったなら、ローマは、ただならぬ危機をとても乗りきることはできなかったからだ。共和国で普通行なわれている政治上の手続きは、その運びがのろのろしたものなので、審議会にしても行政官にしても、どんなことでも自分たちだけで事を運ぶことができず、たいていのことは互いの承認をとって行動する仕組みになっている。それで、これらの人びとの意志の統一をはかるために、かなりの時間が必要となる。こういうのろのろした方法は、一刻の猶予も許されない場合には、危険きわまりないものである。したがって共和国は、その制度の中に臨時独裁執政官のような役職を、必ず作っておかねばならないのである。

ヴェネツィア共和国は、近代の共和国の中では頭角を現わしている国家である。そこでは、非常時には大議会の一般討議にかけずに、少数の市民[1]が政策を決定する権限を持っていた。なぜなら、このようなシステムをとらない共和国の場合、旧来の制度を墨守しようとすれば、国家は滅びてしまうだろうし、さりとて国家の滅亡を避けようとすれば、法律をぶち壊さねばならないという壁に、必ずや突きあたるものだからだ。

さて共和国にとって、一番望ましいことは、非常手段に訴えて時局を収拾することをぜひ避けることである。そのわけは、このやり方で、その時はうまく切り抜けられても、そういった先例を作ることが、好ましくないからだ。つまり、正しい目的のためだからといって、旧来の法律を無視するような慣例がいったん作られてしまうと、やがては悪い目的のためにも、法律が覆えされるようになるからである。

したがって、様々の不測事態に対処しうる打開策をあらかじめ用意し、また、それを運用していく方式を提供するような法律を備えていない国家は、決して完全な共和国とはなりえないであろう。このようなしだいなので、危急存亡の時に臨時独裁執政官か、または、これに類似の権威に頼らないような国家は、事が起これば必ずや滅びるだろうということを結論としておきたい。

この臨時独裁執政官という制度について、注目しなければならないことは、ローマ人が、いかに巧みにその選出方法を編み出したかということだ。なぜなら、この臨時独裁執政官の制度を設けたことは、共和国の元首である執政官《コンスル》の名誉を傷つけ、市民の長にあたる執政官の権威を、他の市民と同じように引き下げることになるからである。

こういうことをすれば、市民の間で必ずや不満が出てくることが予測されたので、この臨時独裁執政官の任命権を、執政官が保有することが決められた。このようにして、ローマに一時的な独裁者を必要とする非常事態が勃発しても、これを任命する権利を、思うがままに自分たちが握っていることによって、他人が任命する場合に比べて執政官は、屈辱を感じることが少なかった。

というのは、人間は自由意志で、自ら選んで我と我が身に招いた傷や、その他の病は、他人の手で加えられたもののほどには、苦痛を感じないものだからだ。けれどもローマも、のちの時代になると、「国家にいかなる害ももたらされることのないように、執政官に配慮させよう[2]」という言葉を使って、臨時独裁執政官を任命する代わりに、執政官に独裁的な権威を与えるのが普通になってしまった。

さてここで、本題に立ち戻って、次のように結んでおこう。ローマの近隣諸国は、ローマを抑えようとしたばかりに、かえって新しい制度を生み出させて防備体制をとらせたばかりでなく、より強大な軍事力をもって、さらに、より優れた計画とより優れた権威を備えて、自分たちに攻撃を加えてくるという結末をもたらすこととなったのである。

35 ローマにおける十人会《デケンウイリ》(1)は人民の公正で自由な選挙によって選ばれたにもかかわらず、共和国の自由にとって有害なものとなったのはなぜか

ローマ人民は、十人の市民を選んで立法の任にあたらせたが、この十人会《デケンウイリ》は時が経つにつれて僭主化し、あたりはばかることなく、ローマの自由を破壊してしまった。このことは、前に私が述べたこと、すなわち暴力によって奪われた権力が共和国に有害なのであって、人民の自由な投票によって与えられた権力は、そうではないということと矛盾するように思われるかもしれない。

けれども、この点については、その権威が与えられる手続きと、その役職にとどまっている任期という点を考えに入れなければならない。なにものにも制約を受けず、一年かそれ以上の長期間にわたって権力が与えられる場合、必ず危険を伴なうものである。そして、その結果が有益か有害かとなると、その権威を与えられた当人が悪人か高潔の士か、ということにかかってくる。

ここで十人会《デケンウイリ》が持っていた権力と、臨時独裁執政官が行使しえた権力とを並べて考えてみよう。すると十人会のほうが、比べものにならぬくらいの大きな権力をほしいままにしていたことがわかるだろう。つまりは、臨時独裁執政官が創設された時は、それぞれの権限を持った護民官や、執政官や、元老院がそのまま残されていて、臨時独裁執政官といえども、彼らから権力を取り上げられない仕組みになっていた。なるほど臨時独裁執政官は、執政官や元老院のメンバーのうちの一人を免職させる権限を持ってはいたが、元老院制度そのものを抹殺《まっさつ》して新しい法律を作ることは、許されていなかった。

このようにして元老院、執政官、護民官はそれぞれの権限を持ち続けていたわけである。そして臨時独裁執政官を抑えて、本来の軌道から逸脱しないように監視する役割を果たしていたのである。

ところが十人会が創設された時には、これとは正反対のことが起こってしまった。というのは、彼らが登場すると、執政官や護民官を廃止してしまい、立法権を手中に収め、全ローマ人に属するすべての権利を自分たちだけで勝手に左右することにしたのである。このようにして、執政官や護民官や、はては人民の控訴権にも拘束されないようになって、誰も自分たちに監視の眼を光らさないようになると、もう翌年には、アッピウス(2)の野心にあおられて、横暴をきわめることとなった。

それゆえここで、以下のようなことに注目しなければならない。つまり、自由な投票という手続きを踏んで与えられた権力は、決して共和国に害を及ぼさないものだと言われるのは、必ず以下のことが守られることを前提としての話なのである。すなわち、人民がその権力を委託するにあたっては、適用範囲を制限し、さらに一定期間に限って与えるべきだ、ということである。けれども人民が欺かれていたり、あるいは他の何かの理由で冷静な判断力を失ってしまって、不用意にもちょうどローマ人民が十人会に権力を委ねたのと同じ轍《てつ》を踏むようなことをやれば、ローマ人が受けたのと同様の災いに苦しめられることになるであろう。

このことは、臨時独裁執政官の制度が有益に運用できたのに、十人会はなぜ害をまき散らしてしまったかを検討すれば、容易に証明できることである。さらにみごとに統治されてきた共和国が、その権力を長期間にわたって委託する場合、例えば、スパルタ市民がその王[3]に対してしたように、あるいはヴェネツィア人が元首《ドージェ》[4]に権力を委託した場合を検討してみればよい。

スパルタでもヴェネツィアでも、支配者たちが権力を乱用できないように、監視する見張り役が任命されていたのに気がつくであろう。けれども、何の制約も受けない権力が実在すれば、民衆全体が少しも腐敗していなくても、国家の安泰は保証できない。なぜなら絶対的な権力ならば、瞬く間に民衆を堕落させて、自分のいいなりになる与党を作り上げてしまうからだ。

また権力をふりかざす人物が、仮に金がなかったり、親族関係に基づく背景がないからといって、少しの気休めにもならない。なぜなら、富もその他の利権も、権力さえあれば、それにつれて転がり込んでくるものだからである。このことについてはのちの章(5)で、例の十人会の創設をめぐって、特に論じることにしよう。

36 国家の最高位の栄誉に輝く市民は、より下級の市民を軽んじてはならない

ローマ人は、マルクス・ファビウスとグナエウス・マンリウスを執政官《コンスル》に任命し、そのもとで、ウェイイ人及びエトルスキ人と戦いを交え、最も輝かしい勝利を勝ち得た。けれどもこの戦いで、執政官ファビウスの兄であるクィントゥス・ファビウスを戦死させてしまった。この人は、前年に執政官をやったことのある人物だった。

この出来事を通して、ローマ式のやり方がその国を偉大なものにするのにどれほど役立ったか、また、この制度を自分たちのために用いようともしなかった他の国家は、どれほどそのために損をしたかを、我々はここで考えてみなければならない。つまりローマ人は、名誉の追求に熱中したとはいえ、かつては自分の部下であった人物から、今は命令を受ける立場に置かれたり、さらには、かつては自分が指揮官であった軍隊にその一員として参加して戦うようになっても、これを不名誉なことだとは考えなかった。

ローマ人のこのようなしきたりは、現代の人びとの考え方や、制度や習慣からすれば、とうてい考えられないことだ。ヴェネツィアでも、ローマ式のこのようなよい習慣は今日

では理解されていない。要職についていた市民は、下級の職に就任するのを屈辱だとされている。しかも、政府当局のほうもその就任拒否を認めている。これでは、なるほど個人の面子《メンツ》は立つかもしれないが、社会のためには完全なマイナスである。

いってみれば、共和国が期待をかけ、かつ依頼するに足る市民というのは、下級職から抜擢《ばってき》されて要職に昇進する市民よりは、むしろ上級職からより下の官職へ転出する市民であるべきである。なぜなら、抜擢されて昇進した人は、その経験の浅さが、人びとの忠告や権威によって和らげられて、周囲の人びとの尊敬や評価を勝ち得るようになるまでは、当然のことながら信頼されないからだ。

万一、昔のローマで、今日のヴェネツィアやその他現在の共和国や王国で習慣となっているように、いったん執政官《コンスル》となったことのある人物が執政官の資格でなければ軍隊に加わらないと言い出したなら、共和国に仇《あだ》をなす事件がとめどもなく起こったことであろう。なぜなら、失敗をしないようにとそのまわりについていてくれる人が誰もいないと、仕事の経験のない昇進者は、失策を犯しやすいものだし、同時に気ままにやっていこうという野心を抱くことになるものだからである。そして、成り上がりの人びとが、このように勝手に振舞いたがると、社会の損失という結果をもたらすことになるものだからである。

37　農地法がローマでどのような問題を引き起こしたか、また旧来の慣習に拘泥したり、逆らったりする法律の制定がどれほど悪いことか

古《いにしえ》の識者たちが書いていることを読めば、次のような言葉が目にとまる。すなわち、人間は逆境に陥ると悩む、そのくせ万事順調にいっても退屈するものである。そして、これら二つの心理状態は、いずれもつまるところ同じ結果をもたらすものだ、というのである。つまり、やむをえず戦いを交えねばならない必要《ネチェシタ》にせまられなくても、人は野心にかられて戦いを挑むものだ。この野心というものは、人の心の中を強く支配しているもので、人が望みのままにどんな高い地位にのぼったところで、決して捨て去れるものではない。

こういうことになるのも、自然が人間を作ったときに、人間がなにごとをも望めるようにしておきながら、しかも何ひとつ望み通りに実現できないように仕組んでおいたからだ。このように欲望のほうが、現実の実現能力をいつもはるかに上回っているので、人間は自分の持っているものに不満を持ち続け、さしたる満足を感じない結果をもたらすこととなる。

このことから、人びとの運命の変化が引き起こされる。つまり、ある人たちは、現在持っているものをさらに広げようとし、また、ある人たちはすでに獲得したものを手放すまいとする。このために、敵対関係や戦争が生じることとなる。さらに国を滅ぼしたり、別

の地方の国運を大いに高めたりすることになるのである。

以上のようなことを論じてきたのは、ローマの平民は、護民官が創設され貴族に対して守られるようになっても、〔その地位に〕満足しなかったからである。あの時平民たちは、必要《ネチエシタ》にせまられて護民官を設立した。ところが彼らは、護民官制度を手に入れるとすぐに、さらに野心にかられて闘争を開始し、あこがれの的だった貴族の持つ名誉と富のわけまえを要求したのだった。こうしてこの騒ぎが、やがて農地法をめぐる論争に導く病弊を生み、ついには共和国の破滅を引き起こすこととなったのである。

ところで、みごとに統治される共和国においては、国庫は豊かであって、市民は貧しくなければならない。そのことからいえば、ローマで成立した農地法が不備なものになることは免れなかった。〔つまり農地法が悪法になってしまったのは次の理由による。〕その法律が当初、日ごとに作り直す必要のないように作られなかったか、あるいは、その実施の時期が遅すぎたために、その適用を既往にさかのぼらせて混乱を招いたのか、または当初は立派に立法されたのに、のちになって誤って適用されるようになったか、このうちのいずれかである。しかし、いずれの場合であったとしても、ローマにおいてこの法律が討議される時は、ローマの都に動転を引き起こすのを避けられなかったのである。

この法律には、二つの主要な眼目があった。その一つは、いかなる市民といえども、規定の土地より以上のものを所有できないことが決められていたことである。またいま一つは、戦争で敵から奪った土地はローマ人民の間で分配されるべし、とうたわれていたことである。ここで、貴族にとっては二重の不利な点が出てくる。なんとなれば、法律が許す以上の土地を所有する者は、そのたいていが貴族であったが、彼らは当然その余分を取り上げられざるをえないからである。さらに、敵から取り上げた土地を平民の間に分配するのは、富を築く機会を奪うことになるからである。

さて、このような影響を受けたのは有力者であったので、彼らはこの農地法に反対することこそ社会全般の利益を守ることに連なるものだ、と考えた。それで、すでに述べたように、この法案が提出されるたびに、ローマは収拾のつかぬ大混乱に陥ったのである。

貴族側は忍耐に忍耐を重ね、あらゆる努力を惜しまずに時を稼ぎ、その発効を遅らせようとした。時には国外に向かっては軍隊を差し向け、またある時には法律制定を提出した護民官に反対するために、別の護民官をかつぎだしたりした。さらには、一部を譲歩したこともあれば、分配の対象となった土地に植民を送り込んだこともあった。アンティウム[1]の土地には、この入植が行なわれているが、その植民について農地法をめぐる論争が起こったのであった。そして、その結果ローマで集められた植民がそこに送られ、彼らにこの土地が割り当てられることになったのである。

このことについてティトゥス・リウィウスは、注目すべき発言[2]を行なっている。「ローマでは、その土地に入植するのに喜んで登録をするような人間を見つけることは難しかった。人びとはアンティウムに行って土地を持つより、ローマにいたままで土地を得ることをはるかに熱望したのである」と。

農地法をめぐるこのような紛争は、ローマ人がイタリアの隅々にまで、さらにはイタリアの外まで軍隊を派遣しはじめる時代に至るまで、ローマを悩まし続けた。そして、それからある期間は、その紛争もしばらく静まったかに思われていた。なぜかといえば、敵が所有していた土地がローマからあまり離れているので、平民の目から見ても遠く、またそこを耕作するのに適さない場所にあったので、平民はその土地をあまり欲しがらなかったからである。その上当時のローマ人は、昔ほどには〔撃破した〕敵を厳しく処罰しないようになっており、敵の領土だった土地を取り上げる場合でも、そこを植民の間で分配することにしていたからである。

以上述べてきたような色々のことが原因となって、農地法はグラックス時代(3)に至るまで小康状態を続けた。ところが、このグラックスによって、また農地法の問題がむし返されることになり、ローマの自由もその息の根を止められてしまった。なぜならば、この法律に反対する勢力は倍増されたからである。そのため平民と元老院との間の対立は火と燃え上がり、それまでの社会的な制約やしきたりをそっちのけにして、ついには武器を手にして血を流すこととなった。

こうなってくると、当局も手のほどこしようがなくなってしまう。そこで二つの党派のいずれの側も、もう当局の力をあてにできなくなったので、自分たちだけの力で身を守ろうと考え、それぞれに自分たちを守ってくれる有力人物を、その長と仰ごうと考えるに至った。

このような混乱と無秩序状態の中にあって、平民たちはマリウスの評判に目をつけ、彼を四度にわたって執政官《コンスル》にかつぎあげた。このようにマリウスは、きわめて短い期間をおいて執政官の職を重ねて権力を維持し続けた。そしてさらには、その後三回も自分勝手に執政官に就任したほどである。

このようなひどい成り行きに対し、貴族の側はなす術もなかったのでスッラ(4)の味方となり、彼を貴族派の首領に祭りあげた。そして内乱となって、多くの血が流され、様々の変転を経たのちに、ついに貴族派が優位に立つことができた。このような反目は、のちにカエサルとポンペイウスの時代になって再発した。この時はマリウス派の首領はカエサルがなり、スッラ派の頭目にはポンペイウスがなった。そして武器を手にした戦いが続き、カエサルの勝利に終わることとなる。このカエサルがローマではじめての僭主となり、ここに至ってローマの自由は、再び甦らないこととなったのである。

以上述べたのが農地法の始まりと終わりのいきさつである。かつて私は、元老院と平民との反目がローマの自由を守り、これを促進させるための法律を作り上げることを述べた。(5)しかし、その理由は、この反目によって自由に都合のよい法律を生むことになったからである。しかし、このことは、今私が農地法の結末についてしめくくった結論とは矛盾しているではないか、と思われるかもしれない。けれども、この点に関しては、私は自分の考えを変えるつもりはない。なぜなら、依然として私は次のような意見を持っているからだ。

つまり貴族の野心は、きわめて大きいものである。そして、あらゆる方法や手段を講じて、その都市での貴族の勢力に制約を加えない限り、その都市自体がたちまち破滅の一途をたどってしまうものだからである。なるほど、農地法をめぐる紛争が、三百年間にわたってローマを奴隷の状態にした。しかし、もし平民側が農地法やその他の要求によって一貫して貴族の野望を抑制していなかったら、ローマはもっと早い時期に奴隷の境遇に陥っていたことであろう。

以上のことから我々は、人間は名誉よりは物欲を重んずるものだということを学ぶのである。というのは、ローマの貴族は平民に対して、あまりひどい抵抗もしないでその名誉を分かち与えたものだった。ところが、いったん財産の問題となると、きわめて頑強にこれを守り続けた。そのため、平民の側もその要求を貫徹させるために、すでに述べたような非常手段に訴えざるをえなかったのである。

このような非常手段を用いる先頭をきったのが、グラックス兄弟である。彼らの分別はともかくとして、その意図は高く評価してしかるべきであろう。

というのは、共和国の中に増大してきた〔富の偏在という〕悪傾向を一掃しようとしたのはよいとしても、このためにはるか既往にさかのぼって既得権にまで及ぶ法律を作ったことは、いかにも思慮の浅い方策と言わねばならぬからである。

すでにこれについて詳しく論じたように、彼らのやったことは混乱を招く弊害を促進するだけの結果に終わってしまった。だから、こういう問題は時間を稼げば、悪弊の現出を遅らせることができようし、あるいは時が経つにつれて、実害が現われる前にひとりでに消滅してしまうものなのである。

38　弱体の共和国はぐずぐずしていてなにごとも決めかねるものである、たとえ何らかの方針を打ち出したとしても、自分で決めたというよりは、必要《ネチエシタ》に迫られてのことにすぎない

恐ろしいペストがローマで猖獗《しょうけつ》をきわめていた時、ウォルスキ人やアエキ人にとってはこのために、ローマを制圧するのに千載一遇の好機がやって来たように思われた。そこで、これら二つの種族は夥《おびただ》しい大軍をもって、ラティウム人とヘルニキ人に攻撃をしかけて、さんざん荒らしまわった〔前四六三〕。そこで、ラティウム人とヘルニキ人は、ローマ人に実情を訴えて自分たちを守ってくれるように懇請せざるをえなくなった。しかし、流行病に悩まされていたローマ人は、彼らが自分たちだけの力で武器をとって防衛を試みるように回答しただけだった。ローマ人とて、彼らを守ってやれるどころではなかったからである。

このような処置の中に、ローマ元老院の賢明さと慎重さとが現われているように思われる。元老院は、どんな情勢下にあっても、いつも国家の当面する問題に対しては進路を決定する最高権威であり続けるというのが、その方針であった。しかしながら、日常の習慣

や、自分たちが以前に下したことのある決定とはすっかり違った方針でも、必要とあらば、ためらわずにやってのけた。

私がこのように言うのは、次のような理由からである。すなわち、かつては同じ元老院が、その支配下の諸部族が武器をとって自衛の挙に出ることを禁じていた。したがって元老院が慎重さを欠いているなら、いまさら支配下の諸部族に武器をとって自衛する権利を認めることになれば、自分たちの権威に傷がつくと思い込んだことだろう。ところが元老院は、一貫してものごとについての的確な判断を下したのだった。しかもいつに変わらず、一番実害の少ない方法を最良のものとして選んだ。ローマ人とて、今述べたような理由で、傘下にある部族の危急を救ってやれないことの危険性は知っていた。また、ローマ人の助けなしに彼らが武器をとって戦うのを認めることが、すでに述べた理由から、またその他の多くの察しうる理由から考えて、害があることについても知っていた。にもかかわらず、どんな場合でも、ラティウム人とヘルニキ人が必要にかられて武器を帯びるのは、そこまで敵が迫っている以上、やむをえないことだと承知していたから、このような方法を堂々と選んだのである。

この方法によれば、支配下にある部族がなにごとをやるにしても、なおローマの許可がいるという原則が貫かれていたのであるが、このことは、今度だけは必要に迫られて規則を度外視したものの、以後勝手に規則を破ることのないように配慮されたものである。

これと同じような手段は、どの共和国にしても用いなければならないものであるが、弱体でかつ指導方針のなってない国家は、これを断行する術《すべ》も知らないし、ましてや非常時にこれを適用して国家の威信を高めるなどは思いも及ばないのである。

ヴァレンティーノ公はファエンツァを攻略〔一五〇一年四月二十五日〕した後、今度はボローニャを屈服せしめた。その後トスカーナを通過しローマへの帰途を急ごうとして、部下の一人をフィレンツェに派遣し、ヴァレンティーノ公とその軍隊がフィレンツェ領内を通過することを要求した。フィレンツェでは協議を行ない、この要求をどう取り扱ったものかを検討したが、誰一人としてその要求を容れようという者はなかった。ここではローマ人式のやり方はまったく踏襲されていない。

ヴァレンティーノ公が最強の軍隊を率いているのに、フィレンツェ側はほとんど軍隊というものを持っていなかったので、ヴァレンティーノ軍がフィレンツェ領内を通過するのを阻止することはできない相談だった。であるから、それが強引に侵入してくるよりは、同意を与えて通過させたほうが、はるかにフィレンツェの体面を傷つけないで済んだ筈だ。なぜなら強引に通過されてしまうと、フィレンツェの赤恥をさらすことになるので、許可を与えることで問題を処理すれば、そんな懸念はずっと少なくて済むからである。

ところで弱体な国家が持つ一番悪い傾向は、決断力に乏しいということだ。それらの国家が打ち出す政策は全部、追い込まれてやむをえず採用したものである。したがって、たとえ何か素晴しい政策が立てられたところで、外からしむけられたもので、彼らの賢明さのたまものではない。

このことについては、別の二つの例をあげておきたい。これらはいずれも、今日のフィレンツェでの出来事である。フランス王ルイ十二世がミラノを攻略した際、彼はかねて約束されていたように、フィレンツェのためにピサを奪還して、その報酬として五万ドゥカーティを手に入れようと考えた。[1]そしてフランス人ではあるが、フィレンツェ人にはきわめて信頼を博しているボーモン閣下をその将として、軍をピサに差し向けたのであった。そこでボーモン閣下は、カッシナとピサとの中間に陣を布き、ピサの城壁を突破しようとした。ところが彼が攻略準備のために、数日陣を張っていたその時に、ピサ人の使節がボーモン閣下のところにやって来て、四カ月以内は、ピサをフィレンツェ人に手渡さないという条件を王の名において保証してくれさえすれば、ピサはフランスに降伏してもよい、と提案してきたのである。ところが、この条件は真っ向からフィレンツェ人の拒絶するところとなった。そしてフィレンツェ人により攻撃は続行されたが、不名誉にも退却を余儀なくされてしまったのである。

ピサ人の提案をフィレンツェ人が拒否したのは、彼らがフランス王を信用していなかったという理由以外にはない。けれども、フィレンツェ人自身の優柔不断のために、いずれにせよフランス王の手に委ねなければならなかったのだ。そればかりでなく、王を信用しなかったために、フィレンツェ人は次のようなことをも見逃してしまった。

つまり、王の軍隊をピサに入城もさせずに、その約束も果たせないようにしむけておきながら、しかも約束を果たすように責めたてるよりは、むしろいったんピサを占領させておいた上で、王にその約束を破らせないことのほうが、どれほど良策であるかに気づかなかったのだ。したがってボーモンが、どのような条件をつけてこようとも、フィレンツェ人にとっては、それに同意しておいたほうがはるかに有利だったことであろう。

これに続く一五〇二年の、アレッツォがフィレンツェに反乱を起こした時の経験でも同じことが言える。この時は、フランス王はフィレンツェを助けるためにフランス軍を率いたアムボールを派遣した。彼はアレッツォ近郊に近づき、ややあってアレッツォ人と折衝しはじめた。

この場合も、かつてピサ人が持ち出したのとよく似た条件つきで降伏に応じることを、アレッツォ人は明らかにした。ところが、この申し入れをフィレンツェ側は拒否してしまった。これを知ったアムボールは、フィレンツェ人が自己の利害にほとんど通じていないのを見てとった。そして、フィレンツェの委員を加えずに、自分だけでアレッツォとの交渉をはじめたのである。こうして彼の思い通りに交渉は妥結し、部下を従えてアレッツォに入城した。そしてフィレンツェ人に、彼らがどれほど愚かで世間知らずであったかを思い知らせたのであった。

このようにしてフィレンツェ人は、もし自分たちがアレッツォを手に入れたければ、フランス王にその旨を知らせるだけで事足りた。なぜならフランス王は、その部下がまだアレッツォ城外にいた時よりも、すでに占領してしまった今となったら、アレッツォをフィレンツェ人にずっと簡単に与えてやれる筈だからである。

フィレンツェでは、ボーモンがアムボールと同じようにやっていてくれたら、アレッツォと同様、ピサも手中にしえたろうということが納得できるまで、依然としてアムボールをけなし中傷することをやめようとしなかったのである。

さて、話を元に戻すことにしよう。いったいに優柔不断の共和国は、外から押しつけられない限り思いきった施策は打ち出せないものだ。国家が弱体な場合、少しでも疑わしい点があると、その施策を断行する気力を失ってしまうからである。そして、このような優柔不断な態度が、何か強力な圧力で押しつぶされない限り、その国家はいつまでも宙ぶらりんで右往左往し続けることであろう。

39　同じような出来事がしばしば異なった人民の間で起こる

現在や過去の出来事を考えあわせる人にとって、すべての都市や人民の間で見られるように、人びとの欲望や性分は、いつの時代でも同じものだということが、たやすく理解できる。したがって、過去の事情を丹念に検討しようとする人びとにとっては、どんな国家でもその将来に起こりそうなことを予見して、古代の人びとに用いられた打開策を適用するのはたやすいことである。また、ぴったりの先例がなくても、その事件に似たような先例から新手の方策を打ち出すこともできないことではない(1)。

ところが、こういった教訓は、一般の読者には無視されるか、理解されなかったりするものである。たとえ理解されたところで、今度は政治の当事者には知られないというわけで、いつの時代にも同じ騒ぎをくり返すのがおちである。

一四九四年以後、ピサその他の地方を含む領土の一部を失った我がフィレンツェは、それを手に入れたピサ市民を相手として戦いを交えなければならなくなった。ところが敵は強力で、フィレンツェは大変な戦費を注ぎ込んだのに得るところはまるでないことがはっきりしてきた。軍事支出の異常な膨張は、当然、税の負担を過重にすることになった。そして、この無理な課税は、人民の側に強い不満を植えつけずにはおかなかった。

さて、この戦争指導にあたったのが、戦争十人委員会《ディエチ・デッラ・グェッラ》(2)と呼ばれる十名の市民で組織された評議会であった。そのため一般民衆は、この十人委員会が戦争を引き起こした張本人で、そのあげく戦費を使いまくって人民に重圧をかけているのだと考え、この委員会を苦々しく思いはじめたのである。さらには、この委員会さえなくしてしまったら、きっと戦争そのものを終わらせてしまえると思い込んだ。そのため、委員会の改選期になっても、委員を選出することを拒んでそれを消滅させてしまい〔一四九九〕、その職権を最高市政委員《シニョリーア》に引き渡してしまった。

ところが、この決定がえらいことになってしまった。というのは、一般民衆が考えていたように戦争を終結させるどころではなく、慎重な配慮で作戦指導にあたる有能な人材を取り除く結果となってしまったのである。当然このことは混乱をもたらすこととなり、ピサだけにとどまらず、アレッツォやその他の多くの土地をも失うことになった。

そこでようやく人びとは、自分たちの犯した誤ちに気づいた。そして、このようなみじめな結果になったのも、それを取り扱った医者よりも病気そのものだったと考えて、またここに戦争十人委員会を設け直すこととなった。

これと同じような傾向の事柄が、執政官制度への反対をめぐってローマにも起こっていた。というのは、ローマの人民は、戦争がまったく息つくひまもなく次から次へと起こるのに業をにやして、その戦争のよって来たるところが、ローマの破滅を願う近隣諸国の野心に基づくのだと考えるべきなのに、貴族の野心によって生み出されたものだ、と思い込んでしまったのである。

つまりローマ市内では、平民が護民官という権威によって守られているため、貴族が平民を痛めつけようとしても、それは果たせない相談なので、執政官の管轄下にあるローマの外に平民を引きずり出して、孤立無援になったところでひどい目にあわせようとしているに違いない、と決めてかかったのである。したがって平民たちは、執政官の職を廃止してしまうか、さもなければ、ローマの内外を問わず平民の上には何の権限も行使できないように、執政官の力に制限を加えようとしたのであった。

このような法律[3]を最初に成立させようとしたのが、護民官のテレンティルスだった。この人物が提案したことは、五人の市民を選んで委員会を作り、この委員会に執政官の権限を検討させて、それに制限を加えようというものだった。

このような提案は、貴族をいたく激昂《げきこう》させることになった。彼らは次のように考えたのである。すなわち、このような提案は貴族の尊厳が完全に踏みにじられることに他ならない、それればかりでなく、共和国の中で貴族の占める地位を失ってしまうことになる、と。それにもかかわらず護民官の側は、その主張を強力に押し出したものだから、執政官の制度は抹殺されてしまった。そののち、色々と制度を変えてみた結果、執政官制度を再興するよりは、つまるところ執政官の権限を持った護民官を創設したほうがよいということで満足した。これは、人びとが執政官の権力そのものよりも、その役職の名前をうとましいものに思っていたからである。

そして、この新しい制度は、ちょうどフィレンツェ人が十人会を復活させたように、ローマ人が自らの誤ちを認めて、結局、執政官の制度をもう一度打ち立てることになるまで長期間にわたって存続したのであった。

40　ローマにおける十人会《デケンウイリ》の創設とその注目すべき点について、また、同じ出来事が数々ある中で、時には共和国を救い、時には滅ぼすことについて

十人会《デケンウイリ》を創設するにあたって、ローマでどのような事件が持ち上がったか、ここで特に

取り上げてみたい。そこで、最初にこの制度の創設によって、どんなことが起こったかをあらいざらい述べておこう。さらに、その中でもとりわけ注目すべきことを論じてみるのも、あながち無駄だとは言いきれない。

以上の事柄は多くの内容を含んでいるものであって、共和国に自由の火を燃え続けさせようと努力する人びとにとっても、また逆にそこから自由を奪って自分の思いのままにしてやろうと企む人にとっても、深く考えさせるものを秘めている。というのは、この点を述べていくにつれて、国家の自由を侵害するに至った元老院や人民の犯した誤りが浮き彫りにされていくことであろう。またそればかりでなく、十人会の長であるアッピウスが持ち込んだ数多くの失敗も明るみに出てくるであろう。アッピウスは、ローマに僭主政治を植えつけようとしたのに、かえって不評を買った人物である。

さて、ローマに新しい法律を制定して、自由を磐石《ばんじゃく》の重きに置こうとして、人民と貴族との間で議論に議論を重ねて、やっと合意が成立した。そこで彼らは、スプリウス・ポストゥミウス[1]と他の二人の市民とをアテナイに派遣することに同意して、ソロンがアテナイに与えていた例の法律を研究させ、それを基礎としてローマの法律を組み立てようとしたのである。調査に赴いた一行が帰国して、新しい法律の検討と決定の任務をおびた委員を任命する運びとなった。

このようにして、任期一年の十名の市民が委員に選ばれることになったが、この中にアッピウス・クラウディウスが入っていた。この男は、頭は切れるが、どうも気の許せないところがあった。この十人会は、法律を作成するにあたって、他のどんな権威にもわずらわされないで済むように、ローマの全部の行政職、ことに護民官と執政官とを廃止したばかりでなく、自分たちの委員がローマで絶対的な権力をふるえるように、人民を召集してその同意を求める、というしきたりもやめてしまった。

そうこうしているうちに、平民の支持を受けていたアッピウスは、他の委員の分まで権威を一身に集めるようになった。この男はそれまでは、態度振舞いに民主的なポーズをとっていたから、彼が権力を握ったとたん、手のひらを返すように人民に手荒い虐待を加えはじめるようになると、その性格も考え方もすっかり変わってしまったのではないかと人びとは目を瞠《みは》ったのである。

この十人会は、本来きわめて市民的な態度を堅持していたので、その委員の間で長に推された人物の先導をつとめるリクトルという警護の士も、十二名を超えることはなかった。また彼らは、絶対権力を行使しえたにもかかわらず、殺人の罪で一ローマ市民が罰せられることになった時でも、この罪人を人民の前に召喚しただけで、裁判は人民の手に委ねてしまった。

十人会は十枚の板に法律を書き込んで、最終的に決定して公布する前に、誰もがこれを読んで、その是非を論ずる手がかりとした。その結果、なにかしらの欠陥があることが判明すると、それを公布するに先立って修正を加えたのである。さてアッピウスは、この十表法についての噂をローマに流させて、もしこの法律にあと二つの法律を追加したら、それで完全なものとなるだろうと、人びとに思い込ませるようにしむけたのであった。

このようにして、その考えが人民に受け入れられて、そのために十人会の任期の一年間延長が実現する運びとなった。人民がこれに進んで賛意を表するようになったのも、一つには執政官が復活するのを防ぐために、また別の面からいえば、すでに述べたように、刑事事件の際に裁判官をつとめる護民官を置かないで、人民自身に権力を保留しておこうと考えたからだ。このようにして、十人会の任期延長が決定されると、すべての貴族たちは競ってこの役職を手に入れようと群がった。中でも先頭をきったのがアッピウスである。票の獲得を目ざしたアッピウスが、人民に向かって演じてみせた人気取りがずばぬけていたので、その同僚からも疑惑の眼で見られるようになってきた。

つまり、「本来傲岸な男が、とたんに愛想よくなってしまうなどということは、とても信じられるものではなかった」からである。けれども、アッピウスを公然と攻撃することもはばかられたので、術策を用いてこれを打倒しようということに決まった。そこでアッピウスは、十人会の中では最年少ではあったが、その彼に、次期の十人会のメンバーを人民に向かって提案する権限を与えたのである。

このような手を打ったのは、〔さすがのアッピウスでも〕ローマでは先例もなければ、破廉恥きわまることとされていた自薦などやらずに、他人が定めた限界を守るに違いないと信じたからである。ところが、「彼は災いを転じて福となした」のである。彼はリストの筆頭に自分をすえたので、すべての貴族はどぎもを抜かれ、がっかりしてしまった。

続いて残りの九名も、自分の思い通りに定員を埋めてしまった。このようにして十人会の新しいメンバーが決定して、これから向う一カ年の任期の第一歩を踏み出す運びとなって、人民と貴族とは自分たちの犯した誤ちにいまさらのように気づいたのであった。なぜなら、とたんに「アッピウスはその仮面をかなぐり捨てた」からである。つまり彼は、生来の傲慢さを表わしはじめ、瞬く間にその同僚にも同じような気質を伝染させてしまったからである。さらに人民や元老院を驚かしたのは、十二名のリクトルにかえて百二十名にしたことであった。

数日を経ないうちに、町じゅうはおしなべて恐怖のとりことなってしまった。さらに十人会は元老院と通じて、人民を弾圧しはじめるようになった。十人会の一員に苛酷《かこく》な取扱いを受けた一市民が、別の十人会のメンバーに控訴して出ようものなら、最初の判決よりもっと厳しいものを申し渡された。

このようにして、自分たちの失敗に気づいた人民は、心痛のあまり貴族に向かって援助を求めはじめるようになる。そして、「彼らは、自由という一陣の涼風を待望し、しかも奴隷の状態に陥ることを恐れるあまり、共和国を今日あるような情勢へと導いてしまった」のである。

一方、貴族にとっては、このような人民の苦しみは、むしろ小気味のよいものだった。なぜなら、「現状に苦しみぬいた人民は、執政官の出現を待望するようになるに違いない」とほくそ笑んだからである。十人会の任期が切れるその日が訪れた。だが新たに加えられた二つの表法は、まだ公布されていないしまつだった。このことは、〔任期がきても〕なおその職にいすわる口実を与えた。

そこで、〔この十人会は〕武力を用いても強引に政権を確保しておこうと企み、幾人かの若手貴族を用心棒に雇い、十人会が処罰した人が所有していた財産を、この若者どもにくれてやった。「思わぬ財産が転がり込んできたので、若者どもはすっかり堕落してしまい、国家の自由など、もうどうでもよくなり、ただ自分だけ放縦な生活ができさえすればよいと思うまでになった」のである。

折も折、サビニ人やウォルスキ人がローマに戦いを挑む事態が発生した。この戦いによって呼びさまされた恐怖によって、十人会は、自分たちの立場が弱められるようになったことに気づきはじめる。なぜなら、元老院を無視しては戦争を指導していくことなどできようはずもないし、かといって、元老院を召集することにすれば、自分たち十人会の地位を失うように思われたからである。

けれども情勢が逼迫《ひっぱく》してきたために、やむをえず、この最後の手段〔元老院の召集〕に踏み切ることとなった。このようにして召集されて一堂に会した元老院の議員たちの多くは、わけてもワレリウスとホラティウスが、十人会の暴状を口を揃えて攻撃した。ところが、この元老院が人民を悪く勘ぐらずに元老院の権威を十分に行使していさえしたならば、十人会の権威の息の根をすっかりとめてしまうことになっていたに違いない。ところが元老院は、もし十人会が自発的にその役職を放棄してくれれば、もう護民官を設けなくても済む、と考えたのである。

ともかくも戦争に突入することが決定されたので、上記の十人会の一部によって率いられた二つの軍団が戦線に投入されることとなる。例のアッピウスは、ローマに残って政務を担当していた。ところが彼はウィルギニアという女性に心を奪われて、力ずくでも彼女を自分のものとしようとした(2)ので、ウィルギニアの父は、娘をアッピウスの魔手から救うために、彼女を殺してしまうという事件が持ち上がった。そのためにローマでは、軍隊の中でも暴動が起こった。

これらの人びとに、他のローマの平民までが加わって、聖山《モンテ・サクレ》に赴き、十人会が辞任しない限りは丘にとどまった。こうして、護民官や執政官が設けられることになり、ローマにはかつての自由の姿が甦ったのである。

以上のことから、ローマで十人会のような僭主政治が生まれてきた何よりの理由は、どの都市でも一般に僭主政治が発生する場合の共通の原因とまったく同じだということが理解される。つまり、その原因は、人民側が解放されようとして、ゆきすぎた望みを持つのに対し、貴族は貴族でひたすら支配欲にかられるという事実に基づくものである。

なぜなら、これら二つのグループが、自由に貢献するような法律を通過させようとしても、どうしても〔一致点を〕見い出せないような場合、どちらの党派もそれぞれに特定の人物をかつぎだして、そこでたちどころに僭主の誕生になるからだ。

さて、ローマでは人民と貴族の同意のもとで十人会という制度を作り、それに膨大な権力を賦与することになったが、それも、どちらのグループにしろ、それぞれの思惑あってのことだった。つまり、人民側は執政官という制度を廃止しようと企んでいたし、貴族側は護民官制度を廃止しようと狙っていたためだ。

人民側は十人会の設立にあたって、アッピウスこそ自分たちに味方して貴族を抑えてくれるものと判断して、彼の支持にまわった。ところが、人民が自分たちが憎んでいるものを打倒したい一心で、その力を借りるつもりで特定の一人物を持ち上げるような失敗を犯した場合、さらにその持ち上げられた男が狡猾《こうかつ》であれば、必ずといってよいほど、この男はその都市の僭主になってしまうであろう。

なぜなら、この人物ははじめのうちは人民の味方をして、貴族打倒に全力を傾けるものの、その貴族が慴伏《しょうふく》してしまわない限り、人民の弾圧に乗り出してくることはない。こうなって、やっと人民が自分が奴隷の境遇に陥ったことを覚《さと》った時には、もう逃れる術《すべ》はないだろう。

このようなやり方はおしなべて、共和国で僭主政を打ち建てたあらゆる人びとの常套手段だった。アッピウスもこのやり方さえ守っていたら、彼の僭主政ももっと永続的なものとなっただろうし、あのようにむざむざと転覆してしまうこともなかったろう。

ところが実際には、彼は正反対のことをやってのけた。アッピウスほどの失敗をしてやろうとしても、とうていできるものではないくらいだった。というのは、彼は僭主の権力を握りたい一心から、自分を権力の座へ据えてくれたばかりでなく、さらにその権力を保持するにあたって強力な支柱となってくれた人民を敵にまわす一方、権力を与えてくれもしなければ、支持もしてくれる気づかいのない貴族をあてにしたのだ。このようにしてアッピウスはその支持者を失い、好意を持つはずもない連中を味方に引き込もうとして、もがいたのである。

というのは、貴族は一般に国家が専制化していくのを喜ぶものだが、その貴族の中でも専制体制外にほうり出された連中は、天下をとったその僭主に反発するのが常である。したがって僭主といえども、貴族全体の心を摑みきれるものではない。また、貴族の野望やその欲深さときたら、まさに底なしだから、どれほど僭主が富や栄誉をその眼の前に積んでみたところで、彼ら全体を満足させることなど決してできるものでない。

このように人民を見捨てて貴族の側に接近していったアッピウスの誤りは、紛うかたのないものだった。これはすでに述べたことから説明しうると同時に、以下のような点からも理解できることだ。つまり、腕ずくで国家を支配していこうとする場合、当然、統治者は被支配者より強力でなければならぬ。したがって、人民の力を背後に持ち、貴族と対決する僭主のほうが、人民を敵とし貴族によしみを通じている僭主に比べて、はるかに安泰である。なぜなら、人民の支持さえあれば、当の支配者は国内からわき出る力で、その地位を十分に保っていけるものだからである。

あたかも、スパルタの僭主ナビス[3]が全ギリシア及びローマから攻撃を受けた時が、まさにそれだった。彼は人民の支持を受けていたので、わずかばかりの貴族を手なずけただけで、スパルタを守り通すことができたのだった。ところが人民の支持を失っていたら、ナビスとても、そうはいかなかったろう。

ところが、以上のような例とは違い、僭主を支持する勢力が弱いと、僭主は国内の力をあてにできないので、いきおい国外に支援を求めるようになる。しかもこの場合は、次のような三通りの様式のうちのどれか一つを用いることになる。つまり、自分の身辺を護衛させるため外国人の用心棒を雇うという場合、また農民を武装させて、本来、平民が果たしていた役割を代行させるという場合、それに第三には、近隣の強国と結んで自国の安全を確保しようとする方法がある。

そして以上のような手段に訴えて、これを上手《じょうず》に運営していく僭主なら、たとえその人民がそむいたところで、どうにかその地位を保っていけるであろう。だがアッピウスは、地方の農民を掌握して傘下に組み入れることができなかった。当時のローマでは、都市と農村は一体であったからだ。彼はどうしたらよいかわからなかった。

このような当然打つべき手が、アッピウスにはまったく理解されていなかった。したがって、彼はその出発点からして、失敗のほうに向かって大きく踏み外していたといえよう。

十人会の創設にあたって、元老院も人民も、ともに重大な誤ちを犯してしまった。私はかつて臨時独裁執政官《ディクタトール》について論じた個所で〔第一巻34章〕、自由にとって有害なものは、人民が特定の人物を任命するのではなく、当人自らその職に就く時である、ということを指摘しておいた。けれども、人民が〔一人の人物に権力を委託するために〕行政職を新設する場合でも、その当人が権力壟断《ろうだん》の方向に向かって暴走することについて、何らかの注意を払わねばならぬ。

ところが当時のローマ人民は、人民自らが正しく振舞えるためには、人民の守護者を置かなければならなかったはずであるのに、ローマ人はそれを怠り、十人会をローマにおける唯一の官職にしてしまった。そして、他の官職をあってもなきがごとき存在にした。このようなことになったのも、すでに説明しておいたように、元老院がなんとしてでも護民官の権力を殺《そ》ごうとし、他方、人民は執政官を無力にしてやろうと、どちらも執念を燃やしすぎたからである。このことで彼らはすっかり目がくらんで、あのような混乱の成り行きを競ってもたらしたのである。

まさにアラゴンのフェルナンドの言葉通り、人間というものはいつも小さな猛禽《もうきん》同然のことをするものだ。というのは、その鳥がその本能にかられて餌食《えじき》をしとめようと夢中になっているばかりに、他のもっと大きい猛禽が、さらに頭上から自分を食ってやろうとしているのに気がつかない、という点が似ているのである。

さて、本章の冒頭にあたって私が提示しておいたように、これまで論じてきたことを通して、その自由を守ろうとしたばかりにローマ人民が犯した誤りと、他方、僭主の専制権を壟断しようとして失敗したアッピウスの誤りを理解していただけたことと思う。

41　謙譲から傲慢へ、思いやりから残酷へとそれなりの段階を踏まず突如として変化するのは、軽率で無益なことである

アッピウスがその専制権力を維持しようとして用いた、いろいろの芳《かんば》しくない手段の中でも、彼自身の人柄が手のひらを返すように、突然がらりと変わってしまった点は、とても見逃すわけにはいかぬものだ。そのわけは、狡猾にもアッピウスは、自分が人民の側に味方している人間だと思い込ませるように、そのふりをして、巧みに化けおおせていたからである。彼がこんなことをやったのも目標をうまく定めて、十人会の再選を勝ち取らねばならなかったからだ。

それればかりでなく、貴族の考えに対立して自己の立場を確立するのにその大胆不敵さが存分に用いられた。すなわち、自分を思いのままに支持する与党を作り出すために、彼の大胆な手口がたっぷりと用いられたのである。ところが、ここのところまではアッピウスはうまくやりおおせたのに、私がすでに述べたいきさつで、突如として性格を変え、平民の友から平民の敵へ、人間味あふれた男から傲慢な人物へ、そして親しみある人物から奸物へと豹変してしまうと、そのとたんに、嘘で固めた彼の心の中は、もう誰の目にも、弁解の余地もなくお見通しになってしまった。

というのは、しばらくの間でも善人として通っていた男が、自分の目的をかなえるため

に悪の道に踏み込もうとする場合は、なしくずしにその態度を変えていかなければならないからだ。そうすれば情勢に従って行動をあわせて、本性を現わしてそれまでの人望が吹っとんでしまう前に新しい支持者を獲得して、本来の権威を損なわずに済ますことができる。さもなければ、その化けの皮がはがれてしまい、支持者もなくなって破滅の道をたどる。

42 人間はなんと堕落しやすいものであろうか

十人会をめぐる以上のような問題を検討してみると、人間はどれほど善良に生まれつき、どんなにすばらしい教育を受けたところで、なんとやすやすと堕落してしまうものか、またなんとがらりとその性格が変わってしまうものか、が理解できるようになってくる。このことは、アッピウスが自身の身辺護衛のために、そのまわりに駆り集めた青年たちを例にとってみても、彼らはほんのわずかばかりの甘い汁をそこから吸えるということだけで、僭主政治を支持するようになったことでも判断できよう。

また、第二回の十人会のメンバーの一人であったクィントゥス・ファビウスも、その好例であろう。彼は本来は、最も優れた人物だったのに、わずかばかりの野心で目がくらみ、その上アッピウスの悪徳にも染まって、持って生まれた美風もかなぐり捨てて、極悪非道の行ないにはしり、アッピウスそっくりになってしまったのである。

共和国にせよ王国にせよ、その立法者たちが慎重にこの点に検討を加えるなら、以下のことはどうしても守っておかなければならない点だと思いをいたすであろう。つまり、人民に勝手気ままの行動をとらせないように、あらかじめブレーキをかけておくことと、さらに何をしでかしても処罰されずに済むかもしれない、といった希望的観測を、人民に絶対に持たせないようにしておかねばならないことである。

43　名誉を賭《と》して戦う者こそ忠良な兵士である

すでに右で取り扱ったテーマから、なお次のような点に気づかざるをえない。つまり、充足感を持ち、しかも隊員各人がその名誉をかけて戦いに臨む軍隊と、他方では不平たらたらで、他人の野心に利用されて戦う軍隊との間には、なんという雲泥の差があることだろうか。

例えばローマ軍は、執政官に統率されていた時代には戦うところ敵なしの状態であったのに、十人会に率いられるようになると、常に敗戦の憂き目にみまわれたことでも知られよう。

こういった実例からしても、なぜに傭兵軍《メルチエナーリ》(1)が役に立たないのかという理由を、ある程度理解できることであろう。つまり彼ら傭兵を、あなた方が掌握できるのは、彼らに支払っているわずかばかりの給料以外には何の決め手もないのである。

したがって、そんな金の力だけでは、傭兵に忠誠を期待し、かつ彼らに身命をなげだして雇い主に仕えるという親愛の情を求めるには、とても事足りないし、十分なわけがない。その雇い主のために戦う当の主人に対して愛情を持ちあわせない軍隊では、彼らは雇い主の支持者にならないので、気力《ヴィルトウ》なども持ちあわせていないのは当然だ。少しでも勇敢なところのある敵軍に対しては、とてもこれを支えきれるものではない。

なぜなら、このような〔指導者に対する〕愛着とか、旺盛な戦闘精神は、支配者の直接息のかかっている領民以外には、とても望めるものではないからだ。だから共和国、王国を問わず、国家を維持していこうとする人にとって必要なことは、自国民を武装させて軍隊を組織しなければならないということだ。このようなやり方は、歴史上、軍隊を使って多大の戦果をあげたすべての人物が行なったことに見られる点である。

さてローマの軍隊は、十人会の統率下にあった時でも、その勇敢さにおいては昔になんのひけをとるものではなかった。ところが、その心構えにおいて往時の面影はなく、戦果については昔通りには運ばないようになっていた。

ところが十人会の制度がなくなるやいなや、兵士たちはいま一度、自由人として戦うようになって、かつての精神が再びよみがえってきた。したがって、戦争をするにしても、昔のしきたり通りの上首尾の戦果を飾るようになったのである。

44　指導者を欠く大衆は何の役にも立たぬ、これら烏合《うごう》の衆をいきなり脅してみたところではじまらない、むしろ徐々にこちらの指導力をつけるようにすればよい

ウィルギニアの事件(1)をきっかけとして、ローマの平民は武器を手にして「聖山《モンテ・サクレ》」にたてこもった。そこで元老院は使いを送り、どのような条件を呑めば、籠城組はその指導者の傘下を離れて山を降りるつもりか、と問いただした。元老院の権威にはいたく敬意が払われていた時代でもあり、その上、平民の間には指導者などいなかったこともあって、彼らのうち誰一人として敢《あ》えて回答しようとする者はなかった。〔この点について〕ティトゥス・リウィウスは指摘するのだが、平民側に回答の手がかりとなるものがなかったからではなく、彼らの間で進んで回答する人物がいなかったのである。

以上のことから見ても、指導者のいない群衆とは、三文の値打ちもないことがわかる。このような欠陥はウィルギニウスの気づくところとなったので、彼の命令により、ただちに二十名からなる軍事委員が平民によって選出されて平民側の代表となり、元老院側への回答や折衝の任を帯びることとなった。

一方、〔元老院の〕ワレリウスとホラティウスが彼らの所に送られて、人民が望んでい

ることを伝えることの要求が出された。ところが、十人会がはじめに彼らの官職を剝奪すると言わない限り、行こうとはしなかった。こうして、平民側がたてこもっている山に二人が到着すると、平民はこの二人の元老院議員に対して、護民官の制度を創設すべきだという要求を持ち出した。それればかりでなく、いかなる官職によらず、その任用にあたっては、人民の同意を経なければならないこと、また、十人会のメンバー全員を焚刑《ふんけい》に処すから、平民側に引き渡すように、という要求をつきつけた。

ワレリウスとホラティウスは、はじめの〔二つの〕要求には賛成したが、一番最後の要求は、ひどすぎると非難した。そして彼らに向かって、「他人の行為に対してその残酷さを云々《うんぬん》している諸兄こそ、同じ残虐行為にはしっているではないか」と難詰した。そして、諸君は十人会についてはあれやこれやと文句を言わず、自分たちの力や権威を取り戻すように注意を集中したほうがよいではないか、それさえやっておけば、満足できる気分になるだろう、という忠告を与えたのであった。

以上述べてきたことからも、ある人が何か一つの事柄を行なおうとする時に、前もって、「おれはこれこれの行為で悪だくみを実行しようと思っているのだ」と公言するがごときは、まことに愚も愚、不用意きわまる言動だということが、誰の目から見ても明らかであろう。

というのは、人は決して自分の心の奥底をさらけだしてはならないのであって、ありとあらゆる手段に訴えても自分の目的をかなえるように努力しなければならないものだからだ。

したがって、一人の男から武器を取り上げようとする時でも、その男に前もって、「取り上げたその武器でおまえを殺してやるぞ」などともちろん言うべきでない。けれども、諸君がいったん自分の手に武器を引き寄せたなら、その後では思いのままのことをやってのければいいのである。(2)

45　特に法律を作る立場にある者が自ら、作られた法律を遵守しないようなことがあれば、悪い前例となる、また、日ごとにその都市で横紙破りの挙に出ることほど、統治者にとって危険きわまりないことはない

前章で述べたいきさつに引き続いて、〔元老院と人民との間に〕妥協が成立し、ローマには昔さながらの秩序がよみがえった。そこで、ウィルギニウスはアッピウスを人民の前に喚問して、彼の立場を弁明させることにした。アッピウスが多くの貴族を引きつれて現われると、ウィルギニウスはアッピウスを投獄するように命じた。

一方、アッピウスは声を励まして人民に訴えはじめた。そこでウィルギニウスは言う。アッピウスがごときは、当人自身がぶち壊した控訴権に、いまさらしがみつく資格などあろうはずもないし、自分がいじめぬいた当の人民に守ってもらおうとは、とてもその資格

などありはしないと。するとアッピウスは、あれほどまでにみんなに待望されていた控訴権をまたまたご破算にしてしまう権利など、人民にあるはずがない、と反論する。

あげくのはてアッピウスは投獄され、いよいよ明日は判決が下されるという日を前にして、自らその命を断ってしまった。さて、アッピウスの極悪非道の生涯はまさに死罪に値するとはいえ、それでもなお法律を破った罪、特に通過したての新しい法律をぶち壊してしまった罪は、社会の常識に適うものではなかった。なぜなら、一つの国家にあって何が最悪の罪かといえば、法律を作っておきながら、それを守らないという悪しき前例の右に出るものはない、と私は思うからだ。また法律を作った当事者が、その法律を守ろうとしないのは最低だ、と考えるからである。

一四九四年、フィレンツェは修道士ジローラモ・サヴォナローラ(1)の助言をもとにして、その国家体制の再編を行なった。この修道士は、その著作を通してみても、深い学識と緻《ち》密《みつ》で強靭《きょうじん》な精神とを兼ね備えた人物であった。さてサヴォナローラは、市民の立場を確かなものにするために設けられた様々の制度(2)の中で、一つの法律を成立させるのに与って力があったのである。その法律の内容は、八人会《オット》(3)や最高市政委員《シニョリーア》が政治事件に下した宣告を、〔被告は〕人民に提訴できるという内容のものだった。(しかしこの法案は、その作成にあたって長時間の討論を重ね、大紛糾の末成立したものである。)ところが、この法律の発効直後に、五人の市民(4)が国事犯として最高市政委員によって死刑を宣告された。当の五名の市民は当然提訴を願い出たが、それが棄却されてしまった。こうしてその法律も無視されてしまった。このことが、他のどんな原因にもまして、この修道士の信用を失墜させることとなった。なぜならこの控訴権を認めた法律が有益な役割を果たしている限り、それを守り通すべきだったのである。

この法律が仮に無用の長物だったというのなら、サヴォナローラはそれを成立させようとあんなに心をくだくべきではなかった。このようなサヴォナローラの態度は、以下のことからしても明らかなことであった。すなわち事実、例の法律が破棄された後のどの説教を取り上げてみても、彼は法律の破棄の張本人については非難するでなし、認めるわけでもない。

〔なぜサヴォナローラがこんな態度をとったかというと、〕自分の意にそぐわないことをしたからといって非難するわけにはいかなかったし、かといって、自分が心ひそかに期待していたことを実行してくれたからといって、これを褒めるわけにもいかなかったからである。

こうなると、サヴォナローラの野心と党派根性はむきだしとなり、これが彼の評判を落として、数多くの非難が一身に集中することとなった。

さて、国家にとっていま一つの有害きわまりないことは、市民同士の間で、色々な人物を日毎に槍玉にあげてこれに攻撃を加えて、市民全体の心に新しく〔とげとげしい〕雰囲気をかもしだすことである。十人会が廃止された後のローマの情勢が、まさにこれだった。十人会の会員はいうまでもなく、他の市民も、時は異にしても、いずれも告発を受けて有罪を宣告されていた。こうなると貴族全体の中に果てしない恐怖が広がって、こんな告発の泥仕合を続けている限り、そのうちに貴族全体が一人残らず滅びてしまうに違いないと信じるようになったほどである。

護民官マルクス・ドゥイリウス[5]が、あのように何らかの手段を講じていなかったとしたら、ローマはどんな破局の淵に陥っていたか知れたものでない。そのドゥイリウスのとった措置というのは、一つの法令を発布することだった。この法令は、向う一年間はいかなるローマ市民といえども喚問されたり、告発されたりすることのないように取り決めたものだった。したがって、全貴族は安堵の胸をなでおろしたのである。

このような立場に立ってながめると、共和国でも、また君主国の場合でも、その領民の心を一瞬もとだえることのない刑罰と弾圧とによって、疑惑と恐怖のるつぼの中にたたき込まれることが、どれほど危険きわまりないものかが理解されるであろう。まぎれもなく、これほど危険なやり方は他にあろうはずがない。というのは、人間というものは、その身に危険を感じはじめるや否や、どんな手段に訴えてでも、身の安全をはかるのに全力を傾けて、あげくのはては、現状から抜け出そうとして、見さかいもなく狂暴な行動に出るものだからである。

こんなわけだから、なんぴとに対しても刑罰で脅やかさぬことが肝要である。また、みだりに弾圧を加えることも慎まねばならない。そうしておいて、人びとが安んじて生活できるようにし、さらに人心を安定させてやらなければならないのである。

46　人間は次から次へと野望を追求してやまないものである、はじめは我が身を守ることに汲々《きゅうきゅう》とした者が、やがて他人に攻撃を加えるに至る

ローマ人民は再び自由を手に入れて、人民本来の地位を回復したが、それよりさらに重要なことは、当初次々と通過した新法(1)によって人民の権威がいちだんと向上したことであった。このようにしてローマには、かなりの時期にわたって平和が続くだろうと期待が持たれたのも、決して無理はなかった。ところが、実際の歴史が繰り広げたものは、正反対の姿だった。つまり、新しい紛争と果てしない混乱がひきもきらずローマに襲いかかってきたのであった。

なぜこのような事態が生じたかという理由について、ティトゥス・リウィウスは、きわめて適切な解明を与えているので、ここでは自分の意見に代えて、リウィウスの言葉そのままを引用しておこう。リウィウスは次のように言っている。

人民の側でも貴族の側でも、どちらか一方が下手《したて》に出るようなことがあると、他方は〔思い上がって〕居丈高《いたけだか》になるものだ。この場合は、人民はその分を越えずにつつましやかにしていたのだが、若手の貴族連中は人民を虐待しはじめ、護民官もそれには手のほどこしようがなかった。それどころか、護民官自体が脅かされるしまつだったからである。

一方、貴族側としても、グループの中の若者どもに常軌を逸した振舞いがあったことは承知の上のことであった。しかし、それでも常軌を逸脱した行動がとられるにしても、人民側が暴走するよりはむしろ若手貴族が過激な行動にはしるのを好んだ。

このように、貴族にしろ人民にしろ、自分たちの自由を守ろうと熱中すれば、いずれの側も、敵を圧倒できるだけの力を具えるようになってくるものだ。この当然の成り行きとして、恐怖から逃れようと懸命に努力する当の人物が、今度は逆に他人にとっては脅威の的となっていくものである。そして自分がそれから逃れようともがいていた威圧感を、〔今度は〕他人の頭の上におっかぶせることとなる。このようにして、まるで世の中は、支配する者と征服される者とに、なってしまう。

以上引用したことを見るだけで、国家がどのようにして崩壊するものなのか、また人間はどのように次から次へと野心に駆り立てられていくものか、ということが理解されてくる。

そしてサルスティウスがその著書(2)の中で、カエサルに語らせている以下の言葉がまさに的を射たものであることも、理解できるようになる。「どんな悪い実例とされているものでも、それがはじめられたそもそものきっかけは立派なものだった。」

すでに述べておいたように、共和国の中で、野心に駆り立てられて、はぶりをきかしている連中でも、そのかけだしの時代には、公私を問わずその身に加えられる攻撃をかわすことに懸命だった。そのために彼らは、一味徒党を得ることに腐心する。彼らは、仲間に加えようとしている連中に対し、金を提供したり、権力者からかばってやったりして、表向きは誠実そうなやり方をとる。こういったやり方は、一点非のうちどころのないもののように見えるために、誰しもこれにまんまとひっかかってしまうので、予防措置を講じておくわけにはいかない。

このような経過をたどって、くだんの人物は何の障害にもつきあたらずに権力を掌握する。それで、一般市民は彼を畏怖するようになり、公職にある者もその男に一目置くようになる。こうして、何の抵抗にもあわず権力にのし上がってしまうと、とどのつまり、この男を攻撃することは危険きわまりない仕事となってくるのである。

それというのも、私がすでに指摘しておいたように、一国の中で異常なまで悪弊が膨張をとげてしまっていると、これに立ち向かうのは危険きわまりないものだからである。このようなってしまうと、以下のことに落ち着く。つまり、手荒い出血を覚悟の上で、悪の張本人を殺してしまうか、さもなければその男が死ぬか、何らかの突発事件のおかげで、この男の支配から逃れない限り、これが定められた運命だとして奴隷の境遇を甘受するか、である。

というのも、すでに述べたように、一般市民も公職にある者までも、こぞって独裁者とその一派を恐れて攻撃しなくなってしまえば、独裁者一派にとっては、思いのままに裁判にかけたり、弾圧を加えたりするのは、造作もないこととなってくるからだ。

したがって、いやしくも共和国たるものは、善意という衣をまとって、そのかげで権力を握りつつ悪事を企もうという人物が一人たりとも現われてこないように、十分に法律を整備しておかなければならない。それと同時に、自由を守る者には名声を与え、これを損なうような者には、名声を与えないようにすべきである。では、実際にはどのようにしてこのことを実行に移すかは、別のところで論じることにしよう。

47 人間は、大局を判断する場合は誤りを犯しやすいが、個々の問題では間違うことはない

別のところですでに触れたように、ローマ人民は執政官という名称そのものをきらって、平民階級から執政官を選出するか、それが容れられなければ、執政官の権限に制限を加えようとしたので、貴族側としては、そのどちらの要求を容れてみたところで執政官の権威に傷がつくと判断して、その中間の道を選んだ。つまり、執政官の権限を持つ四人の護民官を設けて、この官職には平民も貴族も等しく任用されうることを認めたのである。

一方、平民側は、これによって執政官制度が壊滅して、平民側に国政の最高権が確保されたのだと判断して、〔貴族側の提案に〕賛意を示した。しかし、ここから大きく情勢は変化してしまう。というのは、四人の護民官の選出にあたって、ローマ人民は、全員を平民の出身者で占めることもできたのに、そんなこともせず、〔逆に〕四人とも貴族を選ん

でしまったのである。

ティトゥス・リウィウスは、この点についてまさに以下のように言っている。「この護民官選挙がもたらした結果を見れば、かつて自由と名誉のために戦っていた時に〔人民によって示された〕精神が、その闘争が終了した今となっては、公正無私の判断から完全にほど遠いものへと堕落してしまっている」と。

このような変化が、どのようにして起こったかを検討した結果、人間というものは、大局から判断しなければならない大きな問題についてはきわめて誤りを犯しやすく、〔逆に〕個人の問題にひきうつして判断するような場合は、その危険はさほどでもないものだ、と私は信じる。

ローマ人民にしてみれば、平民はその数からしてもローマ住民の大多数を占めることだし、また、戦争ともなれば誰にもまして危険に身をさらさねばならない。さらにローマに自由をもたらし、それを強力にしておくのは人民の双肩にかかっているのだから、自分たちこそ執政官になるに値する、と一様に思い込んでいた。しかも上述のように、これらの願望こそ、まこと道理に適ったことだと考えていた人民は、あらゆる手だてを用いても執政官の権威を手に入れようとしていた。しかし、彼ら個人個人が自分の判断を下さなければならぬ場合になると、自分たちの力不足はわかっているので、〔かつて執政官全員が平民によって占められるべきだという規準に対し〕自分たちの中には誰一人として適任者はいない、と判断したのである。

このように平民側の候補者の不適格を認めた彼らは、その官職の適任者（である貴族）に頼らざるをえなかった。平民のとったこのような態度に対して、ティトゥス・リウィウスは、讃嘆これをおくあたわずして次の言葉を残している。「かつて平民全体がとった態度に対し、今日、彼ら個人個人がとった態度は、なんと節度と公正さと、高邁《こうまい》な精神に満ち溢れていることだろう」と。

以上述べてきたことをさらにはっきりと示すものとして、ローマ人がカンナエでハンニバルに敗れたのち、カプアで起こった有名な事件を引用すべきだと思われる。この敗戦によってイタリア中が大騒ぎとなり、平民と元老院との間の反目のためにカプアは内乱状態に陥った。

当時カプアの最高職にあったパコウィウス・カラヌス(1)は、動乱の都を襲っている危機を見極めた上で、自分の職権で平民と貴族とを和解させようと心に決めた。この考えに立って、彼は元老院を召集させ、彼らに平民が憎悪の念を抱いていること、また彼らが平民に皆殺しの憂き目にあうような危険性もあることを述べたて、さらにカプアの都市も、ローマ人がハンニバルに撃破されたからには、カプアがハンニバルの手に渡ることを説いた。

その後、さらに言葉を続けて、もし諸君が自分に事態の収拾をまかしてくれれば、何とかして和解の道を探りあててみせる、けれども自分は貴公たちを館に閉じこめておかねばならない、そうして平民に元老院を処罰できるのだと思い込ませた上で、それによって元老院を救ってみせよう、と説明したのである。パコウィウスのこの計略を元老院は了承したので、彼は元老院を館の中に缶詰めにした上で、平民を召集した。

そうしておいて、平民に向かって言うには、とうとう諸君が元老院の横暴を矯《た》めて、彼らから受けてきた理不尽の振舞いにお返しできる時がやって来た。だからこそ自分は、元老院全員を身動きのとれないように監視しているのだ。かといって、諸君が自分たちの都市を無政府の状態でほうっておこうと望んでいるのではないと信じている。もし諸君が現在の元老院議員を殺してしまいたいならそれもよい。けれど新議員を選出しておく必要があるのではないか、と言って聞かせたのである。

こうしてパコウィウスは、現在の元老院議員全員の名前を書いた名札を袋の中に入れておいて、平民立ち会いのもとで一枚ずつそれを取り出していって、その中からまず後任者を決定し次第、次々と名前が引き出される人物を殺してしまえばよいだろう、と説明した。こうして最初の一枚が引き出されてその名前が読みあげられると、奴《やつ》は傲慢で、残忍で、横柄だと口々にののしって、上を下への大騒ぎが持ち上がった。

そこでパコウィウスが、別の人物を代りに任命するように平民に要求すると、一座はしんとなる。さらになにがしかの空白が続いた後、平民の一人が任命されることになる。この名前を聞いたとたん、人びとは口笛を吹いたり、笑いころげたり、口々に次々と悪しざまにはやしたてはじめた。

このようにして順番に名前が読みあげられて任命されていくのだが、そのうちの誰をとってみても、元老院議員の権威にふさわしくないと平民は判断した。そこで、すかさずこの好機をとらえたパコウィウスは、次のように言った。「貴公らは、当市が元老院を置かずにうまく運営されることはありえないとお考えのようだし、かといって現在の議員に代えて新任の人びとを任命することにもご賛同が得られないようなので、むしろ私は、諸兄にあっては〔現在の元老院と〕和解したらいかがなものかと考える次第である。と言うのも、元老院議員全員は投げ込まれていた恐怖感のおかげで、その角が取れてしまっていることでもあろう。だから、平民諸兄がこれまで他のところで求めてきた、人間らしい温かみをその中に感じとられるようになろうかと思われるからである」と。

そこで平民側はこの提案を受け入れたので、この体制の和合が成立したのであった。この場合、平民は、それぞれ自分の身にひきうつして個々のケースに基準をおいて考えてみなければならないようにしむけられると、彼らが抱いていた幻想が明らかとなった。

すなわち、平民というのは、自分に関連する事物を概括的に把握しようとするときに誤りを犯しやすいものだが、逆に個々の事柄を体験してそれを知れば、そんな誤りを犯すこともない。

フィレンツェからその支配者たち〔メディチ家〕が追放された一四九四年〔十一月九日〕以後になると、そこには秩序ある政府はなくなり、むしろ野望をほしいままにする勝手気ままな風潮が支配するようになった。そして社会状態は日を追って悪化の一途をたどり、多くのフィレンツェ人は、崩壊していく祖国の姿を目のあたりにしながらも、その崩壊の別の〔根本の〕原因を理解できないままに、数人の実力者の野心的行動を難詰して、彼らが自分の思い通りに国家を造り変えて、人民からその自由を奪おうとするから、こんな混乱が生じてきたのだ、と考えた。

こんな考えを持った連中は、集会所や広場に顔を出して、多くの市民の名をあげてその悪行を吹聴《ふいちょう》した。そして、自分たちを最高市政委員《シニョリーア》に任命しさえすれば、市に仇《あだ》なす有力市民の化けの皮をひきはがし、これに処罰を加えてみせると脅したのである。こうして、同一人物が市の最高官職に重ねて選ばれる事態が何度も起こってきた。

こういった人物の誰彼がしばしば、最高職に就任してみると、事態の真相を目のあたりにして理解できる立場に置かれることになる。そのために、混乱の由来するところとか、国家を脅やかしている危機〔の性格〕や、さらに、それを収拾することがどれほど難しいものであるか、が理解されるようになってきた。そして、事態がここまで悪化してしまったのも特定の人物の行動によるわけではなく、時代のなせるわざなのだということが理解されるに及んで、彼らの考え方も、そのやり方も、これまでとはたちまち変わったものとなっていった。

こうも変わってしまったのは、個々の事物を〔実体に即して〕理解するようになったから、フィレンツェ人がかつて事態を〔よそごととして〕、通りいっぺんに把握していたときに陥っていた誤りから抜け出せるようになったからである。しかし当の人物が、一私人の立場でしゃべりまくっていたのを聞いていた人びとは、今や彼が最高の官職にありついておとなしくなってしまったのを見て、そんなにも変わってしまったわけを、事態を正しく認識できるようになったからだ、とはとらなかった。その反対に、〔権力の座についた彼らが〕有力貴族の口車に言いくるめられて堕落してしまったからだと思い込んでしまったのである。

そうして、これと同じような現象が多くの人びとの間で、幾度となく繰り返されたものだから、当時の人びとは、次のように言いならわすようになった。「在野時代の志は、政庁に入れば、どこへやら。」

これまで論じてきたことをすべて考えあわせれば、人民を迷夢から覚まさせるのは、いとも簡単なことだということがわかってくる。つまり、当人に事物を概括的にとらえれば誤ちを犯しやすいものだということを納得させて、個々の事物を細かく検討するようにしなければならないということになる。つまり、カプアでパコウィウスが、またローマで元老院がやったように、人民を指導してやればよろしいのである。

さて私は、すべて慎重な政治家たるものは、官職や栄爵の分配のような細かい個々の案件については、人民の意向を決して無視してかかるべきではない、と確信するものである。なんとなれば、この場合にこそ人民は決して間違った判断を下さないものだからである。また、たとえ時たま失敗するようなことがあっても、特定の少数者が上述のような栄爵を授与しなければならぬような場合に比べれば、その失敗率はきわめて低いものだからだ。さて次の章では、元老院が栄爵の授与をめぐって人民を出し抜いたいきさつを取り上げてみたいと思う。これも、あながち蛇足とも言えないだろう。

48 下劣な者や不正を事とする者を官職につけたくないなら、底なしの低俗で悪逆無比な者か、さもなければ、けた外れに高潔で有徳の士に出馬させるのがよい

執政官の権限を伴なう護民官の選出にあたって、元老院は平民出身者が登用されることに悩んで、次にあげる二つの方法のうちのどちらかを選んだ。すなわち、ローマでもひときわ高い名望を収めている人物に出馬させるようにするか、あるいはまたしかるべき手段で、下層で低俗下劣の徒を平民の中から買収して、ふだんその地位を要求してきた、また〔現在〕している人物を平民出身の他の候補者と並べて名乗りをあげさせた。

この後の場合がとられると、平民階級は自分たちの中から立候補した連中に投票するのを恥じた。一方、前者の方法がとられるとなると、有徳の士を外すことを恥じいらせる。このような現象は、前章で私が指摘しておいた傾向にぴったりと一致する。

つまり平民は、大局の判断を必要とする問題には見通しがきかないのだが、個々の現象を考える場合には良識を示すものだ、と言えるのである。

49　ローマのように草創の時代から自由を守ってきた都市でも、自由を成文化する法律の制定は難しい、とすれば、建国のはじめから隷属を事としてきた国家では、自由を守る法律の制定はほとんど不可能である

一つの共和国が自由を維持していくにあたって、必要な法律をことごとく整えておこうとしても、その実現がいかに至難の業かは、ローマ共和国でのいきさつが何よりも雄弁に物語っている。ローマでは、はじめはロムルス、続いてヌマ、トゥルス・ホスティリウス、セルウィウスによって、さらに最後には同様の仕事に対して作られた十人の市民によって数限りない法律が作られて、似たり寄ったりの効果を期待したのではあったが、実際にその法律を適用してみると、新たに手を加える必要が痛感されるようになり、それにつれて新しい法律を作ることが必要であった。

監察官《ケンソル》の制度が作られたのも、その一つの表われであった。この制度は、ローマに自由が存続していた時期に、その自由を確保しようとして設けられた色々な法令の一つである。この制度は、ローマの風俗の取締りの役目を果たしたので、ローマ人が堕落もせずに長くその力をふるいえた最大の原因となった。けれども、監察官の制度の創設にあたって、その任期を五年間としたことは大きな誤りであった。

しかし、その後あまり間も置かずに、臨時独裁執政官マメルクス(1)の慎重な取り計らいに

よって、修正をほどこされ、新法令の発布に伴なって監察官の任期は十八カ月に短縮されたのである。ところが監察官連中は、任期を短縮されたことに大いに敵意を燃やしたので、マメルクスから元老院〔の資格〕を剝奪してしまった。彼らのとったこの処置は、平民と貴族のいずれからも強い非難を浴びた。

当時の歴史からは、マメルクスがこのような仕打ちから保護されたものかどうかは、知るよしもない。しかし、これは、歴史家がその部分の記述を省いてしまったのか、あるいは、このようなケースについてはローマの法律がいまだ整備されていなかったのか、そのいずれかである。というのは、十分に法律が整備されている共和国においては、一市民が公共の利益に適った法律を公布したからといって、いかなる保護も与えられずに攻撃にさらされることがあってよいはずがないからである。

しかし、本章の出発点に戻って、次のように述べておこう。このような新しい行政官を創設するにあたって、ローマのように、国家の草分けの時代から自由を確保し、さらにそれ以来自治を続けているような場合でさえ、その自由を維持していくのに適った法律を生み出すにはひとかたならぬ困難を伴なうと考えなければならぬ。このことを考えると、その草創期から隷属状態に置かれた国家が、文化的で平和な生活を保障しうるような法律を制定することなどは難しいどころか、不可能だといっても、驚くにあたらないであろう。

周知のように、フィレンツェの場合、その起源をたどればローマ帝国に隷属していたばかりでなく、それ以後は絶えず外国支配の下に甘んじなければならなかった。そのため、長い間の屈辱に慣れて、自分自身の力で自由を獲得しようなどとは少しも考えなかった。しかし、やがて息を吹き返す好機が訪れて、自分たちの法律を制定する運びとなった。ところが、せっかくのこの法律も、旧来の悪法とごちゃまぜになって併存していたために、その効力を十二分に発揮できなかった。こうして信頼できる記録の残っている二百年の間、なんとかかんとか努力を積み重ねて実現したそれは、真に共和国と呼ばれるに足るいかなる国家でも備えたことのないものであった。

さて、フィレンツェが逢着した様々の困難は、フィレンツェに似たような起源を持つ国家なら、どの国家の中にでも、いつでも見られるものだった。フィレンツェが、公正かつ自由な投票によって、少数の市民に法律を改正できる十二分の権限を与えたことは幾度となくあった。しかし、それも公共の利益のために法律が作られるのではなく、私利私欲を満たすために法律を作るような結果を生んでいった。したがって、国家の中に秩序をもたらすどころではなく、大混乱を植えつけることとなってしまった。

ある特別の実例をお目にかけよう。そこで私が言いたいのは次のようなことである。つまり、共和国を造り上げていこうとする者にとって、心しておかなければならない色々の問題の中でも、わけても重大なのは、その市民に対して、誰が死刑の判決を言い渡す権限を掌握するのかをよく検討しておくべきだ、という点である。

この点については、ローマでは見事に整備されていた。というのは、ローマでは通則として、平民に対して控訴できる権利が認められていた。しかし、重大事件が発生して、控訴に手間どって刑の執行が遅れて、取り返しのつかないことにでもなりそうな場合を考慮して、臨時独裁執政官自らが即決するという応急策を用いるようになった。しかし、この応急策も、緊急事態に対処する以外は、決して乱用されはしなかった。

ところがフィレンツェや、それに似たような隷属状態という発生条件を備えているその他の都市の場合を取り上げてみると、これらの諸都市は死刑判決の権限をその国家支配者が任命した外国人に委託した。のちの世になって、これらの諸国家が自由を誇りうるようになってからでも、その権限は〔相変わらず〕カピターノ[2]と呼ばれる外国人の手中に掌握されていたのである。ところが、このカピターノを市の有力者がやすやすと買収しえたために、この制度は危険この上もないものとなってきた。

ところが、時が流れて政体に変化がもたらされるようになると、上述のカピターノの制度も、変更を余儀なくされて、かつてカピターノが持っていた権能をつかさどる八人会が組織されるようになった。この八人会制度も、別の個所ですでに説明しておいたように、少数の委員が、いつに変わらず少数でしかも有力な人物の手先となるだけのことだったので、もともとよくない制度のところへもってきて、今や最悪のものとなった。

ところがヴェネツィアの場合は、上述のような欠陥をよく食い止めることができた。つまり、十人の市民が任命されて、いかなる市民をも、控訴なしに処罰できるようになっていた。この十人会《ディエーチ》は、もともと有力者をも処罰できる権限を持ってはいたものの、十分とはいえなかったので、別に四十人会《クアランティア》[3]が創設された。さらにプレガイ[4]と呼ばれる委員会も設けられたが、これはより上級の委員会で、貴族を処罰する権限を有していた。以上のように、告発する側の体制が整えられていたのと同時に、裁判官が貴族たちを牽制しておくことも怠らなかった。

さて、自分の力で法律を整え、多くの有能な人材をも抱えていたローマではあったが、それでも日ごとに新たな条件に逢着したので、社会の自由を確保するための新しい法律を模索しなければならなかった。したがって、その建国の事情が、もっと錯綜していた他の国家の場合では、次から次へと困難な事態にぶつかったために、法律を与えることなど、思いも及ばないことだったのも驚くにはあたらない。

50 いかなる委員会や行政職であっても国家の統治力を停止させることはできない

ティトゥス・クィンクティウス・キンキンナトゥスとグナエウス・ユリウス・メントゥスとが、ローマの執政官であったとき〔前四三一〕に、二人が不和となったために、共和国の政務はことごとく停滞をきたした。そこで元老院は二人に要請して、臨時独裁執政官を設けて、両人の仲違《なかたが》いのために渋滞した国務だけでも処理させてはどうか、と申し入れたのである。ところが、他のことではことごとに意見が一致したことのない〔二人の〕執政官が、この場合に限って、これに反対するという点で歩調をそろえたのである。そこで、元老院は手の打ちようもなくなって、護民官の助力を要請した。護民官は元老院の権威を後楯《うしろだて》として、二人の執政官を無理やりに従わせてしまった。

ここで、我々はまず第一に、護民官がどれほど役に立つものであるかに気づくのである。つまり護民官は、貴族の人民に対する野望を抑えるのに役立つばかりではなく、貴族内部の〔横暴な〕者を牽制するのにも、与って力があるということである。

次に注目される点は、通常、国家を運営していくのに必要ないかなる決定も、少数の者の掌中に委ねてはならないということである。例えば、もし諸兄がある特定の委員会に対して、栄爵や官職を授ける権限を与えたり、あるいはまた、ある種の行政職に対し公務の一部門の処理を委託しようとするなら、いかなる条件のもとでもそれを遂行しなければならないという義務を、彼らに課すようにしなければならない。あるいは、当人がそれを遂行したくないという場合には、誰か他の者による代行を認める規定を作っておかなければならない。

そうでもしないと、この制度は欠陥だらけで、腫れ物にさわるようなものである。あたかもローマで見られた実例のように、頑迷な二人の執政官に対して、万が一、護民官の権威を守ることができなかったならば。

ヴェネツィア共和国の場合、大議会《コンシリオ・グランデ》が栄爵とか官職を授ける業務をつかさどっていた。ところが、その大議会が不満を感じていたためか、あるいはまた讒言《ざんげん》に迷わされてしまったかして、国の内外での統治を担当する行政官の後任者を任命せずにほうっておく、というような事態が一度ならず起こっている。そして、このことが元となって大騒動に及んでいる。

こうして、ヴェネツィアの支配下にあった内陸地方も、ヴェネツィア市そのものも、たちまちのうちに法的な指導者を失ってしまった。そのため、大議会の総員が機嫌をなおすか、その思い違いを認めるかしない限りは、なにごとも手につかないありさまだった。このような不備な制度がある以上、誰か有能な市民が出てその予防策を講じない限り、その国家は破局に引きずり込まれるであろう。つまり、その予防策として取り上げなければならないことは、法律を公布して、国の内外にある前任、または現職の行政官に対して、その代行者や後任の者が任命されない限りは、決して持ち場を離脱してはならないと規定しておくことである。

以上のような手を打っておけば、議会が共和国を危機に追い込んで社会的行為を停止させることはなくなる。

51 共和国、君主のいずれの場合を問わず、必要《ネチエシタ》に迫られてやむをえずとる行動でも、自分の意志で行なっているふりをしなければならない

なにごとをやる場合にせよ、特に必要《ネチエシタ》に迫られてどうしてもそうせざるをえないよう

な時でも、万事にぬかりのない人物なら、自分から進んでそれをやっているような印象を、いつも人びとに植えつけるものだ。

かつてのローマでは、自費を投じて軍務に服するならわしであったのを、今後、軍務に奉仕する人びとに対しては、国庫から給料を支払うべしという決定[1]を元老院が下したときも、上で述べたような深い心配りが用いられていた。

それまでのしきたりのままでは長期戦に耐えうるはずもなく、そのために諸都市の包囲戦に従軍したり、本国を遠く離れて出兵することが不可能なのが、元老院にはお見通しだったのである。そこで、それら両方の作戦を遂行しようとすれば、ここに述べたように、国庫から兵士に給料を支払うことを決定せざるをえなかった。ところが元老院は、この方法が必要《ネチェシタ》に迫られてとらざるをえなかった処置だとはおくびにも出さず、自ら好んでこの政策を打ち出したのだという態度をとった。

そして、この法案が提示されると、平民は大いにこれを歓迎し、ローマはあげて歓声の渦に包まれたほどであった。この改正が、彼らには大きな特典と受け取られたのである。しかし、平民たちはそれを望んでみたこともなかったし、自ら手に入れようと努力したこともないほどのものだった。ところが護民官は、給料を支払うためには税金を重くしなければならないのは当然だから、平民の負担は重くなるばかりで、軽くなるなんてとんでもないと説得にこれつとめ、例の恩典をご破算にするように啓蒙したのである。しかし、それも功を奏せず、平民たちは例の提案を受け容れてしまった。ところが、この新法は元老院が提示した税負担率の改正によって、さらに平民側に幸いをもたらすこととなった。というのは、課税の一番重く大きな対象となったのは貴族で、いの一番に支払わねばならなかったのは貴族であったからである。

52　共和国の中で権力の座にのし上がろうとする者の横暴を抑えるには、その男がたどりつこうとしている権力の座への道をあらかじめ断ち切っておく以外に、確実かつ抵抗の少ない方法はない

前章で論じたことからもわかるように、軍務奉仕に給料を支払うように決めたり、税の負担率を改正したりして、貴族が、平民に多くの恩恵を与えるように見せて、どれほどその信頼を勝ち得ることに成功したことであろう。もし貴族が、このような態度を維持し続けていたなら、ローマにはもはやいかなる紛争もその影をひそめたことであろう。また貴族は、護民官がローマ人民に植えつけていた信頼を奪って、どれほど護民官の権威を失墜せしめていたことであろう。

実際に共和国、それも特に腐敗した国家である場合に、野望をたくましくする市民を抑えるには、その男が手に入れようとしている目標に向かう道をあらかじめ断ち切っておくのが一番適切で、失敗も少なく、かつ容易な方法である。

このようなやり方がコジモ・デ・メディチに対して用いられたと仮定すると、この方法はコジモをフィレンツェから追い出す[1]よりはるかによかったであろう。なぜなら、コジモと対決していた市民が、コジモが得意とした人民の人気を集めるというやり方を前もって先取りさえしていたら、彼らは一揆や実力に訴えるまでもなく、コジモが最も大切にしていた人民という武器を奪っていたことであろう。

ピエロ・ソデリーニがフィレンツェで獲得していた名声は、大衆《ルニヴェルサーレ》の支持というこの一点にかかっていた。彼は、共和国の自由を熱愛する人物だという評判を、大衆の中に植えつけていたのである。さて、ソデリーニが権威を増していくことを心よからず思っていた市民にとっては、自分の身のみならず共和国の他のすべての人の破滅にもなりかねないような手段に訴えて、彼と真っ向から対決しようとするよりは、ソデリーニが権勢を増してきたその道すじをあらかじめ遮断《しゃだん》しておくことのほうが、よりたやすく、よりきれいなやり方で、危険率も低く、国家に害を及ぼすことも少なかったのは事実である。

というのは、もし仮にこの連中がソデリーニの手中から、彼の威力の支柱となっていた武器をもぎとってしまっていたなら——それも簡単にやってのけられたに違いない——議会や委員会のあらゆる席上で、なんの恐れることもなく思いのままにソデリーニに反対意見を述べることができたはずだ。ソデリーニを憎んでいた市民が、ソデリーニが人気を獲得していく方法をあらかじめ閉ざす手を打たなかったという失敗を犯してしまったとしても、ソデリーニとても誤りを犯さなかったわけではない。つまりソデリーニは、彼の敵が自分を脅かすのに用いる手段を前もって取り上げもせずにおくという失敗をやってしまった。けれどもソデリーニの場合は、敵の先手を打つことが難しかった上に、またそれをやってみたところで、彼にとって甚だみっともないことでもあったので、許されてしかるべきことだった。というのは、ソデリーニにしかけられた攻撃の方法とは、メディチを味方に引き入れることだった。ソデリーニの敵はこの力を借りてソデリーニと争い、ついにこれを打倒したのである(2)。

ところが、〔敵側が用いた方策の先手をとって〕ソデリーニがメディチと心から手を結ぶなどとてもできないことだった。というのも、ソデリーニはその名声とともにその守護役をもって任じなければならない自由を、破壊し去るようなことはできるはずもなかったからである。そればかりでなく、ソデリーニが親メディチに転向するにしても、それを秘密裡にかつ電撃的にやってのけるなど、とうていできない相談でもあった。またそれを敢《あ》えてやるにしても、ピエロ・ソデリーニにとって危険きわまりないものだった。

その理由は、もしメディチとよしみを通じたことが露見すれば、人民に疑われ憎悪されるようになるに違いないからだ。そんなことになれば、ソデリーニの敵にとっては、彼を攻撃するのに願ってもない好機を手に入れることになる。

さて人は、これからどの進路を選んで進むにしろ、それぞれの進路がはらんでいる欠陥や危険をよく検討しておかなくてはならない。そうして、長所よりも短所のほうが大きいようならば、これを避けるべきだ。たとえ議会や委員会の議決がその決定を迫ったところで、欠点や危険度の高いものは用いてはならない。

これを守らずに失敗した例は、マルクス・トゥリウス・キケロの場合である。それは、彼がマルクス・アントニウスの人望を引きずりおろそうとしたのに、逆にその人気を上昇させてしまった時のことである。(3)

当時、マルクス・アントニウスは元老院に敵と宣告されたため、大軍を集結したことがあった。そのほとんどの兵士は、かつてカエサルの部下として働いてきた古強者《ふるつわもの》だった。トゥリウス・キケロはこれらの軍隊をアントニウスから引き離そうとして、全権をオクタウィアヌスに与えるように元老院に働きかけた。そして、彼に執政官のヒルティウスとパンサ(4)を伴なわせた上でアントニウスに向けて出陣させた。

そして、かつてはカエサルの部下であった兵士が、旧主人カエサルの甥《おい》(5)であり、同じ姓を名乗るオクタウィアヌスの名前を耳にするが早いか、きっとアントニウスを見捨ててオクタウィアヌス軍に合流するに違いない、そうすればマルクス・アントニウスには誰も支持する者がいなくなってしまうから、彼を片づけるのは赤子の手をひねるようなものだ、と言い張った。

ところが、結果はまったく逆のこととなってしまった。マルクス・アントニウスはオクタウィアヌスを丸め込み味方につけて、キケロと元老院を裏切らせ、自分と盟約を結ばせてしまったからだ。このような情勢の変化によって、元老院側は完全な敗北を喫してしまった。こうなるのは容易に見通しえたところである。

まさに元老院は、キケロの意見などに耳を貸すべきではなかった。それよりも、敵を撃破して赫々《かくかく》たる名声に輝き、ローマにおける支配権を我がものとした、あのカエサルという名前こそ、よくよく胸にきざみこんでおかなければならなかったのだ。そうしていたならば、彼ら元老院は、カエサルの世継《よつぎ》であるオクタウィアヌスやその一味からは、共和国の自由の名に適うような、いかなるものも決して期待してはならないことくらいは、わかっていたはずなのに。

53　人民はうわべの立派さに幻惑されて自分の破滅を追い求めることになりやすい、したがって、彼らに大きな希望と思いきった約束を与えてやれば操縦は簡単である

ウェイイの都が攻略されると〔前三九五〕、ローマ人民の間に一つの噂が流れとんだ。それによれば、ローマ人の半数がウェイイに移住すれば、ローマの都市にとって都合がよい、というものであった。

つまり、ウェイイが豊かな農村に囲まれ、多くの家屋が立ち並び、ローマにも近いことから、ローマ市民の半数は〔そこに行けば〕豊かになることは間違いない。一方、地理的にローマに近いため、ローマ市民としての政治活動も妨げられることはないなどと、云々された。これに類する言辞は、ローマ元老院や有識者たちから見れば、まことに下らない、

社会を害するものに思えた。そんなことに同意するくらいなら、むしろ甘んじて死を選ぶほうがましだ、と明らさまに言ってのけたほどであった。

かくして、この問題をめぐって論議が白熱し、元老院の態度に激昂《げきこう》した平民は、あわや武器を手にして血を見るまでになったほどである。事態がそこまで立ち至らなかったのは、元老院を後押しするのが老練の士であったからで、こういった人物への平民の尊敬が、彼らの逸《はや》る心を抑制し、乱暴な行動に出るのをおしとどめたからに他ならない。

以上述べたことから、二つの注目すべき点が引き出されるべきだ。その第一は、平民は多くの場合、うわべの立派さに幻惑されるあまり、結局は自分の破滅につながるようなことでも望むものだ、ということだ。いま一つの点は、人民の信頼を勝ち得ている人物が事の良否を人民にときあかしてやらない限り、国家はどんな危機や災難に見舞われるか知れたものではないということである。ところで、よくあることだが、かつて何かの事件とか人間に騙されたために、人民がもう何も信用しないような傾向になってしまうと、その国家の破滅は避けうべくもないのである。

したがってダンテは、その『帝政論』[1]の中で、人民はよく次の言葉を叫ぶものだといみじくも述べている。「彼らの〔人民の〕死よ寿《ことほ》ぐべし！　彼らの生よ滅びよ！」

このような人民の持つ不信感から、共和国が適切な方策を取り得なくなる事態がたびたび生まれてくる。先にヴェネツィア人について触れておいたように、彼らが多くの敵国から攻撃を受けた時、破滅の土壇場に追い込まれるまで、それまで奪っていた領土を元の持主に返還して、その国を味方に引き入れるふんぎりが、どうしてもつかなかった。(こういった国がヴェネツィアに戦いを挑んだり、君主間の同盟[2]を結んだのも、ヴェネツィアがそれまでに、彼らから多くのものを取り上げていたからである。)

さて、人民を納得させるのにはどういう点がたやすいか、また説得しにくいのはどんなことか、を考えてみると、どうしても以下のような区別をした上で理解しなければならないと思う。人民を納得させようと思えば、まず彼らの目の前に、損か得か、勇ましく見えるか、または臆病に見えるか、ということを並べ立ててやらなければならない。人民の目の前に提示された事柄が、たとえその背後に損失が隠されているにせよ、うわべは誰の目にも利益を約束しそうな話であれば、大衆《モルテイトウディネ》の首をたてにふらせることなど、いつに変わらず簡単しごくのことなのである。

また、たとえその行為が共和国を滅ぼすかもしれない危険をはらんでいても、勇ましく見える場合は、同じことが言えよう。こんなわけだから、その行為の背後に、健全さとか、利益に連なる道が〔実のところは〕隠されていても、外見がぱっとせず、また損になりそうな場合は、いつに変わらず大衆を説得するのは至難の業である。

以上で私が述べてきた理論は、ローマや外国に見られる数限りない古今の実例によって裏づけられるものである。

さて、ローマでファビウス・マクシムス[3]への不評判が生じたのも、前に述べた事柄と裏はらのものである。ファビウスは、ハンニバルとの戦いはずるずる事を運んで時を稼ぎ、その激しい攻撃には正面からぶつからないようにしておればよいという作戦をローマ人民に説いたのだが、これを納得させられなかった。それというのも、ローマ人民は、このファビウスの作戦は卑怯なばかりか、それによって何の利益ももたらされそうにない、と判断したからである。また、ファビウスとしても、自策の優れていることをローマ人民に証明するに足る、十分な論拠を持ちあわせていなかったことにもよる。さて、ローマ人民は勇ましい意見を前にすると思慮分別を忘れてのぼせあがるものなので、ファビウスの意見に反して、ハンニバルと正面から戦わせるために、ファビウスの部下ミヌキウス[4]に指揮権を与えるという失敗をやらかしてしまった。

ところがこの男の指揮に対して、もしファビウスがその細心な行動で救いの手を差しのべなかったら、ローマ軍はあわや壊滅していたところであった。この苦い経験にも懲りなかったローマ人民は、やがてワロ[5]を執政官《コンスル》に推してしまう。ところでこの男は、これという才能があるわけでもないのに、ローマの広場や公共の場所をめぐり歩いて、自分に全権が与えられれば、いつでもハンニバルを撃破してみせる、と吹聴《ふいちょう》してまわった人物にすぎない。このために激戦が展開されて、ローマ軍はカンナエで大敗し、ローマの街もあわや廃墟と化すところだった。

私はこの点について、もう一つのローマの実例をつけ加えておきたいと思う。ハンニバルがイタリアに来てから、八年、あるいは十年の時が流れていた。その間イタリアは、その全土にわたってローマ人の殺戮《さつりく》で満ち満ちた。時も時、マルクス・ケンテニウス・ペヌーラなる人物が元老院に出頭した。この男、身は下賤の生まれではあるが、（市民軍の中ではかなりの地位までいっていた人物である。）その彼が願い出て言うには、もしこの自分にイタリア中の望みの場所で義勇軍を募る権限を与えてくれさえすれば、瞬く間にハンニバルを召し捕るか殺すかして元老院につき出すであろう、と豪語した。

元老院には、この男の要求がいかにも向こう見ずなものに思われた。しかし、もしその提案を退けてしまうようなことをやれば、人民は後からペヌーラの提案の件を聞き、きっと元老院のやり方に対して、騒ぎや妬《ねた》みや、悪感情を引き起こすようになるに違いないと考えて、ペヌーラの提案に許可を与えたのであった。

つまり元老院としては、人民に新たに不満の種を植えつける危険を冒すよりは、ペヌーラの意見に従う人びとすべてを危地に投入するほうを選んだ。しかも、元老院としては、この種の提案には人民は喜んで飛びつくもので、それを思いとどまらせるのがどれほど至難の業かを、よくよく承知していたのだ。このような経過をたどった末、訓練もなければ統率もとれていない烏合の衆《モルティトゥディネ》を率いたペヌーラがハンニバルの軍と相まみえることになる。ところが、ほんのその緒戦で、ペヌーラはその手下全員とともに打ち破られ殺されてしまった。

ギリシアではアテナイの都において、深謀遠慮の人ニキアス(6)は、シケリア遠征が必ずしも得策ではないことをアテナイ市民に説得これつとめたが、とうとうその了解は得られなかった。このため、この最高の有識者の意見に逆らって遠征が決行された。そして、このことこそアテナイに破滅をもたらす原因となった。

一方、スキピオが執政官となった時、アフリカを属州にしようと考えて、カルタゴを完全に廃墟にしてしまうことを請けあったことがある。しかし元老院は、ファビウス・マクシムスの意見をいれて、スキピオ案に同意しなかった。ところがこれに対してスキピオは、人民は自分の出したような意見に喜んで賛成するものだということをよくよく承知していたので、では自分の考えを民会に提案してみるぞ、と脅迫したのだった。

このような問題をめぐって、さらに我がフィレンツェであった実例をお目にかけておきたいと思う。エルコーレ・ベンティヴォリオ殿[7]がかつてフィレンツェ軍の司令官をつとめていた時のこと、彼はアントニオ・ジャコミーニ[8]とともに、サン・ヴィンチェンティ[9]でバルトロメオ・ダルヴィアーノ[10]を撃破した余勢をかって、ピサの包囲に向かったのであった。

もともとこの作戦については、多くの有識者が非難していたにもかかわらず、エルコーレ殿の景気のよい約束につられた人民が、その実施に踏みきったものであった。有識者たちがいかに事態を改善しようと努力したところで、現場の司令官の調子のいい約束に、うまうまと乗せられた人民の熱狂の前には、ひとたまりもなかった。

したがって、人民が権力を持っている共和国を破滅に追い込むには、そこで向こう見ずの景気のいい事業をやらせるのが一番の近道である。というのは、人民がかなりの発言力を持っているところでは、このような計画をいつも受け入れるものだからだ。つまり反対意見があったところで、まったく手のほどこしようがない。

しかし、このようなことで国家が滅亡してしまうなら、そのもととなったでたらめな事業を提案した個々の市民の上にも、ずっと頻繁に破滅が襲ってくる。それというのも、人民が勝利を予測していたところへもってきて、そこにこの敗北が来たものだから、彼らは運がなかったとか、またはその戦争指導をした人物が無能力だったと咎《とが》めるのではなく、その男の悪意や先見の明のないことを攻撃するようになるからだ。そうしてこれらの提案者は、ほとんどの場合が、カルタゴの無数の指揮官や、多くのアテナイの人たちのように、死刑、投獄、追放という憂き目をみることとなっている。

また、それまでに当人がどれほどの勝利をもたらしたにしても、そんなことは何の役にも立ちはしない。というのも、どんなに勝利の経験があったところで、たった一度でも敗北を喫してしまえば、それが全部帳消しになるからである。

我らが友人アントニオ・ジャコミーニの場合も、この例から外れるものではない。人民も期待し、彼自身も請けあっていた通りには、彼のピサ攻略はならなかった。そのために、人民の非常な怒りを買ってしまった。そして、その過去の数えきれぬ赫々《かくかく》たる武勲にもかかわらず、当局者のお情けで死刑の宣告は免れて生き長らえることになった。当局は他に、民衆に対して彼を弁護する口実があったわけではなかったにせよ。

54 重責を担う人物は激昂《げきこう》した群衆《モルティトウディネ》を抑えるためにどんな権威を用いるか

前章で述べておいた記述の中での第二番目の主題は、次のようなものだ。つまり、興奮している群衆を鎮めようとするには、考え深くて権威も高く、また尊敬を集めている人物が、群衆に向かって立つことである。したがって、ウェルギリウスが次のようにうたっているのも、わけのあることである。

敬虔の心を備え、勲《いさおし》高き人の
そこもとに立ちはだかれば、
人びと耳そばだてて、
静まってその言に聞き入る

それゆえ、ひと騒ぎのあった都市にあって、軍隊を指揮したり、あるいはその統治の任を帯びる者ならば、できる限り上品で、かつなしうる限りの威厳を具えて、この騒ぎに対処しなければならない。また、その身に尊敬を抱かせるように、高い地位を誇示するありたけの紋章を身につけておかなければならない。もう数年前のことだが、フィレンツェはフラテスキ〔修道士派〕と呼ばれるサヴォナローラ派と、アッラッビアータ〔激怒派〕と呼ばれる貴族派との二つの党派に分かれていたことがあった。この二派が武力に訴えるようになり、フラテスキは敗北を喫した。当時市民の中で、最も名望のあったのはパゴラントニオ〔パオロアントニオ〕・ソデリーニだった。このソデリーニの家へ、人民の一団が武器を手に手に、騒ぎのどさくさにまぎれて略奪におしかけたのである。

当時ヴォルテッラ司教であり、今日では枢機卿の地位にあるパゴラントニオの弟フランチェスコは、たまたまその兄の居宅に居合せた。彼は騒ぎを聞きつけ、暴動を目にするやいなや、最上の礼装を身にまとい、さらにその上から司教用の法衣をはおって、暴徒の前に立ちはだかった。暴徒は、その堂々たる風采と、その弁舌に気圧《けお》されて略奪をやめてしまった。フランチェスコのこの行動は、フィレンツェの町中で長い間話題となり、称讃を浴びたものだった。

したがって激昂する群衆をとり鎮めるのに、一番確実で適切な方法は、押し出しもよく尊敬も受けている一人の人物が、群衆の前に姿を現わす以外にはありえないのだ、と結論づけたい。

さてここで、すでに冒頭で述べていた話の続きに立ち戻ることとする。いったいローマの平民が、なぜあれほどまで熱心にウェイイへの移住に固執したのであろうか。それは、そうすれば何か利益があると判断していたからであり、一方、それを実施すればどんな損失が生じてくるかには、思いも及ばなかったからであることが理解されよう。一方、もし仮に、重責をにない尊敬を集めている人物の力を借りた元老院が、平民の激昂に制御を加えていなかったとしたら、騒ぎはどこまでひどくなっていたか、また国内の不和もどうなっていたか、わかったものでないことが呑み込めるだろう。

55　民衆が堕落していない国家では万事が容易に処理される、平等のあるところでは君主国は樹立しえないし、平等のないところでは共和国は成立しえない

堕落してしまっている国家について、どんな点を警戒しなければならないか、また何に希望をつないでいくべきかについては、これまですでに何度も論じてきたことである。しかしながら、カミルス(1)がウェイイからの分捕り品の十分の一をアポロ(2)の神殿に捧げると前もって祈願していた点について、元老院がどんな決定を下したかという問題は、ここで省くわけにはいかないと思う。ところが、その分捕り品というのはすでにローマの平民の持ち物となっていた後なので、どんな方法でも、その数量を数えなおすこともできかねた。そこで、元老院は法令を発布して、各人が自分たちが得ている分捕品の十分の一をそれぞれ国庫に引き渡すように命じた。ところが、この後元老院は他の方策を打ち出して、平民を満足させるとともに、アポロの要求をも満たすことができたために、結局、例の法令は実行に移されることはなかった。

しかしながら、元老院があのような法令を決定した事実を検討してみると、元老院はいかに平民の善意に信頼を置いていたかを知ることができる。さらにまた、彼ら平民のうち

誰一人として、その法令が規定している量をそっくり返却しない者がいようとは、疑ってもみなかったことが知られる。一方、平民の側も、規定以下を返却して、なんとか法律の下をかいくぐってやろうなどとは思ってもみなかった。それどころでなく、もし不満があれば、はっきりとそれを表わして、その法律から解放されようと考えていたことがわかる。

以上の例は、これまでに掲げてきた他の多くの例とともに、ローマ人民がどれほど善意と宗教心とに満ち溢れていたか、またどれほど多くの善行が彼らから期待されたかを示すものだ。したがって、実際のところこういった善意がないところでは、気高い行為などさらさら期待しえない。実際、今日他に抜きんでて堕落を示しているイタリアのような土地柄では、何を望んでみたところで無駄である。

またフランスやスペインにしても、こんな堕落の傾向がある。これら二つの国では、イタリアで日ごとにくり返し起こっているほどの騒ぎが見られないのは、彼らの国民性が善良なことに由来するのではなく——本当のところ、彼らとて大いに堕落している——それぞれ一人の国王がいて、精神的なつながりを打ち出しているばかりでなく、今日なおその新鮮さを失っていない王国本来の法律、制度によって国家に統一を与えているからである。

ところが、マーニャ〔ドイツ〕の地方《プロヴィンチア》に目を移すと、その国民の中にはきわめて高度の善意と宗教心とが保たれているのがわかる。この地方では多くの共和国がそれぞれの自由を享受しながら共存しているが、彼らはその国の内外を問わず共和国を支配しようとする一切の企みを寄せつけないように法律を守っている。マーニャで、昔ながらの醇風美《じゅんぷうび》俗《ぞく》がなお大いに栄えていることを裏づけるために、すでにローマ元老院と平民に関して掲げておいた実例によく似た例を示しておこう。

これらマーニャの共和国では、国の支出のためになにがしかの金を支出する必要に迫られると、施政の責任を持つ行政官または議会が、国の全住民から各人の収入の一ないし二パーセントの課税を取り立てている。

さて、その国のしきたりに従って、以上のような決定が通過すると、各納税者は収税官の前に出頭して、まず決められた税額を納めることを誓った。その上で、それぞれの良心に従って、自分が支払わなければならないと考える金額を醵金箱《きょきん》に投げ入れることになっている。いくら金が入ったかは、当人以外は誰にもわからない。このようなことからも、この国民の中には、なお善意と宗教心が根強く存在していることを推測できるのである。さらに、彼ら全部が割りあてられた額をきちんと支払っていることも認めなければならない。万が一、誰かが〔ごまかして〕金を入れないようなことをしたら、それまでの課税に基づいて見積もられていた金額に達しなくなるからだ。こうして、ごまかしがいっぺんにばれてしまうから、もしそんなことをやっているとしたら、今日必ずや別の方法を使うようになっているはずだからである。このような正直な態度は、当節では絶讃に値することだ。というのも、この美徳はきわめて稀有《けう》の事例に類し、わずかにこのマーニャ地方にのみ、その形をとどめているものだからである。

こういった美徳がこの地方にのみ残っている理由は、二つの原因から説明できよう。その第一の原因は、この地方は近隣諸国とたいした交渉を取り結んでいないことである。事実、外国人はこの国へ行かないし、逆にこの国の人間も外国へ赴こうとはしない。それは、この国の人びとが、自分の国にある物資だけで満足し、自国産の食糧だけで生活し、衣類も自国製の羊毛に頼っているからである。

したがって、マーニャは外国と取り引きするいわれもないし、外国との接触によって堕落してしまう機会などさらにない。それというのも、彼らは、フランス人、スペイン人、イタリア人の習慣を受け入れないでも済むからだ。これら諸国民の習慣こそ、揃いも揃って世界を堕落させてしまうものに他ならない。

マーニャの共和国が政治的には独立を誇り、堕落することもなしに統治されている第二の理由は、その市民のうちの誰一人として、特権階級《ジェンティルウオミニ》として取り扱われたり、あるいは貴族の作法に従って生活することが許されていないことによる。それどころではなく、彼ら市民の間には、平等の原則が確立している。また近隣諸国にいる領主《シニョーリ》や貴族の特権階級に対しては、きわめて激しい敵意を燃やしている。したがって、たまたま領主や特権階級の者が市民の手に捕えられるようなことがあれば、社会の腐敗と不和をもたらす者として、殺されてしまう。

さてここで、特権階級という名称が、どのような者に向けて使われるのかをはっきりさせるために、私は通常次のような人びとを指して使用されているのだ、と言っておく。つまり、そういった階級とは、ありあまる財産からの収入をあてに無為にその日を送り、生活の資を得るために耕作に励んだり、あるいはその他の骨の折れる仕事に精を出すような心配事のない連中を指すのである。この階級は、どの共和国にも、どの地方にとっても、害毒を流すこと甚だしい。

ところが、それよりもさらに悪質なのは、今述べたような財産を持っているだけではなく、城郭を支配して、自分に隷属する領民を従えている手合いである。

右にあげた二種類の連中は、ナポリ王国、ローマ地区、ロマーニャ、およびロンバルディーアに満ち溢れている。したがって、これらの地方には一度だって共和国は成立しえなかったし、かつて政治的独立を味わったこともなかった。なんとなれば、この階級はあらゆる自由な市民の政治には、真正面から反対するものだからである。

そんな具合にかたまってしまっている地方に、共和政体を導入しようとしても、とうてい不可能なことであろう。けれどもある人物が秩序を導入しようとして支配者になったとすれば、そこに王国を成立させる以外に方法はない。その理由は、大衆が腐敗して、法律によっても十分に彼らを抑えられなくなってしまった国では、法律の他により強大な権力を作り出さなければならないからだ。この絶対権こそ、王権に他ならない。彼は、その絶対的かつ無制限の権力を行使して、貴族の勝手気ままな野望や腐敗堕落を食い止めなければならないのである。

こういった考え方は、トスカーナの例を引けば、はっきりしてくる。この地方では、狭《きょう》隘《あい》な地域の中に、フィレンツェ、シエナ、ルッカという三つの共和国が古くから存立してきた。さらにトスカーナのその他の都市も、現在は隷属の形をとってはいるが、その心組みやら社会制度を検討すれば、それらとても自国の自由を維持してきたし、それを守り抜こうと努力していることが理解されよう。

これらの現状は、この地方には城を構えた領主《シニョーリ》がいないこと、また貴族たちが全くいないかきわめて少数であることから導き出されたものである。しかもこの地方は、平等感が普及しているので、古代文化について知識を蓄えた一人の聡明な人物が現われれば、ここトスカーナには、容易に共和国の制度が導入されるようになっていたはずだ。ところが、この地方の持って生まれた運《フォルトゥナ》の悪さもひととおりではなかったので、今日に至るまで、この地方全体に共和政をしきうるような人物は一人として生まれてこないのである。

これまで述べてきたことから、次のような結論を引き出せるであろう。特権階級《ジェンティルウオミニ》がうようよしているところで共和国の樹立を計画するならば、まずもってその貴族どもを打倒しておかなければ、実現は不可能だ。一方、きわめて平等感が浸透している地方で、王国《レーニョ》または君主国《プリンチパート》を造ろうとすれば、平等な社会の中から、野望を抱き事を好む多くの連中を抜擢《ばってき》して、名目だけではなしに、実際に貴族の仲間に加えて、城や領地、さらには金の力や、供の者までも与えてやらない限り、やはりその実現は不可能だ。こういう手を打っておいて、自分はこれらの連中に取り囲まれて、その権力を保持し、連中は連中で〔君の〕権力によって自分たちの野心を満足させることになる。

しかも、〔抜擢された〕連中は、隷属状態に甘んじるように縛りつけられている。しかも支配者層を、どうあっても支持しなければならないようにしむけられているのだ。このようにして、支配する者と支配される者との間につり合いが保たれるようになると、それぞれの人間は、各自のあるべき地位に安んじるようになる。

王国にふさわしい地方に共和国を樹立したり、逆に共和国により適しているところで王国を造ろうとすることは、頭脳と権力が結びついた稀にみる人物にして、はじめて可能となるものだ。だから、これまで多くの人がそれを試みたにもかかわらず、その目的をとげた者は少ない。というのは、その仕事のスケールがあまりにも大きすぎるので、着手した人が面食らって萎縮《いしゅく》してしまう場合もあり、また別の場合には、その行く手に無数の障害が転がっているため、人によってはその第一歩から見当違いのほうへ行ってしまうからである。

特権階級のいる社会では、共和国は成立しえないという、これまで述べた私の持論に対して、ヴェネツィア共和国の歩んできた道はどうもこれに矛盾するのではないかと思う。事実、ヴェネツィア共和国では貴族以外の者は、いかなる地位にもつきえなかった。こういう疑問に対しては、次のように答えられるかと思う。

つまり、ヴェネツィアのケースは、私の見解を論駁《ろんばく》することにはならない。というのは、ヴェネツィア共和国での貴族と呼ばれる特権階級は、実体よりはむしろ名目上のものだ。なぜなら、彼らは不動産からの大きな収入に依存しているのではなく、彼らの莫大な資産は、ひたすら通商や動産に基礎をおいているのである。さらにヴェネツィア貴族のうちのなんぴとといえども、居城を構えている者もいなければ、他人の上に裁判権を及ぼしうる者もいない。

ヴェネツィアでの特権階級という名称は、その威厳と名声を誇示するためのものなのだ。その他の国で貴族と呼ばれる連中が享受するような事物を、いささかもふまえているものではない。その他の共和国にあっても、その住民が様々の呼称で階層に分けられるのと同じように、このヴェネツィアでも貴族《ジエンティルウオミニ》と一般民衆《ポポラーリ》とに分けられる。そして、貴族はすべての栄誉を兼ね備えているし、あるいはまた、役職につく資格があるのに対し、一般民衆はそこから完全に締め出されている。このヴェネツィアで混乱が起こったことのなかったのは、すでに説明をしておいたところである(3)。

したがって、偉大なる平等がはっきりと打ち立てられているか、さもなければ、これまでに存在していたことのある場所柄を選んで共和国を建設すべきだ。一方、これとは反対に、君主国を樹立するには、不平等がはっきりと原則となっている社会を選ぶべきだ。これを守らないことには、その政府はちぐはぐなものとなり、とても長くは続かぬことになろう。

56 一都市、一地方で大事件が起こる時には、それを知らせる前兆や予言者が現われる

これから述べることが、いったいどこに由来しているのかは、私にもわからない。しかし、古今の例に照らしてみると、何か大きな事件が一つの都市か一つの地方に持ち上がるときには、必ずと言ってよいほど、占い、啓示、奇跡、あるいはその他の天啓によって予言されているものである。これを証明しようと思えば、なにもフィレンツェから遠出する必要はない。おひざもとのフィレンツェの修道士ジローラモ・サヴォナローラがフランス王シャルル八世のイタリア南下以前に、それを予言したことは、あまねく知れ渡っている。

また、この他アレチウムの上空で、戦いを交える軍隊のざわめきも聞きとられ、またその姿が見られたことは、トスカーナ中の話題になっていた。この他の例としては、例のロレンツォ・デ・メディチが死ぬ直前に、教会のドームの尖端に落雷があって、その建物に大きな被害を与えたという事実も、誰知らぬ者はない。そればかりでなく、フィレンツェ人民によって終身統領《ゴンファロニエーレ・ア・ヴィタ》の地位に推されていたピエロ・ソデリーニが追放されて、その職を追われる直前に、同じように政庁〔パラッツォ・ヴェッキオ〕の上に落雷があったことも、周知の事実である。

この他、まだまだ実例をあげることもできるが、うんざりするといけないから省くことにしよう。

ただ、ガリア人のローマ侵入〔前三九〇〕の前に起こった事件について、ティトゥス・リウィウスの述べているままに、説明を加えておくにとどめる。それによると、マルクス・ケディティウスなる平民が真夜中にヴィア・ヌオヴァの通りを歩いていると、人間の声とは思われない大音声で、ガリア人がローマに向かって攻め寄せてきている旨をその筋にお伝えするよう、何者かが依頼するのを聞いた、と元老院に届け出たというのである。

私が思うには、このような出来事の原因は、我々の持ちあわせない自然や超自然に関する知識を備えた誰かに、説明したり解釈されるべきことだと思う。ある哲学者は、この大気には「智」が満ち満ちているので、それに備わった力が未来の出来事を予見して人間に同情し、来たるべき不幸に対し準備するよう、何らかの兆《きざ》しで警告を発したに違いないと言っている。こういうこともありうるであろう。しかし、それはそれとして、このような前兆が起こった後では、必ずやその地方に何か新しい異常な災厄が勃発するというのは、確かな事実である。

57　平民は群をなすと大胆に振舞うが、個人としては臆病である

ガリア人の侵入によって、その郷土が荒廃してしまうと、多くのローマ人は元老院や法令の禁令を犯して、ウェイイに移住した。元老院は、この無秩序を回復しようとして法令

を出して、定められた期日までにローマに帰って住むことを守らなければ、刑罰を加える旨を布告した。この法令の対象となる連中は、はじめの間こそそれを嘲笑していたが、やがてその期日が迫ると、全員が法令に従ってしまった。

この点に関して、ティトゥス・リウィウスは次のように言っている。「大勢で団結しているとも大胆であった彼らも、ばらばらになってしまうと、誰しも恐怖にかられて、屈服してしまった。」

まさに、こんな立場に置かれた群衆《モルティトウディネ》の性格を、これほどうまく表現しているものは、リウィウスの文章のこの個所をおいて、他にはあるまい。というのは、群衆は、その君主のやり方に対して、大胆にも異を唱えることがままあるものだが、刑罰をその眼前につきつけられると、お互いの間で腹の探りあいが起こってきて、屈服してしまうものだからである。

人民が本来持っている傾向が、よいものなのか、または悪いものなのか、どちらかに決めてみたところで、それにはたいした意味があるとも思えない。むしろ群衆の性格が本来よいものなら、君はそれなりに彼らがそれを持ち続けることが出来るような体制を整えておけばよい。また仮に、彼らが悪くて手に負えない存在ならばひどい目にあわされぬように、あらかじめ準備をしておくべきだ。

そもそも、人民が手に負えないような凶悪な傾向を帯びるようになるのには、〔それなりの理由があるのであって〕例えば自由を奪われてしまったとか、あるいは彼らが敬愛していた君主がなお生きているのにこれを失った場合に、そのような傾向が出てくるのだと考えられる。

以上述べたような理由から生じてきた人民のすさんだ傾向は、何にもまして恐るべきものである。そこで、これを食い止めるには、最も厳しい手段をとらなければならない。けれども人民の不穏な傾向が別の動機に由来し、しかも彼らが保護を仰ぐ指導者がいないような場合には、これを抑えつけることはなんでもない。というのは、一面からいえば、指導者もいなければ統制もとれていない群衆ほど、何をしでかすかわからない恐ろしい存在はないが、他面、これほどもろいものもないからだ。

その理由は、たとえ群衆が武器を手にして暴動を起こしたところで、もしその最初の爆発的瞬間さえかわしうる強固な避難場所があれば、彼らをとり静めるのは、いとも簡単だ。というのは、騒ぎを起こした面々が、少しは我にかえって、それぞれ自分たちの家に帰らねばならないとなると、自分のやったことに自信を失くしはじめる。そして、自分が安全でいるためには、逃げるか降伏するか、どちらがよいかと考えはじめるようになるからである。だから激昂《げきこう》している暴徒は、今述べたような結末に陥ることを避けるために、すぐさま自分たちの仲間の中から頭目を選んで、その男に指揮を委ねて統一を図り、さらに防御策を考えるべきだ。

さて、ウィルギニアが殺された後で、ローマ人民がローマから立ちのいた行動は、上述のケースにぴたりと一致するものである。つまり、その事件のさなかに民衆は、事態の収拾のため二十人の行政官を自分たちの間で選んでいる。(1) こういう手を打っておかなかったら、すでに引用したティトゥス・リウィウスの言葉通りの結末に終わっていただろう。つまり、大勢で団結している限り大胆ではあるが、各人が自分の身の危険を心配しはじめると、臆病風に吹かれて、だらしなくなってしまう。

58　民衆は君主よりも賢明で、また安定している

民衆ほど軽薄でぐらつきやすいものはない、というのが我がティトゥス・リウィウスの言葉である。これと同じことを、他のすべての歴史家たちも認めている。というのは、歴史が人間の行なった行為を記述しているのを読めば、民衆がある人物を死刑に処しておきながら、その後で今度はそれを後悔して嘆き悲しみ、その人間が生きかえってこないかと思いつめるといった具合だからである。ローマ人民がマンリウス・カピトリヌス(1)に対してとった態度もまさにこれであって、彼を死刑にしておきながら、その後で彼を失ったことを心から後悔して惜しんでいるのである。

このことについてリウィウスは、次のように言っている。「彼〔マンリウス・カピトリヌス〕が死んで脅威がなくなってしまうと、とたんに人民は後悔の念にかられて、亡き彼をしたうようになった。」

また別のところでは、ヒエロンの甥ヒエロニムスの死後、シケリアで起こった出来事について、次のように言っている。「卑屈な奴隷か、さもなければ傲慢な主人か、これぞ民衆の本質である。」

私がまさに取り上げようとしているこのような考えは、支持するのがとても難しくかつ苦渋に満ちたものなので、赤恥をかいてそれを投げ出してしまうのがよいか、あるいはこれを苦労して持ち続けていくのがふさわしいのか、私にはよくわからない。というのは、私がこれまで言ってきたように、すべての筆者の非難の的となっている〔人民の〕立場を弁護しようと提案しているからである。

けれども理屈がどうであろうと、権威を笠にきたり腕力に及んだりせずに、〔一つの既成の考え方に対して〕理論でこれを擁護するのは、決して間違ったことではないと私は信じてきたし、これからもその考えを変えることはないだろう。

だから、このような立場に立つと、著作家が民衆に加えてきたあの非難こそ、実は特定の人物、特に君主に向かって投げつけるべきものだ、と私は言いたい。というのは、法律に従わないような人間は誰であれ、無秩序な民衆と同じ誤ちを犯すものに他ならないからだ。これは誰にでもすぐわかることだ。なぜなら、現存する君主、またこれまでにいた君主を数えあげると、その数は大変なものになるが、本当に誠実で賢明であった君主などというのは、ごくわずかにしかすぎないからである。

私が、ここで君主という名で呼んでいるものは、いかなる制約にも服さずにいられる連中を指しているのである。昔も昔、その地方が法律のもとで統治されていたエジプトの国王はその中に含まれないし、またスパルタ王も、現在のフランス王も、除外されるべきものである。特にフランス王国の場合は、法律によって統治されているのであって、今日どの国を取り上げてみてもこれに及ぶものは知らない。

以上の国王たちは、それぞれの法律のもとで法的な制約を受ける人びとだから、自分の恣意《しい》通りに振舞える君主とは、同列には論じられない。ところが、後者に属する君主は、〔法を無視する点で無統制な〕民衆に等しいものである。むしろ、前者の部類に入る国王に対比するには、これらの国王と同様、法律によって統制を受けている民衆をもってこなければならない。こういった民衆は、彼らの国王について私が示したのと同一の遵法精神を持っていて、〔リウィウスの言う〕「傲慢な主人」でもなければ、「卑屈な奴隷」でもありえない。

ちょうど彼らは、ローマ共和国がまだ堕落しなかった時代のローマ人民と同様に、「卑屈な奴隷」でもないし、勝手な暴挙にはしる「傲慢な主人」でもない。それどころではなく、法律や行政官に従って公正に身を処した人びとだった。けれども、権力に対して団結しなければならない時は、民衆を弾圧しようとしたマンリウス・カピトリヌスに対しても、十人会《デケンウイリ》やその他の人びとに対しても、立ち上がったのである。

一方、社会のしあわせのために、臨時独裁執政官や執政官に服従しなければならない時は、〔唯々《いい》として〕これに従った。また、ローマ人民がマンリウスの死刑を取り返しのつかないことをしたと悔やんだところで、驚くほどのことではない。
というのは、人民はマンリウスの力量《ヴィルトゥ》を惜しんだのであって、それを思い出して、すべての人がマンリウスへの同情をかきたたせるようになっただけの話である。このような力量の魅力は、〔人民のみならず〕君主に対しても同じような作用をもたらすものだった。なんとなれば、力量は、その敵からさえも賞《ほ》めそやされるものだと、すべての著作家が筆を揃えて書いているほどのものだからである。

仮に、マンリウスがその死をいたく惜しまれたばかりに、この世によみがえったとしても、ローマ人民は前にやったのと同じ判決を下して、彼を牢獄から引きずりだし、すぐさま死刑に処してしまうであろう。けれども、賢明だとされている君主でも、ある人物を殺しておいて、その後で心狂うばかりに後悔しているのである。例えばアレクサンドロスがクリトゥス(2)やその他の友人を殺した後がそうだったし、ヘロデス(3)がマリアムネの処刑を後悔したのも、その例に外れるものでない。

けれども、我々になじみ深い歴史家が民衆の性格を云々している場合の対象となる民衆とは、ローマ人民のように法律で動かされているような民衆を指すのではない。シュラクサイの住民のように、統制も何もない無秩序な群衆のことを指しているのである。こういった連中は、頭に血がのぼってしまって、まったく何をやらかすかわからずに乱脈の限りを尽す連中のことだ。こういう点では、今述べたようなアレクサンドロス大王やヘロデスの犯した誤りと、同じことを彼らはやってのける。

けれども民衆の持つ性格が、君主の性格に比べて罪が重いわけではない。なぜなら、あとさきのことを考えもせずに、誤ちを犯してしまう点では、両者は五分と五分だからだ。今まであげてきたことの他にも、これに類するものは、ローマ皇帝やその他の僭主や君主などの犯した実例をはじめとして、枚挙にいとまがない。彼らのやることは、きわめて無定見でぐらつきやすく、何をやりだすか知れたものではない。しかし、これほどにもなると、どんな無秩序な民衆をもってしても、ちょっと真似はできかねるほどである。

さて私は、ここで結論として、人民は権力を握ってしまうと、足なみが揃わずに行きあたりばったりとなり、恩を仇で返すようになるものだ、という通説に対して敢えて異を唱えようと思う。というのは、人民のこのような傾向も、個々の君主が犯しがちな誤ちと全然別のものではないと確信しているからだ。事実、人民とか君主とかの差別をつけずに、両者共通の欠陥をあげつらうのが、理に適ったやり方というべきである。

けれども、君主だけをそこから取り除いてしまえば、誤りのそしりは免れない。なぜなら、統制がとれて秩序正しく統治される人民ならば、たとえ賢君の誉れ高い君主に対しても、いささかのひけもとるものではない。それどころか、むしろ賢君をしのぐばかりの落ち着き、慎重さ、それに温かい感謝の気持を兼ね備えているものだからだ。ところが君主の側に目を移すと、彼らは法律を無視して勝手気ままに振舞える立場にある。それで人民に比べると、はるかに恩義を裏切りやすいし、気まぐれで、慎重な配慮にも乏しいものである。このように、君主と人民との行動の上に差異が生じてくるのは、彼らが持っているそれぞれの性格に由来するものではない。それは、どちらにしても同じようなものだ。強いていえば、よい行為に及ぶ場合は、人民のほうにやや歩があると言えるくらいのものである。

むしろ、各自がそのもとに服して生活している法律を尊重する度合に従って、変わってくるものだ。ローマ人民〔の歴史〕を取り上げて検討するなら、誰であれ、彼らローマ人民が四百年の長きにわたって王に対する敵意を決してゆるめなかったし、また祖国の栄光と繁栄を愛し続けた、という事実に気づくであろう。そして、これら二つのことの実現をめざして人民が心血をそそいだ証拠の数々をそこに認めることであろう。

さて、仮に何者かがスキピオに対するローマ人民の忘恩的な仕打ちを例に引いて、私の見解に反論を加えてきたとする。私としては、これまで長々と述べてきたように、(4)人民は君主に比べて、それほど恩知らずのものではないとここでは答えたい。その上、慎重さや落ち着きの点でも、人民は君主に比べて一日の長があるばかりでなく、判断力でもより優れたものを持っていることを指摘しておきたい。

したがって、民の声は神の声に似ると言われているのも、まんざらいわれのないことではない。それというのも、世論というものは、不可思議きわまる力を発揮して先を見通す働きをやってのけるからだ。それはまるで、何か隠された神通力のようなもので、未来の吉凶をぴたりと嗅ぎわけてしまう。また人民が物事を判断する能力についても、彼ら人民は、力《ヴィルトウ》量相伯仲しながらも意見のまったく対立する二人の論客の所論に耳を傾ける場合、世論が優れた意見を受け入れなかったり、自分が耳にする真理を評価しないことはきわめて稀である。

なるほど彼らは、すでに述べておいたように、勇ましいことや、一見いかにも利益の多そうな事柄に引きずり込まれやすい。とはいえ、君主もまた自己の欲望にかられて同じ誤りに陥ることが多い。それも人民に比べると、君主のほうがはるかに失敗を犯しやすいものである。また統治の任にあたる者を選ぶ場合にも、人民は君主に比べて、はるかに適正な選挙を実施すると思われる。というのは、破廉恥で品性の腐りきった人物が公職につこうとしたところで、人民は決してこれを納得するものではないからだ。ところが、これら不正の徒が君主に対する場合、色々な手を使いわけて、何の苦もなく目的を達することがある。また、人民というものは、ひとたびある事柄に嫌悪感を持ちはじめると、何世紀経ったところでその考えを捨てようとはしない。(5) ところが、君主にはこういった傾向はついぞ見当たらない。

以上触れてきた人民の二つの特質を裏づけるためには、ローマ人民の実例を引くだけで十分のように思う。その一例は次のようなものだ。ローマでは何百年の長きにわたって、数えきれないほどの執政官や護民官の選挙がくり返されてきたが、そのうち悔いを後世に残したのは、ただの四度の選挙を数えるにすぎない。しかもすでに指摘したように、人民は王という名称をひどく憎悪していた。そのため、ある市民の功績に対して、どれほど彼らが恩義を感じていたところで、その市民が王の称号に色気を出そうものなら、彼に罰を加えずには済まさなかった。

さて、この他に人民が主権を握っている都市は、常に君主の支配下に甘んじる都市に比べて、きわめて短期間のうちに驚くべき領土拡張をやりとげるものである。

例えば、王を追放した後のローマや、ペイシストラトスから解放された後のアテナイなどは、何よりの好例といえよう。こういう好結果がもたらされたのも、他でもない、君主が支配していることよりも、人民が統治権を握っていることのほうが勝っていることによる。

以上述べてきた私の意見は、これまで色々の個所で引用してきた我が歴史家〔ティトゥス・リウィウス〕の全見解に対し相容れないものだとは思わない。

なぜなら、人民の陥りやすい乱脈ぶりと、君主によってもたらされる国内の無秩序状態とを比べあわせたり、あるいは逆に、人民が獲得するあらゆる繁栄を君主によって示された成功と並べてみれば、人民の持っている善意や名誉を重んずる精神は、君主のそれに比して一日の長があることがわかってくるからだ。たとえ君主が法律を制定し、社会秩序を整え、新しい制度や規則を作ることにかけては、人民よりは一枚上手《うわて》だとしても、人民は人民で、その作られた制度や規則を遵守していくことで、君主よりも優れた能力を持つものなのであって、まぎれもなく人民は、それを制定した君主と同等の称讃が加えられてしかるべきものである。

つまるところ、このテーマの結論としては、次のように言えるだろう。すなわち、君主政体にしろ、共和政体にしろ、それが長期にわたって存続するためには、いずれもが法律によって秩序づけられていなければならない、ということだ。というのは、自分の意のおもむくままにやってのける君主は、暗愚の君と言わなければならないし、一方、自分たちの意のおもむくまま事を起こす人民は、どう見ても馬鹿者の集まりとしか言えないからである。

仮に、法律によってその行動に規制を加えられる君主と、法律によって拘束される人民とを比べてみるなら、君主よりはむしろ人民の中に、偉大な力《ヴイルトウ》を発揮できる能力が具わっているのではないか、と考えられる。

また、どちらも思いのまま勝手な振舞いが許される君主と人民の場合を想定すると、君主よりは人民の側に失敗を犯すことが少ないように思われる。しかも、人民の犯す誤りなどささいなものだから、その傷をいやすこともいとたやすいことだ、と考えられる。つまり、勝手気ままな衝動にかられて乱に及んだ人民に対しては、良識を備えた人物がこれに十分な説得を与えれば、簡単に元通りの正しい軌道の上に引き戻すことができる。ところが、でたらめな君主に対しては、言ってきかせてやれる者など誰一人いない。〔どうしても事態を収拾しなければならないのなら〕この暴君を誅殺《ちゆうさつ》する以外には方法はない。以上のことから、君主と人民とが病に冒された場合の、それぞれの病状の深さをおしはかることができる。つまり、人民の病状を回復させるには説得だけで十分だ。他方、君主の場合は、実力をもってこれを阻止しなければならない。その陥った誤りが深ければ深いほど、それだけその大がかりな救済策が必要となってくるのは、誰の目から見ても明らかであろう。

人民が勝手気ままな行動に出るとき、彼らを支配している狂気の言動は、さして恐るるに足らない。実際、人民が作り出している表面に現われた騒ぎは、さして気にとめるほどのことはなく、むしろ警戒すべきは、その混乱からどんな恐るべき事態が生じてくるか、ということだ。つまり、一人の僭主がのし上がってくる可能性をはらんでいるような混乱状態こそ、最も注意を払わなければならない。

ところが、暴君の場合になると、話は正反対となってくる。すなわち、現在繰り広げられている君主の暴虐な凶状こそ恐るべきで、未来はすべて希望にいろどられている。つまり人びとは、この暴虐な君主の生命が、自由を生むのだと自分に言ってきかせる。したがって、これら両者の相違は、一方は現在の状況〔恐怖〕であり、いま一つのほうは将来起こりうること〔希望〕に向かってである。

つまり、群衆が過激な手段に訴えるのは、公共の福祉を侵害する怖れのある人物に対してなのだ。他方、君主が同じことをやるのは、君主自らの利益を侵害しそうな相手に向かって投げかけられる場合なのである。また、人民に対して〔とかくの〕批判が起こってくるのは、たとえ人民が天下をとっている時であっても、誰でも平気で思いのままにその悪口を言いうることに由来している。しかし、君主を批判しようと思えば、計り知れぬ恐怖と、万全の配慮が必要である。

これまで述べてきたような問題を取り扱った私にとって、次章で、他国と同盟を結ぶ際に共和国と君主のいずれが信頼するに足るかという問題を論じるのも、あながち場違いではないと思う。

59　同盟を結ぶのには、共和国と君主のいずれに信頼がおけるか

君主が別の君主と、また共和国が他の共和国と、同盟や友好関係を取り結んだり、同じように共和国と君主との間にも同盟が成立するようなことは、日常茶飯事に類するので、私がここで検討してみようと思うのは、同盟する相手として、いずれが信頼がおけ、考慮されるべきなのは共和国か君主か、どちらなのかということである。

このような点をよく検討し尽した結果、私は、たいていは似たり寄ったりだけれど、時にはいくらか相違する場合もある、と考えている。しかし、私が信じているのは、無理強いされてやむなく結んだ同盟ならば、君主によっても共和国によっても、決して守り通し得るものではないということだ。また、その国家が危急存亡の瀬戸際《せとぎわ》に立たされている場合では、いずれの国家形態であれ、せっかく取り交していた信義を破って、相手を裏切ることになりかねないものだと思われる。

「攻城の名手」という異名をとったマケドニア王デメトリオス一世(1)は、それまでに数限り

ない恩義をアテナイ人にほどこしてきた。しかし、やがて彼自身が敵のために一敗地にまみれると、以前からの友好国であり、彼には恩義を感じているはずのアテナイに難を避けて逃れた。ところが、アテナイは彼を拒んだ。この忘恩の仕打ちは、自分の部下や軍隊を失った以上の激しい衝撃をデメトリオスに与えないではおかなかった。

これと同様に、カエサルと戦ってテッサリアで敗れたポンペイウスは、エジプトのプトレマイオス王のもとに走った。プトレマイオス家は、それまでにポンペイウスの力を借りて、エジプトの王位に返り咲いていたにもかかわらず、かえってポンペイウスを殺してしまったのである。

このどちらの実例の場合も、元をただせば同じ原因が働いている。もっとも、この場合でも、共和国のほうが君主に比べて人間らしく振舞うし、その悪行の深さでも遠く及ばないと言える。

いずれにせよ、何かに脅かされている状態が続く限り、それまで結んできた約束ごとは守っていこうとすることは確かである。だから、共和国なり君主が、自分の身を破滅にさらすことを覚悟の上で、〔それまで取り交していた〕信頼関係を守り抜こうとするのは、それは今述べたのと同じ理由、すなわち、その当事者が現在も何かの脅威にさらされているという理由によるのである。

例えば一人の君主が、たまたま現在は何のあてにもできない他の有力な君主と友好を結ぶのは、次のような理由からである。つまり、その有力君主が現在の時点では当の君主に何の援助もしてやれないような事情があるにしても、将来必ずその国を回復してくれる見通しがあればこそ、これと同盟を結ぶのである。あるいはまた、彼が当の有力君主の側に立ってしまっているので、いまさら有力君主の敵から友好関係を取りつけるとは思いもよらぬと信じているからなのである。

これと同じようなことは、フランス王側に加担したナポリ王国内の諸君侯の動きに見られる。(2)一方、共和国を舞台として起こった例は、スペインのサグントゥム〔サグント〕に起こった事件であって、人民はローマに〔誓った〕忠誠を守り通すためには、いっそ国の滅亡を坐して待つことも辞さなかった。(3)また、我がフィレンツェにも同じような例が事欠かない。それは一五一二年、フランス側への義理立てを守り抜こうとしたばかりに、自ら破綻《はたん》を招いた事件である。(4)

以上述べてきたことを、あれこれ比べて考えあわせると、危急存亡に置かれた国家では、君主よりは共和国のほうになにがしかの安定性というものが認められると考えられる。というのは、共和国にしても君主にしても、その考え方や、その意図するところは大差がないとはいえ、共和国の場合、その緩慢な動きは君主国に比べて決定が遅滞を伴なう。したがって、いったん取り交した友好関係を、すぐさまご破算にするとしても、君主の場合よりも長引く。

そもそも同盟が破棄されるのは、その時その時の打算に左右されるからだ。しかし、この場合でも、共和国は君主に比べるとはるかに長期にわたってその同盟を忠実に履行していくものである。ほんの些細な利益にでもつられて、君主は同盟を破棄してしまうのに対して、共和国の場合は、たとえどんなに得るところが多くても、容易なことでは協約を破るものではない、という実例は、どこにでも転がっている。

一例をあげれば、アテナイ人に対してテミストクレス[5]が授けた献策がそうであった。つまり、会議の席上での熱弁でテミストクレスは、アテナイ人たちに向かって、「自分は、アテナイにきわめて大きい利益をもたらすような意見を持っている。けれども、それは秘密にしておかなければならないので、ここで公表するわけにはゆかない。というのは、それが知れ渡ってしまうと、効力を失って実行に移せなくなるからである」と語った。

そこで、アテナイの人はアリステイデスを起用して、彼にテミストクレスの意見を聞かせた上で、アリステイデスの判断に従ってアテナイ人は態度を決定しようとした。そこでアリステイデスに対してテミストクレスが述べた意見は、次のようなものだった。

つまり、同盟によってアテナイの指揮下に委託されている全ギリシア連合の艦隊は、それを我が物として独占しようと、あるいはまた破滅に導こうと、アテナイの意のままの状態に置かれているのだから、〔そのどちらの方法を用いても〕全ギリシアをアテナイの足下に置くことができるに違いない、というのであった。そこでアリステイデスは、テミストクレスの方策は、まことに実益満点というところだが、この上ない恥知らずのやり方だ、という旨を人民に報告した。

このために、人民はテミストクレスの提案を完全に葬りさった。ところが、マケドニアのフィリッポスにせよその他の君主にせよ、彼らは、他の手段を用いるよりは、少しでも利益があがるようなら、簡単に信義を破棄しないではおかなかったのである。

相手方がそれを守らないからといって、協定を破棄してしまう場合はよくある事例だが、私はここでは触れない。ただ私が論じたいのは、もっと複雑な原因で同盟を破棄しようとする例についてである。しかも、すでに述べてきたことによれば、人民のほうが君主よりもはるかに誤ちを犯すことが少ないので、君主よりは人民をはるかに信頼するに足る、と私は信じるのである。

60 ローマでは執政官《コンスル》をはじめその他の官職を年齢にとらわれず授与した

ローマ共和国の歴史を年代順に追っていくと、平民に対しても執政官《コンスル》の官職が開放されるようになって以後は、共和国はその市民に対し、その年齢や家柄にとらわれずにこれを任命していたことがわかる。ローマでは〔公職の資格に〕年齢が問題とされたことなど、ただの一度もなかった。むしろ、常に要求されたのは、老若を問わず具えていなければならない力量《ヴィルトウ》であった。

この点については、弱冠二十三歳で執政官に就任したワレリウス・コルウィヌス(1)の実例を掲げれば、はっきりしてくる。このワレリウスは、兵士を前にして次のように語った。

「〔執政官に就任する資格は〕力量《ヴィルトウ》いかんによるのであって、門閥《もんばつ》に左右されるものではない。」

以上のようなローマ人の行き方には、賛否まちまちではあろうが、十二分に論議を重ねるだけの価値はあるに違いない。〔ワレリウスの言う門閥に左右されてはならないという意識が生まれてきたのも、〕当然の成り行き《ネチエシタ》だったのである。つまり、ローマに生まれていたような〔血統を軽視しようとする〕必然性《ネチエシタ》は、他の個所でも触れたように、ローマと肩を並べて大をなそうとする他のどの国家にあっても生じていたに違いない。それというのも、褒美を与えもせずに、人を危地に送り込むことはできない相談であるからだ。また、当人があてにしている報酬を取り上げてしまえば、必ずといってよいほど危険な状態を招くものだからである。

したがって、平民にはなるべく早く、執政官に就任しうるという希望を持たせることも必要となってきた。また、そういう希望がたとえ実現されなくても、しばらくの間はその希望を胸に抱かせることも大切なこととなっていた。ところが、希望を持たせてやるだけではどうしても事足りず、希望を実現してやらなくてはならなくなってきた。

ところが、私が他の所ですでに論じておいたように、平民出身の者が、やりがいのある仕事には手も触れさせてもらえぬような国家[2]では、平民は国家の意のままにあしらわれるにすぎない。しかし、ローマが成就したことをやりとげようという覚悟を持つほどの国家なら、平民を差別するようなことはやめてしまわなければならない。

以上のように、その出生によって差別を加えるべきでないのなら、年齢という問題にも同じことが言えるであろう。むしろ、〔年齢によって制限を加えぬことが〕どうしても必要となってくる。というのは、年配の人に備わった細心の配慮が要求される職務に、青年が起用されるような場合、これを選出しなければならぬのは民衆なのだから、いやが上にも目ざましい行動を演じた青年に、その役目を与えるであろう。ところで、一人の青年が高度の力量《ヴィルトウ》を具えていて、何か目ざましい仕事をやりとげ、衆目の認めるところとなっているような場合、すぐにその青年の才能を用いるのでなければ、その国家にとってこれにまさる損失はない。そして、当の青年が年をとるまで待ってみなければならないのだとしたら、若い時なら国家の役に立つはずのこの青年の果断な心構えや敏速な行動を、国家は台なしにしてしまいかねない。ワレリウス・コルウィヌスやスキピオやポンペイウス、さらにその他の多くの人びとが、そのきわめて若かった時代に輝かしい勝利を手にしてローマに貢献したこととは、似ても似つかないこととなってしまうであろう。

第二巻

はしがき

人間は、しばしば理由もなしに過ぎ去った昔を称え、現在を悪しざまに言う。このように古い時代に愛着をそそられがちな人びとは、歴史家が書き残した記録を手がかりとして知りうるような古い時代だけにとどまらず、すでに年をとった人びとがよくやるように、自分たちの若かった頃に見聞きした事柄までも褒めあげるものである。人びとのこんな考え方は、たいていの場合間違っていることが多い。

しかし、このような誤りを犯すのには、それなりに色々と理由があってのことだと思う。そういった誤りの第一の原因は、古い時代の事柄が、すみからすみまで完全には理解できないことに基づいている。また昔の人は、自分たちの時代の恥になるような事実を、おおい隠したり、〔逆に〕自分たちの名誉になりそうな事実を飾りたてたり、おおげさに表現したりするものである。

つまり、歴史を書き残した多くの人は、征服者の事績を記述する場合、その勝利を輝かしいものに浮き彫りにしようとするあまり、勝った側の働きを極端に持ち上げるだけでなく、敵側の行動をも〔筆を曲げて〕注釈することをやっている。したがって戦勝国でも敗戦国でも、これらの両国で後に生まれた世代は、そこに現われた人物やその時代に驚嘆の目を瞠《みは》るようになり、何をさしおいても、それらを褒め称え、敬愛の意を献げざるをえないようになっていく。

必要以上に過去にひきつけられるいま一つの理由は、人間の嫌悪感が、恐怖心と嫉妬心から引き起こされることにある。嫌悪感のこの二つの強い原因は、過去を対象とする場合は、作用しないからである。過ぎ去った事件は、いまさら、君に働きかけて害を及ぼすはずもないし、嫉妬心をかきたてることもない。

ところが、それに巻き込まれて目撃している事件ともなると、条件はまったく正反対となってくる。現在の問題については、我々は参加者または観察者であり、微に入り細にわたって知り尽しているものである。そして、たとえそこに長所があるのがわかったところで、他の数えきれないほどのいやなことも一緒に知らされることとなる。そのため、実際には現在が過去に比べて、はるかに称讃に値するにもかかわらず、一般の人びとは、現在が昔の足もとに及びもつかないと決め込んでしまうようになる。

さて、事芸術に関する限り、それ自体が不朽の性格を持っているので、たとえ時間の要素が入り込んできたところで本来の真価を減じたり、過大評価したりはできないものだから、ここで私の議論の対象とはならない。だから、私が取り扱おうと思うのは、判断の基準がさほどはっきりしていない過去の人間の生き方とか、習俗という点になってくるのである。

さて、すでに述べておいたように、〔過去に対しては〕これを褒め称え、〔現在の世の中に向かうと〕これをけなしてかかる傾向が確かにあることを、私はここでくり返しておきたい。しかし、そうかといって、このような判断が、いつの場合でも間違っているとは限らない。というわけは、このような判断が妥当である場合も、しょっちゅう起こりうることだからである。

そして、また人の世の事柄は流転してやまないもので、〔はじめは〕上昇線をたどるものの、〔後の世ともなると〕しだいに落ち目になっていくからである。誰か傑出した人物が現われて、みごとな政治が行なわれ、その人物の優れた力量《ヴィルトウ》のおかげで、しばらくは上昇・繁栄の一途をたどっている一つの都市、一つの地方の場合を想定してみよう。

ところで、たまたまこういった状態のもとに生をうけた人物が、現在自分が生きている時代よりも昔のほうが好ましいと考えてこれを称えるなら、彼は誤りを犯していることになる。彼がこのように誤りに陥るのは、すでに説明しておいた理由に基づく。ただし、この人物がかなり後の時代に、この都市または地方に生をうけて、たまたま没落期に達した時期に巡りあわせた場合には、彼の主張は間違っているとは言えなくなる。[1]

さて、今述べたような相対する二つの立場が、どのようにして生まれてきたかを考えてみると、私は以下のような説明が正しいと思っている。いったいに、世の中というものは、いつの時代になってもそうそう変わるものではなく、良い点も悪い点もさしたる変動はありえないものだ、といってよい。

我々が持っている古代の王国についての知識から、以下のことを見ることができる。そこでは風俗が互いに多様化していたのが認められるように、好ましい状態と悪しき状態とが地方毎で移ろいゆくが、世界〔全体〕は元のままである。

ただ一つ変化したことといえば、次のようなことである。つまり、まず最初にアッシリアに隆盛《ヴィルトウ》が訪れ、それがメディアに移り、さらにはペルシアへと及んで、ついにはイタリアとローマが繁栄《ヴィルトウ》の中心となっていく。

ところがローマ帝国の崩壊後は、少しでも長続きしそうな国家はもう生まれてこなかったし、全世界が一つの力《ヴィルトウ》のもとに統一されるようなことは、二度と巡ってこなかった。けれども、〔かつてのローマ帝国の精神《ヴィルトウ》は〕力強く生き抜いていこうとした中世の数多くの国家の中に拡散されていった。それらの国々の中には、フランク王国、トルコ王国、エジプトのスルタン国家があった。そして今日では、マーニャ〔ドイツ〕人民の造っている国家が数えられる。とりわけ、東ローマ帝国を壊滅せしめた勢いに乗じて内政万端を改革し、その版図を拡大していった今日のトルコ王国を、その筆頭に掲げなければならぬであろう。

さてローマ帝国崩壊後、各地域に勃興した諸国家の中には、かつてのローマ人が持っていた活力《ヴィルトウ》が残っていたし、しかもそのうちのかなりの地域にわたっては、今日なおその姿を認めることができる。これこそまさに望ましくもあり、まこと称讃に値することといえよう。こういった国々のどこかに生をうけながら、なお現在よりは過去に心をひかれる人がいたら、それは大間違いをやっているわけである。

ところが、〔これとは逆に〕現在、イタリアやギリシアに生まれて、イタリアではアルプス以北《オルトラモンターニ》から来た征服者に骨抜きにされていない人間、またギリシアではトルコ人に同化されていないような人間が、自分が生きる現代を〔末世と〕かこって過去の栄光を称えたところで、それはそれなりの理屈もあろうというものである。というのは、彼らにとってての過去は、なにごとであれすべてが驚くばかり見事であったのに、現在ときたら、どん底の不幸や屈辱や侮蔑から解放してくれるものは何もないからだ。

しかもそこでは、宗教にしろ法律にしろ、また軍事訓練にせよ、まったく重んじられていないばかりか、ありとあらゆる破廉恥が横行している。しかも、こういうでたらめに輪をかけて怪しからぬことに、統治者をもって自ら任じ、万人に号令し、世の尊崇を一身に集めようとする手合いが、悪事の数々を企んでいる。

さて、話を本筋に戻すことにしよう。いったい、過去と現代とを比べて、どちらが優れているかを論ずる場合、昔のことを現在と同様にすみからすみまで知るわけがないので、判断を誤まることがありうる。一方、老人が過去を回想して、青年時代と年をとってからの時代とを比べてその優劣を決めなければならないような場合には、決して誤りは許されないだろう。というのも、この場合、老人は昔のことも現在のことも、平等に見聞しているはずだからだ。もっとも、老人の判断に誤りが許されないというのも、仮に人間はその生涯のいつの時期をとっても、同一の判断力と同じような欲望を持っている、と仮定してのことである。ところが実際には、時代は変わらなくても、この判断力は年とともに変わるもので、同一人物をとってみたところで、青年時と晩年になってからとでは、違った欲望、別の喜び、他の考え方を持つようになるのだ。

すなわち、年をとるにつれて人間は肉体的な力は衰えるが、判断力は増し用心深さも加わっていく一方なので、若い時には賛成もしたしよいことだと思い込んでいたことでも、年をとった今となってみると、どうにも我慢がならず、もってのほかのことのように思えてくるものだ。この場合、当人の判断力〔の基準が変わったこと〕に責任を持たせるべきなのに、それを時代のせいにしてしまうようになるのである。

さて、この他に、次のようにも考えられるだろう。いったい人間の常として、その欲望には際限がない。そして、やろうと思えばどんなことをやってみてもかまわないのだし、また、望みをどこまで広げようと、これは当人の勝手しだいである。しかし、当然の成り行き《フォルトゥナ》として、思い通りには実現できないのが普通だ。そのために、どこまでいっても人間の欲望は飽くことを知らない、という宿命を背負わされることになっている。この結果、人間は心の中に不満が絶えず、現状にはうんざりするようになってくる。こうして、人びとは現実を悪しざまに罵って、これという筋道の通った理由もないのに、過去を称えて未来にあこがれるようになる。

したがって、私が古代ローマの肩を持ちすぎて、今日の世界をやっつけるようなことを以下の論議で展開でもしようものならば、この私自身もまた、思い違いをしている仲間の中に数えられてしまうかもしれない。

確かに古代は力量《ヴィルトウ》が支配していたのに、現代は悪徳が横行していることが太陽を見るより明らかでないならば、私が非難した例の連中と同じような失敗を私自身が重ねないように、もっと自制して話を進めるべきであろう。しかし、このことは誰の目にも明白な事実だから、この二つの時代について私が考えていることを率直に述べておくことにしよう。そうすれば、私のこの著作を読む青年が幸運《フォルトウナ》にも好機を摑んで世の指導にあたるときに、現代の悪風に染まらないようにそれを避けて通れるだろうし、また古代の優れた点はこれを鑑《かがみ》として、取り入れることも可能だからである。

というのは、時代と運命《フォルトウナ》の悪意が、どういう点で人間の行動を邪魔立てするものかという教訓を他人に教えてやることは、誠実な人間が果たさねばならないつとめでもあるからである。こうして、その知識を受け入れた多くの人びとのうち、特に神の恩寵《おんちょう》に恵まれた者が、その教訓を実際に生かしていけるようになる。

さて、第一巻では国内問題についてローマ人がとってきた政策について論じておいたのであるが、この巻では、ローマ人民がその版図を拡大するにあたって、どのような政策を採り上げたかを論ずることとしよう。

1　ローマ人が広大な版図を確保したのは、実力《ヴィルトウ》によってか、それとも運《フォルトゥナ》がよかったためか

ローマ人民がその広大な版図を手に入れることができたのも、彼らの実力《ヴィルトウ》というよりはむしろ運《フォルトウナ》がよかったからにすぎないという考え方は、最大の歴史家プルタルコスをはじめとして、多くの学者が抱いていたものだった。この理由の一つとして、プルタルコスは次のことをあげている。つまり、ローマが勝ち得たどの勝利をとってみても、全部が全部、幸運《フォルトウナ》によってもたらされたものだ、とローマ人民自らが漏らしていることからもわかるのである。しかも、そのような幸運《フォルトウナ》がもたらされたのも、人民が他のどの神々をさしおいても、第一に「運命《フォルトウナ》の女神」の神殿の建立に精を出したからである。

リウィウスも、プルタルコスのこの考えに近いようだ。というのは、リウィウスがその史書の中で、ローマ人の登場人物の口を借りてしゃべらせているのを検討してみると、ローマが持っていた実力《ヴィルトウ》を運《フォルトウナ》のよさと結びつけずに、実力《ヴィルトウ》だけを云々させている例は、まずないといってよいからである。

ところが、この私は、どうしてもこの意見に賛成する気になれない。また、こんな考えなどに加担する者など、いるはずがないとも思う。そのわけは、ローマほどの発展をとげ

た共和国が二度と現われなかったことは、元をただせば、いかなる共和国でも、ローマと同じ大目的に向かって国家体制を整備したものがなかったからである。

また、彼らが大帝国を支配下に収めたのは、その軍事力によるものだし、また、〔いったん〕獲得した大国家を維持していけたのも、ローマがその草創の立法者に負う制度の手順や独特の手法によるものである。この点については、以後十分に紙面を割くつもりである。

さて、ローマが一時に二つの強敵を向こうにまわして戦争をしたことがなかったのは、なんといってもローマの運《フォルトゥナ》がよかったからであり、ローマ人民の実力《ヴィルトゥ》いかんとは何の関わりもない、という意見を吐く人びとがいる。彼らの言い分によると、ローマ人民がラティウム人と戦いを開く前に、すでにサムニウム人はローマ人に撃破されていたからである。むしろローマ人は、そのサムニウム人を守ってやるために、ラティウム人との戦端を開いたほどであった。

それればかりでなく、ローマ人がさらにエトルスキ人と戦ったのも、実は、はじめにラティウム人を屈服させておいて、さらに何度も戦いを交えた結果、全サムニウム人をほとんど壊滅状態に追いやってしまった後のことだった。そして、もし仮に、以上述べてきたローマの敵国のうち二つがいまだ健在で国力を消耗していなかった時代に、互いに力を合わせてローマに向かってきていたら、ローマ共和国に壊滅がもたらされていたことは間違いなく容易に推察されえよう。

ところが理屈はどうあろうと、実際には、ローマは同時に二つのきわめて手強い敵を引き受けて戦うようなことはなかった。むしろ、いつものことだが、一つの戦争の勃発がそれまで続けてきた戦争の終結の原因となり、あるいは一つの戦争の終結が、別の戦争の勃発をもたらす、といった具合だった。

このことは、ローマが次々と行なった戦争の順番をたどっていけば、わけなく理解できる。なぜなら、ローマがガリア人に占領される〔前三九〇〕以前のことはさておき、ローマがアエクウィ人やウォルスキ人を敵にまわして戦っていた時には、これらの部族の勢いが強かったものだから、これに対抗できるような第三の部族が興ってくることもなかったからである。この二部族が鎮圧されてしまうと[1]、今度はサムニウム人との戦いが始まる。ところが、この戦役が終わらないうちに、ラティウム人がローマ人に叛いた。この反乱のさなか、当時ローマと同盟を結ぶに至ったサムニウム人の助力を得て、暴威をふるったラティウム人を降しえた。このラティウム人の敗退に引き続き、またもサムニウム人との戦争〔前三二六〜三〇四〕が再発する。数次に及ぶ戦争でサムニウム人の勢力が殺《そ》がれると、今度はエトルスキ人との戦い〔前三一一〜三一一〕である。それもすぐ終わるには終わったが、たまたまエペイロス王ピュロスによるイタリア侵入〔前二八一〜二七五〕を機として、またもやサムニウム人が乱に及ぶ。このピュロスも撃破され、ギリシアに送還される〔前二七四〕が、息つくひまなく第一次ポエニ戦役〔前二六四〜二四一〕がカルタゴとの間に勃発する。この戦役のけりがつくかつかないかのうちに、今度は全ガリア人がアルプスの北と南で呼応してローマに対して兵を起こす。
ところがガリア人は、今日サン・ヴィンチェンティの塔が建っているポポロニアとピサとの中間で捕捉されて大虐殺をこうむり、鎮圧されてしまった〔前二二五、ポポロニア近郊タラモネの戦い〕。この戦争が済んで二十年間というものは、これといって取り上げるほどの戦争はなかった。

ただ、リグリア人との戦い〔前二二四〜二二二〕とか、ロンバルディーアに踏みとどまっていたガリア人との戦争があげられるにすぎない。このような状態が第二次ポエニ戦役〔前二一八〜二〇一〕の勃発まで続く。ところが、それから十六年間というものは、第二次ポエニ戦役がイタリアを脅かし続けるのである。この戦役の輝かしい大勝利に引き続いてすぐにマケドニア戦争〔前二〇〇〜一九七〕の戦端が開かれ、さらにこの戦争後アンティオコス[2]、及びアジアとの戦争が起こる。この戦争での勝利を境として、独力でも、また束になって団結してみたところで、ローマの力に対抗しうるような君主も共和国も世界じゅうには見当たらないようになった。

さて、ローマ人によるこの究極の勝利を取り上げて、その戦闘経過とか、彼らの戦争の運び方とかをよく考えれば、この勝利のよってきたるところは、ローマ人の並外れた実力《ヴィルトゥ》と慎重な配慮が、たまたま幸運《フォルトゥナ》と結びついてもたらされたものだ、とわかってくるだろう。

では、さらにこのような幸運《フォルトゥナ》がもたらされた原因はといえば、これをつきとめるのは造作もないことである。つまり、一人の君主なり一つの共和国がきわめて名声をつのらせるようになると、近隣のどんな君主も共和国も、これに独力で攻撃を加えることが怖くなってそれに畏怖の念を抱くようになり、まかり間違ってもこの国に攻撃をしかけようなどとは決して考えられなくなるからである。

したがって、この強国にとっては、隣国のどれかを槍玉にあげて戦争をしかけておきながら、それ以外の隣国とは巧みに平和をあやつっていくことなどは、ほとんど思いのままとなってくる。これらの隣国は、この強国に恐れをなすばかりでなく、一方では、警戒心を和らげさせようとする策略にのせられてしまうから、やすやすとくだんの強国の自家薬《じかやく》籠中《ろうちゅう》のものとなってしまう。

一方、この強国とは距離的にもかけ離れていて、あまり交渉もない国々にとっては、どんな騒ぎが持ち上がろうとそれは対岸の火事に他ならない。したがって、自分たちに火の粉がふりかかってくることなどよもやあるまい、と構えている。ところが、これがとんでもない間違いなのだ。この火事が自分の身に燃え移ってはじめて、その不覚を悟るしまつなのだ。その時は「もう後の祭なので」、火を消し止めるには自分の力だけしかあてにできなくなってしまっている。つまり、その時は火勢がいよいよ熾烈《しれつ》をきわめて、とうてい手に負えなくなっているのである。

ローマ人民がウォルスキ人やアエクウィ人を痛めつけていたのを、サムニウム人が座視して助けようとしなかった点については、ここでは触れないことにする。冗漫になることを恐れるので、私はただカルタゴ人の場合だけを取り上げることとする。ローマ人がサムニウム人やエトルスキ人と戦いを交えていた頃、このカルタゴはすでに国勢強大となり、その名声も四囲に轟くようになっていた。つまり、この国はすでに全アフリカを配下に収め、進んではサルデーニャとシケリアを従え、さらにイスパニアの一部にまで力を伸ばしていた。

　カルタゴは自国の力が強大であったことだし、その上、ローマ人民の国境からも遠く隔たっているということも手伝って、ローマ人を討とうなどとは思ってみたこともなかった。また、サムニウム人やエトルスキ人を援助しようという気もなかった。それどころか、景気のよいほうに味方したくなるのが人情なのか、カルタゴ人はローマ人と友好関係(3)を打ち立てようとしていたのであった。

　こうしてカルタゴ人は、自分たちとローマとの間にはさまれた諸国家が、ローマ人の手ですっかり切り従えられてしまい、シケリアやスペインでのカルタゴの領域にも攻撃を加えられるようになるまで、自分たちの犯している誤ちにはとんと気がつかなかった。

　このようなカルタゴ人の犯した失敗と同じことをやった者に、ガリア人やマケドニア王フィリッポス、及びアンティオコス王が数えられる。彼らの誰も彼も「カルタゴ人の例に漏れず」、ローマ人民が他の国との戦争に忙殺されている間は、自分たち第三者に鋒先《ほこさき》が向けられる心配はない、また平和に頼るにしろ戦争手段に訴えるにしろ、自己の安全を確保できるだけの時間は稼げるに違いない、と信じ込んでいた。

以上述べてきたことからしても、私は次のように確信せざるをえない。つまり、ローマ人と同じように行動し、かつローマが有していた実力《ヴィルトゥ》と同じような力量《ヴィルトゥ》を備えている君主ならば誰でも、ローマが摑んだような運《フォルトゥナ》のよさを掌中にしうるはずである。

さてここで、もし私が君主に関する論文〔君主論〕の中で長々と述べていなかったのなら、ローマ人民が敵の領土に攻め込むのにどのような方法を用いたかを述べておくのも必要だとは思う。ところが、この問題は十分に論じられた[4]ので、ここでは簡単に触れるにとどめよう。ただ、ローマ人が新しい領土に侵入する際は、城壁を乗り越えられるように内側から梯子《はしご》をかけたり、城内から門を開いたり、またはローマがその地方を確保していきやすいように工作してくれるような内応者を、懸命になって手に入れようとしたものだった、とだけ言っておこう。

例えば、サムニウムに入城するためにはカプア人、エトルリアを手に入れるにはカメルティウム人の力を借りた。さらにシケリアの場合はマメルティウム人、スペインではサグントゥム人、アフリカはマッシニッサ王、ギリシアではアエトリア人、アジア〔小アジア〕に対してはエウメネスやその他の君主たち、ガリアではマッシリア人やアエドゥイー人の力を利用して、それら諸地方を手に入れたのである。このようにしてローマ人は、新領土を獲得する場合でも、またこれを維持していく場合でも、その仕事を容易にさせるためには、右に述べたような援助に事欠かなかった。

ここで述べたローマ人のやり方にのっとって事を進める人民なら、これを守ろうとしない人民よりも、〔なんでもかんでも〕運《フォルトウナ》まかせ、ということにはならないはずである。そしてローマがその版図を獲得しえたのは、運がよかったというよりは、その実力《ヴィルトウ》がものを言ったのだということを誰にもはっきりと理解できるから、次の章では、ローマ人が対決しなければならなかった様々な部族の性格と、さらにこれら諸部族(5)が自分たちの自由を守るためにどれほど堅忍不抜の勇猛心をふるい起こして戦ったか、ということをめぐって話を進めていくことにしよう。

2 ローマ人はどのような部族を相手として戦ったか、また相手の国は自分たちの自由を賭《と》していかにねばり強く戦ったか

ローマ人が周囲の部族を従え、さらに遠く隔たった国々をも征服するにあたって、彼らがなんといっても手こずらされたのは、当時のどの部族を取り上げてみても、たいていは自由に対して愛着を抱いていた、という点だった。これら諸部族が執拗に抵抗を続けたために、ローマ人のなまやさしい努力では、とうていこれらを屈服させることはできなかった。

実際、数限りない史実を見ても、これら諸部族は自分たちの自由を持ちこたえていくために、またその自由を取り戻すためには、どれほど危ない橋を渡らねばならなかったか、

一方、自分たちから自由を奪い去った敵に対しては、どのような復讐の挙に出たのか、ということが知られるからである。また歴史の教訓を通して、我々は、外国に支配された人民及び国家が、どのようなひどい目にあわなければならないかをも学ぶのである。

さて現代では、自由を保っていると言えるのは、わずか一地方[1]をあげうるにとどまる。しかし古代にあっては、どこもかしこも、完全に自由な人民に埋め尽されていたと言える。我々がここで対象としている古い時代のイタリアでは、今日でいうトスカーナとロンバルディーアを分かつアペニンの山脈から、イタリア半島の突先に至るまで、そこに住む住民はエトルスキ人、ローマ人、サムニウム人、それにイタリア各地の様々の諸部族をも含めて、揃いも揃って自由の恩恵に浴している人びとだった。

しかもローマ王とエトルスキ王ポルセンナ以外には、一人の王といえども統治するものはなかったと考えられる。しかもローマ王もエトルスキ王も共に、その家系がどのようにして消滅してしまったかについては、歴史は黙して語らない。

ところで、ローマ人がウェイイの包囲に赴いた時のことであるが、エトルリア一帯は自由の気風がみなぎっており、それぞれの自由を享受しあい、君主という名前も毛嫌いしたほどであった。したがって、ローマ人の攻撃に対して祖国を防衛するために新たに国王をいただくようになっていたウェイイ人が、救援をエトルスキ人に依頼した時でも、当のエトルスキ人は、さんざん討論を重ねたあげくに、ウェイイ人が一人の国王の統治下に甘んじている限り、君たちに対する援軍などはごめんだという線に落ち着いたのだった。これというのも、一人の人間の支配下に甘んじているような連中の祖国なんて、守ってやる値打ちもない、とエトルスキ人が判断したからに他ならない。

右に述べてきたことから考えても、なぜ人民の心の中に自由な生活を守り抜こうとする熱意が生まれてくるのかを見極めるのは、たやすいことだ。というのも、国家が領土でもその経済力でも大をなしていくのは、必ずといってよいほどその国家が自由な政体のもとで運営されている場合に限られているのを、我々は経験から知っているからである。

事実、ペイシストラトスの僭主政治の束縛を打破したアテナイが、その後の百年間のうちに全盛期を迎えたのも、まことに驚嘆すべきことである。けれどもそれにもまして、その国王の絆《きずな》から脱したローマが、あの大帝国へと成長をとげていったことを考えれば、賞嘆のあまり言うべき言葉を知らないほどである。

その理由はいとも簡単に理解できる。つまり個人の利益を追求するのではなくて、公共の福祉に貢献することこそ国家に発展をもたらすものだからである。しかも、このような公共の福祉が守られるのは、共和国をさしおいては、どこにもありえないことは確かである。つまり共和国にとって利益になることなら、なんでも実行されるからだ。したがって、なにがしか一握りの個人が、その政策遂行で迷惑をこうむるようなことがあっても、それによって利益を受ける人びとが多ければ、損害を受ける少数の人びとの反対を押し切っても、これを実行に移すことができるのである。(2)

ところが、君主の支配下にある国家では、上述の共和国の場合とは正反対のことが起こるのである。というのは、たいていの場合、君主にとって都合のよいことは、都市には害をもたらし、都市に役立つことは、君主にとっては都合の悪いのが普通だからである。したがって、自由な生活を享受している社会に、突如として僭主政治の影がさす時、その都市にさほどの実害が及ばない場合にしても、その社会は発展をやめて国力にも経済力にもその将来性はなくなってしまう。それどころか、必ずというほどのことはないにしても、たいていの場合は、退歩がもたらされることになる。あるいはまた、実力を備えた僭主が出現して、充実したその気力《ヴィルトウ》と軍事力とによって領土拡張を成し遂げるようなことがあるにしても、都市に利益をもたらすことは毛頭ない。僭主の懐が温かくなるだけの話なのだ。[3] なんとなれば、こういった僭主は、自分がつねづね抑えている、功績があり人格も高潔な市民たちに対して、猜疑《さいぎ》のまなこを向けるあまり、誰にも栄誉を施してやろうとしないからである。

そればかりでなく、この僭主は、彼が新たに征服した都市を、これまで統治してきた都市に服従させたり属国にしたりすることもできない。それというのも、彼の〔直属〕都市そのものを強めることが、この僭主の利益に一致することにならないからだ。つまり彼にとっては、各都市、各地方が彼を支配者として認めるように、国家をばらばらにして保っておくことが得策なのである。このように僭主が、新しい領土を征服したところで、それは僭主自身の利益になるだけで、国家には何の利益にもならないのは、このためである。右に述べてきたような意見を、もっと他のたくさんの面からも裏づけを得たいと思う人には、クセノポンの『僭主論』[4]を読ませるがよい。

昔の人民は、飽くなき憎悪の念を抱きつつ僭主を弾劾してやまなかった一方、自由な社会を熱愛したのだった。また自由という名前だけでも、どれほど彼らの憧憬の的となっていたかということは、さしてあやしむに足らない。例えば、シュラクサイのヒエロンの甥であるヒエロニムスがシュラクサイで殺された時も、その例に漏れなかった。彼の死の知らせがシュラクサイにほど遠からぬところに布陣《あや》していた軍隊にもたらされると、この軍隊はすぐにでも武器をとってヒエロニムスを殺めた張本人たちを打倒する気構えを見せた。ところが、シュラクサイの市内で自由の叫びがあげられているのを耳にすると、この軍隊は自由という名に惑わされて、すっかり鳴りをひそめてしまった。そして、僭主殺しに対して燃え上がっていた怒りも下火となって、シュラクサイのようなところではどのようにしたら自由な政治形態をとることができるか、ということを考えるようになった。

一方、人民が彼らから自由な生活をむしりとった人びとに対し、気が狂ったように復讐の挙に出ることも別に不思議なことではない。

このことについては、数限りない実例をあげうるが、ここでは以下の一例だけを掲げるにとどめよう。それはペロポンネソス戦役当時[5]、ギリシアの都市のケルキュラ島〔コルフ〕に起こったことであった[6]。この頃のギリシア全土は二大陣営に分裂しており、そのうちの一方はアテナイに迎合し、他方はスパルタとよしみを通じていた。その結果、多くの都市の内部においても分裂が起こった。そして、一部の者はスパルタ支持にまわり、別の連中はアテナイと手を結ぼうとする情況となった。

そして例のケルキュラでは、貴族が優位に立って人民から自由を奪うという事態が起こった。ところが人民の側は、アテナイの後押しを受けて勢いを盛り返し、貴族全員をひっつかまえて後手に縛り上げ、その全員を収容できるような広い牢獄に押し込めた。そして、別々の地方に追放処分にするのだと称し、その牢獄から八人か十人かをひとまとめにして外に引きずり出して、きわめて残虐なやり方で殺してしまったのである。

牢内に残っていた連中はこれに気づき、そのような不面目きわまる死に方からどうしたら逃れられるかを協議した。そして、彼らは目に触れたものを武器の代りとして、自分たちを連れ出すために牢内に入ってこようとする人間を打ちすえて、牢獄の入口を守った。一方、この牢内の暴動を知った人民側はそこにかけつけて、牢屋の屋根の部分を引きずり落として、中の貴族全員を下敷きにして殺してしまった。

ギリシアでは他にいくらでも、このような残虐無比で悪名高い例に事欠かない。これらの例に照らしてみると、人民は単にその自由を脅かされている時よりも、自由を取り上げられたことについて、どれほど猛烈な復讐心を燃え立たせるものであるか、ということがわかる。

さてここで、古代の人びとが現代の人間に比べて、自由に対して激しい愛着を燃やしたのはどうしてなのか、と自問してみるに、次のようなことではないかと思われる。つまり、今の人間は昔の人間に比べていくじがない(7)ということによるのである。それはとりもなおさず、昔と今の鍛え方の違いに基づくのであり、さらには昔の宗教のあり方と今日の宗教との落差に由来しているのだと思う(8)。

事実、当節の宗教は我々に真理と正しい生き方とを啓示はするけれども、現世的な名誉という点については導くところは少ない。ところが、古代の異教徒は現世の栄誉に重点を置き、これを最高の善と考えていたので、古代人の行動にはいちだんと力がこもったわけである。

このことは古代人の持っていた多種多様の習慣からも、はっきりとうかがうことができる。第一に、現代の宗教の簡素なのに比べて、この上もなく派手な犠牲《いけにえ》の儀式から始まる。ところが、今日の宗教はなんといっても、壮大華麗というよりはむしろ繊細優美という見てくれに終わっていて、厳しさとか精力的な姿を見ることができない。

これに対して古代人の宗教儀式には、見かけ倒しとかけばけばしさがないわけではないが、これに加えて犠牲の祭儀が執り行なわれていたのが特徴である。この祭儀には、血と残酷がつきもので、夥《おびただ》しい獣を殺して犠牲に供したのだった。この光景はなんとも凄まじいものであったが、これは、それを眺めた当時の人びとに、同じような厳しい気質を与えないではおかなかった。

それはそれとして、古代宗教のいま一つの特徴は、将軍とか共和国の支配者とか、現世的な栄誉に光り輝く人物でないと、祝福を与えようとしなかったという点にある。

ところが今日我々の信奉する宗教は、行動的な人物よりは、目立たない瞑想的な人物を持ち上げる傾向がある。その上現代の宗教は、服従、謙遜を最も貴いことと考えて、人間が対処しなければならない日常の事柄をさげすむ。これに対して、古代の宗教は強靭な精神、頑健な肉体、さらにこの他人間をこの上もなく力強い存在に鍛え上げうるすべての事柄を最高の善とみなしていた。ところで、現代の宗教が我々にたくましくあれと要求する場合、何か大事業をやれと言っているのではなくて、忍従できるような人間になれ、と言っているのである。

　このような生き方が広がっていくにつれて、世の中はますます惰弱となって、極悪非道な連中の好餌《こうじ》にならざるをえない。この連中こそが、世の中をいいように牛耳ってしまうようになる。それというのも、すべての人間が天国に召されることを願うあまり、〔自分たちを苦しめる極悪人に〕仕返しをしようなどとは思いもよらず、いくらいじめぬかれても、じっと我慢していこうと考えるようになるからだ。

　さて、世の中に惰弱な風潮がみなぎり、神意のほどもその威光を失墜するようなことにでもなれば、それはまさしく安逸をむさぼり気概《ヴィルトウ》を求めずに自分たちの宗教を解釈しようとしてきた現代人のだらしなさによるものと言えよう。なぜなら、もし仮に宗教が祖国の士気高揚と防衛とに果たす役割に思いをいたすなら、我々は当然自分の祖国を熱愛し、これを称えるのが義務であることを肝に銘ずるようになるからだ。さらに、進んで祖国防衛に挺身するように努めるに違いないからである。

　このように、今日のしつけがでたらめで、考え方も全然なっていないからこそ、現代の世界の共和国の数は、古代に存在したものと比べてその足もとにも及ばない。その結果、今日の人間は当然、古代人のような自由への愛着を失ってしまったのだ。さてここで、事態が〔今日のように〕追い込まれてしまった理由を考えてみると、それはローマ帝国がその軍事力と権力とに物を言わせて、すべての共和国や、すべての民主的な制度を破壊してしまったからだと思う。しかも、そののちローマ帝国が崩壊してしまったにもかかわらず、〔その後にできた〕諸都市は、その帝国のごく一部は別として、互いに協力して統一の達成もできなければ、〔昔のような〕民主的な社会を築き上げることもできなかったのである。

ところが実際のところ、ローマ人は世界の隅々のいたる所で、自分たちの自由を守るため、きわめて強力な軍事力によって頑強無比に抵抗する共和国の同盟に遭遇しなければならなかった。したがって、ローマ人がこれらの共和国を屈服させるためには、あのような稀に見る卓絶した武力《ヴィルトゥ》をもって事にあたらねばならなかったのが理解できるだろう。

以上の点の具体的な実例をあげよと言うのなら、サムニウム人の例を持ち出すだけで十分だと思う。サムニウム人は驚くべき力を発揮したらしい。ティトゥス・リウィウスも、この点について以下のように述べている。すなわち、サムニウム人の国力は隆盛をきわめ、その軍事力も恐るべきものがあったので、初代パピリウスの子、執政官《コンスル》パピリウス・クルソルの時代に至るまで（四十六カ年の長きにわたって）ローマ人に抵抗を続けた〔前二九〇まで〕。そしてたび重なる敗戦を通して、国土は荒廃し、国中で大虐殺が続けられた。

それればかりでなく、かつては多くの都市と稠密《ちゅうみつ》な人口を誇っていたこのサムニウムの国土も、その大半は、さながら無人の境と化してしまった。本来サムニウムでは、政治体制は整備され、国力も大いに充実していたので、ローマ人があれほど気迫《ヴィルトゥ》を込めて攻撃を加えていなかったら、とうていこれを征服することはできなかったろう。

さて、昔の整った体制が、どうして今日のように見るかげもなくなってしまったのかを見極めるのは、造作もないことである。というのは、昔はすべての人が自由をよりどころとしていたのに対し、現今では、人びとは奴隷の生活に甘んじているからである。つまり、すでに説明しておいたように、ありとあらゆる面で自由を享受していたすべての国や地方では、きわめて目覚しい進歩発展がもたらされていたからである。さらに、⑨〔今日ほどには結婚が制約を受けることも少なく〕自由で、また、人びとはより進んで結婚を望んだので、そこでは昔ははるかに人口も多かった。つまり誰彼となく、自分たちが養える限り、また祖先から受け継いだ財産をなくしてしまう恐れのない限り、子供が生まれてくるのを喜んでいたからでもある。また生まれてくる子供たちは、奴隷の境遇ではなく自由人としてこの世に生をうけるだけでなく、当人に実力《ヴィルトゥ》さえ備わっていれば、国家の統治者にも選ばれうることを親たちは承知していたから、誕生した子供を祝福したわけである。したがって、このような国家のもとでは、農業や手工業によってもたらされる富がどんどん増え続ける。それというのも、自分たちが獲得した財産を享受できる場合には、誰であろうと進んで富を増やすのに精を出し、さらにこれを手に入れていこうと励むものだからだ。したがって、当時の人びとは競って個人の財産と社会の財産を増やしていこうと努力した。こうして、この二種の財産はどちらも驚くばかりの額に達することとなる。

ところで、奴隷の状態に陥っている国家では、右に述べたこととはまったく反対の現象が見られる。その国家において、人民に対する抑圧が厳しければ厳しいほど、彼ら固有の良風美俗はますます地に堕ちていく。しかも、さまざまの抑圧された状態の中で、どれが一番苛酷なものかといえば、なんといっても、一つの国が別の共和国の支配下に置かれた場合であろう。なぜかというに、まず第一には、国と国の支配関係はかなり永続的なものであり、その支配から離脱できる望みはほとんどないからだ。また第二に考えられることは、共和国が自国の国力を強化しようとすれば、必然的にまわりの国全部の力を殺ぐように仕向けなければならないからでもある。

オリエントの専制君主などのように、国土を荒廃に導き、人類すべての文化を霧散させてしまう野蛮きわまる君主ならいざ知らず、他の君を臣従させる君主は上述のことを敢えてするものではない。その君主の中に人間らしいまた正常な血が通ってさえいれば、たいていの場合彼は自分の支配下に入ったすべての都市に、昔からの本拠地と分け隔てない待遇を与えて、その住民にはこれまで通りの仕事を続けさせ、従来の法律をそっくり残しておいてやろうとするはずだ。そうなれば、その国は自由独立の場合ほどの発展は示せないまでも、奴隷状態に陥った国家ほどには落ちぶれてしまうことはありえない。ここで私が「奴隷状態に陥った国家」という言葉を使ったのは、その国家が一人の外国人の支配下に落ちた場合を指すのである。一方、当の国家が国内の一市民の支配下に陥る場合については、すでに説明しておいた。

私がこれまで述べてきたことをよくよく考えあわせてみる人なら誰であれ、独立時代にはその勢いも強かったサムニウム人も、〔いったんローマに〕独立を奪われてしまうと、衰弱してしまったという事実にも、驚くようなことはないであろう。

サムニウム人のこのような変わりぶりについては、ティトゥス・リウィウスはかなりの紙数を費やしている。特にハンニバル戦役については、サムニウム人を取り上げて次のように論じている。すなわち、サムニウム人は、ノーラに駐屯していたローマ軍団の兵員に圧倒されていたので、雄弁家をハンニバルの下差し向けて、自分たちを支援してくれるように要請したのであった。これら雄弁家の力説した点は、リウィウスによれば、「自分たちサムニウム人は、自国自身の兵士や指揮官だけで、百年間にわたってローマと戦ってきた。しかも、二つの執政官部隊や、二人の執政官〔じきじき〕の攻撃を、幾度となく食い止めてきたのだが、今ではすっかりだらしなくなって、ノーラに陣を布くローマの一小軍団にも手を焼いているしまつだ」と訴えているほどになっていた。

3　ローマが強国に成長したのは、周囲の国家を破壊したと同時に外国人にも簡単に栄誉を与えたからである

「やがて、アルバの廃墟の上にローマは成長する。」

一都市から出発して大帝国へと発展をとげようという望みを抱く者は、自国の領内に多くの住民が住みつくように、あらん限りの手だてを講じて努力に努力を重ねなければならない。なぜなら、国内で人口が稠密《ちゅうみつ》でない国家は、決して大国に成長することはありえないからである。

人口を確保する方法には、次の二通りがある。つまり、思いやりを見せるという方法と、逆に力に訴える方法とである。その国に移住してこようとしている外国人には、温かい心で開かれた安全な道をひらいてやる。そうすれば、誰でもが喜んでその国に移住してくる。ところが、腕ずくで事を運ばねばならない場合というのは、近隣の諸国家を破壊し去り、その地方の住民を新たに君の国家に強制移住させることを指す。ローマは以上のやり方を完全に実施してきたために、六代目の王〔セルウィウス・トゥリウス〕の時代になると、武器を取りうる人間が八万人も住みついていた。

こんな成功を収めえたのも、ローマ人が年季の入った百姓と同じ方法をやろうとしたからである。つまりローマ人は、老練な百姓のやるように、一株の植物を大きく栽培して、やがてそれに多くの実を実らせるために、出てきた芽を摘んで、その勢《ヴィルトゥ》いを根に蓄えさせておいた。そして時期が来れば、青々としげって実がたわわになるように育てていったのである。

国土を確立し拡大させるためには、以上のような方策が必要で望ましいものである。このことは、スパルタやアテナイの実例から見てもはっきりしている。この二つの国家は、共に軍備は最強を誇り、法律はみごとに整備されていたのに、国内にもめごとが絶えなくてスパルタやアテナイほどには法律も整っていなかったローマ帝国の大発展には遠く及ばなかった。その理由については、私が右に論じておいたことに、いまさらつけ加えることはありえない。それというのも、ローマは上述の方策を二つながらに用いて自国の人口を増大させたので、ほどなく二十八万の兵員を確保しうるようになっていたのに、スパルタやアテナイはそれぞれ二万以上の軍隊を抱えるようなことはなかったからである。

またローマの大発展の原因は、スパルタやアテナイに比べて格別に地の利を得ていたからだという説明もあたらない。むしろ、ただローマの採用した方法が他の二国のやり方と違っていたからに他ならない。

例えばスパルタの建設者リュクルゴスは、新しい移住者がスパルタに流入して交ざりあうことほど、自分の作った法律を台無しにしてしまいそうなものはない、と考えた。そこで、外国人はスパルタ市民と一切交渉をさせないように、あらゆる手だてを講じておいた。すなわち他都市の人間との結婚は認めず、また外国人には市民権を与えなかったし、その他お互いが親密になるような交流もこれを厳禁した。

それればかりでなく、リュクルゴスはスパルタにおいて革製貨幣を唯一の通貨に指定して、なんぴとといえども、スパルタに商品を持ち込んだり、何らかの技術をもたらしたくなるような気持を引き起こさせないようにした。このような情況下の国家では、人口増大などはありえなかった。

さて、われわれ人間の営みが、自然界の動きにきわめて類似していることから考えても、かぼそい木の幹で太い枝を支えるのは自然の理に適ったことではないし、可能なことでもない。これと同様に、規模の小さな国家は、自国より勢いが盛んで規模も大きな国家を――都市であろうと王国の場合であろうと――支配していけるものではない。たとえうまく占領しおおせたところで、幹よりも枝が太くなってしまった木が、その重みに耐えかねて、ほんのちょっとしたそよ風にも倒れてしまうのと同じ運命をたどるだろう。この現象は、まさにスパルタに起こったものであった。スパルタはギリシアの全都市を傘下に収めたのに、ほどなくテーバイが反乱[1]を起こすと、他の都市も〔これに倣って、〕スパルタに反旗をひるがえしたのだ。つまり幹だけを残して、枝がすっかり取り払われたのと同じである。

このような現象は、ローマではただの一度も起こったことがなかった。この幹はきわめてがっちりしていて、どんな枝だろうと、やすやすとこれを支えることができたのだった。

このようにして、ローマはその人口増加政策と、さらには次章で述べるような諸方策を併用することによって、空前の全盛期を迎えたのである。この点については、ティトゥス・リウィウスの以下の簡潔な言葉の中に簡潔に表現されている。「やがて、アルバの廃墟の上にローマは成長する。」

4　古代の共和国が国力を増大するために用いた三つの方法

古代史をひもとく人は、当時の共和国が強国となるために、三つの方法を用いていたことを学ぶだろう。[1] その一つは、古代のエトルリアで行なわれたように、数カ国の共和国が相集まって同盟を結ぶやり方である。この場合、特定の一国が他の同盟国の上に支配や権威をふるうことはなく、そのうちの一つの国家がどこかを征服しようとする際に、他の国が相集まってこの戦争を助ける仕組みだった。このような同盟の仕方は、現代ではスイスが用いている。また古代では、アカイア人とアイトリア人が〔それぞれ同盟を結成して〕ギリシアで行なったものである。

さて、ローマ人はエトルスキ人と数多く戦いを交えたのだから、右に掲げた第一の方法の性格を深くきわめるためには、さらに視野を広げて、このエトルスキ人に格別に注目すべきだと思う。ローマの版図が全イタリアに広がる以前は、エトルスキ人の勢いは、海に山にきわめて盛んなものがあった。エトルスキ人の活躍については、とりたてて歴史に記述されてはいないが、全盛をきわめた彼らの昔を偲ばせる、わずかの手がかりや証拠ならば、事欠かない。例えば、彼らは北部の海岸にアドリアという名の植民地を建設したことが知られている。ところが、この都市は犯しがたい気品を備えていたので、やがてこの海域全体を同じ名前で呼ぶようになり、今日なおラテン語式にアドリア海と呼んでいる。

またエトルスキ人の軍事力は、テヴェレ川からアルプスの麓に広がるイタリア半島の大部分を制圧していたことでもわかる。にもかかわらず、ローマの大発展に先立つこと二百年にして、エトルスキ人はすでに、今日ロンバルディーアと呼ばれる地域の主導権を失っていた。実は彼らは、この地方をガリア人に占領されてしまったのだ。ガリア人は必要に差し迫られたのか、あるいはまたこの地方の甘い果実や、特にうまい酒におびきよせられたのか、統領ベロウェススに率いられてイタリアに南下した。そして、この地方の住民を撃破して追い出したのち、そこに多くの都市を建設して、自分の名にちなんでその地方をガリアと呼んだ。そしてローマ人の手に渡るまで、その名を確保していた。

さてエトルスキ人は、互いに平等の立場に立って生計を営み、右に述べた第一の方法を採用して、国力増強に邁進《まいしん》した。同盟を結んだ都市は十二にものぼった。その中には、キウジ、ウェイイ、アレチウム、ファエスラエ、ヴォルテッラその他があげられる。これらの諸都市は同盟を結んで、彼らの勢力範囲を統治していた。しかし、イタリアの外に向かって、征服領域を広げることはできなかった。そればかりでなく、このイタリアの中でさえも、これから説明するような理由から、その大半は手つかずのままで残されていたのである。

また第二の方法というのは、他の国を同盟国とするやり方であるが、しかしながらこの場合には、同盟諸国への命令権を確保し、さらに連合諸国の中での優越した地位と、行動を起こす場合の指導権を手中に収めるようにしておかなければならない。この方法は、ローマ人が用いたものだった。

さらに第三の方法とは、スパルタやアテナイの例に見られるように、相手国を同盟関係に置くのではなくて、直接従属させるやり方である。

右に述べてきたこれら三つの方法の中でも、第三番目の手段は、百害あって一利もないやり方である。それは、右に掲げたスパルタとアテナイの場合に見られるように、むしろ国家の命取りになってしまう。つまり、このような方法をとれば、自分の従属国を増やしていきそれを維持しかねて、どうしても破綻《はたん》が起こらざるをえない。それというのも、征服した都市を武力を用いて統治していくこと、特にこれまで自由な生活に慣れてきた都市を腕ずくで抑えていくことは、やっかいで骨の折れる仕事だからである。実のところ軍隊を用いない限り、それも大軍を差し向けない限り、その都市に命令を下したり、統治をしたりすることは、とてもできない相談である。

ところが、どうしても意のごとく支配したい場合には、貴国に協力する同盟国を作っておくことが必要だ。その助力によって、貴国の市民の人口を殖やせるであろう。スパルタにしてもアテナイにしても、このようなやり方に全然目もくれなかったばかりに、彼らは何をやってみたところで、全部無駄骨となってしまった。ところが、第二の方法の実例を提供したローマの場合、彼らはこの方法の中に含まれるいずれの面にも注意を払って運用したので、底なしに国力を高めていった。

ローマだけがこのような方法を踏襲したものだから、大強国へと発展できたのがローマだけに限られたのも当然だった。まことにローマは、イタリア全域にわたって数多くの同盟国をこしらえて、多くの点でローマと平等の法律のもとでこれらの同盟国を遇したのである。また一方、すでに指摘したように、ローマは一貫して同盟諸都市を統合する首都であり、それらに対する命令権を確保していたので、その同盟下にあった諸都市にとってみれば、自分たちが苦労して血を流して勝ち得たものの結果が、知らず知らずのうちローマへの服従だったことに気がついたのだった。

というのは、次のようないきさつによる。つまりローマ人がイタリア国外に遠征軍を派遣するようになると、たちどころに色々な海外の王国を属州に編入した。そして、これまで国王の下で統治されることに馴れていて、ローマの支配下に置かれてもいっこう気にもならぬ連中が支配されることになった。こうしてローマ人総督に統治され、ローマ軍と呼ばれる軍隊によって抑えつけられるようになると、彼ら被征服民は、ローマほど優れた国家は他にない、と信じるようになった。

その結果、イタリア内部でローマとすでに同盟を結んでいた例の国々は、自分たちがいつのまにやらローマに忠誠を誓うその手先にぐるりを取りまかれ、ローマのような強大きわまる国家に抑えつけられていることに、気づいたのであった。このようにして、自分たちが犯してきた誤りを覚ったときは、もう手遅れで取り返しのつかないことになっていた。実際、ローマがその時まで国外属州の上にふるうようになっていた権力は絶大であり、都市は膨大な人口を抱え、軍隊は精鋭無比を誇って、国力はうちに充実していたのである。

このような情勢下で、これまでのローマの同盟国は、ローマの仕打ちに一矢むくいようと団結して、これに戦いを挑んだ。しかし、たちまちのうちに一敗地にまみれ、彼らの立場は最悪のものとなっていく。というのは、同盟国という立場からさらに従属国へとなり下がってしまったからである。

以上の説明からもわかるように、このような手段を実行に移したのは、ローマを除いてはなかった。国力を発展伸長させようとする国家は、ローマが取った以外のやり方は決して用いるべきではない。というのも、歴史を通してその経験に照らしても、この方策ほど安全かつ確実なものは他にありえないからである。

エトルスキ人、アカイア人、アエトリア人がそれぞれ用い、今日ではスイス人がやっているような同盟を結ぶやり方〔つまり、前の分類によれば第一の方法〕は、ローマの用いた〔第二の〕方策に比べれば、次善の策と言える。というのは、この方法を用いれば、国家の飛躍的な膨張は期待しえないからだ。しかし、その一面、次のような二つの利点もある。その一つは、簡単なことでは戦争に巻き込まれないこと、二つには、自国が獲得したものは、これを容易に確保していくことができることである。大国にはなれぬ理由は、国家が地方政権としてばらばらに分かれているので、集まって会議を開いて政策を決定するのが難しいからである。

また国家が分裂しているために、征服地を広げていこうという気持にはなりきれない。つまり征服地を獲得したところで、この分け前に与るのは多くの同盟国がいるわけだから、ただ一国だけが得たもの全部をひとり占めしようとするのに比べて、領土獲得の熱意がぐんと落ちるからだ。

この他、連邦議会というような形式で統轄されているので、同一国内で暮らしている人びとに比べて、どんなことを決定するにもずっと時間がかかる。また歴史の実例からいっても、こんなやり方をとっていたのでは、乗り越えられぬ枠につきあたる。このような限界を打ち破った実例には、お目にかかったためしがない。私が思うには、十二か十四の国が集まって、同盟を結ぶのが限度のように思う。それ以上数を増やしてはならない。つまり、自分たちだけで互いに団結して守れる限度を超えてしまうと、もう同盟諸邦は自分たちの国土を広げようとは考えなくなるからだ。というのは、一方では、どうあっても国家を強大なものに仕立てあげなければならないという差し迫った必要性《ネチエシタ》がないものだから〔領土拡張には熱心ではないのである〕。また他方、すでに説明した理由で、新領土を手に入れたところで、何の足しにもならないことがわかっているからである。

いずれにせよ〔国家がその領土拡張を求めるような場合には〕、次の二つのうちどちらか一つを選ばなければならない。つまり、絶えず同盟に新しいメンバーを加入させるか、さもなければ、征服した人民を臣下にしなければならぬか、そのどちらかである。それにしても、前の場合は、同盟国の数が増えればどうしても混乱しがちだし、後の場合では、腕ずくで服従させるのは至難の業で、たとえやってみたところで三文の得にもならないので、身を入れてやらないようになる。

したがって、自分たちの安全が保てそうな程度に同盟国の数が揃っている場合には、次の二つのやり方が考えられる。その一つは、他の国家を自分の保護国に組み入れて、その防衛の任を買って出て、その代償としてそれらから金を集めてきて、その金を自分たちの間で手間をかけずに分配することだ。もう一つのやり方は、他国に軍事力を提供して、雇ってくれた色々の君侯から給料を受け取る方式である。これは今日スイス人が実施していることで、古代では私がすでに列挙しておいた国々も行なっていたものである。

この点については、ティトゥス・リウィウスは次のような例を掲げている。マケドニア王フィリッポスが、ティトゥス・クィンクティウス・フラミニヌスとの交渉に臨んだ時のこと、その席にアエトリア人の一人の将軍《プラエトル》が加わっていた。この男とフィリッポスとの間に言葉のやりとりがはじまると、フィリッポスはアエトリア人は貪欲で信義など薬にしたくても持っていないとやっつけた。さらに、彼らは一つの国の軍役奉仕に雇われていながら、同時に敵方で働く兵隊を、仲間の中から送り出していっこうに恥じる様子もない。こんなわけだから、相対峙《あいたいじ》する敵味方の両陣営の中で、同時にアエトリア人の軍旗がひるがえっている光景などはざらである、と言ってのけた。このような次第だから、同盟によって事を運ぼうとすれば、どうしてもこれと似たような傾向を伴ない、いつも同様の結果をもたらすものだということがわかる。

一方、属国化するやり方は、国家が弱くなるもとで、ろくな利益もあげられないのはわかりきったことだ。それなのに、この方法に度を越して固執すれば、すぐさま破滅が待っている。無理やりに服従させようとするやり方は、軍備の備わった共和国でさえ益のないことだとすれば、ましてや今日のイタリア諸国家のように、軍事力も備わっていない国家には、全くのところ何の利益もない。

以上に述べてきたことから、私はローマ人が用いた方法こそ正しいものだということがわかる。この方法こそ驚くべき見事なもので、ローマ人の先例以前には誰も気づいた者はなかったし、彼らの後では絶えてこれに倣おうとする者もなかった。わずかに同盟のやり方に関して、ローマを手本としたのは、スイス人とシュワーベン同盟(3)を数えるにすぎない。

さて、この後の章(4)で触れるが、国内政策についても対外政策についても、ローマ人が編み出した多くの制度を今日の人間は模範としようとしないばかりでなく、間違っているだの、実施不可能だの、あるいは、自分には無関係で何の得にもならぬなどと判断して、いっこうにかえりみようとはしない。こうした無視する態度を続けるものだから、イタリアに侵入してこようとするすべての外敵の好餌《こうじ》となってしまうのである。

ローマ人の方式を踏襲するのがどうしても難しいのなら、古代トスカーナの人間、すなわちエトルスキ人のやったことに学ぶのは、特に現代のトスカーナ人である我々にとっては、それほど難しくはないのではなかろうか。

それというのも、すでに述べた理由からしても、ローマ同様の大帝国を築き上げるのは現今のトスカーナにとっては不可能なこととしても、古代のエトルスキ人のとった方法を受け継いで、イタリア内であのような勢力を張ることは可能ではなかろうか。まさに古代のエトルスキ人は、その国力と軍事力とでその栄光はまばゆいばかり光り輝き、その優れた風俗習慣と宗教とは、いやが上にも褒め称えられて、長い時期にわたって国家は安泰だったのである。

ところがその国威も栄光も、まずガリア人の侵入によってかき消され、さらにはローマ人によってとどめをさされた。こうして、その栄光は完全に消滅させられたばかりに、二千年も昔のエトルリアの国威がどれほどすばらしいものであったかは、現今ではほとんど記憶には残っていない。どうして古代エトルリアの栄光が忘却の淵に沈んでしまったかを考えるのは、次の章に譲ることとしよう。

5　宗教や言語の変化と洪水や黒死病の災害発生で古い時代の記憶はうすれた

この世界が永遠の過去から存在し続けてきたものであることを説く哲学者たちに対して、もしもそんなに古いというのが本当なら、五千年よりも前の出来事についても何らかの記録があってもよいはずではないか、という反問が出てくるのも当然だと思う。もしそれが残っていないのなら、様々の理由があってのことだと思う。その理由として考えられるのは、一つは人間の営みに帰すことができようし、あるものは神の手が働いたことによるのであろう。

人間の力が働いて、古い時代の記憶がうすらいでしまったということで考えられるのは、宗教と言語がすっかり変わってしまった事実があげられる。新しい宗派、つまり新しい宗教が伸びてくる場合、まず最初にその新宗教が取り組まなければならないのは、自分たちの名声を確立するために、既存の宗教をぶち壊すことだ。この場合、新宗教の教祖がこれまでと違った言語で語りかければ、古い宗教の破壊はわけはない。

この点については、古代の異教に対して、キリスト教が採った方法を考えてみればわかる。キリスト教はそれまでの宗教の全制度・全祭式をご破算にして、古代神学にまつわるありとあらゆる記憶を一掃してしまった。このように、古代宗教の傑出した人びとの事績に関する知識を根こそぎに消滅させることが可能であったのも、ラテン語を使用して、新しい律法を書くようにしむけたからに他ならない。つまり、このように他の宗教の迫害を目的として新しい言葉を使って書くことができたなら、それ以前の出来事については何の記録もとどめないようになるに違いない。

聖グレゴリウス[1]や、その他のキリスト教界の大物たちが採り上げた方法を読めば、彼らがどれほど執拗に過去につながる全記憶をぶち壊そうとしたかがわかるであろう。つまり、詩人や歴史家の作品を火中に投じ、肖像画を壊し、過去の夢を追わせるようなものはなにものといえども一切これを破壊してはばからなかった。このような旧物破棄が行なわれたことに加えて、新しい言語が使われはじめたら、瞬く間に一切がっさい忘却のかなたに消しとんでしまったに違いない。

けれども、キリスト教が古代の異教に対して行なおうとした迫害は、その異教自身がそれ以前にあった別の異教に対して行なった迫害と同じものであった、と考えられる。しかも五千年から六千年の間に、このような宗教は二度か三度入れ替わっているので、その時以前の出来事の記憶は失われてしまった。また、なにがしかの痕跡をとどめるにしても、愚にもつかないことで、傾聴するに値しない。ディオドロス・シケロスの手になる歴史(2)が、その例だ。これは四万年ないし五万年にわたる時代の出来事を述べたものだが、絵空事だという評価が定説となっており、私自身もその通りだと思っている。

本章のはじめに、「神の手が働いた」と述べたのは、人類を破滅させたり、ある特定地方の住民をわずかしか生き残らないようにさせる天災を指すのである。こういった類のものは、例えば黒死病、飢饉、洪水の形をとって現われる。この三つのうちで最大の打撃を与えるのが洪水だ。というのは、洪水の及ぶ範囲は広い上に、わずかに害を免れて生き残れる者といえば、すべて山間僻地の無学な連中であって、彼らは昔のことについては何の知識も持ちあわせないので、後世になにごとも伝えることなどできはしない。

また仮に、彼らの中で学識を持った人物が生き残ったとしたところで、彼らは自分の利益や信用を得るために、むしろその知識を一般には公表せずに、自分の目的に適うようにねじ曲げてしまう。こういうことになると、後世に残されるものといえば、当の人物が自分の好き勝手に書きなぐった事柄だけであって、それ以外の事実は伝えられないこととなる。

このような洪水や黒死病、飢饉がこれからは起こるまいとは、私は考えていない。というのは、これらの現象は、これまでの歴史の中に充満しているし、またこれらの天災がもととなって、過去の記憶があいまいになっていることもわかっているからだ。しかも天災が起こるというのも、ちゃんとした理由があってのことだからである。

なぜなら、あたかも一つの肉体が、体内に過剰の物質が蓄積されるようになると、何度も何度も体をゆすって浄化作用《カタルシス》をくり返し、肉体の健康を維持していくのと同じように、自然もまた同じ営みを続けるものだからである。このような人間の肉体がいくつも混ざりあって出来上がった人類全体の場合でも、同じようなことが起こる。例えば、どの地方に行っても、住民が殖えすぎて人口過剰になり、すべての人が暮らしていける余地などなく、さりとて、どこもかしこもすでに塞がっているために、移動しようにも動きのとれない状態となっている。さらに加えて、人間はずるがしこく陰険この上もないような情況になると、世界は、〔黒死病、飢饉、洪水という〕三つの天災のうちの一つの力を発動して、自らこの世界を浄化することは避けられない。このようにして、人類はその人口が減り、心を入れ替えるようになって、これまでよりずっと安楽に、また善良に暮らしていくようになる。

すでに述べたように、エトルスキ人は国力が栄え、宗教心に篤《あつ》く、武勇にも優れていた。そして、彼ら独自の風習や言語を持っていたのに、すべてがローマ人の力の前に潰《つい》え去ってしまった。したがって、私がこれまでにも論じたように、彼らの名残りをとどめるのは、わずかにその名前だけなのである。

6　ローマ人が戦いに用いた方法

ローマ人がその国土を拡げるにあたって、どのような方法を用いたかは、すでに論じた。そこで、ここでは彼らが実戦にあたってどんな方法をとったかを論じてみたい。ローマ人がやった行動のどれを取り上げてみても、彼らが繁栄の絶頂に至る険しい道をなだらかにするために、たいていの他の国が用いたありふれた方法には目もくれずに、どれほど用心深く配慮して事を運んでいったか、よくわかるのである。

政策的な配慮による場合でも、また野心にかられた場合でも、戦争の目的は征服することである。また征服したその土地を確保してこれを維持し、繁栄に導き、征服地も本国もともに豊かにして貧しくならぬように手を打つことである。したがって、征服するにも支配をするにも、浪費をつつしんで、万事公共の福祉を第一に考えねばならない(1)。これらすべてを実現しようとする人は、ローマ人のやった様式手段を用いねばならぬ。

それによれば、戦争に先立って第一に心することは、フランス人が言うように、戦争は短期間のうちに大軍を密集して圧倒せよということだ。このように事を運ぶためには、ローマ人はラティウム人、サムニウム人、エトルスキ人を敵にまわしたどの戦争でも、大軍を戦線に投入してきわめて短期間のうちに片をつけていた。

ローマが建国のはじめから、ウェイイの包囲攻撃に至るまで、彼らが行なったすべての戦争を検討してみると、どれもこれも六日、十日、二十日間で終結していることがわかる。それというのも、ローマ人が用いた常套手段が次のようなものであったからだ。つまり、戦争が勃発するやいなや、ローマ人は軍隊を派兵して敵軍と激突させて、ただちに決戦を挑んだ。ローマ軍が勝利すると、敵はその周辺の土地まで完膚《かんぷ》なきまでに荒らされるのを恐れて降参する。そこでローマ人は罰としてその国の一部を取り上げて、それをローマ人の私有地とするか、そこを屯田兵《とんでんへい》の手に委ねることとした。しかも、この土地は被征服国と国境を隔てて相対しているので、ローマ辺境の守りを固めるのに役立つことにもなった。つまり、この土地を受け取った屯田兵にとっても大きな利益をもたらし、ローマ国家の側にしても、費用を使わずに国境防備ができることで同じように得るところが大きかったのである。

これほど確実で強力で、経済的な方策がまたとあったであろうか。それというのも、敵側が戦いをしかけてこないなら、屯田兵だけで国境の固めは万全である。ところが敵が大軍を繰り出して、この植民地を圧倒することがあっても、その時はローマ人も本国から大軍を派遣して、これと決戦を交える。この戦いを勝利に導けば、より苛酷な条件を敵に呑ませて、本国に引き揚げればよい。

このようにして、ローマ人は日一日とその名声を敵よりも高めてゆくとともに、それにつれて国内では国力を一歩一歩と充実させていった。

以上述べてきたようなやり方は、ローマ人がウェイイ包囲戦後に戦争方法を改めるまで踏襲されていた。このウェイイ攻略戦では、この長期化に対処できるように、ローマ人は兵士に俸給を支払う制度を設けた。それまでは戦争は短期間に終わっていたので、その必要もなかったために、給料が支払われたためしはなかった。[2]ローマ人が軍隊に給料を支払うことに同意するようになると、そのおかげで、これまでよりさらに長期化した戦争ができるようになった。さらに、遠隔の地で戦う時にも、長期にわたってその戦線に軍隊を駐屯させておくことが可能になった。しかしながらローマ人は、戦争を時と場合に応じてできるだけ短期間に終わらせる、という本来の方針を決して変えようとはしなかった。また、征服地に屯田兵を送り込むやり方も変えなかった。

さて、ローマに戦争を短期間に片づけようとする傾向がはじめからあったのは、彼らの本来の方針だったことの他に、執政官の野心も手伝っていた。執政官の任期は一カ年、しかもそのうち六カ月は前線の軍営にいなければならなかった。そのため、早く戦争を終結させて、ローマに凱旋することを熱望していた。

一方、征服地に屯田兵を送り込むやり方は、それがもたらす大きな効果と利益のおかげで存続していた。けれども戦利品の分配方法には、いくらか変化が見られるようになった。というのは、はじめの頃のように略奪勝手しだいということがなくなってきたからだ。つまり、兵士たちに給料が支払われるようになると、それほど略奪の必要もなくなったからである。また戦利品が莫大な量に達したので、国庫はそれで利益を受けることが良策だと考えて、都市からの税金によって、事業の出費に充当しなくてもよくなった。

この方法を採るようになると、ローマの国庫収入は瞬くうちに激増したのであった。したがって右に述べてきたように、戦利品の処置と植民地の建設というローマ人の採用した二つの方法は、戦争によってローマを富ませるものとなった。ところが、その同じことでも、他の考えの浅い君主や共和国の手にかかると、〔反対に〕貧窮化の原因ともなる。

このような〔戦争によって利益をあげるという〕いき方は、極端になっていった。ある執政官《コンスル》などは、夥しい金銀、その他あらゆる物品を戦利品として国庫に納入しなければ、凱旋の栄誉を受ける資格がない、と考えていたほどであった。

これまで説明してきたように、ローマ人は右に述べた方法により、また戦争を短期間で終結させることによって、一方では、何度も戦争をしかけて敵を弱らせ、これを撃破してその領土に侵入し、自国に有利なような休戦条件をもって、絶えずローマを富まし、国力を増強していったのである。

7　ローマ人が屯田兵に与えた土地の広さ

ローマ人がその屯田兵にどれほどの土地を分配したかという問題は、正確なところを摑むのは難しいのではないか、と思われる。というのは、屯田兵が派遣された場所場所によって、その広さに大小があったに違いない、と考えられるからだ。けれども、土地の条件やら地域差があっても、一般に分配額はつつましいものであったと思われる。

その第一の理由は、その地方の防衛の任にあたらせるために、決まった場所にできるだけ多くの人間を住まわせる必要があったからだ。その他の理由としては、本国のローマ人が貧乏に耐えて暮らしているのに、移民に出た連中だけが国外で豊かな生活をしようとするのは筋が通らない、と考えられていたからである。ティトゥス・リウィウスによれば、ウェイイ占領に際して、ローマ人はそこに移民を送り込んだが、一人あたり分配された土地の量は三ユーゲラ七ウンキァエ（今日の尺度では……）[1]だった。このように土地が広くなかった理由は、右に述べたことの他に、彼らは土地が広すぎるよりはよく耕作された狭い土地で事足りたからである。

さて、どんな入植地であろうと、誰でも家畜を放牧できる共同使用の牧草地や、燃料用の薪を伐採する共有林がなければならない。この配慮に欠けていると、植民地は維持しえない。

8　人びとが生まれた土地を捨てて他の地方へ押し寄せる理由は何か

ローマ人が戦争に際してどのような方法を用いたか[1]、またエトルスキ人はガリア人のどのような攻撃を受けたか、については、これまですでに説明済みなので、ここで、戦争は二種類に分類されることを論じるのも、本論から逸脱するものとも思えない。
戦争のうちで一つの種類として分類されるものに、領土拡張を狙った君主や共和国の野心に導かれて勃発する戦争があげられる。この種類のものとしては、例えばアレクサンドロス大王やローマ人が引き起こした戦争、そして今日では国同士が互いに繰り返している戦争があげられよう。

この種の戦争は危険なものではあるが、一つの地方の住民を完全に追い出すことはまずありえない。というのは、征服する側にしてみれば、支配下の人民が従順でありさえすればよいので、たいていの場合、彼らの固有の法律には手をつけず存続させ、彼らの住宅や財産を侵犯しないのが普通だからである。

もう一つの種類に分類される戦争というのは、一国の人民全体が、飢餓とか戦乱のためにやむをえず、その家族全部をひきつれて故郷を後にして、新しい住いや国土を求めて出かけていく時に起こるものである。

この場合、第一の場合とは違い、彼らはそこを支配するために戦争を起こすのではない。その土地を全部我がものとしようと、それまでそこで住んでいた住民を追い出したり、殺したりしてしまう。この種の戦争たるや残酷きわまる、かつ目をおおわしめるものである。

このような戦争については、サルスティウスがその著『ユグルタ戦記[2]』の終わりのほうで触れている。「ユグルタが敗れた後、ガリア人がイタリア目ざして侵入してくると人びとは感じた。」(3)さらにサルスティウスは言葉を続ける。ローマ人民が他部族と戦うのは、必ず相手を服従させるのが目的だった。ところが、ガリア人と戦う場合だけは、どちら側とも自分たちの存亡を賭して戦っていたのである。

というのは、一つの地方を攻撃しようとする君主や共和国にとっては、その地をこれまで支配してきた人物だけ殺せば事は足りた。ところが、このように大挙して移動する集団の場合、何もかも殺戮《さつりく》せずには済まない。つまり彼らは、他の人民が住んでいた土地に定住しようとするからである。

ローマ人は、このような危険きわまりない戦争を三度も体験した。その第一回目は、ローマがガリア人に占領された時のことだ。この時のガリア人は、すでに述べたようにエトルスキ人からロンバルディーアを奪って、そこを自分たちの安住の地としたあのガリア人である。ティトゥス・リウィウスによれば、(4)この戦いには二つの原因があった。その第一は、すでに述べたが、ガリアでは口にできないイタリアの果実とうまい酒に誘われたことだ。第二にあげられるのは、ガリア人の王国で人口がきわめて殖えて、全住民を養っていけなくなったことだ。そのため、この地方の指導者はガリア人の一部をひきつれて、新しい国土を求めて出発しなければならないと判断したというのである。こうして協議を重ねたのち、出発する連中の指導者として、ガリア人の二人の王、ベロウェススとシコウェススとを選んだ。こうして、ベロウェススはイタリアに南下し、シコウェススはスペインへと向かったのである。あのベロウェススのイタリア侵入の途次、ロンバルディーアの占領が生まれ、そこからガリア人がローマに挑んだ第一回の戦いがもたらされた。

さて、二番目の戦いは、第一次ポエニ戦役後に起こった。ローマ人が二万以上のガリア人をピオンビーノとピサとの間の戦線で殺したのは、この時のことだった。

三度目に訪れた危機は、ゲルマンの一部族キンブリ人がイタリアを襲った時であった。彼らは何度もローマ軍を破ったものの、マリウスに撃破されてしまった〔前一〇二～一〇一〕。

こうしてローマは、三度にわたる危険きわまりない戦いに勝利をしめた。この勝利の背後には、ローマ人の並外れた実力《ヴィルトウ》の裏づけがあった。ところが時代が下って、ローマ人の精神力《ヴィルトウ》が弛緩《しかん》し、その武力にも昔日の勇猛さが失われるにつれて、かつてローマ人が撃破した同一の外敵によって、その帝国は破壊されることとなった。この外敵こそガリア、ヴァンダル、その他の部族であって、彼らが帝国の西側の領域全体を占領するに至るのである。

これらの諸部族がその郷里を離れるに至ったのは、先に指摘したように、その地方を襲った飢餓とか、戦争とそれに伴なう痛手とのために、やむをえず追い出されたためであった。こうして彼らは、新しい天地を求めて流浪の旅に出ざるをえなかった。

仮に、これらの部族員が多数にのぼる場合、彼らは腕ずくで他国に割って入り、その国の住民を殺して、その財産を奪い、新しい王国を建て、その地の国名さえも変えてしまう。

モーゼのやったことも、ローマ帝国を占領した諸部族のやった行為も、みなこれにあたる。まことにイタリアや、その他の国々で新しい地名が出来上がったのも、新しい侵入者によって名づけられたものに他ならない。

例えば、それまではガリア・キサルピナと呼ばれていたのがロンバルディーアと言われるようになったことや、以前はガリア・トランサルピナと呼ばれたのが、今やそこを占拠するに至った部族フランクの名をとってフランスと呼ばれるようになった。同じようにして、スクラヴォニアはイリュリア、パンノニアがウンゲリア〔ハンガリー〕、ブリタンニアがインギルテラ〔イギリス〕と呼ばれるようになり、その他多くの地名が名称を変えた(5)。まさに応接にいとまがないというのは、このことだろう。モーゼも、彼が占領したシリアの一部にユダヤという名をつけた。

戦争のために、その郷里から追い出される人民の多いことは、すでに指摘した通り。彼らは、新しい安住の地を求めなければならなかった。以前シリアに住んでいたマウルシア人(6)の例をあげておきたい。ヘブライ人の来襲を聞いたマウルシア人は、太刀打ちできないものと観念して、国を救おうとがんばって滅ぼされるよりは、祖国を捨ててその身は逃れるにしくはないと考えた。こうして、家族ともども故郷を後に出立してアフリカへと赴いた。そして、それまでそこに住んでいた住民を追い払って、定住した。こうして自分の故郷の地を守り通せなかった人びとも、他の地方を占領することはできたのである。

アフリカを占領したヴァンダル族に対して、ベリサリオス(7)が行なった戦いを記述したプロコピオス[8]は、かつてマウルシア人が住んでいた土地に円柱があって、次のような文字が彫り込まれているのが読めた、と述べている。「我らマウルシア人、ナワの子にして盗賊ヨシュアの手を逃れしものなり」と。この文章は彼らがシリアを脱出した理由を明示している。

やむにやまれぬ必要《ネチエシタ》に迫られて、故郷の地を離れなければならなかったような民族は、それでも〔自らは〕狂暴きわまる性格を具えている。したがって、よほどしっかりした軍事力を備えていない限り、これを防ぎきることはできないであろう。

けれども、その故郷を見捨てて浮浪の旅にのぼらざるをえぬ人びとの数があまり多くはないような場合には、すでに説明した連中ほどには物騒な存在ではない。というのも、彼らはそれほど猛威をたくましくできないから、どこかに定住の地を獲得するにしても、術策をめぐらさなければならない。しかも、その土地を維持していくには、友好関係とか同盟を用いなければならない。その例としては、アエネアス[9]、ディド[10]、マッシリア人[11]、その他があげられる。これらは全部、まわりの国の同意のもとに土地を得て、その領土を確保して行けたのだった。

大規模な民族移動のほとんどの源流となったのは、寒冷で不毛のスキティア地方[12]だった。この地方は人口が多く、人びとを養いかねる貧しい土地のために、どうしても外部へ移動しなければならなかった。つまり、出ていかなければならない理由は山ほどあるのに、とどまっていられる条件は何ひとつ具わっていなかった。ところで、過去五百年にわたって、スキティア地方出身のいかなる民族も、他の地方へ洪水のように移動する現象がなくなったことについては、多くの理由からきている。

第一に考えられるのは、ローマ帝国の崩壊期にあたって、三十を超す部族がこの地方から大移動を起こしていったことによる。第二にあげられるのは、これら部族の移動先であったマーニャ〔ドイツ〕やハンガリーは、今日では安楽に暮らしていけるような、けっこうな土地柄へと改善されてきたことによる。したがって、この部族はこの土地をさらに引き払う必要はなくなってきた。別の面から考えると、これらマーニャ、ハンガリーの地方には、きわめて好戦的な種族がたむろしていて、彼らは境を接するスキティア人に対する防波堤の役割をもって自任するようになっていたので、スキティア人は敢えてこの堅塁を抜いたり、ヨーロッパになだれこもうとはしなかったからである。

さらに、何度となくタタール人がきわめて大規模な侵入[13]を試みた。しかし、そのつどハンガリー人やポーランド人の手で撃退された。この両国民の軍事力がなかったとしたら、イタリアも教会も、タタール人の軍隊の重圧にあえがなければならなかったに違いないと彼らはいつも誇りとしている。これまでにあげた諸民族の移動については、もうこれで十分だろう。

9 列国間の戦争の共通の原因

長期にわたって同盟を結んでいたローマ人とサムニウム人との間で、戦争が生じたいきさつは、すべて強国の間で戦争を誘発する原因と同じものだ。つまり、この原因は偶然のきっかけから勃発するか、さもなければ、ある国が戦争を引き起こそうと企むことから起きるものである。

ローマ人とサムニウム人との間に戦いが持ち上がったのは、まったくの偶然からだった。というのは、シディキニ人、さらにはカプア人を向こうにまわして戦ったサムニウム人の気持としては、これがローマ人との戦争に発展するなどとは思ってもみなかった。ところが旗色が悪くなってきたカプア人は、ローマ人やサムニウム人の予期に反して、援助かたをローマに申し入れたのだった。こうしてカプア人がローマ人の傘下に入ったので、ローマ人としてはカプア人を守ってやらなければならなくなった。そして、この戦争に介入するのは、ローマ人にとっては、その名誉のためにも引くに引けないことのように思われたのである。

それというのも、ローマの友好国であるサムニウム人の手から、同じく友好関係にあるカプア人を守ってやることが、ローマ人にとっていかにも理に適っていないことのように思われたけれども、カプア人を属国ないしは保護国としてその防衛の任にあたってやるのは、いっこうに恥ずかしいことではない、と判断したからだ。また、カプア人の防衛に一肌脱いでやらないようなことがあれば、これから先ずっとローマに保護を求めてくる、他のすべての国々を失望させることになるかもしれない、と考えたからである。
というのは、ローマの求めたものは、領土拡張と国威の高揚であり、決して無為徒食を願うものではなかった。そのため、このようなカプア人の依頼をはねつけるはずはなかったのである。

同じような情況は第一次ポエニ戦役の時にも起こった。この時はローマ人がシケリアのメッシナ人のために、その防衛の任を買って出なければならなかった。つまり、この場合は偶然をきっかけとして戦争が起こったのである。

ところが、第二次ポエニ戦役の勃発は、決して偶然からではなかった。というのは、カルタゴの将軍ハンニバルが、スペインでローマの盟邦サグントゥムを攻撃したのは、サグントゥムを叩くことが目的だったのではなく、ローマの軍隊に武器をとらせて、これを撃破してイタリア侵入のきっかけを摑もうとしたのに他ならなかったからだ。

新たに戦争をしかけようとする場合には、いつも列強の間では右に述べたような方法がとられてきたものだった。そして両国間の信義や、他国の信用が気がかりな国家にとっても、この方法が常にとられてきた。

仮に私が、今ある君主と戦争をしてやろうと思いながらも、その相手国がずっと前から私の国と友好条約を結んでいるような場合は、なんとか別の言いがかりをつけて、当の相手国ではなくその友好国に攻撃をしかければよろしい。その相手国の君主が、自分の友好国にしかけられた戦争だということを百も承知の上で、これに立腹するならば、戦争してやろうと待ちかまえているこちらの思うつぼとなる。また、別に立腹するのでなければ、その保護国を見殺しにしたというので、当の君主のでたらめと不誠実が明るみに出ることになる。

相手の君主が、この二つのどちらに反応しても、結局は彼の評判はがた落ちとなり、まんまとこちらの目論見通りに事が運ぶことになる。

したがって右に述べたように、カプア人がローマ人にその保護を委ねつつ、ローマ人を〔サムニウム人と〕戦わせるようにしむけたことに、格別に注目しなければならない。と同時に、自力だけでは防御できない国家にとって、わずかに残された手段といえば、攻撃を加えてくる敵に対して、あらゆる策を用いてこれを防ぐということしかない。つまり、自分の国の防御を委託したその国に、なにもかもまかせてしまうことなのである。この実例こそ、カプア人がローマ人に対して行なったところである。また、ナポリ王ロベルトに対して、フィレンツェ人が用いたものでもあった[1]。ロベルトはフィレンツェを同盟としてではなく属国と見たててこれを防衛しようとして、まさにフィレンツェを手中に収めようとしていたカストルッチョ・ダ・ルッカの軍隊と戦うこととなった[2]のである。

10　俗説とは反対に、戦争の決め手となるのは金の力ではない

誰でも戦争を始めようと思えば、いつでも好きな時にこれを始められるが、やめるときにはそうはいかない。だから、君主たるものは戦争を始めるにあたって、自分の力をよく計算し、それに従って目論見を立てるべきである。つまり、自分の力を過信しないように、よくよく心を配らねばならない。自分の実力をおしはかるのに、金の力や地形の利だけで計算するか、あるいはまた臣下の善意だけに期待をよせるかしたところで、同時に自国の軍隊の強さを計算に入れなければ、いつも思惑はずれとなってしまうだろう。というのは、右に並べた色々の条件は、君の力を増しはするが、力そのものを与えてくれはしない。もし忠良な軍隊がなければ、そのものだけの力では無であり、何の益ももたらさないからだ。つまり忠良な軍隊がなければ、巨万の富があったところで、十分とはいえないし、国を守る要害も役には立たない。また、部下の忠誠や善意にいくら期待をかけても、肝心の軍隊自体が国王に対して忠誠心を持ちあわせなかったら、国家を守りきれるものではないからである。

山も湖も、またいかに要害堅固な場所でも、勇敢な守備隊がそこに駐屯していなければ、平地となんら変わるところがない。また、金の力だけでは国家を守れないばかりか、たちどころに敵に好餌《こうじ》として狙われるようになる。したがって、「金こそ戦争の決め手である」[1]

という俗説ほど、でたらめも甚だしいものはない。

このような金銭本位の考え方は、すでにマケドニアのアンティパトロス[2]とスパルタ王〔アギス三世〕との戦争を記述したクィントゥス・クルティウスの文中[3]に見られる。彼は以下のように述べている。スパルタ王は資金がなくなってしまったので、やむなく戦争を行ない、しかも敗れてしまったのだ、と。もしスパルタ王がわずか数日間戦闘をのばしていたら、アレクサンドロス大王死去のニュースがギリシアに到着していたことであろう[4]。そうすれば、戦わずして勝利はスパルタ王の頭上に輝いたに違いない。けれども、スパルタ王にしてみれば、なにぶん資金がなく、給料を支払ってもらえない軍隊が王を見限りはしないかという心配もあったので、やむなく戦争に運命を賭けなくてはならなくなったのだ、と。

クィントゥス・クルティウスは、右のような理由からして、金銭こそ戦争の核心を握るものだということを主唱したのだった。このクルティウスの見解は、今日では絶えず引用され、さほど頭のよくない君侯連中が実行しているところだ。この意見に基づいて彼らは、金さえ十分に備わっていたら、国は守れるものだと信じて、次のような例を考えてみようともしないのだ。もし金さえあれば戦いに勝てるというのなら、ダレイオスはアレクサンドロスを打ち破ったはずではないか、さらにギリシア人はローマ人を、さらに現代ではブルゴーニュ公シャルルはスイス人を、特にごく最近起こったこととして、教皇とフィレンツェとの連合軍は、ウルビーノの戦いでユリウス二世の甥フランチェスコ・マリーア[5]〔デッラ・ロヴェーレ」を撃破できたはずではなかったか、という反問を考えようとしないのであった。

ここに列挙した人物は、全部が全部、戦局決定の鍵は精鋭な兵士であって、金ではないと考えていた人びとによって撃破されていた。

リュディア王クロイソス〔在位、前五六〇〜五四六〕はアテナイの人ソロンに様々の物を見せたが、その中には夥《おびただ》しい財宝が含まれていた。そしてソロンに、自分の力についての感想を求めた。ソロンが答えるには、「財宝に恵まれているからといって、あなたが力を具えていることにはならないと思う。なぜなら、戦争というものは、鉄によって行なわれるもので、黄金によるのではないからだ。だから、あなたよりも多くの鉄を持ちあわせている者が現われれば、誰でもあなたの持っている金を我がものとできるものですぞ」と。

いま一つの例に、次のようなものがある。アレクサンドロス大王の死後、ガリア人が大挙してギリシアをよぎってアジアへ移動したことがあった。その折、ガリア人の大使がマケドニア王のもとに派遣されて、ある種の同盟を取り結ぶことを求めた。この時王は、自分の威力のほどを知らせてどぎもを抜いてくれようと、夥しい金銀を並べ立てた。ところが、くだんのガリア人は、すでに平和の取り決めを結んだばかりなのに、それを破棄してしまった。それというのも、この莫大な金銀を取り上げてやろうという気持が、起こったからである。こうしてマケドニア王は、自分の身を守るために蓄えてきたその財宝のおかげで、かえって略奪の憂き目をみることとなった。

つい先頃のことだが、ヴェネツィア人は、その国庫が金銀財宝でうなっていたのに、その金銀で国を守れずに、その国土の全部を失ってしまった。(6)

右のようなわけで、私は通説に逆らってでも、戦争の決め手となるのは黄金の力ではなくて、精兵なのだと主張したい。なぜこう言えるかといえば、金銀の力だけでは精兵を見つけてくるわけにはいかないけれども、逆に精兵をもってすれば黄金を手に入れてくることなど、簡単しごくだからだ。万一、ローマ人が鉄を使うよりは金銭の力を借りて戦争をやる方法を選んでいたとするなら、世界じゅうの財宝をかき集めて使ったところで、彼らが成就したあの大事業達成には不十分だったであろう。またローマ人がやりとげた大事業と彼らが遭遇しなければならなかった困難を考えても、力不足だったに違いない。

ところが実際には、ローマ人は鉄で戦いを続けていたから、一度だって黄金の不足に苦しんだことはなかった。というのは、ローマ人の鉄の力に恐れをなした人びとは、ローマ軍の陣営にまで黄金を献げに来たからである。

またスパルタ王が資金がなくなったため、戦闘に運命を賭けなければならなかったことが本当であったにしても、金のために彼に起こったことは、他の理由のためにも非常にしばしば起こるものである。というのは、軍隊に兵糧が欠乏して、どうしても餓死するか、撃って出て戦わなければならないかという時、必ず積極的に戦う方法を選ぶべきだからである。つまり、戦うのはより名誉な行き方でもあるし、それに運《フォルトゥナ》さえよければ、局面が好転する可能性もないとは限らないからである。(7)

また、増強中の敵軍を目前にした一人の将軍が、〔すぐにでも〕その敵とぶちあたって雌雄を決しなければならないことはよくある。それをしないで、逡巡して時を過し敵が増強されてしまってから、みこしをあげて戦わなければならないとすれば、それこそどう転んだところで、千倍もの不利になる。

さらに、次のような例もある。（それはハスドルバルがマルカ〔アンコナのメタウルス河畔〕で、クラウディウス・ネロともう一人の執政官《コンスル》の軍隊に攻撃された時〔前二〇七〕の出来事だった。）この時退却か交戦かの選択を迫られた将軍は、必ずといってよいほど戦うことを選んだ。そのわけは、戦うことを選ぶのが、きわめて勝ち目の少ない策のように思われる場合でも、勝利を得ることはありえたからだ。ところが退却を選べば、どちらに転んだところで、その戦いは敗北に決まりきっているからである。

だから将軍にとってみれば、自分の意志に叛いてでも、戦闘を選ばなければならない情況に追い込まれることがよくあるものだ。このような情況に追い込まれる場合を考えると、時には金がないのが原因のこともあるかもしれない。しかしだからといって、戦争の決め手が金だということにはならない。人びとを戦闘へと駆り立ててやまないのは、他にもっとたくさんの事情があるからなのだ。だから私は、戦争の決め手は金ではなくて精兵なのだと、もう一度くり返しておきたい。金が必要なのはもちろんだが、それは二義的なものだ。本当に必要なのは、精兵自体が自ら勝利を摑み取ることである。金の力だけでは精兵を作り上げることができないが、精兵をもってすれば金を手に入れることができるからで

ある。(8)

私の主張が正しいことは、歴史の中の数知れない実例が証明している。ペリクレスはアテナイ人に、アテナイは産業が栄え財力が豊かなのだから、勝利は間違いないとして、全ペロポンネソスを敵にまわして戦うようにすすめた。しかしながら、しばらくは戦争は有利に展開したが、結局のところ敗北してしまった。それはスパルタの頭脳と精兵が、アテナイの産業と財力を上回ったからであった。

だが、私のこの考えの正しさを立証するものとしては、ティトゥス・リウィウスの右に出るものはない。彼は次のように論じている。仮にアレクサンドロス大王がイタリアに侵入してローマ人を撃破したとすれば、戦争にとって必要なのは三つのこと、すなわち多数の精兵、名将、それに幸運《フォルトゥナ》だ、と言っている。さらに彼は、以上の三点をめぐって、ローマ人とアレクサンドロスといずれが優れているかを検討しているが、金の役割についてはまったく触れずに結論に導いている。

カプア人が武器をとってサムニウム人を討つようにとシディキニ人に要請された時、彼らはサムニウム人の国力をその財力でおしはかって、その軍隊の強さで考えてみようとはしなかったに違いない。というのは、カプア人はシディキニ人援助の道を選んでおきながら、二度の戦いに敗れて、自分自身を救おうとすればローマの朝貢国にならなければならなかったからである。

11　実力以上の名声に輝く君主と同盟を結ぶのは賢明ではない

ティトゥス・リウィウスは、カプア人に援助かたを要請したシディキニ人の失策と、さらにはその要請を引き受けて防御は可能だと判断したカプア人の失策とを指摘しようとして、以下のような力のこもった語調で表現している。「カプア人はシディキニ人の援助のためにその名義を提供したのであって、防御のための軍事力を授けたのではない」と。

さてここで、我々は次のような事実に注目しなければならない。地理的に遠隔の地にあるために実際には援助に赴けないとか、あるいは国内が混乱していたり、またはその他の理由で他国への援助など思いもよらないような君侯と同盟を結ぶことは、援助をあてにしている当人にとって、実際の援助よりは、その虚名だけを持ち込む結果に終わるだけの話である。

このような実例は、現代のフィレンツェ人にも事欠かない。

それは一四七九年、教皇〔シクストゥス〕とナポリ王とがフィレンツェを攻撃した時[1]のことだった。当時フランス王は、フィレンツェと友好関係にあったが、フィレンツェ人がそこから引き出せたものは、「実際上の援助ではなく名目」だけのものだった。また、皇帝マクシミリアン[2]との友好関係に期待して、何かを企む君主たちも、同じような体験を味わうであろう。なぜなら、この皇帝との友好関係も、実のところは、「実際の援助というよりは名義だけのもの」をもたらすにすぎないからだ。まさに、すでに本章のはじめで述べたように、シディキニ人に対して、カプア人がもたらしたことと同日の談なのである。

一方、カプア人側にしても、自分たちの実力以上に自己を過信する誤ちを犯していた。このような失策を犯したのも、考えの浅薄な人間がよくやるように、自分自身を守る力もないくせに、他人を守ってやるために力を貸してやろうとした結果である。

これと同様のことは、タレントゥム人もやっている。ローマ軍が兵を出してサムニウム人と戦っていた時のこと、タレントゥム人はローマ執政官《コンスル》のもとに使節を派遣して、自分たちは両国間の平和を切に望むものであるが、その平和を希望しない者があれば、我々は兵を出してその国と戦うであろうという意思を表明したのだった。

これを聞いた執政官は、その申し入れを笑いとばして、この使節の目の前で戦闘用意のラッパを吹き鳴らさせて、その軍隊に「敵に向かって進撃せよ」と命令した。こうしてローマ人は、タレントゥム人の申し入れにふさわしいと思われる回答を、言葉ではなく行動で示したのであった。

本章では、君主が他の国の防衛を買って出ようとする場合に起こる、本末転倒のはきちがいについて論じた。次の章では、自国を自力で防衛する場合の方法について論じよう。

12　攻撃される怖れのある時は、進撃して敵の領土で戦うのと、敵を自国で迎え撃つのと、どちらが得策か

私はこれまで、軍事専門家たちが次のような論議をしばしば戦わすのを聞いてきた。すなわち、実力伯仲とみなされる二人の君主がいて、そのうち少しでも胆力のすわったほうが、残りの一人に戦争をしかける場合、戦争をしかけられたほうの人物にとっては、敵が自国内に侵入してくるまで満を持して待つべきか、あるいは、敵領に進撃してそこで敵を攻撃すべきか、どちらが得策だろうかというのである。そのどちらの側にも、それ相当な論拠があるように聞いている。

敵地に撃って出て自国を守るべきだという立場に立つ人びとは、クロイソスがキュロス〔ペルシア王〕に与えた忠告を引用している。キュロスがマッサゲタイ人(1)の国境を侵して戦いを挑んだ時〔前五二八〕のこと、マッサゲタイの女王トミュリスは、キュロスに使者を派遣して、次の二つの方法のうち気に入った方法を選ぶように申し入れた。すなわち、キュロス王がマッサゲタイ領内に侵入して戦うつもりなら、こちらは自国内で待ちうけるであろう。あるいはマッサゲタイ側から攻めてくるのを好むなら、貴国領内の戦場で相まみえよう、と提案した。このことがキュロスの陣営で論議されると、クロイソスは、他の人びとの意見に反対して、こちらからマッサゲタイ領内に突入して戦え、と主張した。その

理由として、たとえ女王を彼女の国外で撃破したところで、彼女からその王国を奪うことはできないに違いない、それというのも女王が態勢を建て直すいとまを与えてしまうからである。ところが、その国内で女王を破れば、それに追い打ちをかけて、態勢を建て直すいとまも与えずにその領土を奪うことができる筈である、という意見を出したのであった。(2)

この説に賛同する人びとは、またアンティオコスがローマ人に戦いを挑もうとした時に、ハンニバルがこの王に陳述した意見をあげる。ハンニバルの意見は、次のようなものだった。ローマ人を撃破するには、イタリア内でこれを捕捉するしか手がない。というのは、イタリア国内で戦ってこそローマ人の軍事力、資源、それにローマ人の盟邦の力を逆に利用することができるからだ。ところが、ローマ人をイタリア国外でいくら破ってみたところで、イタリアをそのまま手つかずにしておけば、必要なものを何でも汲み出せて尽きない泉をローマ人に残しておくことになる。

このように主張したハンニバルは、結論として、ローマ人に対しては、その大帝国を奪取しようとするより、まず都市ローマを奪わなければならない。また色々の属州を手に入れようとするより、第一にイタリアを手に入れよ、と主張したのだった。

さらには、アガトクレスの実例(3)が裏づけとして引用されている。それによると、彼はカルタゴ軍を国内で迎え撃つ態勢になかったので、〔逆に〕ローマに戦いを挑んでいたカルタゴに攻めて出て、ついに和平を申し込むに至らせたという。またイタリアを救うために、アフリカに兵を出して戦ったスキピオのことも添えられている。

これと反対の立場に立つ者は、敵を不利な情況に立たせようと思えば、彼らをその本国から引きずり出して戦わせよ、と論じている。そして次のアテナイ人の例を掲げる。彼らは勝手知った自国内で戦っていた時は優位に立っていたけれども、本国を離れてシケリアに軍隊を送るようになると、その自由を失ってしまった(4)というのである。

また、リビア王アンタイオスの事績を伝える伝説詩もこの立場の裏づけとなろう。これによれば、エジプトのヘラクレスから攻撃を受けていた彼は、自国内でこれに応戦していた間は敗れるようなことはなかった。しかし、ヘラクレスの策略にひっかかって、国外で転戦するに至って、国家とその生命を失ってしまった。ここにヘラクレスと争った巨人アンタイオスの伝説が生まれた。つまりアンタイオスは、母なる大地に触れるといつでも新しい力がよみがえった。それと気づいたヘラクレスは、彼を空中高く上げておいて地面に触れさせないようにして殺したのであった。

彼らはまた、近代の意見をも引用する。ナポリ王フェルナンドが、当代随一の賢君と言われたことは周知の通りである。彼の死に先立つこと二年、フランス王シャルル八世がナポリに攻め込もうとしているという風聞が立った。彼はこれを迎え撃つために軍備を整えていたのだが、中途で死去した。彼がその子アルフォンソに残した忠告の中に、敵が攻めてきたら、必ずナポリ領内に侵入してくるまで待て、どんなことがあっても軍隊を国外へ出しては相ならんぞ、ナポリ国内に全軍を集結して敵を待て、ということがあった。ところが、せっかくのこの遺訓も、息子アルフォンソは守らなかった。彼はロマーニャに軍を送り、一戦も交えずして、その軍隊を国家もろとも失ってしまった。

両方の立場の人びとは、これまでの実例に加えて、それぞれ次のような理論を展開している。撃って出るほうは、守勢に立つ側に比べて張りつめた気持がある。これが、その軍隊に自信を呼び起こすのである。これに加えて、〔敵領内まで攻めて行くなら〕敵はすでに略奪を受けた自国民をあてにはできないから、彼ら〔敵〕が自国の資源を利用する機会を奪ってしまうことになる。

さらに、その国内に敵軍が侵入している君主は、自国民から税を取ったり、使役に使ったりすることに慎重にならざるをえない。まさにハンニバルの言ったように、〔思いのままに国民を搾取すれば〕君主が戦争を続けるのを可能にする国民という泉を涸《か》らしてしまうことになるからである。

これまで言ったことの他に、敵国領内で戦わなければならない兵士たちは、どうしても敵愾心《てきがいしん》を奮い立たせるようになる。この気持こそ、私がこれまでたびたび述べてきた、例のヴィルトゥと呼ばれる精神力なのである。

ところが、これと反対の立場の人びとは、次のように言う。すなわち、敵を待つやり方は、とりもなおさず多くの利益が転がり込んで来るのを待ち受けることに他ならぬ。それというのも、待ち受けるほうは、さしたる手数もかけずに、敵軍が必要とする兵糧その他の物資の補給に対し重大な障害を与えることができるからだ。敵に比べて、はるかに地理を知り尽しているのだから、敵の意図を挫折させることは簡単だ。全軍を容易に掌握できる上に、自分の国から一歩も出さなくてもよいのだから、はるかに優勢な敵軍と互角以上に太刀打ちできる。戦いの末、敗北を喫したところで、陣容の建て直しは簡単だ。それというのは、近くの逃げ場所に事欠かないから、敗残兵はほとんど助かるし、救援軍が遠方から駆けつける必要もないからだ。また自国内で戦う場合は、全力をふりしぼって戦える上に、必ずしも全運命を、この一戦に賭けなくてもよい。これとは逆に、異国の空の下で戦わなければならない時には、全運命を一戦ごとに賭けなければならない上、全力を出しきることもできない。

また、次のような考え方も成り立つ。つまり、敵の力をできるだけ弱らせるために、何日間にもわたって敵が国内に侵入して、たくさんの都市を占領するがままにまかせておく。そして、全土に守備隊が分駐するようにしむけて、その軍事力を弱めておけば、その後で楽々と敵との戦いに臨むことができよう。

さてここで、私自身の考えを述べなければならない番になった。私は、この問題については二通りに区別して考えなければならないと思う。つまり、一つはかつてのローマ人や現在までのスイス人のように国民皆兵の体制にある場合と、他はカルタゴ人や今日のフランス王国やイタリア人に見られるような、武器を帯びない状態とに分けて考えなければならない。後者の場合、敵がこちらの国内に入ってこないようにして戦わなければならぬ。なぜなら、これらの国柄として、その活動源《ヴィルトウ》は人間にあるのではなく経済力にあるので、その経済活動の道を絶たれると、たちどころに破滅してしまう。しかも、この国内で戦闘が繰り広げられるほど、その経済活動にとって痛手になるものはないからだ。カルタゴの場合がまさにそうだった。カルタゴはその本国が戦火にさらされなかった限り、その国庫収入の裏づけによってローマと戦うことができた。ところが、本国に攻め込まれてしまうと、アガトクレスにも太刀打ちできなかった。

同じくフィレンツェも、ルッカの支配者カストルッチョの前には施す術《すべ》がなかったのだ。それというのも、カストルッチョはフィレンツェ領内に押し入って、戦いを挑んだからである。そこでやむなくフィレンツェは、援助かたをナポリ王ロベルトに依頼せざるをえなかった。[5] ところが、このカストルッチョが死ぬと、同じフィレンツェ人は、勇敢にもミラノ公国の奥深くわけ入って攻撃を加え、ミラノ公からその国土を奪わんばかりの気迫を示した。フィレンツェは、遠くで戦えば見事な気力《ヴィルトウ》を見せるのに、近くの戦争ではなんとだらしなかったことだろう。

これとは逆に、かつての古代ローマ人や、現今のスイス人のように〔国民全体が〕武器を帯びている国柄に対しては、敵がその中に入り込めば入り込むほど勝つことは難しくなってくるものである。というわけは、この種の国家は、他国に攻撃を加える場合よりも、侵略に抵抗する時にこそ恐るべき力を集中するからだ。

たとえハンニバルの権威を持ってきたところで、私はこの点に関する主張を曲げようとは思わない。ハンニバルが、あのような進言をアンティオコスにしたのも、実のところ彼の一時的な感情と、彼の打算から出たものであったからである。なぜなら、ローマ人がハンニバルによってイタリアでこうむったあの三回⑥にわたる敗北を、同じような長い時期にわたってガリアの地で喫していたとするならば、間違いなくローマは壊滅していたことであろう。

というのは、ローマはイタリアでやったようには、ガリアでは敗残の兵力を温存できなかっただろうし、また、それを都合よく再編することも不可能だったに違いない。さらには、その再編成軍で敵に抵抗するなど、思いもよらなかったに違いないからだ。ローマは、これまで一つの国を侵略する時に五万以上の兵力を動員したことがなかったのに、第一次ポエニ戦役後、ガリア人の攻撃から本国を防ぐためには、百八十万にのぼる大軍を用意した。

それでもなおローマ人は、トスカーナでガリア人を破ったようには、ロンバルディーアで彼らを撃破することはできなかった。というのも、雲霞《うんか》のごとき敵の大軍に対して、これほどの大軍を、しかも遠くまで派遣することは、不可能だったからだ。さらには、この大軍を思いのまま動かして戦わせることもできなかったからである。マーニャ〔ドイツ〕では、キンブリ人がローマ軍を打ち破った〔前一〇五年十月六日、アラウシオの戦い⑺〕が、ローマは救援軍を送れなかった。ところが、ガリア人がイタリアに侵入してくると、全軍をかき集めて、これを撃滅できたのであった。

国外に出撃しているスイス兵を打ち負かすのはわけないことである。というのは、スイスには国外に三万ないし四万以上の軍隊を派遣する能力はないからだ。けれども、スイス領内で彼らを撃破する段となると、十万の大軍を集結しうるから、これは容易なことではない。

さてここで、改めて次のように結論することとする。武器を手にして戦争の訓練を受けている人民を擁するような君主なら常に、強力で危険きわまる戦闘を自国内に引き寄せておいて戦うべきだ。決して敵を求めて出撃してはならない。けれども、臣下が武器も帯びていないし、国全体が戦いに不慣れな場合には、その君主たるものは、戦いをするなら必ず戦場を本国からできるだけ離れた所に置かなければならない。いずれの場合にしても、それぞれ自分に適った方法で防御するのが一番よろしい、ということになる。

13　実力によらず欺瞞の策で、下賤の身から最高の地位にのし上がる者もある

本来恵まれることなくこの世に生をうけてきた者は、よほどの実力でもない限り、あるいは奇抜な術策を弄しでもしない限り、卑賤から身を起こして天下を取ることは、珍しいどころか絶対にありえないことだという考え方には、私は心から同感である。もっとも、一般の人びとは贈与や世襲によって、その地位づけが決まるのであるが。

この場合、実力を備えているだけでは十分ではなく、〔かえって〕策略だけでその目的を達していることが多いと思う。マケドニアのフィリッポスとか、シケリア〔シチリア〕

のアガトクレスとか、その他色々のこれと似た人びとのように、最下層か、さもなくとも、ともかく卑賤から身を起こして、王国あるいは大帝国の支配者へとのし上がっていった人物の伝記を読めば、右に述べたことは自ずと明らかであろう。クセノポンはそのキュロスの伝記(1)の中で、術策を用いることの必要性《ネチェシタ》を示している。

キュロスがアルメニア王に対して試みた最初の遠征は、策謀に満ちたものであった。相手を欺くことだけで軍隊の力を借りずに、その王国を手に入れてしまった。クセノポンがこのことから引き出した結論は、およそ大事業を志すほどの君主なら、相手をたぶらかす術を体得するべきだということに他ならない。この他キュロスは、その母方の叔父メディア王キュアクサレス〔在位、前六二五～五八五、メディア最盛期の王〕に、色々の術策を弄して欺いている。したがって、キュロスがあのような策略を用いていなかったら、とうてい彼の勝ち得たような偉大な地位を手に入れることはできなかったろう。

身は卑賤に生まれながら、正々堂々と実力をふるっただけで偉大な地歩を築いていったという実例には、誰しもお目にかかれる筈がない、と私は信じている。むしろ、ジャン・ガレアッツォ〔ミラノ公ジャン・ガレアッツォ・ヴィスコンティ。在位、一三九五～一四〇二〕がその叔父ベルナボからミラノとロンバルディーアの国家と支配権を奪った時〔一三八五〕のように、策謀だけがその成功の鍵だということになる。君主がその身を起こす際に、どうしても用いなければならない方法は、共和国にとっても用いなければならないものである。つまり、その国が強大になって、独立自尊の地歩を確立できるようになるまでは、

〔君主国、共和国共に術策を弄することもやむをえない〕。ローマも大をなすためには、情勢のおもむくまま、あるいは自ら進んで、すべての有効な手を打ったのだった。しかもこの場合、策謀をめぐらすことをためらうようなことは、決してなかった。

ローマは建国当初、すでに説明したような、同盟を結ぶというやり方以上には、悪どい策謀をめぐらすことはできなかった。つまりローマは、同盟の名を借りて、加盟国を自国のもとに隷属させたのである。――例えばラティウム人をはじめ、その他の近隣諸部族が、この策謀を用いたローマに屈した――つまりローマははじめに、これら同盟国の武力を利用して近隣諸部族を従えて、その国家としての威信を高めた。これらの征服が終わると、ローマは強大になって、向かうところ敵なし、というありさまとなった。

ラティウム人は、自分たちが完全に隷属状態に陥っていると気がついたのは、サムニウム人が二度にわたる敗北で[2]和議を結んでローマ人に屈服しなければならなくなったのを見てからだった。このローマの勝利は、それまでローマの評判を認めてはいたものの、その軍事的実力のほどには疑問を持っていたより遠隔地の諸君主に対しても、ローマ人の真価のほどを思い知らせないではおかなかった。こうして、ローマの軍事力を見聞した国々の中に、嫉妬と疑惑が芽生えるようになってきた。このような国々の一つが、ラティウム人だったのである。

このような嫉妬と恐怖が強まってきたので、ラティウム人だけでなく、ラティウムに来ていたローマからの植民までもが、この少し前にローマ人に敗れたカプア人に加担して、ローマの国家に対して反抗することとなった。

ラティウム人たちは、この戦いを開始するにあたり、すでに説明したような、当時にはよくあった開戦の仕方を用いた。すなわち、ラティウム人はローマ人を攻撃したりせず、サムニウム人に対してシディキニ人を助けることで戦った。本来、サムニウム人はローマ人の許可を得て、シディキニ人と交戦していたのである。

このようにラティウム人がローマ人との戦争に踏みきるようになるのは、ローマ人の悪巧みに気がつくようになったからだ。この間の事情は、ティトゥス・リウィウスがラティウムの執政官《プラエトル》アンニウス・セティヌスの口を借りて会議の席上で語らせている、次のような言葉からもうかがうことができる。「まったくのところ、うわべだけ対等の同盟のもとで、その実、奴隷の立場に陥ってしまっているのを我慢するとしても……。」

したがって、その建国の当初でも、ローマは策略をめぐらすことを忘れていなかったことがわかるであろう。だから、このような策略こそ、低いところから身を起こして頂点へとのし上がろうとする者にとっては、常に欠かすことのできないものだと言える。しかもこの場合、ローマ人の実例が示すように、そのやり方が感づかれなければ、それだけ悪しざまに言われることも少なくなろうというものである。

14　謙譲の美徳によって尊大を打ち砕けると考えて、失敗することが多い

控えめな態度は、何の益もないばかりでなく、むしろ有害であるということは、よく体験されることである。特に嫉妬やその他の理由で、こちらに憎悪感を抱いている横柄な人物に対しては、〔こちらが下手《したて》に出る場合は〕なおさらだ。ローマ人とラティウム人との戦争の原因を論じた我が歴史家〔ティトゥス・リウィウス〕は、この点をはっきり裏づけてくれる。サムニウム人は、自分たちがラティウム人に攻撃されていることをローマ人に訴えていたが、ローマ人はラティウム人を刺激するのを避けて、この戦いをラティウム人が続けていこうとするのを妨げようとはしなかった。ところが、この処置はかえってラティウム人を苛立せたばかりでなく、ローマ人に対してさらに敵愾心《てきがいしん》を燃やさせる結果となり、彼らがローマ人の敵としての立場を鮮明にするのを早めさせる結果になってしまった。

このことについては、ラティウムの執政官《プラエトル》アンニウスが同じ会議の席上で、以下のような発言をしていることからも察することができる。

アンニウスは言う。「諸兄は、ローマ人が軍隊を送らずに、耐え忍ぶというはっきりした証明を握られた筈である。ローマ人の心の中は憤激で煮えくりかえっていることは明らかである。それでも連中は侮辱をこらえている。また、彼らはローマの盟邦サムニウムに対して、我々ラティウムが軍を出すことを知っていた筈だ。にもかかわらず、彼らはローマから進軍しようとはしない。ローマ人のこの優柔不断は、いつに始まったことなのだろうか。思うに、我が国力がローマのそれをはるかに上回っていることを悟るようになってからのことに違いなかろう。」

以上の文章から見ても、ローマ人が隠忍自重したことが、逆にラティウム人の傲慢さをどれほどつのらせるようになったかが、きわめてはっきりしてくるだろう。

それゆえ、君主は、自分の威厳を損なうようなことは絶対してはならない。また、その君主がある事柄を維持していく能力を備えているし、またその自信もあるような場合には、そのことについて相手に妥協したり、鷹揚《おうよう》に相手のなすがままにほうっておいたりすることは、一切やってはならない。というのも、右に述べたような場合ではなく、君主が自信をもって処理していけないような事態のもとでは、相手の武力におじけづいて譲歩するよりは、力でそれを取り除くことのほうが、たいていの場合はるかにましだからである。また、恐怖にかられて譲歩して、戦争を回避しようとしても、結局のところ、戦争しなければならなくなるのがおちだからだ。というのも、万一おじけづいて譲歩したことを相手に見せれば、当の相手はそれだけで満足するどころか、さらにずうずうしくなって、これまで以上のものを取ってやろうとするし、腰抜けだと見てとれば、それだけ図に乗って強い要求を持ち出してくるものだからである。

一方、君が弱虫で腰抜けだということがさらけ出されると、たとえ君の味方でも、ますます冷淡な態度をとるようになるだろう。

しかしながら、君が敵の企みを見抜いたら、軍事力が敵のそれに下回るような場合でも、すぐさまこれと戦う準備をしなければならない。そうすれば、敵も君のことを見なおしはじめるだろうし、まわりの君主たちもその君を尊敬するようになろう。君が武器を投げ出してしまえば、とうてい君を助ける気にならない者でも、君が武器を手にして雄々しく立ち上がれば、援助に駆けつけるようにならないとは限らない。

これまで論じてきたことは、君がただ一つの敵だけを向こうに回している場合を指している。君がたくさんの敵に取り囲まれている場合は、たとえ戦端が開かれてしまった後でも、敵の誰かに君の持っているものを割譲して、その人物の関心をひいておいて、敵の同盟から離脱させるように持っていくことが、常に賢明な方策である。

15 弱い国家は常に優柔不断である、決断に手間どることは常に有害である

本章の主題に触れるにあたって、特にラティウム人とローマ人との間で交された戦争の発端を眺めてみれば、いかなる会議の場合でも、決議すべき細かい点までよく了解するようにし、あいまいなままとか、さらには未決の状態にしないように気を配らなければならないことがわかる。

このことは、ラティウム人がローマ人と袂《たもと》を分かとうとして催した会議の時に、はっきり現われている。ローマ人は、ラティウム人の中に芽生えていた気分を察知して、事態を見極めるためにも、また戦争に訴えずにラティウム人と手をつなげる可能性があるかどう

かを打診するためにも、彼らラティウム人に対して八人の市民を派遣してほしい旨を通知した。ローマ人は、これらの八人を交えて懇談しようとしたのであった。

この申し入れを了承したラティウム人は、自分たちが日頃からローマ人の意図に叛くようなことを数々やってきたことに思いあたるふしがあったので、会議を開いてローマに派遣すべき人選を練り、ローマで発言すべき内容をこの使節団に含ませることになった。その内容が討論にかけられると、執政官《プラエトル》アンニウスは、委員会に向かって次のような発言をした。「我々が当面する事態にとって最も重要なことは、我々が何を発言すべきかということよりは、むしろ何をなすべきかを考えることである。何を実行すべきかという肚《はら》さえ決めてしまえば、それに沿って言葉を合わせていくことなど、たやすいことであろう」と。まぎれもなくアンニウスの言葉は適切しごくな助言なのであって、すべての君主も共和国もこれを肝に銘ずべき珠玉の言葉である。

というのは、人びとがこれから実行しようとしていることの内容があいまいで不明確な場合には、それを言葉で表現できぬ。これとは逆に、ひとたび決心して、実行すべきことを決定してしまうと、それに当てはまる言葉を探すことなどたやすいからである。

私はこれまで、この点についてことさら好んで触れてきた[1]。つまり、私は物事をあいまいにしておくことが国家活動にとって害毒を流すものであり、我がフィレンツェ共和国に災厄と屈辱を与えてきたことを、幾度となく思い知らされてきた。きわめて難しい問題で、しかも「英断をもって」これを決定しなければならない時に、優柔不断な人物がこれを評議して決定を下せば、必ずといってよいほどあいまいな結論しか出てこないものである。

　同じように、気長で悠長な会議もまた、優柔不断の決議と同じように有害なものだ。特に友好国の援助のために決定を下さなければならない時には、なおさらのことである。というのは、この決定がのびてしまうと、相手を救えないどころか、こちらの身の破滅ともなるからだ。こんなへまな決定の仕方は、以下のような理由のどれかに根があるのである。つまり、勇気や力が不足していることが考えられる。あるいはまた、その決定に参画しなければならなかった人物の悪巧みによることもありうる。こういった悪質な人間は、私利私欲にかられて国家の滅亡を企むか、あるいは他の欲望を満たそうとする輩なのであるが、彼らは審議を継続させせずにこれを妨害し、その決定を引きのばすのである。

　なぜなら、信頼するに足る善き市民ならば、たとえ激昂して常軌を逸した民衆が事態を憂慮すべき方向へもっていこうとするのを目のあたりにしても、そのために決して審議を遅滞させることはしないものだからだ。一刻も猶予できない場合は、なおさらのことである。

　シュラクサイの僭主ヒエロニムスの没後、カルタゴ人とローマ人との間に大戦争が勃発した時、シュラクサイ人は、ローマ人とカルタゴ人のいずれに加担すべきかを論じあうこととなった。ところが両派共に熱烈に自説を主張して譲らないために、事態は暗礁に乗り上げたまま、どちらの陣営につくかも決まらない。ついにシュラクサイの最高指導者の一人アポロニデスは、英知あふるるばかりの演説を行なう。この中で彼は、ローマ人と行動を共にしようと考えている人も、また、カルタゴに与しようとする人も、ともに非難されるべきではなく、むしろ、そのいずれを選ぶかに迷って、ぐずぐずしていることこそ破滅の淵に連なるものなのだ、と説いたのであった。

つまり、このように煮えきらない状態でいれば、共和国の崩壊は目に見えているからだ。むしろ、どちらの側につくにしろ、その選択をはっきり決めておきさえすれば、そこから何らかの明るい見通しも生まれてこようというものだ、と主張したのである。

ティトゥス・リウィウスがこのいきさつを述べた記述ほど、逡巡《しゅんじゅん》遅疑が与える害毒を見事にえぐり出したものは、彼の著作のどこを繰っても見当たらない。彼はさらに、ラティウム人のケースをも引いている。それは、ラティウム人がローマ人と戦った際、援助かたをラウィニウム人に依頼した時のことだった。これについてのラウィニウム人の決定がなかなかまとまらなかったので、彼らのラティウム救援軍が城門を出て前線に赴こうとした時、ラティウム人は敗退したという情報が届いた。

この点について、ラウィニウム人の執政官《プラエトル》ミリオニウムは、次のように言っている。

「このようにローマ人民に向かってほんのわずか進撃したばかりに、とてつもなく高いものにつくことになろう」と。それというのも、ラティウム人を援助するかしないか、を早く決定していさえすればよかったのだ。仮に援助しないことにしていたら、ローマ人を怒らせずに済んだろう。またラティウム人を援助することにして、それが間にあっていたらラウィニウム軍がラティウム軍に加わることによって、ローマ人は敗れていたに違いない。

ところが、その決定に手間どったばかりに、ラウィニウム人に起こったように、どちらの機会もふいにしてしまったのである。

ここのところをフィレンツェ人がよく呑み込んでいさえしたら、ミラノ公ロドヴィーコ〔ルドヴィーコ〕を討つためにイタリアに南下したフランス王ルイ十二世の通過のために、あれほどの損害やひどい目にもあわずに済んでいたであろう。というのは、王は〔トスカーナ領〕通過にあたり、フィレンツェ人に協定を結ぶことを要求した。そこで王の陣営に加わっていたフィレンツェの使節は、王がイタリアに到着した時に、フィレンツェの体制を維持し、しかもフィレンツェは王の保護を受け入れる条件つきなら、フランスに対して中立を守るだろうと約束した。そして、この使節は王に、フィレンツェがこれを批准するために一カ月の猶予を与えてほしい、と申し入れたのである。

ところが、愚かしくもミラノ公ロドヴィーコに肩入れをしていた連中は、王が確実にロドヴィーコを破るのを見届けた上で批准しようと審議を引きのばしていた。こうして、その後でフィレンツェ人があわてて批准をした時は、フィレンツェ人のやり方は心からのものではなくて、いやいやしたものだと判断して、王のほうからこれを蹴ってしまったのだった。

このために、フィレンツェは莫大な金額を費やさなければならなくなった。そして、その国家を崩壊させることとなってしまったのである。まさに、のちになっても同じような原因で国家を滅ぼしてしまった〔一五一二〕。フィレンツェ人の用いた方法ほど危険きわまりないものはなかった。というのは、ロドヴィーコ公に対しては何の顧慮も払われていなかったことである。つまりロドヴィーコが勝つようなことがあったとしたら、彼は、フランス王どころではなく、フィレンツェ人に対して、より激しい憎しみを抱いたに違いない。

さて、すでに他の章で、その優柔不断が共和国にどれほど災いをもたらすものであるかを論じておいた。ところが、ここでもう一度、新しいデータを使ってこれを論ずる機会を得て、くり返した次第である。それは、この問題は我がフィレンツェに似た国家にとっては、格別に注目を払わなければならないことだと信ずるからである。

16　現代の軍事制度が古代のそれからどれほど変わってしまったか

ローマ人民が他国民と行なった最も重要な戦闘は、執政官《コンスル》トルクァトゥスとデキウスがラティウム人と戦ったものである。なぜなら、この戦いに敗北を喫したばかりに、ラティウム人は奴隷の立場に成り下がったのと同様、もしローマ人がこれに敗れていたとすれば、ローマ人のほうが奴隷の境遇に落ち込んでいたに違いないからである。

以上はティトゥス・リウィウスの意見である。つまりどんな点を取り上げてみても、ローマ人とラティウム人とは、軍隊制度、気力《ヴィルトゥ》、堅忍不抜の心構え《オスティナツィオーネ》、それに兵員数という点で互角であった。ただ一つ異なっていた点は、ローマ軍を指揮する将軍がラティウム軍の指導者に比べて、いっそう有能《ヴィルトウオージ》であったことである。

さらに、この戦争を取り上げて検討すると、後にも先にも絶えてなかったような二つの出来事が起こっていることに気がつく。その出来事とは、二人の執政官がその軍隊の人心をしっかり掌握し、その命令に服従させて戦勝を勝ち取るために、執政官のうち一人は自殺を選び、もう一人の執政官は自分の息子の命を絶った、ということである。

ティトゥス・リウィウスが述べたように、両軍の実力が伯仲していた理由は、〔両軍が〕きわめて長期間にわたって戦闘をくり返していたために、その使用する言語も同一であれば、軍隊組織や武器の点でも変わるところがなかったという事実に由来している。したがって、戦闘のやり方も同じであるし、軍隊内部の色々な区分の仕方とか、その指揮官につけられる呼称も同一だった。したがって、このように軍事力においても気迫《ヴィルトウ》においても伯仲しているような場合には、どうしても何か思いもよらないやり方を用いて、敵に勝るいっそうたくましい戦意を味方に定着させて、それをかきたてることが必要だった。すでに述べたように、このような闘魂の中にこそ勝利がかかっていたのだ。それというのも、戦闘に従事する人びとの精神の中に堅忍不抜の心組みが備わっていれば、その軍隊が壊滅して敵に背を向けるようなことは、決してないからである。

こうして、ラティウム人に比べてローマ人の心をより戦争に忍耐させたものは、運にもよるのだろうが、自分の息子を犠牲に供したトルクァトゥスや、自殺を敢えてしたデキウスの精神力《ヴィルトゥ》によるのである。

両軍の力の伯仲を説くにあたって、ティトゥス・リウィウスは、ローマの軍隊の仕組みや戦闘のやり方をことこまかに述べている。彼はそのことに多くの紙面をさいているが、こと新しくこれを繰り返そうとは思わない。ただ私は、特に注意すべきだと思うことを論ずることにする。それはどんな点かといえば、今日の将軍連中がすべて気にもとめないために、軍隊や戦争で多くの混乱を起こしている問題である。

ティトゥス・リウィウスの言うところによれば、ローマの軍隊は三つの主要な戦隊《ディヴィジオニ》に分かれていた。これは今日のトスカーナ式の呼び方におきかえると、三つのスティエレというのにあたるであろう。つまり先鋒《アスターティ》(1)、中堅《プリンチプ》、後陣《ティラーリ》というように分かれていて、それぞれには騎兵が配属されている。

戦闘開始の命令が下ると、先陣はこの先鋒が受け持つ。それに続く第二陣として、先鋒のすぐ後を中堅が進む。そのしんがりとして、正しい縦列をとって三番手の後陣が配置される。これら各隊に配属されている騎兵は、それぞれの隊の左右を固める。この騎兵隊は、その陣型と、その位置からして、「翼《アラエ》」と呼ばれていた。つまり胴体にあたる本体から、左右にのびた翼のような隊型をしているからである。

それらは第一陣を形づくり、先陣を受け持つ先鋒は、密集陣型をとって突進し、敵を食い止める。第二陣たる中堅は、はじめのうちは戦闘に加わらず、先鋒が撃破されて崩れると救援に駆けつけるようになっているので、陣型も密集せずまばらにしてある。わざとこうしてあるのは、先鋒が敵に粉砕されて退却を余儀なくされた時に、彼らをうまく中堅陣の中に収容できるように工夫されているからである。第三陣、すなわち後陣は、中堅よりもさらにまばらに散開していて、先鋒や中堅の二つを必要な時には、その中に吸収できるようになっている。

三つの陣は以上のような態勢で戦闘に臨み、先鋒が粉砕されたり撃退されたりすると、中堅陣の隊列の中にもぐりこんで、両隊が合流して一つの隊にまとまって戦闘に臨む。それでもこれが押しまくられて後陣のまばらな陣型の中にこぞって退却しなければならない情勢となっても、三つの隊が集まって一隊を形成して、戦闘をやり直す。それでも負けてしまえば、もう打つ手はないから、この戦いに敗北ということとなる。しんがりを受け持つ後陣が繰り出さなければならないような事態になれば、この軍隊は危険にさらされているわけである。このことから「事はとうとう後陣に及んできた」という諺《ことわざ》が生まれる。これを当今のトスカーナふうに言い直すと、「土壇場に追い込まれた」ということになる。

当節の将軍連中は、他の古代のすべてのやり方を捨て去り、古代の規律を少しも受け継ごうとしないので、当然、〔誰が見ても〕重要といえる戦闘体型をも守ろうとしない。すなわち、三段構えで戦闘をし直すように態勢を整えている指揮官は、三度にわたって退勢を挽回《ばんかい》する運《フォルトゥナ》を与えられていることになり、また三回も敵と衝突してそれを破る力《ヴィルトゥ》を授かっているわけである。ところが、当節のキリスト教諸国家のすべての軍隊に共通して見られるように、緒戦の攻撃をわずかに食い止めるのが精一杯というありさまであれば、敗北は火を見るより明らかである。というのは、いかなる秩序も欠如し、かつ中途半端な戦意《ヴィルトウ》では、こんな連中から勝利を取り上げるのはやさしい。

現今の軍隊が三度にわたって戦線を建て直すことができないようになっているのも、敗れた一隊を新手の隊の中に組み入れて、建て直しをはかる陣型を取り入れるのを忘れてしまっているからだ。したがって、当節では、次のような二つの不完全な方法のいずれかに従って戦争に臨まなければならない現状である。

その一つの方式は、二つの隊が肩を並べて左右に陣を張るやり方で、戦隊の横幅は広がるが、奥行きは薄いものとなっている。したがって、正面から背後までの厚みがほとんどないために戦闘能力はひ弱いものとならざるをえない。また、もう一つの方式は、右に述べた縦の弱さを強化するために、古代ローマ軍式の陣型を採り入れたものである。この方法といえども、最前列が崩れてしまうと、これを吸収しうる第二陣がないために、全軍総崩れとなり、この軍隊は自滅してしまう。

というのは、最前列が撃破されて押し戻されると、すぐ後に控えている味方につきあたる。第二列にいる者が代わって前に進撃しようとしても、押し戻されてきた最前列の者が邪魔になって進めない。そこで前列は二列目とぶつかりあい、二列目は三列目と鉢合わせする。こんな混乱が起こると、それがどんな小さいものでも、全軍総崩れの原因となるのである。

フランス軍の大将ガストン・ド・フォア(2)が戦死したラヴェンナの会戦(3)〔一五一二〕で

（この戦争は、現今では最も激しい戦闘だった）、フランス軍とスペイン軍とは、上述の戦法のうちの一つを用いて戦ったのだった。すなわち、両軍ともに全軍あげて左右に展開する陣型を布いた。そのために、両軍ともこぞって正面だけしかないような形となり、奥行きよりも幅のほうがずっと広がってしまった。この陣型は、ラヴェンナのような大きな平野で戦う者がいつも採用するものである。というのも、彼らは退却の場合に起こる大混乱を承知していたので、全軍を横の一列に並べ、私が述べたように正面を広くとって混乱を防止しようとしたのであった。

ところが、地形が狭隘《きょうあい》な場合、これについての対策を講じておかないと、右に述べたような混乱に陥るものである。

騎馬で敵の領内を横行する軍隊は、略奪を働く場合であろうと、あるいはまたあちこちで戦争をしかけてまわる場合であろうと、同じような混乱に陥るものである。フランス王シャルル八世の南下を機として、ピサはフィレンツェの支配に叛き、この時起こったフィレンツェとピサとの間の戦争で、フィレンツェ軍が喫したピサ領内のサント・レゴロやその他の場所での敗戦(4)は、むしろ味方騎兵隊のためにもたらされたものに他ならなかった。

つまり、この騎兵隊は先頭をうけたまわって進撃したが、敵に打ち砕かれてフィレンツェ歩兵の中に敗走し、これを踏みにじり、他の味方全部を敗走させてしまった。また、フィレンツェ歩兵隊のベテランの隊長チリアコ・ダル・ボルゴ閣下〔ピサ包囲軍の司令官〕が幾度となく私を目の前に置いてはっきり言っていたことなのだが、「友軍である騎兵隊にひどい目にあわされていなかったら、自分はついぞ敗れたことなどなかったはずだ」という事実もある。

近代戦術にかけては熟練の師であるスイス人が、フランス軍と戦う場合何よりも留意しているのは、友軍の騎兵隊の真横に並んで陣を布くことである。なぜなら、騎兵隊が敗走した場合、自分たちが巻きぞえをくってはたまらないからである。

こういった事柄は簡単に理解できることでもあるし、その実行もしごく簡単であるにもかかわらず、当代の将軍の中には誰一人として、古代の戦闘様式を真似《まね》たり、それを現代式に修正しようとする者はいない。

たとえローマ式に軍隊を三つに分割して、前衛《アンティグアルド》、本隊《バッタリア》、後衛《レトログアルド》という名で呼んでいるにしても、宿営《アロッジアメンティ》をわりあてる便宜上この呼び方を用いているにすぎない。しかし、この軍隊配備のやり方を、右に述べたような本来の目的にあてはまるようにすれば、全軍もろとも同じ敗軍の運命をたどることは、よもやあるまい。

ところで多くの連中は、自分たちの無知の言い訳をするために、現在では大砲の威力があるのだから、昔通りの多くの戦争様式はとても使いものにならない、と言い張っているようなので、次の章でこの問題を取り上げて、いったい大砲なるものが、古代のすばらしい戦争様式の利用を妨げうるものか否か、を検討したいと思う。

17　現今の軍隊における大砲の価値について、また、この点についての通説は正しいか

前章で取り上げた問題の他に、私はローマ人が様々な時代を通じて行なった会戦（現在ではフランス語の journées、イタリア語の fatti d'arme という言葉がこれにあたる）がどんなものであるのかを、考え巡らしてみたところ、今日一般に行なわれている通説を考え直さなければならない、と反省するに至った。この通説というのは、ローマ時代に、もし大砲が存在していたら、ローマ人がやったように、あれほど楽々とは属州を占領もできなかったろうし、諸国民を従属させることはできなかったに違いない、また、あのような驚くべき版図を手に入れられなかったに違いない、というものである。

さらには、この火器が使用されるようになった今日、人間は昔見せたような気力《ヴィルトゥ》をもはや使うこともできなければ、それを見せる余地もなくなってしまったのだ、と言う人たちもいる。

これに加えて、次の第三番目〔にあたる〕の点までつけ足して主張されている。つまり、今日の会戦は、昔のそれに比べてはるかに複雑でやりにくくなってきたこと、また、戦争するといっても昔通りの様式では使いものにならないこと、さらには時を経るにしたがって、戦争は大砲に重点が移るようになっている。

したがって、以上のような意見が正しいものか、また、大砲は軍隊の威力を増強したの

か滅殺したのか、さらにはまた、優れた将軍がはなばなしく活躍する機会を奪ってしまうようになったか、あるいはむしろその機会を与えることになったのかを論じてみるのも、あながち本来の論旨から逸脱するものではないと思う。だから、右に掲げたうちの第一番目の意見、すなわち、もし大砲が存在していたら、古代ローマ軍とても、あのように楽々と征服戦争を遂行しえなかったに違いない、という意見から検討していくことにしよう。

この点については、私は戦争というものは防御と攻撃という二通りがあるのだ、と答えておきたい。したがって、何よりも先に、大砲の出現がこの二通りの戦争のいずれにプラスしていずれにマイナスしたかを、検討するべきである。この問題について、どちら側からも論じなければならないとは思うが、ここでは比較することはさておき、大砲は攻撃する側より防御する側に対して、いっそうの打撃を与えるものだと私は信じている。

私がこんなことを言い出したのは、守勢にまわる側は、都市内に籠城するとか、柵を巡らした陣地の中にたてこもるからである。一つの場所にたてこもるばあい、その大部分が要塞化された狭い場所を守ることもあれば、また逆に広い場所を守ることもある。右の二つのうち、はじめの場合は、その守備隊は完全に敗北するに決まっている。それは、大砲の破壊力がどんな頑強な城壁でも問題にしないくらい強大で、わずか数日にして破砕してしまうからである。また、城内にいれば退却する場所もなく、また堀を造ったり、防壁を築いたりする十分な余地もないので、敗北してしまうのである。また、破壊された城壁の突破口から城内に突入してこようとする敵兵の攻撃に対しては、これを防ぐ術がない。さらには、自軍に大砲の備えがあったところで、この敵兵の突入に対しては何の役にも立たない。というのは、軍隊が密集して怒濤のごとくなだれこんできたら、大砲といえども役をなさないのは自明の理だからだ。

このためにこそ、イタリア諸都市は北方諸国の激しい攻撃の前には抗することができなかった。これとは反対に、密集隊型を組まず、散開して戦線に突入してくるイタリア人の攻撃に対しては、十分に太刀打ちできたのであった。このイタリア式の攻撃法に対して、小競合い《スカラムッチェ》といううまい名前がつけられている。

このイタリア式攻撃法のように、統制もとれていなければ、さしてやる気もなしに、大砲が待ち構えている城壁の裂け目にとっつこうとしてみたところで、戦死は間違いないところである。こういう手合いに対してこそ、大砲の威力は発揮されるからである。けれども、密集隊型を組んで押しあいながら、城壁の裂け目に殺到してくる敵軍は、堀とか防壁というよほどしっかりした障害物でもない限り、どこにでもどんどん侵入してきて、大砲をもってしても彼らを撃退することはできない。もちろん、攻撃軍のうちのいくらかは命を落とすには違いないが、そのために勝利を取り逃がすほどの損害は受けるものではない。

以上述べたことの正しさは、北方諸国の軍隊がイタリア各地で行なった様々の攻撃、とりわけブレッシア攻略の時に発揮されている。ブレッシアは当時フランス人に反乱を起こしたが、その要塞はなおフランス王の手中にあったので、ヴェネツィア人は要塞から都市へ加えられる攻撃を阻止しようとして、要塞から都市への通路のいたる所に大砲を備えつけた。そして前といわず横といわず、その他利用できそうな所には全部大砲を配備する。これに対して、ド・フォア将軍はたいして問題にする様子もなく、ただその騎兵隊を率いた彼は、馬から降りて徒歩になるように命じた。こうして、砲列のまん中を突破させて、都市を攻略した。この手段に訴えたド・フォア将軍が、損害らしい損害をこうむったとは、聞いていない。

このように、狭い場所で守備につかなければならず、しかも言われてきたようにその城壁が破壊されていて、退いて堀や防壁を造る余地もないような場合、大砲の威力に期待して防御してみたところで、たちどころに敗北を喫する。ところが広大な場所を防御する場合は、なるほど退却するには好都合かもしれない。けれども、この場合でも城外から攻めたてる側のほうが、中で守備をする者よりも、大砲を有効に利用できるのは、比べるまでもない。

その第一の理由は、大砲によって攻撃軍に十分な打撃を与えようとすれば、周囲よりも高い地面に大砲を引き上げて据えなければならない。なぜなら、元通り平地に大砲を置いておけば、敵が構築したわずかな防壁や砦の壁のおかげで、敵に何の損害も与えずじまいになるからだ。ところが、大砲を高い所に据えるために、城壁の上の通路に引きずり上げたり、あるいは何かの方法で地面より高いところに持ち上げてみたところで、結局は次の二つの弊害にぶつからざるをえない。

その第一の難題は、攻撃軍が取り扱うような大きくて威力のある大砲は、ここでは使うわけにはいかないということだ。狭い場所では、大きな大砲は扱いかねるからである。いま一つの弱点とは、たとえそこに大砲を持ち上げて、うまく据えることができたところで、城外の平地の上に腰をすえている攻撃軍が用いているのと同じような大砲防御用の強力で安全な防壁を構築するわけにはいかない。ところが、平地の上に陣を布く攻撃軍のほうは、望み通りの大砲を自由に並べることができるし、またその広さも十分にある。だから、守備軍側が高い場所に大砲を据えかねているのに、攻撃軍は数多くの強力な大砲を備えることとなる。また守備軍が仮に低い場所を選んでそこに大砲を据えなければならぬとしても、すでに述べたように、ほとんど威力を発揮することはできなくなってしまう。

それゆえに、都市を防衛するためには、昔ながらに自分の手に武器をとって防戦せざるをえないのであって、たとえ火器を使用できても、小型のものに限られる。そして、このような小さな大砲の使用に、利点があるにしても、その使用に伴なう不便さによって帳消しにされてしまう。つまり、大砲を使用するために、城壁を低くしたり、城壁を堀の中に埋めてしまうくらいにしなければならないからだ。

このために城壁が破壊されてしまったり、あるいは堀が埋められてしまったばかりに、敵味方相撃つ白兵戦になると、守備軍のほうは、それまでよりも、いっそう不利な立場に立たされることになってくる。したがって、これまでの指摘通り、大砲は、城の中に籠城して守備をするものよりも、これを攻撃するものにとって、よりいっそう有力な武器となるわけである。

さて第三の点なのだが、堀を巡らした陣地の中にひきこもり、自軍に都合のよい時だけに限って出撃して戦う戦法については、この方法を用いていた古代人ほどには、戦わないで済まそうという利点を享受できなくなってきていると思う。大砲が利用されるようになってこのかた、籠城は非常にわりの悪いものとなってきた。

それというのも、敵軍が背後から押し寄せてきたり、または、多少とも敵が地の利で勝っているような場合、すなわち、よくあることだが、敵がこちらを見下ろせる高地を占領しているような場合、あるいは敵が襲撃してきた時築城作業が未完成で、それを利用して防戦できないような時には、すぐさま敵を撃退する術《すべ》もないままに、この拠点を捨てて、外に出て戦うことを余儀なくされるからである。

この事態は、まさにラヴェンナの会戦のとき、スペイン人の上にふりかかったものであった。彼らはロンコ川と防壁との間に塹壕《ざんごう》を掘っていた。その塹壕の深さが十分にならないうちに、フランス軍がわずかばかりの戦略上の要地を占領して大砲で砲撃してきたために、スペイン軍は砦を出て戦闘を交えねばならなくなったのである。

しかし、仮に君がその陣地として選ぶ地形が、よくあることではあるが、まわりの土地に比べて高い所にある上に、堅固で確実な防壁を巡らしてあり、その地の利からしても、その防備態勢からしても、敵が君に攻撃をしかけてくるとは思えない場合を仮定すれば、その時、敵が君に対して打ってくる手は、次のようなものに違いない。

つまり、古代でよく用いられた作戦だが、どうあっても攻撃が不可能な敵に対峙した時に用いられたやり方が、君のほうに向けられてくるであろう。すなわち敵は君の領内を荒らしまわり、君の同盟国を奪ったり攻撃したり、さらには君の補給線の切断を狙って手を打ってくる。こうなってくると、君としてもやむをえずその陣地を離れて、敵と戦わざるをえなくなってくるであろう。そうなると、後述することになるが、大砲はたいした働きをしないことになる。

さてここで、ローマ人が戦争を遂行するにあたって、どのような方針を持っていたかを考えてみると、彼らのどの戦争を取り上げてみたところで、それが攻撃戦であって防御戦ではなかったことが認められる。

私が右に述べたことが正しければ、もしローマ人が大砲を使用していたならば、彼らがその時代に実際に行なったよりも、いっそう有利に攻撃できただろうし、また、より迅速に征服をやりとげていたことであろう。

本章のはじめに述べた第二の点、つまり、人びとは大砲のおかげで、昔ながらの気合い《ヴィルトゥ》のこもった戦争はできなくなってきた、ということについて考えよう。少数の人間がちりぢりに大砲の洗礼を受けなければならない現代は、城壁に梯子《はしご》をかけて侵入したり、これに似たような攻め口をやっていた昔に比べて、はるかに危険率が高くなってきたことは確かである。昔は人びとは団体としてではなく、一人ひとりが行動しなければならなかったからである。また将軍や隊長も、昔に比べて、いっそう戦死の危険にさらされるようになってきた。というのは、大砲の弾はどこにでも飛んでいくからである。したがって、大将たちを一番しんがりの隊に入れて、一番屈強な部下で固めてみたところで、なんにもならないのである。

にもかかわらず、以上の危険が二つながら襲いかかってきて、筆舌に尽しがたい大損害をもたらすのは、めったに起こることではない。というのは、厳重に防備を施された都市の城壁は、梯子で乗り越えられないし、中途半端な攻撃ではこれを陥れることなどできないからだ。けれども、これをなんとしてでも奪取しようとするなら、古代人が先例を示してくれたような包囲作戦を用いなければならない。

そして、これを攻撃して奪取する場合も、昔に比べて、比較にならないほどの危険にさらされるわけではない。なぜなら、昔といえども都市を防御する場合には、弩弓《いしゆみ》や投げ槍などの飛び道具を備えていたからである。なるほど、これらの飛び道具は、さして恐ろしいものではなかったとはいえ、人を殺すことにかけては、それなりの力を持っていた。

(1)将軍や傭兵隊長の戦死の実態については、最近イタリアで続いている戦争で、二十四年間に命を落とした者の数は、古代における十年間の戦争で戦死した指揮官の数を下まわる。すなわち、数年前〔一五〇九年十二月〕ヴェネツィアでフェルラーラを攻撃した際、そこで戦死したロドヴィーコ・デッラ・ミランドラ伯、さらにチリニョーラで〔一五〇三年四月二十八日〕戦死をとげたヌムール公を例外とすれば、大砲のために命を落とした者など誰もいないのである。

ラヴェンナで死んだド・フォア閣下は、刀傷がもとで命を落としたので、大砲のためではなかった。したがって現今の人びとが、昔ほど個人的な武勇《ヴィルトウ》を示さなくなってきたのは、大砲が使用されるようになったからでなくて、軍隊制度がでたらめなのと、軍隊そのものが弱体だということに原因がある。つまり、軍隊全体としても覇気《ヴィルトウ》に欠けているから、その中の一人ひとりに〔武勇の誉れを〕期待してみても、それは無理な話なのである。

それではここで、通説の第三番目のもの、つまり当節では肉弾あい撃つ白兵戦はかげをひそめ、戦争はすべて大砲が主導権を握るようになろうという考え方を検討してみることにしよう。私には、この考えは完全にでたらめだと言いきれる。そして、この意見は、自分たちの軍隊に古代軍隊の精神力《ヴィルトウ》を吹き込みたいとする将軍たち全部の賛同を受けるものと信じている。

なぜならば、優秀な軍隊を育てあげようとしている人は、模擬戦でも実戦においてでも、その軍隊を敵軍に突進して、剣をふりかざして敵とわたりあうように訓練を施しておかなければならない。さらには、騎兵よりも歩兵に重点をおくようにしなければならないからである。この理由は、後で説明することになるだろう。

さて、歩兵に重点を置き、今述べた方法にのっとって訓練を行なえば、大砲は完全に無用の長物に成り下がってしまう。というのは、歩兵隊は敵のそばにぴたりとくっついていって、かえって砲撃による被害をやすやすと避けることができるからである。この歩兵隊の持つ利点は、古代ローマの歩兵が遭遇しなければならなかった象隊の威力や、鎌で武装した戦車や、その他特殊の器械を向こうにまわして、彼らがいつもなんとか工夫をこらし、この脅威をかわした先例にも勝るものと言える。

大砲が実際に被害を及ぼす時間は、象隊や戦車が危害を与える時間よりもはるかに短いもので、人びとは、大砲のもたらす被害から逃れる手段を簡単に編み出すこととなる。というのは、象隊や戦車は、戦闘の間ずっと敵を悩ますものだが、大砲が相手に被害を与えるのは、開戦直後だけのことだ。だから歩兵にとっては、大砲による被害は簡単に避けられる。つまり砲撃がはじまれば、自然の地形を利用してこれに身を潜めたり、地面に身を伏せさえすればよいのである。

さらに経験に照らしてみて、特に大きな大砲に対するには、右に述べたような用心さえも必要のないことがわかってきた。というのは、大きな大砲は簡単に照準を定めることができない、筒先を上に向けすぎると敵の頭上を越してしまうし、かといって低くして発射すれば、相手には届かないからだ。

さて、白兵戦が開始されると、もう大砲はその大小を問わず、諸君に打撃を与えうるような心配がなくなるのは、明瞭この上ない事実である。なぜなら、敵軍がその前面に大砲を備えていれば、君はそれを分捕ることができよう。その反対に敵軍が大砲を後尾に置けば、君には届かずに、自軍を砲撃することになるからだ。かといって、側面に大砲が配置してあれば、敵が肉薄してくるのを食い止められるほどひどい打撃を与えられないから、結局は、前に述べた場合と同じ結果となってしまう。

以上述べたことについては、これまでさしたる反論のなかったところである。というのは、一五一三年、ノヴァーラの会戦でのスイス人の例が、何よりの証拠となるからだ。この時スイス軍は、砲兵も騎兵も備えずに、城塞にたてこもった大砲装備のフランス軍に攻撃を加えてこれを破ったのだった。しかもこの場合、スイス軍は敵の大砲で少しでも進撃を阻止されるようなことはなかったのである。

この理由は、すでに右に述べたことの他に、次のように言えよう。つまり、大砲の活躍を期待するためには、逆にその大砲を城壁や堀や、防壁で保護しなければならない。この三つの防御策のうち、どれか一つでも欠けることがあれば、その大砲は敵に奪取されるか、さもなくても、使いものにならなくなる。〔このような無力な状態に大砲が追い込まれるのは、〕あたかも会戦や平坦な場所で行なわれる戦闘で、大砲のまわりを人間の力だけで守っている時に引き起こされる情況と同じものと言えよう。

さらにまた、軍の側面に大砲を配置する場合にしても、結局のところ、古代ローマ人が飛び道具使用の際に採用していた次の方法を踏襲するしか方法がない。つまり、古代人の投擲《とうてき》兵は味方の陣型の外から飛び道具を使用するように、隊列から離れて位置を占めていた。だから彼らは、敵の騎兵その他に襲撃を受けるたびに、難を避けて本隊の中に逃げかえったものだった。

大砲を役に立つものと決めてかかっている人びとは、大砲の持つ性格がよくわかっていなくて、簡単にうわべだけに惑わされて信用しきっている連中なのである。トルコがペルシアの王やエジプトのスルタンに対し、大砲を用いてこれを打ち破ったとしても、それは、大砲の威力《ヴィルトウ》そのものによるのではなく、大砲のけた外れの轟音《ごうおん》で騎兵隊がすっかりおじけづいてしまったからである。

さて、ここで次のように結論を出しておきたい。つまり、古代の軍隊が持っていたような精神力《ヴィルトウ》を具えた軍隊が大砲を使用すれば有効だが、こういった精神力を具えていない烏《う》合《ごう》の衆が勇敢な敵を相手どって戦う場合は、大砲など、何の足しにもならぬのである。

18 ローマ人の権威と古代軍の先例に従って、騎兵隊よりは歩兵隊を評価すべきである

多くの論議や先例に照らしてみるに、ローマ人はどのような軍事行動を起こす場合でも、騎兵よりは歩兵に重点をおき、歩兵を主力として全軍を築こうとしたことがはっきりしている。

このことは実に多くの例からも察せられるが、特にその中でも顕著な例といえば、ローマ軍がレギルス湖畔でラティウム人と白兵戦を交えた時〔前四九六〕のことである。すでに敗色濃厚のローマ軍を救援するために、兵士に馬から降りて徒歩で戦いをやり直させて、勝利を握ったのであった。

この中で、ローマ人は騎兵を使用するより、徒歩で戦うほうが効果的だと信じていたこ

とをはっきりと読み取ることができる。これと同じような歩兵尊重は、他の多くの戦闘でも用いられて、常にその苦戦を救う最良の策となった。

しかし私は、この点についてのハンニバルの次の意見に反対するつもりはない。ハンニバルは、カンナエの戦いで、ローマの執政官《コンスル》(1)が騎兵を馬から降ろして徒歩で戦わせたのを見て、この処置を次のようにあざわらった。「やつらが騎兵を鎖につないで、おれに差し出すならもっとよい。」

この意見が、古今まれに見る名将の口をついて出たものである以上、私とてもその権威を認めることにやぶさかではない。

しかし、権威に従わなければならぬのなら、それでもハンニバルたった一人の権威よりは、ローマ共和国全体の権威、さらには、この国のために尽した数多くの優れた将軍たちの権威に従いたいと思うのである。けれども、誰それの権威に従うことは別として、なぜそうなるのかというはっきりした理由がいくつかある。つまり徒歩の兵士なら、馬に乗った場合とても通行できないような所へも、どんどん進んでいける。また人間には、戦闘態勢を整えるように教育ができる。万一、敵に攪乱《かくらん》されるようなことがあっても、元通りに態勢を整えるように言い含めておくことができる。

ところが、馬に命令通りにさせることは難しい上、いったん隊列が乱れた時に、これをもう一度整えるように仕込むことは不可能だ。あるいは、次の点も挙げられる。それは人間と同じように、馬の中でも、勇気のない馬もあれば、張りきりすぎる馬もある。また、元気のいい馬に臆病な人間が乗ったり、臆病な馬に剛胆な人物が騎乗する巡り合せになったりする。このような不釣り合いな取り合せはいずれにしても、戦争に役立たないどころか、混乱を巻き起こす元となる。

また統制のとれた歩兵隊なら、騎兵隊を撃退するのはわけないことだが、〔逆に〕騎兵隊が歩兵隊を破るのは至難の業である。以上の意見は、古今にわたる多くの実例によって裏づけられるばかりでなく、世の中の動きの中に法則を与える人びとの権威によっても支持を受けている。彼らの言うところによれば、歩兵制度がいまだ確立していなかったその昔は、戦争が騎兵で行なわれていたのは事実である。ところが、歩兵制度が確立されるようになって、歩兵は、騎兵に較べてどれほど有効であるかということがすぐに知れ渡ったのだと説明されている。

しかし、こうは言っても、騎兵が軍隊にとっては、きわめて必要なものに変わりはない。それというのも、敵地を偵察したり、そこに出没して略奪を働いたり、逃げる敵を追跡したり、敵の騎兵と一騎打ちをするような場合には、騎兵はなくてはならないものだからだ。けれども、結局、軍隊の基本であり中核であり、かつより重視しなければならないものは、他ならぬ歩兵でなければならない。

イタリアを外国勢力の蹂躙《じゅうりん》にまかせたイタリア諸君侯の数ある失敗のうちで、なんといっても一番大きいものは、彼らがこの歩兵制度を重視せずに、騎兵の運用だけに没頭していたことである。このような大間違いをしたのも、元をただせば、一方では、将軍たちの悪巧みがあったからであり、他方では、国を治める立場の者が無知だったからだ。というのは、二十五年も前から、イタリアで行なわれる戦争は、一片の領土も持たない冒険軍隊の隊長《カピターニ・ディ・ヴェントゥーラ》と呼ばれる連中の手に委ねられてきたからである。この連中は、どうしたら自分たちの軍隊が強くて諸君侯の軍隊は弱体だという評判を得られるか、ということにばかり腐心していた。

彼らにしてみれば、大部隊の歩兵を常備しておくのは、費用の点から難しいし、また家臣がいなくては、これに武器をとらせることもできず、また少数の部隊をかき集めるだけでは、強いという評判がわかない。そこで彼らは、騎兵隊を持つことに着目するようになった。

というのは、二、三百騎の騎兵なら、一人の傭兵隊長《コンドッティエーリ》でも雇える数だし、この数ならその評判を落とさないでも済むからである。一方、この傭兵隊を丸抱えする国家を保持する人びとにしても、このくらいの数なら、その給料の支払いもできないことはない。

さらに傭兵隊長は、自分たちの目論見をもっとやすやすと実現し、自分たちの信用をさらに高めるために、あらゆる手だてを講じて、歩兵から優れた評価や評判をひきはがして、それを自分たちの騎兵隊の評価にすりかえようと企んだ。このような傭兵隊長のでたらめのため、歩兵軽視という悪弊はますます広がり、どんな大部隊の中でも、わずか一握りの歩兵にしかお目にかかれないような現状となってしまった。以上のような慣習は、他の多くの悪弊と混ざりあって、イタリアの軍事力を弱体化し、どの北方諸国でも簡単に抑えられるようになってしまったのである。

さて、歩兵よりも騎兵を重視するのが誤りであることは、ローマ史の中のいま一つの先例に照らしてみれば、ずっとはっきりしてくるに違いない。それはローマ人がソラ[2]の戦場に臨んだ時のことである。敵の騎兵の一隊がローマ軍陣営を襲撃しようとして城外に撃って出たので、ローマ軍騎兵隊長〔アウレリウス・ケレタリウス〕は、これを迎え撃つために、騎兵を率いて敵の前に立ちはだかった。ところが、たまたまもみあう間もなく、両方の指揮官は戦死してしまった。

指揮官を失った部下は、それでも戦闘を続けた。敵を容易に破るために、ローマ人は馬から降りて徒歩になった。そこで敵騎兵も防御の必要上、やむをえず馬を降りて戦った。このような経過を経て、ついにローマ人は勝利を収めえたのである。歩兵の戦力《ヴィルトゥ》が騎兵の戦力を圧倒することを、この実例ほど見事に示すものは他にあるまい。というのは執政官《コンスル》がローマ騎兵に下馬を命じた他の実例は、苦戦に陥って援軍を求める歩兵隊の救援に、はせ参じるためにとられた処置だったからである。ところが、ここであげた下馬の実例は、歩兵の救援のためでもなければ、敵の歩兵と戦うためでもない。むしろ馬に乗ったままで相手の騎兵と戦ったところで、これを打ち負かすのは容易ではないが、馬から降りればたやすく敵を打倒できる、と判断したからであった。

右に述べてきたことから、十分に訓練の行き届いた歩兵部隊ならば、他の歩兵部隊に攻めたてられない限りは、そうやすやすとは破れないと結論を下しておこう。

きわめて少数の騎兵と多数の歩兵とを伴なったローマ人クラッススとマルクス・アントニウスとは、多くの日数をかけてパルティア領の中を進んでいった。彼らは、夥《おびただ》しいパルティア騎兵の大軍とぶつかった。クラッススはその部下の一部とともに戦死してしまったが、マルクス・アントニウスは奮闘よろしく死地を脱出した。ところがローマ軍のこのような敗北は、歩兵が騎兵にどれほど勝っているかを示す結果をもたらすこととなった。というのは、このパルティア地方は国土は広大であるが、山は少なく、川もまた乏しく、海からも隔たっているために、何を利用しようとしてもその手がかりがない。けれどもマルクス・アントニウスは、敵のパルティア人さえも認めるほど、奮闘これつとめて危機を脱したのだった。しかもパルティアの全騎兵隊といえども、アントニウスの歩兵隊にあえて攻撃を加えようとはしなかった。

なるほど、クラッススは戦死したに違いないが、彼の行動をよく検討すれば、彼は圧倒されたのではなく、むしろだまし討ちにあったことがわかるだろう。実際、クラッスス全軍が壊滅状態に陥った時でも、パルティア軍はこれにぶつかってこようとはしなかった。むしろパルティア軍は、その側面にぴたりと食いついて、その糧道を断ち、その糧食は与えると約束しておきながら、約束を果たさずに、とうとうクラッススに非業の最期をとげさせたのである。

歩兵の戦力《ヴィルトウ》が騎兵に比べてはるかに強力なことを説得しようとする場合、もし、現代の実例がこれほど十分に有力な証拠を提供してくれなければ、はるかに手間のかかる仕事になっていたに違いないと思われる。前にも述べたように、ノヴァーラの会戦には九千人のスイス兵が参加して、一万の騎兵と多数の歩兵とに対戦し、これを撃破した。というのは、騎兵はスイス軍を攻撃できなかったし、歩兵はそのほとんどがガスコーニュ兵で、ろくに訓練されていなかったので、これまたスイス兵の前には用をなさなかった。

さらには、二万六千のスイス兵がミラノ付近でフランス王フランソワ一世と戦った(3)が、この場合、フランス王は騎兵二万、歩兵四万、大砲百門を擁していた。この時のスイス歩兵は、ノヴァーラ戦の時のように勝利を得られなかったけれども、二日間にわたって奮戦した後敗北し、その半数が戦線から離脱できたのであった。

マルクス・アティリウス・レグルスはその歩兵部隊のみをもって、騎兵部隊は言うに及ばず、象部隊までも防御できると考えていた。彼のこの計画は成功しなかったが、その失敗の原因は、歩兵そのものの力《ヴィルトゥ》にあるわけではなく、彼は歩兵によって危機を克服できるという確信によらなかったからである。

したがって、ここでくり返すが、十分に訓練をつんだ歩兵部隊に勝利するためには、それよりさらに訓練の行き届いた歩兵部隊でなければならない。さもなければ、失敗は目に見えていると言えよう。

ミラノ公フィリッポ・ヴィスコンティの時代に、約一万六千のスイス兵がロンバルディーアめざして南下したことがあった。

そこでミラノ公は、当時傭兵隊長として雇っていたカルミニョーラ(4)〔カルマニョーラ〕

に、約千の騎兵とわずかな歩兵を率いて、これを迎え撃つよう命じた(5)。この傭兵隊長は、スイス人の戦法については何の予備知識も持ちあわせなかったので、すぐにでも追い散らせるものと思って、騎兵を率いてスイス軍の中に突進した。

ところがスイス兵は、いっこうに動ずる気配がないばかりか、彼の部下にどんどん戦死者が出るために、退却せざるをえなくなった。しかし、さすがにこの人物はきわめて有能であったので、刻々と移り変わる情勢には、それに即応した手を打たなければならないことを承知していた。彼は軍隊を再編し、改めて敵に突入させた。敵が間近になると、重装騎兵全員に馬から降りて徒歩で戦うように命じ、自軍の歩兵部隊の先頭に立たせて、スイス軍に攻撃をしかけた。

この戦法に対しては、スイス軍はまったく手の打ちようがなかった。というのは、カルミニョーラの重装騎兵は、徒歩で動きまわれる上に装備も優れているので、スイス陣の中に何の損害も受けずに思いのままに突入できたからだ。そして、いったん敵の中に入り込んでからは、何の苦もなく敵をなぎ倒すことができた。この結果、スイス軍全体でわずかに生きのびられたのは、カルミニョーラが情をかけて見逃してやったスイス兵だけであった。

騎兵と歩兵との間で見られる戦力《ヴィルトゥ》の差については、多くの人びとは承知のことと私は思う。けれども、現代の災厄はきわめて根の深いものなので、古代の先例、それに当代の実例や失敗の体験談などをいくら持ち出してみても、今日の君侯の迷夢を覚ますことはできない。

さらにはまた、一つの地方、あるいは一つの国家の軍事力の信頼を回復したいと思えば、古代歩兵制度をもう一度復活させて、これを受け継いで運用し、その評判を高めて、それに生命を吹き込むようにすればよい、と君主たちに信じこませることだ。実際、このような方法をとることは、とりもなおさず、国家そのものに生命と名声をもたらすことを意味するのであるが。

ところが現状はといえば、今日の君主たちは、これまでに示した色々の方法からまったく逸脱したことをやっているのと同様、この古代歩兵制度の復活にも関心がない。そこから生ずる当然の結果として、たとえ新しく領土を獲得したところで、このために国家が強大になっていくどころか、逆に災いをもたらすことになっている。これについては次章に譲ることにしよう。

19 優れた法律制度を持たず、またローマ人の先例に倣わない共和国が征服を行なえば、国家は発展するどころか、むしろ破滅に向かう

この腐りはてた現代にあって、色々と引き起こされる嘆かわしい事件に基づいて組み立てられた真理に逆行する偏見は、人びとが旧弊から脱却する機会を逸らしてしまった。例

えば三十年ほど前には、一万人の歩兵隊をもってすれば、平地に陣を布く一万の騎兵隊と、それと同数の歩兵隊に攻撃をしかけることが可能だといくら説得してみたところで、信用する者など誰もいなかった。ところが、実際は攻撃できるにとどまらず、これを撃破することも可能である。これは、私が何度も引用したノヴァーラの会戦で、スイス人が示した実例を見ればわかることではないか。

これとよく似た実例は、歴史の中に数限りなくあるのに、誰もこのことを信じようとはしない。たとえ信用したところで、その連中は、現今では装備も改良されてきており、重装騎兵隊は巌《いわお》と激突してもこれを倒しうるほどだから、ましてや歩兵部隊をもってしては、とてもかなわないのではないか、と反問するに違いない。このような間違った言いわけを採り入れるのだから、人びとの判断は間違ったものとなってしまう。

人びとは、ルクッルス(1)がかつてわずかの歩兵部隊を率いて、ティグラネス王の十五万の騎兵を撃滅した事実を考えてみようともしなかった。しかもこのティグラネス軍の騎兵が、今日の重装騎兵とそっくりそのままであった事実を考えようともしなかった。したがって彼らの誤った考えは、北方諸国の歩兵部隊が発揮した実例によって、はじめて明るみに出るようになったのである。

さて、歴史の中で語られている古代の歩兵の果たした役割について、正しくこれを理解できるなら、当然、歩兵制度以外の様々な古代の諸制度も、これまた正当で利用度の高いものであることが信じられるようになるに違いない。右のことが一般に信じられるようになってくれば、共和国も君主も、誤りを犯すことは少なくなるだろう。また、背後から不意打ちを食らっても、より頑強に抵抗できるだろうし、逃亡することだけに望みをつなぐことも、なくなってくるに違いない。一方、国政を委ねられた人びとは、国家を拡張していくか、あるいは獲得したものを維持していくか、どちらの方法を選ぶにしても、いかに国家をより巧みに指導できるか知るようになるだろう。このようにして為政者は、どうしたら市民の人口を殖《ふ》やすか、従属国よりはむしろ同盟国を作るにはどうすればよいか、に心を配るようになる。さらには、征服した地方を防衛するために屯田兵《とんでんへい》を定住させたり、敵から分捕ったものは国庫に繰り入れる、敵を従えるには包囲戦を避けて、急襲とか会戦を行なう、また国庫は富ませて個人は質素にするように指導したり、さらに軍事教練を最も重視する、など一連の政策をとるようになるだろう。これこそ、共和国を強大にし、また大帝国を築く方法に他ならない。

　ところが、以上述べたような国家の強化策がどうも気にくわないからといって、何か他の手段に訴えて目的を達しようとしてみても、それは国家の滅亡を招くことに他ならない。したがって、あらゆる野心を抑え、法律、習慣の力を借りて国内体制を秩序づけ、外部に拡張していくことを禁じて、国土防衛にのみ専念し、国内治安の保持に心をくだかなければならない。このような実例は、まさにマーニャ〔ドイツ〕共和国に見られるのである。この国家は右のような方針のもとに生活し、また束の間の自由の生活を享受できた。

　しかしながら、征服地を拡大していく体制をとる国家と、〔既存のものを〕維持していこうとする国家との間の相違について、説明を行なった個所⑵で私が述べたように、狭い領土しか持たない共和国は、長い期間にわたって平和を楽しみ自由を享受し、狭い領土を維持することは不可能である。というのは、その国が他の国を攻めたてない場合、〔逆に〕その国が他の国に攻撃されることになるからだ。

このように他の国から攻められると、他の国を征服してやろうという気持がわいてくるものだし、さらにはせっぱつまって、どうしても征服しなければならない破目になるものである。また、国外に戦うべき敵を持ちあわせないような場合は、敵はむしろ国内から出てくることになる。こういう現象は、大きな都市ならどこでも必ず起こるものらしい。

さてマーニャの諸共和国が、あのような方針をとりながらも、なおかつしばらくの間存続しえたのは、マーニャに特有のある種の条件に基づくと言わなければならない。この条件とは、マーニャ以外の国には見られないもので、マーニャ共和国にこの条件が満たされなければ、とうていその国はたちゆかなくなるほどのものである。

私が取り上げるマーニャ地方の一部は、フランスやスペインと同じように、ローマ帝国に服属していた。ところがローマ帝国が没落し、ローマ帝国の称号はこれらの国へと移っていった。この地方でも、より実力を具えていた都市は皇帝たちの非力と窮乏につけこんで、自由独立を手に入れはじめていた。これらの都市は帝国から自由を手に入れる代償として、毎年わずかばかりの税を皇帝に納入したのである。

こうして、皇帝直轄地で、その他のいかなる君主の支配も及んでいなかった全都市は、同じような道をたどりつつ、次々に自由を獲得していった。これと時を同じくして、それまでオーストリア公の支配に屈していた諸都市も、その支配から脱していく。例えばフライブルク、(3) スイスなどがこれである。これらは、はじめから繁栄していたが、しだいにその勢いを増し、オーストリアの支配に再び戻ることなく、やがては、まわりの国全部に恐れられるまでになった。特にスイス地方の場合にそうであった。

この結果マーニャ地方は、スイス、自由な土地と呼ばれる共和国、さらには君侯国、そして皇帝直轄地などが併存するようになった。このようにマーニャ国内には、種々雑多な国家が並び立っているのに、戦いは起こらず、起こったところでさして長期にならない理由は、皇帝という象徴があるからに他ならない。皇帝には実力は備わっていないとはいえ、国民の人気は大変なもので、彼らの調停者をもって任じているほどである。こうして、その権威を背景として、紛争の中に立ってたちどころに問題を解決してしまうのである。

この地方で起こった最大の、しかも最も時間を要した戦いは、スイス人とオーストリア公との間に交されたものだった。マーニャでは古くから皇帝とオーストリア公とは同一のものであったが、その力をもってしても、向こう見ずのスイス人の行動を抑制はできなかった。スイス人に対しては手なずけることもできなかったし、武力を使わぬ限り、協調はありえなかった。

ところがマーニャの他の地方は、皇帝にさしたる援助の手を差しのべるようなことはなかった。というのは、自治諸都市は、自分たちと同様自由を望むスイス人を攻撃するのは、気が進まなかったからだ。またマーニャの諸侯にしても、財政困難から出兵しようにもできない相談だったからだし、それは別としても、皇帝の権力に対して抱いていた嫉妬からして、とうてい援助しようという気にはなれなかったからである。

一方、マーニャの自治都市群が狭い領土保有に満足しきっていたのは、彼らが帝国の直轄地という恩典を受けていたために、自分たちの国土を拡張しなければならない必然性がなかったためである。彼らは狭いその城郭内で、一致団結して生活を営むことができた。というのは、近くには敵がおり、その敵は、城内に内紛が起こればいつでもこれを占領しようと手ぐすねをひいていたからである。

マーニャ〔ドイツ〕各地の情勢が、これまで述べてきたものとは違う方向に向かっていたとしたら、彼ら自治都市群は、領土の拡大をはかっていたに違いないし、その結果、今日彼らの平和は、放棄のやむなきに至っていたことであろう。

ところで、マーニャ以外の国では、これと同一の条件が揃っていることはありえないから、当然マーニャと同じ行き方をとるわけにはいかない。そこで考えられるのは、同盟という手を用いて領土の拡張に努力するか、さもなければローマ人のやり方にのっとって、領土拡大をはかるかのどちらかだ。この方法以外の他のやり方を用いれば、生きることではなく死と破滅を求めることになる。というのは、どんな方法を講じてみたところで、様々な原因が折り重なって妨げるために、領土の拡張は危険なものとなるからである。

つまり、このようなことは、新しい領土をつけ加えるだけで、国家の力そのものには何もプラスしないことになりがちだからだ。したがって、領土の拡大だけに心を奪われて、国力の充実をおろそかにする者には、破滅が待ちかまえている。戦争をしたおかげで財政危機を引き起こすような者は、たとえ勝利を収めたところで、国力充実など望むべくもない。なぜなら得るものより失うもののほうが、大きいからなのである。

このことは、ヴェネツィア人や、フィレンツェ人の実例に照らしても明らかだ。ヴェネツィア人がロンバルディーアを、フィレンツェ人がトスカーナを領有するようになった今日、かえってその国力が以前に比べてずっと弱くなっていることからも理解できるであろう。かつてヴェネツィアが海上の覇権のみで満足し、またフィレンツェが六マイル四方の国境に甘んじていた時代には、両国とも現在のようにだらしなくはなかった。なぜこうなったかといえば、両国とも領土を増やしただけで、どのような方法をとればよいか、を考えようともしなかったからである。

しかも両者は、この点でローマ人がどんな方法をとったかを知っていて、その実例を踏襲しようと思えばできる立場にありながら、何の参考にもしようとはしなかった。このことを考えあわせれば、どんなに非難されたところで、まったく弁解の余地はないだろう。さらに、そのローマ人たるや、何の先達もなくて、自分の頭脳だけを頼りとして、優れた方策を編み出すことができたのである。

この他、うまく統治が行なわれている国家にとっても、いたずらな領土拡張がなみなみならぬ害をこうむることは、よく見受けられる。例えば、この国が腐敗した一つの都市なり国家なりを支配下に収める時、被支配民との接触を通じて彼らの悪風に染まる場合が出てくるものだ。

これは、はじめローマ人がカプアを占領したときに起こったことであり、そののちハンニバルにも起こったことである。もし、カプアがローマから非常に遠いところにあり、兵士たちの堕落に対して即座に防止策を実行できなかったならば、あるいはまた少なくともローマ自身が堕落してしまっていたなら、カプア占領がローマ共和国を破滅に導いたことは火を見るより明らかなことであろう。

ティトゥス・リウィウスもこの点を認めて、次のように言っている。「ローマ軍の軍律の弛《し》緩《かん》については、浅からぬ影響を及ぼしていたカプアは、ありとあらゆる歓楽の手段を用いて、ローマ兵の心をとろかして、祖国を忘れさせてしまった」と。

事実、カプアのように外国勢力に屈した都市や国家は、征服者に仕返しをしてやろうという場合、戦闘とか流血という手段を用いない。なぜなら、自分たちの芳《かんば》しくない風俗を征服者たちに注ぎ込めば、それで十分なのだ。こうしておけば、どんな敵の攻撃にも、もろくも崩れ去ってしまうほど、だらしなくなってしまうからである。ユウェナリス[4]は、その風刺詩の中[5]で、この点を見事にとらえて、次のように述べている。異国を征服したローマ人の心の中には、異国の風習がどっと流れ込んで、その代わりに質素倹約とかその他の最も高貴な資質《ヴィルトウ》は地に堕《お》ちてしまった、と。

貪欲、淫蕩ひろまって

属国ここに復讐す。

ローマがいまだ豊かな判断力を具え、その精神力《ヴィルトゥ》も充実していた時代にあってさえも、領土を征服することは右のようにきわめて危険を伴なうものであったとすれば、ローマの方針など薬にしたくてもできぬような連中であったら、いったいどんなことになっていたことであろう。これまで詳しく述べてきた様々な欠陥の、さらにその上塗りとして、傭兵軍《メルチエナーリエ》や外国支援軍《アウジリアーリエ》を使用したら、どんなことになってしまうであろうか。では、これを使用すればどんなひどいことになるかを、次の章で考えてみることにする。

20 外国支援軍や傭兵軍を使用すれば、君主や共和国はどんな危機にみまわれるか

私の他の著書(1)の中で、傭兵軍《メルチエナーリ》や外国支援軍《アウジリアーレ》がどれほど役に立たないか、また自国軍《プロプリエ》がどんなに効力のあるものかを詳しく述べていなければ、本章では大いに論ずべきである。しかし他のところで詳しく論じているので、ここでは手みじかに論じよう。

しかしながら、それについてティトゥス・リウィウスがきわめて適切な実例をあげているので、私としては何も触れずに素通りするわけにもいかぬと思う。この場合、私が外国支援軍というのは、外国の君侯なり共和国が君の国を援助するために指揮官を派遣し、彼らが給料を支払うのである。

リウィウスの言うのは、次の通りだ。ローマ人は、カプア人を救援〔前三四三年〕するために派遣していたローマ軍を使って、サムニウム人の二つの軍隊を二つの戦場で撃破した。こうして、この戦勝によってサムニウム人の脅威からカプア人の独立を守ってやった。さてローマ軍は、ローマに帰還しようとしたものの、ローマ軍の守備軍がいなくなって、またカプアがサムニウム人の餌食になるといけないと考えた。そこで二つの軍団をこの地に残留させて、これを守らせた。

ところがローマ軍の駐屯兵は、怠惰のうちに毎日を送り、カプアでの生活がすっかり気に入りはじめた。そして祖国を忘れ、元老院への尊敬もうすれてきたのであった。自分たちの力《ヴィルトウ》で防衛しているこのカプアの土地を、武力によって我がものにしようと企むに至ったのである。なぜかというと、ローマ駐屯軍の目から見れば、自分の国を自力で守りきれないカプア人には、とてもこの地方を我がものにできる資格はない、と映じたからである。この企みが明るみに出ると、ローマ人はその派遣軍を弾圧し処罰した。この点については、陰謀という問題を取り扱う章(2)で、詳しく述べることにする。

ここで、いま一度くり返しておきたいのだが、軍隊の種類にも色々ある中で、特に害を及ぼすのが外国支援軍である。というのは、この種の軍隊の危険な点は、その援助を得ようとして雇っている当の君侯や共和国が、その軍隊に対して何の権威も帯びていないことである。むしろ、この軍隊が権威と仰ぐ唯一のものは、自分たちを派遣した主人だけである。というのは、すでに説明した通り、外国支援軍とは、一人の君主の指図で諸君の国に派遣されてきた軍隊である。この場合、その君主直属の隊長に指揮され、その旗のもとで行動し、給料もその君主から受けているものだからである。ローマ人がカプアに派遣した軍隊が、これにあたる。

こんな軍隊が勝利を占めたとなると、たいていの場合、彼らが敵として戦うために雇われたその相手に対してはもちろん、自分の雇い主に対してまでも略奪を働くものである。こんなことをやるのは、彼らの派遣主である君主の悪巧みによる場合と、あるいはこの軍隊が勝手に乱暴を働く場合とがある。

ローマ人は、カプア人との間に取り交した同盟や約束を、反古《ほご》にするつもりはなかった。しかし、出先のローマ軍にはカプア人を抑えつけることなど簡単しごくに思われたので、カプア人からその土地と国家を取り上げようと思い込むようになったのである。

このような問題については、他にもっと多くの実例をあげることができる。けれども、もう一つレギウムの人びとについての事件(3)を述べるだけで十分と思う。このレギウムの人びとはそこを守備していたローマ軍に、生命もろともその国土を奪われてしまった。

右に述べたことからもわかるように、君主にしても共和国にしても、自分の国を守るために、外国支援軍の国内導入に奔走する前に、他のあらゆる方策を講ずるように努力しなければならない。特に、すべてをなげうってこれに依存したりする時は、なおさらだ。というのは、どんな条約や協定にしても、敵から押しつけられた条件がどれほど苛烈なものであっても、外国支援軍を導入する方策に比べれば、はるかになまぬるいものだからである。過去の出来事について読書し、現在の諸事件に目を光らせていれば、外国支援軍を用いて成功を収めた例外が一つくらいはあっても、その他の全部は裏切られる結果に終わっているのを知るであろう。

野心に燃える君侯や共和国にとっては、自分たちの軍隊が外国の求めに応じてそこに支援軍を派遣する時ほど、その都市なり地方なりを占領するのに、これ以上の機会はありえない。したがって、野心にかられた連中が、自国を防御するためばかりではなく外国を攻めてやろうと考えて、外国支援軍の援助を求め、自分たちの手にもあまるような領土を獲得しようとすれば、それに手を貸した当の外国支援軍によって、せっかく手に入れたものを奪われてしまうことになる。

人間の野心とはまことに底なしのものなので、目先の欲望を満たそうとして、その結果、すぐさま襲ってくるに違いない災厄については、考えてもみようとしない。私がこれまで論じてきた他のテーマについてもそうであるが、本章の論題の裏づけとなるような古代の実例に対しては、現代の連中ときたらいっこうに心を動かさない。

もし、私の言うことを採り入れて、隣国に対して寛大な態度を心がければそれだけ、隣国のほうも君の領土を奪おうとする気持を起こさなくなり、さらにその隣国はより率直に君に身をまかすような態度になってくるものだ。この点については、カプア人の例をあげて、次の章で論ずることにする。

21　ローマが最初に国外に執政官《プラエトル》を派遣した国はカプアであった、カプアとの開戦後、四百年目のことであった

ローマ人がその領土の獲得に用いた方法は、今日の国家が同じことをしようとして取り上げる行き方と、どんなに違ったものであったかについては、すでに多くの紙面をついやしておいた。また、ローマ人が破壊すべきではないと考えた国の人民には、その人民が固有の法律で従来通りの生活を続けられるように配慮していたし、さらにはまた、同盟国ではなく、従属の立場でローマに屈服していた人民に対しても、同じことを保障していたことも、すでに述べた通りである。そればかりでなく、ローマ人民は被征服民に対し、ローマから支配されているという印象を取り除こうと努力して、わずかにある程度の条件を履行させたにすぎない。しかも被征服民が、この条件を守る限り、彼らは旧来の国家も権威も保障されていたことも説明しておいた。

このような方針は、ローマがイタリア以外にその領土を拡張する時まで受け継がれていた。それ以後の時代となると、ローマは各地の王国や国家をローマの属州に組み入れはじめるようになっていたが。

この一番はっきりした例は、ローマが外国に最初に派遣した執政官《プラエトル》はカプアに対してであった、ということである。そのカプアに執政官を派遣したのは、ローマ人の野心から出

たものではなく、カプア人の要請を受けたからであった。カプア人は、内紛が絶えなかったので、一人のローマ市民が着任してきて、カプアを建て直し、市民の間に和解を取り戻してくれないことにはどうにもならない、と判断したのであった。

アンティウムの人民は、自分たちも同じ必要を痛感していたので、このカプアの先例を見て、アンティウムにも同じように総督《プレフェット》を派遣してほしい、とローマに依頼した。この新しい出来事と、それが意味するローマの新しい支配の形態について、ティトゥス・リウィウスは次のように言っている。「軍事力ばかりでなく、ローマの法律までが広い範囲にわたって支配力を及ぼした」と。

したがって、このような方法をとったことがローマの拡大をどれほど容易にさせたか、計り知れないものがある。なぜなら、これまで自由な生活に親しんできたか、あるいは同国人の手で統治されるのに慣れてきた都市にとっては、特に寝ても覚めても支配権力が目の前に聳え立ち、来る日も来る日もその権力に奴隷の屈辱をなめさせられる目にあわされるよりは、いっそ、いくらかは耐えがたいにしても、直接目には触れない〔遠隔地の〕政府の支配に甘んずるほうが、まだ心もやすらぎ、得心もいくものだからだ。

以上のような支配の形態を用いる君主にとって、もう一つ有利な点があげられる。すなわち、この都市の民事や刑事をつかさどる司法官や行政官は、その都市の君主の大臣ではないので、彼らの下す判決は、君主に困難を引き起こしたり、不信感をもたらすことはありえない。したがって、君主は数多くの中傷や怨嗟《えんさ》の的にならずに済むのである。

右のことがまこと嘘いつわりのない事実であることは、古代の実例から裏づけられるが、その他に、現代のイタリアでその記憶も新しい事件からも読み取ることができる。周知のように、ジェノヴァはこれまで幾度となくフランス人の手で占領されてきた。そして、現在のルイ十二世によるジェノヴァ支配の場合は例外として、それ以前のフランス王たちは、フランス人の総督をそこに派遣して、国王の名においてジェノヴァを直轄統治していたのだった。

ただ現在のルイ十二世の場合だけは、ジェノヴァ人総督《ドージェ》〔オッタヴィアーノ・フレゴーソ〕の支配の下で、この都市に自治を委ねている。もっとも、この場合フランス王が自発的にこのような好意を示したのではなく、まわりの情勢のためやむをえずとった手段にすぎないが。

右に述べた二つの方法のうち、いずれがその都市の支配にとって国王に安泰をもたらし、民衆にはいっそうの満足を与えるかを検討しようとする人は、すぐさま後者の方法を選ぶに違いない。このことは別としても、人民というものは、支配者である君が自分たちから何も奪い取るつもりがないと見てとれば、かえって君を頼りにするようになるものである。しかも、人民をより人間的に、いっそう親身に取り扱えばそれだけ、彼らは自分たちの自由が脅かされるという恐れを、君に対して抱かなくなる。

このような親身な温かさと、寛大な取り扱いに心を動かされて、カプア人はローマに執政官《プラエトル》の派遣かたを依頼したのであった。ところで、この場合、もしローマ人が執政官のカプア派遣にほとんど熱意を示さなかったとしたら、たちまちのうちにカプア人の胸中には不信の炎が燃え上がって、ローマ人とは袂《たもと》を分かっていったことであろう。

けれども、今日のフィレンツェやトスカーナにいやというほどその実例を見せつけられているのに、なにを好んでカプアやローマの話を持ち出す必要があろう。周知のように、ピストイアの都市が自ら進んでフィレンツェの支配下に身を投じて以来、ずいぶん時が流れている。ところが一方、ピサ人、ルッカ人、シエナ人がフィレンツェ人に対して、なみなみならぬ敵意を抱いているのも、誰一人知らない者のない現実である。

このような対フィレンツェ感情の相違が生じてくるのは、ピストイア人が他のトスカーナ諸都市に比べて、格別に自由を軽んじる風潮があったわけでもなければ、自分たちの実力が劣ると考えていたわけでもない。むしろ、フィレンツェ人がピストイア人を遇するには、常に兄弟に対するような親しみがこもっていたのに対し、ピサ以下の三都市に対しては、いつも敵の立場に立っていたからである。

この事実こそ、ピストイア人をして進んでフィレンツェの支配下へと走らせたものである。しかし、これは同時に、三都市をしてフィレンツェの支配からの脱出に全力をふりしぼらせるようにしむけ、今日も死力を尽しての反抗を呼び起こす原動力となっているのである。もしフィレンツェ人が近隣諸国に対して、同盟とか援助などで親交を結んで乱暴な手段に訴えずにいさえしたら、フィレンツェはいまごろは間違いなくトスカーナの覇者になっていたことであろう。

このような意見を述べたからといって、私は武器と軍事力を使用する必要はないと考えているわけではない。むしろ、最後の最後まで切り札として温存しておくべきだ、と言っているのだ。そして、土壇場になって、打つ手が何もなくなってはじめて、〔武力を〕使用せよ、と主張しているのである。

22 重要な問題に直面すると、人びとはなんとしばしば誤った判断を下すものか

様々の決定を眼にしてきた人なら、なんとしばしば人間は誤った判断を下すものかを、いやというほど見てきたか、なおそれを現在も見ているはずである。よほど傑出した人物が決定に加わっていない限り、その決定はおよそ真理からかけ離れた方向へ暴走してしまう。平和な時代にはなおさらだが、堕落した国家の中にずばぬけて傑出した人物がいる場合、この人物の意見は、嫉妬やその他の思惑のため、他の人びとから敵視されるものなので、〔以下のような意見がまかり通ることとなる〕。すなわち、人びとの中には、一般には誤っていることを正しいと判断し、あるいは人気取りを狙う連中の〔判断が〕公の福祉に優先することになる。ところが世の中がひっくり返って、その誤りが痛感されるようになると、ひと昔前の平和な時代に世の中から忘れ去られていたような人物の力を、どうしても借りなければならないようになってくる。この

点については、本書の適当な個所(1)で十分に論じることとなろう。

しかも一方では、さして経験の豊かでない人びとの目をやすやすとくらますような、出来事にも事欠かない。というのは、こういう出来事は、それ自体一点の非のうちどころのないような外観を帯びて登場してくるものだからである。ゆえに、このような出来事を通して植えつけられた印象によって、人びとが信じさせられるようになるからなのである。

ラティウム人たちがローマ人に打ち負かされた直後、執政官《プラエトル》ヌミキウス(2)がラティウム人民に説いてきかせた言葉の中にもそれが表われている。さらには、ごく最近のことだが、フランス王フランソワ一世がミラノ征服を期して南下した際も、大方の人びとはスイス兵がフランス軍を撃退してくれるものと思い込んでいたことなども、その一例である。

さてルイ十二世の死後、フランス王位を継承したフランソワ・ダングレーム(3)は、数年来教皇ユリウス二世を後楯《うしろだて》とするスイス人の手中に帰していたミラノ公国領を再びフランス王国に奪還しようとした。そして、この事業をいっそう骨を折らずに促進させようとした彼は、イタリア国内でフランスに協力する国家を求めた。

こうして、先王ルイがすでに吟味していたヴェネツィアとの同盟の他に、フランソワはフィレンツェ人と教皇レオ十世(4)の援助を取りつけようと企図した。それというのも、スペイン王の軍隊はロンバルディーア一帯に陣を張り、一方、皇帝の軍隊はヴェローナを占領するという情勢のもとでは、フィレンツェとレオの支持さえ得られれば、自分の事業の成功ははるかに容易になるに違いないと考えたからに他ならない。

ところが、教皇レオはフランス王の意を迎えずに、かえってその取巻き連中に、中立でいるのが最良の策だと説得されてしまったと言われている。彼らは、中立こそ勝利の鍵だ、と主張してやまなかった。つまり、フランス王にしろスイス人にしろ、列強がイタリアの中で勢力を張るようになれば、それは教会の利益と相反することになる。それに、教会が昔ながらの自由を取り戻そうと思うなら、フランス、スイスのいずれの勢力からも解放されなければならないことを、教皇に説得これつとめたのであった。

ところが、教皇にとっては、両勢力のうちのいずれかを各個撃破もできず、ましてや両勢力をまとめて屈服させるなど思いもよらぬことだったので、お互い同士喧嘩させて、一方の力で残る勢力を抑えさせるにしくはない、と考えるに至った。しかも、その後で教皇は同盟国の援助を待って、両勢力の勝ち残ったほうに襲いかかりさえすればよかったのである。

この計画を実行に移すには、現在の情況をおいては他にありえない。なぜなら、フランス、スイス両軍は今や陣を張って相対峙している。しかも教皇は、ロンバルディーア国境にいつでもその軍隊を送りうる態勢にある。そして、その地方の教会の権益を守る名目で、両国軍のそばにぴたりとくっついて軍隊を配置しておいて、フランス、スイス両軍が戦闘を交えるまで待機させておくことができるからである。

さて、両軍ともに闘魂たくましい軍隊であるから、激戦の結果、当然双方ともに手痛い出血をこうむることは間違いのないところで、勝ち残ったほうも疲労困憊《こんぱい》その極に達しているはずだから、これに攻撃を加えて壊滅させることなど、教皇にとっては簡単なことに違いない。この輝かしい勝利の結果、教皇はロンバルディーアの君主、ひいては全イタリアの絶対支配者になりうる、と考えたのであった。

この見通しがどんなに甘いものであった[5]かは、事態の推移とともにはっきりと露呈した。というのは、スイス軍は長時間の激戦ののち撃破されはしたものの、教皇軍もスペイン軍も、勝者たるフランス軍に襲いかかるどころか、退却準備に余念がなかった。

もしフランス王があれほどの雅量もなく、あるいはたんたんとしていなくて、第二の勝利を深追いもせず教会と協定を結ぶだけで満足する態度に出ていなかったら、〔いくら教皇軍が逃げてみたところで〕何の役にも立ちはしなかったであろう。

以上のような教皇側の見通しは、距離を置いて眺める限りではもっともらしく見えるだろうが、実際の姿とは完全に相容れぬものである。というのは、勝った側が多大の兵員を消耗するケースは、めったに起きるものではないからだ。つまり、勝者がその兵員に損害をこうむるのは戦闘の最中であって、逃げる敵を追う時ではないからである。戦闘が最高潮になって敵味方、顔をつきあわせて白兵戦を演ずる場合、戦死者は少ないものである。その理由の第一にあげられるのは、なんといっても、白兵戦というものは、あっというまに済んでしまうものだからである。また、この白兵戦にずいぶん時間がかかって、戦勝側のほうにも多大の戦死者を数えるようなことがあっても、勝利を握ったことによる名声と、敵に与える威圧感はまことに絶大で、兵員の戦死がもたらす損害をつぐなってあまりあるほどである。

したがって激戦の末、もう相手が弱りきっているはずだと考えて、この軍隊に攻撃を加えたら、とんでもない思い違いをしていたことを思い知らされるであろう。勝利の前であろうと、後であろうと、いつでも勝利軍と戦う余力がある限りは〔見くびれない〕。そして、その勝敗は運《フォルトゥナ》と気力《ヴィルトゥ》とにかかってくる。もっともこの場合でも、すでに別の戦闘を交して、それに勝利を占める軍隊のほうが、〔新たに敵として登場してきた〕別の軍隊よりも有利な立場に立っているものである。

右のことはラティウム人の体験や、執政官《プラエトル》ヌミキウスの犯した失策や、さらには、彼の意見を信じたばかりにラティウム人民にもたらされた災いに照らしてみれば、一目瞭然である。

時あたかも、ローマ人の手によってラティウムは敗北を味わった後であった。ヌミキウスはラティウム全土に号令して、自分たちラティウム人との間にすでに交された戦闘で深手を負ったローマ人を、今こそ撃つべき時だと言った。ローマが勝ったというのは、ただ名目上のことにすぎない。むしろローマこそ、敗戦の憂き目にあったのと同じほど満身創《まんしんそう》痍《い》の痛手に苦しんでいる。だから、ラティウム人は気を取り直して新しい力をわずかでもふりしぼってローマ人に攻撃の刃を向けさえすれば、これにとどめをさすことになろう、と彼は説いた。

この主張を信じたラティウム人は新たに軍隊を編成したが、瞬く間に撃破されてしまった。こうして、このような考えにひきずられて道を誤った人民は、当然味わわなければならない苦しみに身をこがさなければならなくなったのである。

23　ローマ人は必要な出来事のため支配下にある領民を懲らしめようとする時、多くの場合、中途半端なやり方を避けた

「ラティウムにおける諸般の情勢は、今や戦争にも平和にも耐えられないほどのものとなってしまった。」〔リウィウス〕

君主ならびに共和国に襲いかかってくる様々な不幸のうちで、平和を受け容れることもできず、さりとて戦争続行もできないという窮地に追い込まれた時ほどみじめなことはない。つまり、和平を取り結ぶ条件があまりにも苛酷《かこく》な場合とか、戦争を続行しようとしても、みすみす同盟国の餌食になる場合とか、あるいは敵の略奪にさらされることがわかりきっているような場合などが、これにあたる。

ところが、このような身動きできない窮地にはまり込むのは、すでに述べたように、いいかげんな意見をうのみにしたり、間違った方法を選んだり、あるいは自分の実力を正当に判断しないからである。

というのは、自分の実力をそれ相応に評価できる共和国や君主は、ラティウム人が体験

したような窮地には、そうむざむざとは陥らないものだ。ところが、このラティウム人の場合は、ローマ人と和睦してはならぬ時に和平を取り結んだり、あるいは逆に戦争をやってはならない時に宣戦を布告したりして、ローマを味方につけるか敵にまわすか、いずれにしたところで結局は災いを招くしかないようなやり方をとってきた。

このようなわけで、ラティウム人は最初はマンリウス・トルクァトゥス、続いてカミルスに完膚《かんぷ》なきまでに撃破された。カミルスは、ラティウム人をローマの意のままに身をまかさざるをえないようにしむけてしまった。こうしてラティウムの各都市にはローマの駐屯軍が配置され、各地から人質がローマに向け連れ去られた。こうしてローマに凱旋したカミルスは、全ラティウムはローマ人民の手中に入った、と元老院《セナトウス》に報告するに至った。

さて、この場合元老院が下した決定は、まことに注目に値する。そして同じような立場に置かれた君主なら、誰でもこれを模範とするに足るものだからである。だからここで、カミルスの口を借りて披瀝《ひれき》されたティトゥス・リウィウスの言葉を引用しておきたいと思う。この決定こそ、ローマがその国力を伸長させた場合に用いた方法を裏づけるものである。また同時に、ローマが支配下に入った領民を懲らしめる時には、中途半端な処分を避けて、どのように思いきった方法をとったかをも示している。

なぜなら、政府というものは、その臣従する者に、支配者に対して思いのまま害を加えられないか、させてはならぬようにすることが本筋だからである。このためには彼らに対してあなた方を完全に安全にするように、支配者に刃を向けるあらゆる手だてを取り上げておくとか、あるいは彼らに、世の中をひっくり返そうなどと夢にも思わせぬように、できる限り恩典を与えてちやほやしておくことである。

これらすべての事柄を理解するには、はじめにカミルスが提案した内容と、それに関して元老院が下した決定とに注目すればよろしい。ところで、カミルスの言葉とは、次のようなものである。[1]「永遠なる神々は我々ローマに、ラティウムに対する生殺与奪の権限を与えたもうた。つまりローマはラティウムに対して、苛酷に取り扱おうと寛大に処遇しようと、気にいった方法を選んで永遠の平和を維持していけるのである。諸兄は降伏し撃破されてしまったラティウムに、さらに苛烈な制裁を加えることを望みたもうか。その場合は全ラティウムを完膚なきまでに破壊し尽されるのも結構である。さもなくて、我々の祖先の先例に倣って、降伏民にも市民権を与えて、ローマの国力そのものを増強するほうに持っていこうとなされるのか。この道を選ばれるなら、今こそ、その栄光を手に入れる絶好の機会である。ラティウムの民が嬉々としてより確固たる政府のもとに服従するのは、間違いなく確かである。だからこそ、今なお恐怖のために気もそぞろなラティウムの民に対し、罰を加えるか、あるいは恩恵をほどこすかして、彼らの気持を摑まなければならない。」

以上のカミルスの提案に対して元老院は、執政官《コンスル》の意見に従って、次のような決定を下した。

つまり、ローマ人はラティウムの各都市を一つずつ検討して、重要な都市に対して、あるものには恩恵を与え、残りのものは破壊するということであった。すなわち、特定の都市に対しては免税や特権を認め、ローマ市民権を賦与し、あらゆる方法を講じて彼らの安全を保障してやろうとした。ところが、この他の都市に対してはこれを打ち壊し、そこに屯田兵を送り込む一方、原住のラティウム人をローマに移し、彼らが武器をとって立ち上がろうにも、また共同謀議を企もうにも、何の害も及ぼせないように、離れ離れに住まわしておいた。このような重大な事柄に関しては、すでに述べたように、ローマ人は決してどっちつかずの方法を用いなかった。

このようなやり方は、諸君主のもって範としなければならないものだろう。一五〇二年、アレッツォ及びヴァル・ディ・キアナ一帯に反乱が起こった時、フィレンツェ人もローマ人の例に倣うべきであった。フィレンツェがこれを実行さえしていたなら、当然それらの領域を確保できたことであろう。フィレンツェの都市そのものも、これまでになく最も強大なものとなっていたに違いないし、また、これによって都市の存立に不可欠の周辺農村を手に入れられたであろう。ところが、フィレンツェ人が実際に用いた方法は、中途半端なものだった。このやり方は、人びとを裁く場合この上ない害をもたらすことになる。

つまり、一部のアレッツォ人が追放されるかと思えば、別のアレッツォ人は死刑に処せられるという不公平が生じたりする。あるいはアレッツォ人の栄爵や、昔ながらの身分をすっかり剝奪《はくだつ》してしまったのに、フィレンツェ人はアレッツォの都市をそっくりそのまま残しておいた。もし当時、議会の席上でフィレンツェ市民の誰かが、アレッツォを取り壊すべきだ、と提案したとしよう。そうしたところで、仲間の市民よりはいちだんと頭の程度がよいと自認する連中から、アレッツォを破壊すれば、共和国の面目にかかわるという横槍が出ていたに違いないと思われる。

なぜ彼らがそんなことを言い出すかといえば、もしアレッツォを破壊すれば、フィレンツェにそれを維持していく力がないからその挙に出たのだ、という印象を与えるに違いないと考えるからだ。この理屈は一見道理に適っていそうで、その実、正しいものではない。なぜならこの論法でいけば、親殺し、極悪人や破廉恥漢といえども、死刑に処することはできない理屈となるからである。つまり君主は、たった一人の人間さえも抑える権力を持ちえないという、みっともない結論が生まれてくるからである。

右のような考えに固執するのは、次のような考えを理解できないからに他ならない。すなわち、人びとが個人として、あるいは都市全体が一丸となって国家に対して反逆的な挙に出る場合、君主は他の者への見せしめのために、あるいは自分自身の安全のためには、これらの連中を抹殺するより他に方法がない、という理屈がわからないからである。

また、実際の名誉というものは、罪を犯した者を懲らしめる力を具え、かつ、いかにそれを実行したらよいかを知っていることにあり、山ほどの危険をそのまま抱えておくことにあるのではない。なぜなら君主が、罪を犯した者に対し、さらに罪をくり返させないためにその男を処罰しないのなら、その君主たるやまさに低能か腰抜けというより他はない。

ローマ人のラティウム人に対する取り扱いが、いかに有効適切なものであったかは、さらに彼らがプリウェルヌム住民に与えた処置を見れば、はっきりしてくる。次のリウィウスの文章は、二つの点で我々の注目をひくのである。

その第一は、すでに述べたように、新たに征服されて支配下に入った連中は、恩恵をほどこすか、さもなければ皆殺しにしてしまうか、そのどちらかしかないと言っている点である。

第二には、特に思慮深い人物が聞き手にまわった場合、鷹揚《おうよう》な心を持ち、正しいと信ずることを率直に発言すれば、どれほどすばらしい効果をあげるものか、をリウィウスは説いている。

さて、いったんはローマに対して反乱を起こしたものの、やがて実力によって鎮圧されたプリウェルヌム住民に対して、元老院《セナトゥス》は集まってその処置を決定しようとした。一方プリウェルヌム住民からは、自分たちの赦免を嘆願するために多数の市民が派遣されていた。こうして、プリウェルヌム住民が元老院に出頭すると、議員のうちの一人が、一人のプリウェルヌム住民に向かって質問した。「プリウェルヌム住民は、どんな罪に値すると思っているのか。」これに対してそのプリウェルヌム住民は、次のように答えた。「自分たちが自由であると確信している人物にふさわしい罪です。」これを聞いたその元老院議員は、「けれども、万が一、諸君に処罰を加えずに許すようなことがあったら、どのような種類の平和を貴国との間に維持していけると考えたらよいだろう」と聞き返した。

これに対し、プリウェルヌム住民は、次のように答えた。「もし、ローマが譲歩した条件で和平を取り結んでくださるなら、その場合平和は確固として長く続くでしょう。これとは逆に、苛酷なものでしたら、平和は長続きはしますまい」と。これを聞いた多くの議員たちは苦々しく思った。しかし議員の中でも、ものわかりのいい連中は、次のように言った。「今の言葉は、自由で勇気のある人間にふさわしいものだと思う。人民全体にせよ、一個人にせよ、長期間にわたって不満な条件のもとで、じっと我慢しておれようはずがない。心から喜んで平和が受け容れられた時に限って、それは安泰なのだ。相手を無理やりに奴隷におとしいれようとすれば、そこからは立派な信頼関係など、とても期待はできぬであろう。」このように述べた彼らは、プリウェルヌム住民に対して、ローマ市民権を賦与することを決定した。さらに、市民の持つ様々の特権をも授けて、彼らを称えて次のように言った。「結局のところ、自由のみを追求していこうとする人びとこそ、ローマ市民となる資格がある」と。

実際のところ、プリウェルヌム住民のこのような真実のこもった率直な答えは、ローマ人の鷹揚な気持をすっかり喜ばせた。それというのも、他の人びとの答えときたら、いいかげんでずるい言い逃ればかりだったからである。

人間を右のように理解しない人は、きっと失敗するだろう。特に、これまで自由ということに慣れきっており、自分たちは当然自由であるべきだと信じこんでいる人びとは、〔期待を〕裏切られるものである。

このような誤った見通しのもとで、何かを実行に移したところで、これが良策であろうはずがなく、とうてい相手を満足させることなど望むべくもない。したがって反乱があいつぎ、国家の滅亡に連なることとなる。

さて、本論に戻ることにしよう。上記の〔プリウェルヌム住民の〕実例と、ラティウム人に対する取り扱いとを考えあわせて、次のような結論を出したいと思う。つまり、これまで勢いも強く、自主独立の生活にも慣れてきた人びとを処分しなければならない時は、彼らを皆殺しにしてしまうか、さもなければ〔逆に〕、恩恵をほどこしてやるかしかない。

それ以外の方法は、どんなものでも、何の役にも立たない。この際、なんとしても中途半端なやり方だけは絶対につつしまねばならない。これの及ぼす害には計り知れないものがある。例えば、サムニウム人がローマ人をカウディウムの山間《やまあい》に追い込んだ場合がそうだ。この時、長老〔ヘレンニウス〕[3]はローマ人の名誉を傷つけぬように退却するのを見逃すか、さもなければ、一兵残さずに殺してしまうしか方法がない、と意見を述べた。しかし、サムニウム人はこの意見を採用しようとせずに、まことに中途半端な方法をとってしまった。

つまり、ローマ兵を武装解除し、くびきをかけたまま帰国させて、侮辱と憤激を十分に植えつけた。こんなことをしたばかりに、すぐその後で、あの老人〔ヘレンニウス〕の忠告がいかに有益なものだったか、また自分たちのとった方針がどれほど災いの元であったかを、身にしみて思い知ったのである。この点については、他のところで改めて論ずることとしたい。

24　城塞はおしなべて役に立つよりむしろ害になることが多い

当節の有識者たちの中には、ローマ人がラティウムの人民やプリウェルヌムの都市を確保するにあたって、彼らに忠誠を守らせるのに手綱となる城塞のようなものをそこに築いて、これを維持するやり方をどうして考えなかったかという点で、不満を持たれるむきもあろうかと思う。

特にピサその他の都市は、城塞の力でもっているのだという意見が、フィレンツェの有識者の間でもしきりに取り上げられているのが現状である。古代ローマ人が当今の有識者たちと同じように考える人びとであったとすれば、当然、彼らも城塞を構築することくらいは考えていたはずだ。ところがローマ人ときたら、今日の人間とはまったく異なる力量《ヴィルトウ》、判断力、その他の力を具えた人びとであったから、城塞を造ろうなどとは思いもよらなかったのである。

ローマはその自由を享受し、昔ながらの制度と、優れた法律を持ち続けていたので、彼らは都市や地方を維持していくための城塞を構築しようとはしなかった。もっともローマ人でも、すでに構築された城塞があれば、これを利用しないわけではなかったが。

さて、この城塞を築くという問題についてローマ人が取った態度と、現在の君主たちが行なっているやり方とを検討してみると、どうしても次のような問題を考えなければならない。つまり、城塞を構築することそのものが当を得たものかどうか、また城塞はそれを築いた当人にとって害を及ぼすものか、あるいは利益をもたらすものか、を検討しなければならない。

さて、城塞の目的は外敵に対して備える場合と、その隷属下にある連中を監視する場合とが考えられなければならない。ところが、前者には城塞など役に立たないし、後者にはむしろ害を及ぼすほどのものなのである。

さて私は、後の場合、すなわち城塞はむしろ有害だという理由を明らかにすることからはじめよう。いったい、君主や共和国が自分の領民を恐れ、彼らが反乱を起こしはしないかと心配することが、かえって支配者に対する憎しみを領民に植えつけるものだ、と言っておきたい。すなわち、このような憎悪感は、領民が自分たちは不当な取り扱いを受けたと感じることから起こってくるのである。

しかも、この不当な扱いを受けたという気持が領民に出てくるのも、支配者側が腕ずくで領民を抑えられると考えていることに基づくものであり、あるいは、支配者が彼らを取り扱う時に、いくらか慎重さを欠いたことに端を発するものである。

さて、領民は力ずくで支配できると支配者に思い込ませる原因の一つに、彼らがその背後に城塞を備えていることがある。つまり、民衆の憎悪をかきたてずにはおかない支配者による不当な取り扱いも、元をただせば、たいていの場合君主や共和国が城塞を備えているという事実から出発しているからである。もし、この事実に誤りがなければ、城塞などというものは役に立つどころか、きわめて有害なものだ、と言うことができる。

なぜなら、前にも述べたように、これを持てば第一に支配者はその領民に対し、ますます取り扱いが無神経になる一方で、それに乱暴さも加わっていくからである。次に、城塞の中にいることが支配者が信じるほど安全を確保するものではありえない。というのは、あらゆる力を働かせ、また無理強いをしたところで、次の二つの方法を除いては民衆をつなぎとめておくことはできない相談だからである。その方法というのは、ローマ人の例のように、いつでも戦場に繰り出せるように精鋭な軍隊を用意しておくことだ。あるいはまた、その支配下に組み入れられた領民が支配者に向かって反抗できないように、彼らを分散させたり、皆殺しにしたり、組織力を奪っておくというやり方がある。

それというのも、もし支配者が領民の富をすっかりはぎとってしまったところで、「すべてを取り上げられても、彼らにはなお武器が残されている」[1]からである。また、彼らからその武器を取り上げてみたところで、「その激怒が彼らに武器を与える」[2]こととなるからだ。すなわち、その指導者を殺し、さらにはその他の連中をひどい目にあわせたところで、ヒドラ〔ギリシア神話中の怪物、ヘラクレスに退治された九頭を持つ蛇〕のように、またまた頭の部分が生まれてくるものなのである。一方、もし支配者が城塞を構築してみても、それが役に立つのは平時の間だけである。つまり、領民を残酷に扱う気持を支配者にあおるだけにすぎないからだ。ところが戦時ともなれば、城塞など完全に無用の長物と化してしまう。というのも、敵からも、また治下の領民からも攻撃の対象にされるために、その両者にはとても抵抗しえなくなってしまうからである。

さらに城塞が無力化してしまったのは、特に現在において著しい。というのは、大砲の発明という理由に基づくのである。大砲の威力に対して、狭い城塞では後退して新たに陣地を構築する余地がないために、防御不能になってしまうのである。しかし、この点についてはすでに論じておいた(3)。

さて、私は以上の問題をめぐり、さらにこまかく論じておきたいと思う。

おお、君主諸公よ。御身《おんみ》は、それぞれの都市の人民を城塞の力を借りて抑えにかかっておられるのだ。君主、共和国の別なく、御身が抑えようとしているものは、戦いの結果手に入れた都市に他ならない。この際、私は君主に向かって次のように言っておきたい。すなわち、すでに説明しておいた理由で、城塞の力を借りてその市民を抑えていこうとしても、それは何の足しにもならぬということである。つまり城塞を持っていることが、逆に御身を向こう見ずにさせ、深い考えもなく、市民に弾圧を加える方向へ導く。そして、このような弾圧を敢えてすれば、御身を破滅に追いやることとなる。そして彼らを刺激し、その結果、騒ぎの元となる要塞も、御身を守ることができなくなる。

したがって、先の見通しの利く優れた君主は、自分自身が立派な統治の実をあげていくためにも、さらには自分の息子たちにみじめな行く末に陥るきっかけを与えぬためにも、決して城塞を構築するような真似《まね》はしないはずだ。こうしておけば、支配者は人民の善意だけをよりどころとするようになる。そして、城塞をあてにするようなことはなくなる。

ミラノ公となったフランチェスコ・スフォルツァ伯[4]が、賢君の誉れが高かったとしても、ミラノに城塞[5]を構築した事実を見れば、この点では、彼もあまり賢明ではなかったのではないかと申し上げる。しかもその結果、彼の後継者たち[6]にとっては、城塞は害にこそなれ、何の支えにもならなかった。

つまりフランチェスコの後継者たちは、この城塞さえあれば、自分たちが安泰に暮らせるし、その市民や領内の人びとを抑えることもできると思ったからである。そして、ありとあらゆる悪行に身を委ねるようになってしまった。ところが、この悪行が激しい憎悪の的となり、外国軍が攻撃をしかけると、たちどころにその国家は瓦解してしまった。

すなわちその城塞は、いざ戦争となったら、何の役にも立たなかったし、平時には支配者に多くの災いを与える元となった。というのも、仮に彼らが城塞を備えていなかったら、あるいはまた、その市民たちをあれほどまで苛酷に取り扱うへまをやっていなかったら、もっと早くに彼らは自分たちの置かれた危険な立場を読み取ったろうし、また手控えていたことであろう。

そしてフランス軍の攻撃に対して、城塞などあてにせずに好意的な領民と力をあわせて、もっと果敢に抵抗できたはずだ。こういうやり方のほうが、実際に彼らが体験したように、城塞を備えながらも、自国民の敵意を浴びて戦わなければならなかった場合に比べて、はるかに底力のあるものだったに違いない。

いずれにせよ城塞は、どちらに転んだところで役に立つものではない。その理由は、その守備をまかされた人たちの裏切り行為によって失われる場合もあれば、それに攻撃をしかける敵の力の前に屈するとか、糧道を断たれて陥落のやむなきに至る場合があるからだ。さて、もし君が城塞を利用して奪われた国家を回復しようとするなら――城塞だけがなお手中にある時に限ってのことだが――いったん味方の国家を奪った敵に攻撃を加えうるだけの兵力を準備することが必要である。

ところが、それだけの兵力があれば、そんな城塞などなくても、なんとしてでも元の領土を回復できるはずだ。それどころか、城塞がなければ、いっそう簡単に成功を収められるだろう。というのは、民衆が支配者に対して、いっそう親しみを持つようになるからだ。つまり、支配者が城塞を頼りにしなければ、民衆は当然、その支配者の苛酷《かこく》な仕打ちに泣くことはなくなってくるからである。

さて史実に照らしてみるに、このミラノの城塞は、スフォルツァ家、フランス軍のいずれにとっても、両軍が決戦態勢に臨んだ時には何の役にも立たなかったことがわかる。それどころか、両軍に破滅をもたらしたものに他ならない。というのは、両軍共にこの城塞に頼りすぎて、国家を維持していく上にどのような適切な方法があるかという点を、より真剣に考えなかったからである。

当時並ぶものもなかった名将フェデリーゴ(8)の子、ウルビーノ公グィドウバルド(7)〔グィドバルド〕は、教皇アレクサンデル六世の子チェーザレ・ボルジア(9)にその国を追われた。そののち幸運に恵まれて故国に帰還したが、その際国内にあるあらゆる城塞は、百害あって一利なし、と判断して一つ残らず破壊させた。というのは、彼は自国民に愛されていたので、民衆を治めるのに城塞など必要としなかったからだ。また外敵に対しては、野戦に軍隊を繰り出して敵を防ぐ必要があるのだ、と考えていたからである。このようなわけで、彼は領内の城塞を打ち壊す決心をしたのであった。

　一方、教皇ユリウス二世は、ベンティヴォリオ家をボローニャから追放し、そこに城塞[10]を構築し、自分が任命した一人の行政官に多くの人民を殺させた。このために反乱が勃発して、たちまちその城塞は陥落してしまったのである。こうして城塞はユリウスにとっては、役立つどころか災いをもたらすものとなってしまった。もし人民に対する扱いを変えていたら、城塞もいくらかは役に立ったかもしれないのである。

　また、ヴィテッリ家の祖であるニッコロ・ダ・カステッロ[11]は、それまで追放されていた祖国に帰還した時、教皇シクストゥス四世[12]がその地に構築していた二つの城塞をとり壊した。彼がその挙に及んだのも、国家を保っていくのに維持しなければならぬものは城塞ではなく、人民の協力に他ならない、と信じたからである。

　ところで、最も新しく、そして最も注目に値する例で、しかも、城塞を構築することの無意味さと、それを破壊するのが有益であることを示す一番適切な実例が、ごく最近ジェノヴァで起こっている。

　周知のように、一五〇七年ジェノヴァはフランス王ルイ十二世に対し反旗をひるがえした。そこで、フランス王自ら全軍を率いて、これを再び手中に収めんものと押し寄せたことがあった。こうして、ジェノヴァの再占領に成功すると、ルイは、これまで誰も知らないほどの堅固きわまる城塞[13]を構築した。この城塞は、その位置からいっても、また、まわりの地形からしても、難攻不落を誇るにふさわしいものだった。つまり、この城塞はジェノヴァ人がコデファと呼ぶ海の上に迫り出した丘の真上に築かれていた。したがって、この場所を押さえれば、ジェノヴァ全港とジェノヴァ市内の大半を掌握することができたのである。

たまたま一五一二年のこと、フランス軍がイタリアから追われることになると、ジェノヴァ人は城塞の威力をものともせずに反乱を起こした。政権を握ることとなったオッタヴィアーノ・フレゴーソ[14]は、さんざん辛苦を重ねて、十六カ月間も城塞の糧道を断った結果、これを陥落させた。

当時、誰しもが万が一の時に逃げ込めるように、この城塞をとっておいたらどんなものだろうか、と考えていた。それればかりでなく、多くの人びとがそうするようにという意見を出していた。ところが、フレゴーソはきわめて見通しの利く賢明な人物だったので、国家の主権を保っていくには、城塞ではなく人民の意志を頼りにしなければならないと考えて、この城塞を壊してしまったのである。

このように、フレゴーソは国家の基礎を城塞に求めず、自分の力量《ヴィルトゥ》と細心の配慮を駆使して国家を維持しようとしたので、今日までジェノヴァは事なく過ぎてきている。以前では、ジェノヴァの政体を変えようと思えば、千人もの歩兵があれば足りたものだった。しかし、今では敵が一万の軍隊を繰り出して攻撃[15]を加えてみても、これを攻め落とせなくなっている。

この実例からも明らかなように、例の城塞を壊してみたところで、フレゴーソにとって何も都合の悪い結果とはならなかった。また逆に、これを構築したフランス王が利益を得たのでもなかった。というのは、フランス王は自ら軍を率いてイタリアに南下してきたからこそ、城塞などがなくても、ジェノヴァを手に入れることができたからである。一方、フランス王が実際に軍隊を率いてイタリアに駆けつけなかったなら、たとえ城塞を備えていたところで、ジェノヴァを保つことなどできなかったからでもある。

フランス王にしてみれば、この城塞を造るのにたいへんな出費を強いられたあげく、赤恥をかかされた上で、これを失うこととなった。これに対して、フレゴーソはこれを奪取して名声天下に轟き渡り、しかもその後でこれを破壊して、ジェノヴァに利益をもたらした。

さて次に、自国内ではなく征服した土地で城塞を構築する国家の場合を考えることにしよう。この場合、誤りに陥りやすいのを明らかにするには、上述のフランスと、ジェノヴァの実例だけでは不十分かもしれないので、フィレンツェとピサの例をあげておこうと思う。

フィレンツェはピサを掌中に収めておくために、いくつかの要塞を造っていた。この場合、ピサがフィレンツェの主権にあからさまに常に敵意をむきだしにして自由を享受してきたこと、そして反乱を自由回復の手段とみなしていたので、フィレンツェ人がピサを確保しようとするなら、必要とあればローマ人の方法を用いるべきことをフィレンツェ人は呑み込むことができなかった。つまり相手を友好国にするか、さもなければ破壊するか、〔そのどちらかしかないことを理解できなかったのである〕。

ピサ領内に設けられていたフィレンツェの城塞の威力《ヴィルトゥ》のほどは、シャルル八世の進攻に際して暴露された。つまり、この守備にあたっていた連中の裏切りのためか、あるいはもっとひどい目にあうかもしれないという恐怖にかられたためか、城塞はシャルルの手に落ちてしまったのである。もしこれらの城塞がなかったなら、フィレンツェはピサを確保していく上に、城塞の力をあてにして万事を取り運ぶようなことはしなかったであろう。またシャルルとしても、城塞の力を借りてフィレンツェからピサを奪うことなどできなかったはずである。

事実、それ以前までフィレンツェが採用してきた方法は、ピサを確保していく上で十分に有効なものであった。しかも、城塞の力を借りるよりは、はるかに優れた威力を発揮していたものであることは間違いない。

したがって、ここで結論として言えることは、本国を守っていくにあたっては、城塞は有害であり、一方、征服した地方を維持していくにも、城塞は無用の長物にすぎないのである。したがって、我々はやはりローマ人のやり方を踏襲するだけで十分だと思うわけである。つまりローマ人が、その武力で抑えていこうとした都市に対しては、既存の城壁を破壊こそすれ、新たに城壁を築こうとはしなかった先例を受け入れるべきだと思う。

ところが、私の意見に反対する人は、古代ではタレントゥム[16]、現代ではブレッシア[17]で起こった実例をあげて反駁するかもしれない。つまり、これらの場合は両方とも、城塞があったおかげで叛徒の手からそれぞれの都市を奪還できたのではないか、と反論するであろう。

タレントゥム奪還については、私は次のように答えようと思う。この場合、彼の在職中のはじめの年に全軍を率いたファビウス・マクシムス[18]が派遣された。彼は城塞を利用したことはしたが、城塞のあるなしにかかわらず、この町を奪い返すことに成功していたであろう。すなわち城塞がなかったとすれば、その時は別の方法で同じ成果をあげていたことであろう。

ローマがタレントゥムを奪回するには、執政官麾下《きか》の軍隊を繰り出して、司令官にはファビウス・マクシムスを任命したことを考えれば、どこかの土地を取り戻そうとする時に、はたして城塞がどれほど役に立つかは、私の疑問とするところである。

ローマ人がタレントゥム回復にあたって、色々な手を打ったことは、カプアであった実例からも明らかである。つまり城塞がなかったカプアでは、ローマ人は軍隊の力《ヴィルトゥ》だけでそこを奪還したのだった。

さて、ブレッシアのことを述べる運びとなった。このブレッシアで起こったようなこと、すなわち、ある都市が反乱を起こした時、その城塞はなお元通り確保されたままでいる間に、〔ブレッシアの場合でいえば、〕フランス軍のような強力な軍隊がすぐ近辺から駆けつけてくるようなことはめったに起こらない。つまり、ブレッシア喪失を耳にした時には、フランス軍の司令官ガストン・ド・フォア[19]は軍を率いてボローニャにいた。彼はブレッシア離反の知らせを受けるや、これに対処するために、すぐさまブレッシアに進軍して三日ののちに到着し、まだ持ちこたえていた城塞を手がかりとして、その都市を奪い返したのであった。

けれども、ブレッシアの城塞がこのように役に立ったのも、ガストン・ド・フォアとフランス軍が三日以内に救援に駆けつけたからである。

したがって、このブレッシアの実例を持ち出したところで、私の城塞無用論を論駁できるとは思わない。その理由は、現代の戦争では野戦での勝敗の帰趨《きすう》を反映して、多くの城塞が奪われたり奪い返されたりするのが実情だからである。このことはロンバルディーアだけに限らず、ロマーニャ、ナポリ王国、その他イタリア全土にわたって言えることである。

さてここで、外敵の侵入に備えて城塞を構築する場合に触れるならば、次のように言うことができる。つまり、精鋭な軍隊を備えた共和国や王国にとっては、城塞は不要だということである。さらにはまた、立派な軍隊を持たぬ国家が城塞を持ってみたところで、無用の長物にすぎない。というのは、精鋭な軍隊は城塞などなくても、立派に防衛の任を果たすものであり、逆に精鋭な軍隊の裏づけがない城塞は、君を防衛してくれはしない。

　この傾向は、ローマ人やスパルタ人のように、政治においてもその他の分野でも目ざましい進出を示した諸国民の実績からうかがうことができる。すなわち、ローマ人が城塞を構築しなかったことと並んで、スパルタ人も城塞をあてにしなかったばかりでなく、自分の都市を守る城壁さえ築こうともしなかった。というのは、彼らは各個人の力量《ヴィルトゥ》だけを頼りとして祖国の守りにあたったのであり、それ以外の方法には、信頼をおかなかったからである。

　こんなわけで、一スパルタ人は、あるアテナイ人から「アテナイの城壁をすばらしいとは思わないか」とたずねられたのに対し、次のように答えた。「お言葉通りたいしたものだ。もっとも、ご婦人だけが住んでいる都市だ、と仮定すればの話だが[20]。」

　さて、精鋭な軍隊を擁し、その上海岸か国境近くに城塞を構えている君主は、この城塞のおかげで、数日間は敵の侵入を食い止めて、自軍を集結する時間を稼ぐことができる。したがって、こんな場合城塞は時としては有効であるかもしれないが、かといって、必要条件だとは言いきれない。

　ところが、精鋭な軍隊に恵まれない君主の場合、城塞をその領内や国境に構築することは百害あって一利ないことになる。というのは、この城塞はいとも簡単に敵の手に渡ってしまい、敵の手に入った城塞は、逆に〔元の主人に〕仇をなすようになるからである。

　さもなくて、仮にその城塞の守りが堅く、敵軍も容易にこれを抜くことのできないような場合は、敵軍はこの城塞を素通りして軍を進めていくために、せっかくの堅固な城塞も何の役にも立たないことになる。つまり、精鋭な軍隊は、熾烈《しれつ》きわまる抵抗に遭遇しない場合は、〔いまだ陥落しない〕都市や城塞があろうとおかまいなしに、これを背後に残したままで敵地深く進攻していくものだからである。

このような実例は、古代の歴史において見られるところであるが、最近ではフランチェスコ・マリーア(21)がその好例を示している。ごく最近のこと、彼はウルビーノ攻撃にあたって、十指にのぼる敵の都市などに見向きもせずに進撃を続けていった。

したがって、精鋭な軍隊を動員しうる君主ならば、なにも城塞を構築するまでもなく、事にあたることができるはずだ。一方、強力な軍隊に恵まれない君主は、決して城塞を築いてはならない。つまり、これらの君主のなすべきことは、自分が住む都市の強化に心がけ、物資の集積と民生の向上に励まなければならない。このような配慮を怠らなければ、少なくとも和平を結ぶまでか、あるいは同盟国の援軍が救援に駆けつけてくれるまでは、敵軍の攻撃に対してこれを持ちこたえることができるはずである。

この他の、どのような計画を立ててみたところで、平時ではいたずらに金がかかるばかりだし、いざ戦争になれば、何の役にも立たないことになる。

これまで私が論じてきたこと全部をよくよく考えていただければ、ローマ人は、他のことを処理したのと同じように、ラティウム人やプリウェルヌム住民に対しても、まことに適切な処置をとっていたことを理解しうるであろう。つまり、ローマ人のとった適切な処置は、ラティウム人やプリウェルヌム住民に対して、城塞の力をあてにはせずに、より大胆で、より賢明な方策を用いて彼らの忠誠心を確実ならしめるものだった。

25 内紛を重ねている都市を攻撃する場合、内紛に乗じてこの都市を占領するのは賢策ではない

ローマ共和国では、平民と貴族の間の内紛が絶えなかった。そこで、エトルスキ人を抱きこんだウェイイ人は、今こそローマの内紛に乗じてその存在を抹殺できると考えた。このようなわけで、彼らは軍隊を編成し、ローマ領内へと進軍した。ローマ元老院《セナトゥス》はグナエウス・マンリウスとマルクス・ファビウスを送って、これにあたらせた(1)。この両人はローマ軍を率いて、ウェイイ軍の目前に陣をはった。

これを見たウェイイ人は、ローマ人にあらん限りの悪口雑言を浴びせて攻撃し、侮辱を加えてやまなかった。ウェイイ人の、このような無鉄砲さと傲慢さとがあまりのことだったので、それまで仲間割れしていたローマ人をかえって一致団結させることになってしまった。こうしてウェイイ軍と戦いを交えたローマ軍は、これを撃破してしまったという。

すでに論じておいたように、この実例は、人間がその進路を選ぶ場合、なんと誤りを犯しやすいものか、また自分ではうまくいったと思い込んでいることが、本当は失敗してし

まうことがなんとよくあるものか、ということを、あますところなく示すものである。

実際ウェイイ人は、内紛に悩むローマ人を攻撃すれば、成功間違いなし、と信じていた。ところが攻撃を仕かけてみると、かえってローマ人を結束させることになり、自分たちが敗れる原因を作ってしまった。というのは、共和国の内紛の原因は、たいていの場合は、暇をもてあましたり、平和に飽きるところからくるものだからである。一方、共和国の一致団結は、恐怖や戦争に呼び覚まされるものだからだ。

だから、ウェイイ人にもっと思慮が備わってさえしたら、ローマの内紛が深刻化すればするだけ、彼らと戦うことをいっそう控えて、平和的なはかりごとをはりめぐらし、相手を打倒できるように努力していたことであろう。

このためにはどうすればよいかというと、内紛を重ねている相手の国家の信用をうるように、まず努力を払うことだ。こうしておいて、内紛が武力闘争へと発展しないうちは両派の調停を買って出るようにすればよろしい。けれども、いったん両派の関係が武力抗争へと進んでしまえば、弱いほうに肩入れして戦争を続けさせるようにしむけて、両者を消耗させればよい。ただしあまり力を入れすぎて、あなたがたが圧力を加えて、やがてはその支配を奪おうとしている相手全部に、その野心を見破られないように、細心の注意を払うようにしなければならない。以上の計略が万事順調に運びさえすれば、諸君の目的達成は、まず間違いのないところとなってくるだろう。

私がすでに別の著書[2]や、さらには本書の前の部分[3]で論じておいたように、ピストイアは、このようなフィレンツェの謀略が適中して、フィレンツェの支配下に入るようになった好例である。つまり、ピストイアは内部抗争を事としていたために[4]、フィレンツェは両派に野心を勘ぐられないように、時に応じてそのいずれか一方に力を貸して、内紛で〔くたくたに〕疲れさせるように引っ張っていった。あげくのはては、ピストイアがひとりでにフィレンツェの支配に身をなげ出すようにしむけたのであった。

ところがシエナは、フィレンツェの介入の度が弱く、また多くもなかった時代を除いて、フィレンツェの援助でその政府を変えるようなことは決してなかった。けれどもフィレンツェの干渉が強まって、それが表面にあらわれるようになると、たちまちシエナ人は団結して、既存の政体の護持に立ち上がる結果となった。

さらに私はこれまでの実例の他に、次の例をつけ加えておきたいと思う。ミラノ公フィリッポ・ヴィスコンティは、フィレンツェ人の内紛をあてにして、これにたびたび戦いを挑んだ。しかしその結果は、いつも失敗に終わった[5]。だからこそ、フィリッポは自分の計画の失敗を嘆いて、「自分はフィレンツェのやつらの愚行のために、むざむざと二百万の黄金をはたいてしまった」と言わざるをえなかった。

これまで述べたことからわかるように、ウェイイ人も、エトルスキ人も、間違った見通しに進路をとりそこなって、結局は、たった一回の戦闘でローマ人に打ち破られてしまうこととなった。

したがって、〔ウェイイ人やエトルスキ人と〕同じような手口を使い、似たような動機に引きずられて事を運べば、一つの国民を支配下に収めることができると考える者は、誰でも同じように惑わされて〔失敗する〕ようになろう。

26　軽蔑や悪口を事とする者は憎まれるだけで得るところはない

人間がとりうる何よりも賢い態度の一つは、相手に対して脅かすような言辞を吐いたり、侮辱するような言葉を決して口にせぬように慎むことだと思う。というのは、そのどちらを口にしてみたところで、決して敵の力を弱めることにはならぬからである。脅かすような言葉で、かえって相手をもっと用心させることになるし、侮辱したらますます憤激をかきたてさせ、諸君をやっつけようとますます思案をめぐらさせる結果となるものである。

このよい例として、前章ですでに紹介しておいたウェイイ人の例をあげることができる。彼らはローマ人に対して、戦争による侮辱的行為の他に、言葉によって罵詈雑言を加えた。このようなやり方は、慎重な指揮官なら、部下の兵士にやらせぬようにしなければならぬ。というのは、こんなことをすれば、敵の怒りを燃え上がらせて復讐へと駆り立て、どう転んでみたところで、すでに述べたように、敵をひるませるどころか、かえって攻勢に出るようにしむけるからだ。だから、敵は全力を傾けて君にかかってくるようになる。

この点については、さらにアジアでの有名な例を掲げることにしよう[1]。それはペルシアの将軍ガバデ〔コバデス〕が、アミダを長期にわたって包囲したときのことである。包囲も思うようにならず、攻めあぐんできたので、いよいよ囲みを解いて撤収しようと決定した。

この勝利にのぼせあがって、居丈高《いたけだか》になった城内の者は、全員城壁の上に登って、ありとあらゆる悪口雑言を口々にはやしたてて、敵を意気地なしののろまだと非難し責めたてた。これを聞いたガバデは烈火のごとく怒って、撤退の決定をひるがえし、包囲の態勢に戻った。そして、浴びせかけられた侮辱に憤怒の勢いもすさまじく、わずか数日のうちにアミダを占領し劫掠《ごうりゃく》してしまった。

これと同じことがウェイイ人にも起こっている。前述のように、ウェイイ人はローマ人と戦いを交えるだけでは満足せず、さらに罵言《ばげん》をあびせた。つまり彼らは、ローマ軍陣営の柵にまで近づいて侮辱の悪態を吐いたので、ローマ軍は戦いを挑まれた時より以上に、この罵倒に怒り狂った。こうして、はじめはいやいや戦争をやっていたローマ軍の兵士も、今度は執政官《コンスル》をつきあげて決戦へと持ち込ませた。このようにしてウェイイ人も、アミダの場合と同じように、その横柄な態度に罰を受けることとなったのである。

以上のことからもわかるように、およそ軍隊の名指揮官とか、優れた政治家は、自分たち同士の間にせよ、敵に向かっている場合にせよ、市民や兵隊がこのような侮辱や罵詈《ばり》雑言《ぞうごん》を都市または軍隊内で吐かぬよう、あらゆる手だてを講じておかなければならない。というのは、敵に向かってこんな言辞を弄すると、今述べたようなとんでもない目にあわなければならないからだ。また、仲間同士でこんな言葉をやりとりしたら、その結果はいっそうとんでもないことになってしまうからである。こんな場合、誰か優れた人物が何らかの手段を講じておかぬ限り、ぬきさしならなくなってしまうものである。

後の章[2]で説明するが、カプアに駐留していたローマ軍団がカプア人に対して、陰謀を企てたことがあった。この陰謀の結果、暴動が起こることとなったが、それもワレリウス・コルウィヌスによって鎮圧されてしまう〔前三四二〕。秩序回復のための取り決めの中の一つの条件には、次のようなことがうたわれていた。つまり、反乱に加担したローマ兵の誰に対しても、非難の言辞を吐くような輩《やから》は厳罰に処す、ということになっていた。ティベリウス・グラックスは、ハンニバルとの戦争で、奴隷で編成された軍隊の指揮官に任ぜられた。この奴隷軍というのは、ローマ人がその兵員不足に悩んだ結果、奴隷に武器をとらせて編成したものだった。グラックスが就任して一番最初にやった仕事は、いかなる者といえども、互いに相手を奴隷出身だと咎《とが》めだてをすれば、死刑に処す、と命令したことだった。

すでに説明したように、ローマ人は、他人をこきおろしたり、人の恥をあざけるようなことは、きわめて有害なことと考えていた。なぜなら、本心からの場合はもちろん、たとえ冗談で言う時でも、これほど人の心を傷つけ、怒りに燃え狂わせるものはないからである。だからこそ、古《いにしえ》の人の言葉[3]にある通り、「実際、むきだしの冗談というものは、それが真実からかけ離れてしまっている時には、それ自身とげとげしい後味を残す」ものなのである。

27 思慮深い君主や共和国は勝つことだけで満足すべきである、さらに高望みをすると元も子もなくしてしまう

敵に向かって馬鹿にしきった言葉を吐くのは、一般に、勝利によって引き起こされた思い上がりや、間違った勝利の幻影からくるものである。

このように空しい勝利の幻影に酔いしれると、言葉の上だけではなく、行動の上にも誤ちを犯すようになってくる。というのは、この幻影が人の心の中に忍び込んでくると、その当人の限界を踏み外させてしまい、しばしば、なにかしら未知のはるかによいものが摑めそうな気がしてきて、確実なものを摑む機会を失してしまう。このことは一考に値する。きわめてしばしば、人間はこの点について誤りを犯すものだからである。そして、自分たちの国に損害を与えることになる。そこで、私は古今の実例に照らして、詳しく検討すべきだと思う。というのは、理論だけでは、はっきりとこれを証拠立てるわけにはいかないからだ。

カンナエでローマ軍を撃破したハンニバルは、カルタゴに使節を派遣して勝利を報告し、支援を求めさせた。これに対して、いかなることをなすべきかがカルタゴ元老院で審議さ

れる。中でも、長老で賢明な市民ハンノンは、次のような意見を述べた。「この勝利をうまく利用して、ローマと和平を講ずべきだ。戦いに勝ったことを裏づけとすれば、好条件で和平を結ぶことができるからだ。〔深追いして〕負けてしまってから和平をとりつけても、手遅れなのだ。なぜなら、カルタゴは十分にローマを撃破できる力があるのだとローマに覚らせたら、それだけでカルタゴ人の目的は達成できたことになるからである。しかも、勝利を握った今では、さらに高望みをして、結局、元の木阿弥にならぬようにしなければならない。[1]」

ところが、この提案は取り上げられなかった。こうして、和平をとりつける好機を取り逃がした後になって、はじめてカルタゴ元老院は、ハンノンの提案がいかに先見の明があったものかを、覚ったのである。

アレクサンドロス大王が、全オリエントを征服した時、当時高貴なものと評価され、かつ強力であり、ヴェネツィアのように海に取り囲まれたテュロス共和国は、アレクサンドロスの威勢隆々たるを見て、そのもとに使節を送った。[2]そして、自分たちは貴国のよき臣下になりたいと思っていること、また、よろこんでその言いつけに従うであろうと表明したのであった。けれども大王もその部下も、我がテュロス領内に近寄ることだけはご免こうむりたい、と申し入れた。

この申し入れを聞いた大王は、全世界が自分に門戸を開くのに、この一つの都市だけが門を閉ざそうとすることに腹を立て、使節を追い返して、その申し入れを受けつけなかった。そして、この都市の攻略に立ち上がった。この都市は海に取り囲まれ、食糧の貯えもきわめて豊かな上、防御に必要な物資は一切整っていた。四カ月もの包囲攻撃を試みた後で、アレクサンドロスは、この一つの都市を手に入れるだけで、これまで自分が他の全部の土地を征服するに要した以上の時間がかかることに気づいた。

そこで和睦を結ぼうと考えて、かつてテュロス人が申し入れていた条件を呑むことに決めた。ところがこの時には、テュロス人は思い上がってしまって、和平を受け入れようとしなかった。それればかりか、その交渉に赴いた使節も殺してしまった。これにはアレクサンドロスも怒り心頭に発して、全力をあげて攻撃を加え、ここを占領して破壊しさり、その人民を殺したり奴隷にしたりしたのである。

一五一二年のことだが、スペイン軍はフィレンツェにメディチ家を復帰させた上で、金をしぼりとろうとその領内に侵入してきた。このスペイン軍は、フィレンツェ内部の市民によって導入されたものであった。というのは、これら市民はスペイン軍に対し、貴軍がフィレンツェ領に入りさえしたら、ただちに武器をとって応援に駆けつけようと約束をして、期待を持たせていたからである。

ところが、当のスペイン軍がアルノの平原に入ってみても、援軍は見当たらず、兵糧は心細くなるし、和平を申し入れた。これを見て心傲《おご》ったフィレンツェ人は、この申し入れをはねつけてしまった。この結果、プラート〔フィレンツェ北西約十六キロの都市〕は奪われ、フィレンツェ共和国自体も滅びさることとなったのである。

自分よりもはるかに強力な軍隊に攻撃される君主が犯す誤ちで、より大きな失敗は、和睦をはねつけてしまうことだ。特に申し入れが先方からあった場合は、なおさらのことである。というのは、提示された内容がどれほど意に満たないものであるにせよ、その中には受け入れ側に都合のよい条件も、必ずや含まれているからである。したがって、勝利者の役割を分かち持つことになろう。

つまりテュロス人としては、彼らが頭からはねつけたあの条件を、アレクサンドロスが受け容れることで満足すべきであった。また、武器をとってあれほどの人物を自分の思い通りに譲歩させたのだから、それだけでも十分に勝利を勝ち得た、とすべきだったのだ。

同じくフィレンツェ人民の場合も、スペイン軍が自分たちの意志に何らかの歩みよりを見せ、しかもスペイン軍のほうはすっかり目的をとげていなかったのだから、当然勝ったと思ってさしつかえない筈である。つまりスペイン軍の意図したところは、フィレンツェの政体を変更させ、フランスへの一辺倒をやめさせ、さらにはフィレンツェから金をまきあげることにあったからだ。ところがスペイン人は、これら三つの目的のうち、後の二つを果たしたにすぎない。フィレンツェ人側にしてみれば、政体の護持という点については、そっくり手つかずのまま残されていたのだから、フィレンツェ人なら誰しも、この成果にいくばくかの面目と満足とを感じてしかるべきはずだった。また自由な政体が護持されたのだから、フィレンツェ人民は、それ以外の二つの問題を気にすべきではなかった。その上、きわめて高い、ほとんど確実とまでいえる成功率があるように思われても、人民の自由の存亡そのものを賭してまで、運命の流れに身を投ずる行動を、決してとるべきではなかった。思慮深い人なら誰であれ、よくよくの必要に迫られない限り、こんな冒険などに身をさらしたりはしないものだからである。

ハンニバルは、栄光とともに十六年間を過ごしたイタリアを後にして、カルタゴ人の求めに応じて祖国救済のために帰国してみると、目に映じたのは、ハスドルバルとシュファックスの敗戦[3]であり、ヌミディア王国の喪失であった。そしてカルタゴ人は、その城壁の中に閉じこめられて身動きもできず、わずかに救済の道を講じうるのは、ハンニバル自身とその軍隊だけにしか残されていないのを知った。

自分の祖国が最後の土壇場にまで追い込まれているのを知ったハンニバルは、なんでもかでも決戦にすべてを賭けることを避けて、あらん限りの手を打とうと努力した。こうして、祖国を救済しうる道は和平にあって、戦争にはないと判断すると、悪びれずに和平を求めたのである。

ところが、彼の和平の申し入れがローマ人に拒否されると、敗戦が必至なのに、敢えて戦うことを避けようとはしなかった。というのは、まだ勝ちうる可能性が残されていると判断したからであり、さらには敗れるにしても、少なくとも名誉ある敗れ方ができるであろうと考えたからだ。ハンニバルほど気力《ヴィルトゥ》が充実し、かつ無敗の軍隊を率いた名将であっても、敗戦の憂き目にあえば、自らの祖国が奴隷の境遇に陥ってしまうと判断したからこそ、戦いよりは、まず和平工作を求めた。これを考えれば、ハンニバルほどの気力《ヴィルトゥ》もなく、その経験の足もとにも及ばない他の人間などは、いったい、何をしたらよいというのだろう。

ところが人間というものは、自分の希望をどの線に止めておいたらよいか判《わか》らぬままに、失敗してしまうものである。そして、自分の実力を冷静におしはかってみようともせず、底なしの望みに期待をかけて、〔結局は〕破滅してしまうのである。

28 共和国や君主が公私いずれの場合にせよ損害を受けて、復讐しないことはいかに危険であるか

どういうことが人を憤激させるかについては、次のことを見れば、簡単に察しがつくはずである。それはエトルリア、特にキウジ〔古代名クルシウム〕を攻撃しようとしていたガリア人に対し、ローマ人が三人のファビウス家の使節を派遣した時のことである。というのは、ガリア人の攻撃にさらされたキウジの人民が、ローマ人に援助かたを依頼したからである。そこで、ローマ人はガリア人に向けてこの使節を送ることになった。

こうして、この使節はローマ人民の名において、ガリア人がエトルリアで続けている戦争を差し控えるように伝えたのだった。ところで、その場にいたこの使節団の面々は、どうやら口よりは手のほうが先に出るような連中であった。ガリア人とエトルスキ人が戦っ

ているのを目の前に見てとると、彼らはエトルスキ人に加わって、ガリア人と戦いはじめたのである。事のしだいを知ったガリア人は、それまではエトルスキ人に向けていた全敵意を、今度はローマ人のほうにぶちあてるようになった。

そうこうするうちにガリア人の怒りは、ますます大きくなっていった。というのは、次のようなわけである。すなわち、ガリア人はローマ元老院《セナトウス》に対して使節を送って抗議し、その被害の埋め合わせとして、例のファビウス家の連中の引き渡しを要求したからだ。ところが、元老院は引き渡しには応ぜず、その他の懲罰もはねつけたばかりでなく、逆に民会は彼らを執政官の権限を帯びた護民官の職に任命してしまった。本来なら罰を受けてしかるべきファビウス家の使節連中が、かえって名誉を与えられたのを見て、このような処置は、すべて自分たちを見下し、侮辱を加えるために仕組まれたものだと判断したのであった。

このため、烈火のごとく怒り狂ったガリア人は、ローマに殺到して攻撃を加え、カンピドリオの神殿を除くローマ全市を占領してしまった。ローマに加えられたこのような破壊行為は、むしろローマ人が正義を守ろうとしなかったことに由来するものである。つまり、「万民法を踏みにじった、くだんの使節たちを当然処罰すべきところ」を、かえってこれを称えたからだ。

以上のことから当然、次のことが考えられる。いかなる共和国にしても君主にしても、このような不法行為が社会全体にも個人にも加えられないように、十分に気を配らなければばならないということである。というわけは、もし一人の人間が社会あるいは個人から重大な被害を加えられて、しかも自分の納得のいくように加害者が罰せられないような場合、被害者が共和国の住民なら、自分の力で報復しようとするであろう。その場合、共和国が滅んでしまうような大事に発展することがあっても、意に介しないであろう。一方、被害者が君主国内の臣民で、しかも高潔な人物の場合、我と我が身を滅ぼすのを承知の上で、加害者への復讐をやりとげずには済まさないであろう。

この点をはっきり示すものとして、アレクサンドロス大王の父マケドニアのフィリッポスの時代の、見事で真に迫った実例の右に出るものはあるまい。フィリッポスの宮廷には、美しくかつ生まれのよいパウサニアスという男がいた。ところが、フィリッポスの側近で重臣アッタルスが、これに心を奪われた。そして、幾度も自分の思いになびかせようと口説いてみたものの、いつも冷たくあしらわれてしまった。これに業を煮やして、他のやり方では思いを遂げられぬと考え、計画をめぐらして力ずくでパウサニアスを我がものとしようと決心した。

そこで盛大な宴を催し、パウサニアスをはじめ、大勢の要人を招待した。そして、みながたらふく食べて飲んだ潮時をみはからい、パウサニアスを連れ出して別室に引きずり込み手ごめにして、そのみだらな情欲を満たした。そればかりでなく、さらにけしからぬことには、他の多くの客と一緒になって、同じような辱めを与えた。

このような言語道断の破廉恥行為を受けたことについて、パウサニアスは幾度となくフイリッポスに苦衷を訴えた。フィリッポスは、一度は復讐を果たしてやると約束してやったが、しかし、実際には何も復讐を加えなかった。それればかりか、かえってアッタルスをギリシアの一地方の総督に任命してしまった。自分の恨み重なる相手が罰せられるどころか、反対にとりたてられて出世したのを見せつけられたパウサニアスは、自分に無法を働いた当の加害者への恨みを、今度は、復讐してくれないフィリッポスに、振り向けた。

こうして、フィリッポスの娘と、エペイロスのアレクサンドロスとの結婚式があげられる重々しい雰囲気につつまれたある朝、フィリッポスが婿のアレクサンドロス、息子のアレクサンドロスの両名を伴ない、式典に出席のため神殿に足を踏み入れた時をみはからって、フィリッポスを暗殺したのである。

この例は、すでに本章冒頭であげたローマ使節ファビウスの事件ともきわめて酷似するものであって、統治の任にあたる者にとっては、襟を正して考えなければならないものだ。つまり、すでにひどい目にあわされている上に、さらに苦杯をなめさせられたと思わせないように、不幸な目にあった人間を軽々しく取り扱わないことが肝要である。ひどい辱めを受けた人間は、どのような危険や格別の危害を被ることも覚悟の上で、復讐を果たさずにはおかないものだからである。

29 運命の女神は、人間が自分の計画に反する行動をとろうとすると、その心を盲目にする

人の世の出来事の動きをよくよく観察するなら、人間がそれに対して準備態勢をとるのを、神が全く望まないと思われるような事件がたびたび起こることがわかる。ローマのように力《ヴィルトゥ》に満ちあふれ、宗教も社会秩序も十分に整った国家でも、思わぬ出来事が勃発したのだから、ましてや、そのような長所を何も備えていないような都市や地方では、何が起ころうと驚くにはあたらない。

これは、とりもなおさず、人の世の出来事に神の手が働いていることをはっきりと物語るものである。ゆえに、ティトゥス・リウィウスは多くの紙面を費やして、きわめて適切な説明を加えている。彼が言うのには、神はある理由のためにローマ人に神の威光を感じさせようと望みたもうたので、まず、ガリア人のもとに使節として赴いたファビウス家の連中に誤ちをしでかすように仕向けたまい、さらには、その愚挙の見せしめとして、ガリア人を使ってローマ人に戦いを与えられたのだ、と。

こうして、ローマ人がこの戦争を終結させるのに、本来のローマ人ならとてもやりそうにない下手な収拾策をとるように導かれた。つまり、その手はじめとして、このような難局の打解にはただ一人のうってつけの人物カミルスを、アルデア〔アリア川のほとり〕に

追放するようなへまをローマ人に犯させたもうた。そしてさらに、ガリア人がローマに侵入するようにお膳立てをととのえた。しかも、ウォルスキ人やその他の辺境民族が攻撃をしかけてきた時に、これを食い止めるための応急処置として、臨時独裁執政官《ディクタトール》の職を一度ならず設置したローマ人をして、このガリア人の侵入にはその職を設けぬように、配慮を加えたもうたのであった。

さらには、その軍隊を選抜する場合でも、弱体の軍隊を作り上げ、完全に投げやりの態度をとらせたもうた。こうして出来上がった軍隊は、武器を手にして戦う場合もきわめてだらしなかったから、ぐずぐずして時間を浪費し、やっとのことでローマから〔わずか〕十マイル離れたアリア川の畔《ほとり》でガリア軍を迎え撃つことになってしまった〔前三九〇〕。しかもこの時、護民官《トリブヌス・プレビス》は陣を布くにあたって、ごく当り前の配慮までもおろそかにしてしまった。はじめに地形を調べるのを怠り、陣地のまわりに堀や柵をめぐらすことも忘れてしまって、人間の力や神の力に援助を仰ぐようなことは一切かえりみなかった。

それればかりでなく、戦闘態勢を整えるにしても、隙だらけの陣型で、そこにたむろする将兵は、どう見てもローマ軍の規律にふさわしい行動など何ひとつとれないありさまだった。そして戦闘といえば、一滴の血もしたたり落ちたわけではない。すなわち攻撃される前に、逃げ出したからである。そして、逃げ出した軍隊の大部分は、ウェイイに落ちのび、残る連中はローマにたどりついた。このローマに帰りついた連中は、自分たちの家に入ろうともせずに、カンピドリオの丘に入った。

一方、元老院《セナトゥス》は、他の連中とまったく同様にローマを防衛しようなどとは考えず、城門さえも開いたまま、ある者は逃げの一手を決めこみ、残る連中は、これまたカンピドリオの籠城組に加わってしまった。それでも、このカンピドリオの防衛にあたっては、彼らは適切で筋の通った手段を講じなかったわけではない。すなわち、彼らは足手まといになる連中が加わるのを拒んだし、籠城を持ちこたえられるように、あらん限りの穀物をそこに貯えた。さらには老人、女子供といった戦闘には役に立たない連中については、その大半を、周辺の土地に疎開させた。一方、ローマに踏みとどまった連中は、ガリア人の好餌《こうじ》となってしまった。

このようなわけで、これをさかのぼることはるか昔に、ローマ人が打ち建てた偉業のほどを読んだことのある者が、今またこの事件について読むとすれば、誰しも同じローマ人民のやったことなのかと信じないであろう。

右のようなローマのぶざまさをつぶさに述べてきたティトゥス・リウィウスは、次のように結論している。「運命は、自分の布石通りに人間が動こうとしない時は、このようにまでその人間の心を盲目にしてしまうものである。」

この結論ほど的を射たものは、他にはありえない。したがって、底なしの逆境にしても、得意の絶頂にあるにしても、普通に暮らすそれぞれの人間は、褒められるほどのこともないし、また非難するにもあたらない。なんとなれば、これらの破滅に瀕し、あるいは栄達をきわめた人間は、たいてい神によって彼らに与えられた大いなる機会をそのまま受け容れているにすぎないことが認められるからだ。神はこのように、人びとが確信をもって堂々と我が道を進めるように、あるいは機会を与え、あるいはそれを奪っているにすぎない。

運命《フォルトウナ》は、人間に大きなことをさせたい時、自分が差し出す好機を認めることのできるような、精神に筋金が入り、才能《ヴィルトウ》も豊かな人物を選ぶものである。これと同じように、運命は世の中に大きな破局をもたらしてやろうと考える時は、その破局の担い手にふさわしい人間たちを選んで登場させる。また、万が一にも〔運命のしつらえたお膳立てに〕邪魔立てをするような人間が現われてこようものなら、この男を殺してしまうか、あるいはこの人物からなにかしら良い仕事をしうる能力をすっかり奪ってしまうものである。

私が引用してきた実例からしても、次のことがよく理解されると思う。つまり、運命はローマを強大にし、さらにはあの最盛期にまで盛りたてていってやろうと考えて、ここらへんで見せしめに高慢の鼻をへし折っておく必要がある、と考えたのだった。（この点については第三巻のはじめで取り上げることになろう。）

けれども、運命はローマを完全に滅亡させようとは思わなかった。カミルスを追放するだけにとどめて、その命を絶ってしまわなかったのは、このためだとわかるであろう。あるいはまた、ローマを陥落させこそすれ、カンピドリオはそのままにしておいた。つまり、運命は、ローマ防衛にあたって、ローマ人を無為無策にしておく一方、カンピドリオ籠城の場合は、彼らに上々の手はずをととのえさせることを忘れなかった。さらには、ローマ陥落という事態を招来するために、アリア河畔で敗戦を喫した軍隊の大半がウェイイに落ちていくように計画を立てておいた。このように運命はローマ市の防衛のための手段については、すべてこれを奪っておいたわけである。

ところが運命は、このような筋書をあらかじめ立てておきながら、一方ではローマの復活のためには、あらゆる手を打っておいたのだ。つまり、無傷のローマ軍をウェイイに導いておき、さらにはカミルスをアルデアへと逃がしておいたのである。こうして、いまだ敗戦の汚名を受けたこともなく、かつこの上ない名声に輝く将軍のもとに率いられた大軍にとって、はじめて祖国奪回が可能となった。

これまで述べてきた見解をさらに裏づけるために、現代の実例をあげるべきだが、私の言ったことに誰でも満足していただけると思うので、それを必要とは考えないから、これを省こう。

歴史全体を通じてみても、私は次のことのまごうかたもない正しさを、ここで改めて断言してはばからない[1]。つまり、人間は運命のままに身をまかせていくことはできても、これには逆らえない。また人間は運命の糸を織りなしていくことはできても、これを引きちぎることはできないのだ。

けれども、なにも諦めることはない。なぜなら、運命が何を企んでいるかわからないし、どこをどう通り抜けてきて、どこに顔を出すものか、皆目見当もつきかねる以上、いつどんな幸福がどんなところから飛び込んでくるかという希望を持ち続けて、どんな運命にみまわれても、またどんな苦境に追い込まれても投げやりになってはならないのである。

30 実際に実力のある共和国や君主は、金銭によらず、自分の力量《ヴィルトゥ》と軍事力の名声で友好関係を獲得する

ローマ人はカンピドリオの丘で包囲されていた時、ウェイイ人とカミルスとの救援を心待ちにしていたのだが、食糧不足に悩まされたため、結局、なにがしかの黄金(1)を支払うことでガリア人との間に和議を成立させた。その取り決めの条項に従って、黄金の目方を量っていた時、カミルスが軍隊を率いて到着した。

これこそ歴史家〔リウィウス〕の言葉にもあるように、運命《フォルトウナ》は「ローマ人が黄金を支払ってまでその生命を生きながらえさせることを望まなかった」のである。この事件が我々の注目を集めるのは、事件そのものにあるばかりではなく、むしろ、このことがローマ共和国が一貫してとってきた方針そのものに関わってくるからである。つまり、ローマは黄金の力で領土をあがなったこともなかったし、金銭で平和を勝ち取ったこともなく、いつも軍隊の力を背景に事を推し進めてきたのだった。このようなことは、他のどのような国家にもありえなかった、と私は信じている。

強力な国の国力を計るのに様々な計り方がある中で、その国が近隣諸国とどのような関

係を保っているかを見ればよい。すなわち、隣国が友好関係をその国から得ようとして貢納する仕組みになっている場合、この国が強国である何よりの証拠である。ところが、自分よりも弱いはずの隣国に対して金銭を貢納しているような場合は、この国が弱いことを物語る最上の証拠となる。

ローマ史全体を通読すると、マッシリア人、アエドゥイー人、ロドス人、シュラクサイのヒエロン、それにエウメネスやマッシニッサという国王たちなど、すべてローマと境を接する人びとは、ローマとの友好関係を取りつけるために、ローマの要求通りに争って金品を貢納して、ひたすらローマの保護以外を求めていなかったことがわかる。

ところが弱国の場合には、正反対の現象が見られる。はじめに、我がフィレンツェを取り上げてみよう。フィレンツェは、はるか昔、その名声もひときわ高かった時でさえ、ロマーニャの小君侯といえども、ここに貢納をもたらしてきたためしはなかった。それどころか、フィレンツェは、ペルージア人、カステッロ人〔すなわちチッタ・ディ・カステッロ人〕をはじめ、周囲の国全部に〔金品を〕与えているしまつである。もしも、フィレンツェが軍事力を備えた尚武の国柄であったら、全部さかさまの現象が起こっていただろう。つまり多くの国は、フィレンツェに保護してもらいたいばかりに、金銭を献げに来ていたに違いない。つまり、友好関係を売りつけるのではなく、フィレンツェからこれを買い取ろうとしていたはずである。

このようなだらしない振舞いは、ひとりフィレンツェだけの現象ではない。ヴェネツィアとても、その例に漏れるものではない。そればかりでなく、強大な王国であるフランス国王にしても、スイスやイギリス国王に貢納している(2)。なぜこんなことをしなければならなかったかといえば、これらの国は自国の人民に武器を帯びさせる労をとらなかったからにすぎない。つまり、フランスをはじめとして、私が指摘した王やその他の国家は、どれもこれも自国の安泰を確保し、国家百年の繁栄をもたらすような正攻法をとろうとはせず、自国民の財布から金を取り上げて、これを目先の利益にふりむけ、実際の国家の危機には目をそむけて空想の世界へと逃避したからである。このような姑息《こそく》な手段は、しばらくは平穏無事をもたらすかもしれないが、いざ土壇場に追い込まれると、国家の命取りとなって、二度と立ち上がれないほどの破滅をこうむる原因ともなる。

フィレンツェ人、ヴェネツィア人、それに例のフランス王国が、一つの戦争を金銭ずくで決着をつけようとしたことがいったい何回あったかを述べるならば、とてつもなくくどくどした物語が出来上がることだろう。またローマ人が、たったの一度あわや身を堕《お》としそうになったあの破廉恥に、彼らは何回手を汚してしまったかを数えたてようとしても、数えきれないくらいである。

フィレンツェ人やヴェネツィア人が、どれほど多くの領土を金銭であがなったかも枚挙にいとまがない。しかも、のちにはこの土地が〔本国から離反するような〕手に負えない存在となってしまい、結局は黄金の力で得たものは武力では防ぎえないものだ、と思い知らされたにとどまった。

ローマ人の歴史を見ても、これと同じことが言える。彼らが自由の空気を吸っている間は、この大らかさと、この生き方を守っていたものだった。ところが時代が下り、帝政時代に入ると、皇帝たちは腐敗堕落して、明るい太陽の下〔の戦場〕よりも、日陰の〔宮廷生活に〕愛着を示しはじめた。そしてさらに、時にはパルティア、時にはゲルマン、またある時には近隣の人民たちから、平和を金で買い取るようになりはじめたのだった。これこそ、あれほど偉容を誇った大版図の崩壊開始を告げるものでなければならなかった。

このような落ち目に成り下がるのも、もとをただせば、もっぱら全人民に武器をとらせないようにしたことが原因である。そうすると、他のもっと大きい弊害がそこに生まれてくる。つまり、敵がこちらの領内深く侵入してくればくるほど、敵はますますこちらの弱いのを覚えるようになる。

なぜならば、人民に武器をとらせないという上述の方法で統治を行なう場合、為政者は、外敵を引き離しておくのに都合のよい人員配置を整えるために、国の中心部にいる領民には武器を帯びさせず、わずかに敵と第一に接触する国境の住民だけに武装を施すからである。つまり、敵をより引き離しておくために、国境付近に住む君侯や住民に補助金を与えておくことになる。だから国境付近では、敵の侵入に際してわずかに抵抗が行なわれることもあるが、敵がその地帯を突破して内部に侵入すれば、もう打つ手はなくなってしまうのである。

このような方法によって、国家を防御しようとする者にとっては、これがどれほど常軌を逸した愚策であるかに気づかない。

なぜなら、心臓をはじめ、一つの肉体の活動源となる機関こそ、武装しておかなければならないのであって、その周辺部には、それほどまでにする必要もないからである。つまり、後者は失われても生きていけるが、前者が損なわれると死んでしまうからだ。ところが、このような国家は、心臓は無防備のままほうっておいて、手足だけに防備を固めていることになるのである。

このような見当外れがもたらす痛手は、フィレンツェではこれまで体験してきたことであったし、現在でも、毎日これを見せつけられている。敵軍がその国境を突破して心臓部に殺到してくると、もう手の打ちようがない。ほんの数年前、ヴェネツィア人も同じような失敗をくり返している。もしこの国が海に取り囲まれていなかったら、危うくその最後の日を迎えていたところであった。

ところで、これと同じような体験を、フランスではそうしょっちゅうは味わわずに済んでいる。これは、フランスがなんといっても大国であって、フランスよりも強い国はざらにはないからだ。とはいえ、一五一三年にイギリスがこの国を攻撃した時だけは、全フランスは震駭《しんがい》した。国王自身をはじめとして、フランス人全部がただ一度の敗戦[3]を喫しただけで、フランス王国と政府が占領されてしまうかもしれないと覚悟していたのだった。

ローマ人の場合は、右に述べてきたこととはまったく逆であった。つまり、敵がローマ市に近づけば近づくほど、この都市の守りの固いのをいよいよ痛感させられたからだ。ハンニバルがイタリアに進攻してきた時もそうだった。ローマは三度[4]の敗戦を重ね、多くの将兵を失った後でも、なおハンニバル軍の攻撃を持ちこたえることができたばかりでなく、かえって勝利をものにしてしまった。これはまさにローマが心臓部の防備を厚くして、手足にあたる部分には重きを置かなかったからである。

つまりローマのよって立つ基礎は、ローマの人民にあった。すなわちラテン諸都市の連合[5]、それにイタリア諸都市の同盟、さらにはその植民地に基づいていた。これらを基盤としたローマは多くの兵力を引き出したので、この兵力で彼らは世界と戦い、これを維持していくのに十分に強力であった。

私の言うことが正しいのは、次の実例を見ればよくわかることと思う。カンナエの戦いに勝利を占めた後、カルタゴ人ハンノンがハンニバルから派遣されてきた使者《オラトーリ》に、どんなことを訊ねたか。使節たちがハンニバルの戦果を披露するのを聞いたハンノンは、彼らに訊ねて言うのに、「ローマ人民が平和を求めにきたかどうか。またラテン都市同盟や、どこかの植民地でローマ人に対する反乱が起こっているかどうか」と。これに対する使節の返答は、どちらもその事実はないということであった。そこでハンノンは、「では、この戦争は今始まったばかりで、全然手がつけられていないのと同然だ」と答えたということである。

本章で論じたこと、それに前にくり返し私が主張してきたことからもわかることだが、現代の共和国と古代の共和国との行き方の相違は、いかにも甚だしいものである。さらには、現代の共和国が呆れるばかりの不振に陥っているのに対し、古代ローマの驚異的な発展の秘密についても、思いあたるふしがあることだと思う。

というのは、人間が能力《ヴィルトウ》に欠けるような場合は、運命《フォルトウナ》は自分の持っている力を思いのままに発揮するものだからである。また、運命は〔気まぐれで〕、変わりやすいものなので、共和国も君主国《スターティ》もそれにつれて移り変わるからである。したがって、古代の実例に深い愛着を持つ人物が現われて、ローマ人の例に倣って、太陽がめぐる〔毎日毎日〕を、運命がわがまま勝手に振舞う余地をなくすようにその力を規制するようなことでもやらない限り、現代の国家はいつまでも運命のいたずらにふりまわされていくことであろう。

31　亡命中の人間の言葉を信用することはいかに危険であるか

祖国を追われた亡命者の言を信用すれば、どんなに危険な目にあうかをここで述べておくのも、さして本題からかけ離れた不適切なことではあるまいと思う。事実、このことは、国家統治の任にあたる支配者が毎日のように直面しなければならない課題である。正面きって取り組んでいないとはいえ、さいわいティトゥス・リウィウスは、その歴史の中で適切な実例をあげてくれているので、私としてもこの問題をことのほか明確に明示することができる。

アレクサンドロス大王が軍を率いてアジアに向かった時、彼の義兄弟で叔父にもあたるエペイロス王アレクサンドロスは、亡命中のルカニア人の招きに応じて軍をイタリアに進めたのであった。ルカニア亡命者たちは、この王に対し、彼らの手助けによって、イタリア全土を手に入れることができると思い込ませてしまった。このような彼らの甘言に乗せられてイタリアにやって来たエペイロス王は、かえって、当の亡命者の手にかかって命を落としてしまった。こういうことになったのも、ルカニア人が例の亡命者に対し、エペイロス王を殺しさえすれば、帰国の希望をかなえてやろうと約束したからである。

したがって、祖国を追われた亡命者たちがふりまわす信義とか約束などは、いかに反古《ほご》に等しいものであるかをよくよく考えるべきだ。なぜなら彼らの取り結ぶ信義などは、君とどんな誓約を取り結んでいようと、自分たちの祖国に帰国できる手段が見つかれば、いつでも君をそっちのけにして、別のものと手を結んでしまう程度のものだからである。

さらにはまた、亡命者が諸君の前にひけらかす当てにならぬ約束や、期待について言うならば、彼らの究極の目的が自分たちの帰国にあるために、当然間違った事柄を片っぱしから信じこみ、さらにその上にわざと自分の希望的観測までも織り込む、といった類のものなのである。

こうして彼らが本心から信じていることと、そう信じていると称することとの食い違いの辻つま合わせのために、あなたがたに対して当てにならぬ希望を持たせるようになるのである。このようなでたらめを土台として行動を起こせば、結局は無駄骨となるか、ある

い は破滅のもととなるにすぎない。

これまで述べてきたエペイロス王アレクサンドロスの実例だけで十分に説明し尽しているとは思うが、さらにアテナイのテミストクレス(1)のこともつけ加えておこう。彼は謀反人《むほんにん》と決めつけられたため、アジアに奔ってダレイオスのもとに身を寄せた。そこで彼はダレイオスにたくさんの約束を請け合っておいて、ギリシアを攻撃するようにしむけたものだから、とうとうダレイオスもその気になってしまった。ところが、テミストクレスは前の約束を果たすこともできず、これを恥じたのか、あるいは罰せられることを恐れたのか、毒を仰いでみずから命を絶ったのであった(2)。

テミストクレスほどの傑出した人物でさえ、このような誤ちを犯すのだから、はるかに力量《ヴィルトゥ》において劣る連中がその感情や欲望のおもむくままに身を委ねれば、さらに大きい失敗に陥ることは容易に理解されるところである。

ゆえに、君主は亡命者の言うことに引きずられて事を運ぶ場合には、きわめて慎重でなければならない。というのは、そんな軽はずみなことをした君主は、たいていの場合、恥をさらすか、さもなければ重大な損害をこうむるか、そのいずれかに陥るものだからである。実際、都市の住民以外の者とひそかに奸計をめぐらして当の都市を占領したような実例は、ほとんどなかったといってよいくらいだからである。このようなテーマを次の章で取り扱うことは、あながち見当違いとも思われないので、私はローマ人が他都市を占領する場合には、どのような手段によったのか、ということを考えていきたいと思う。

32　ローマ人が他都市の占領に用いた方法について

ローマ人は万事を戦争に集中していたので、どうしたら戦費が安上りで済むか、どうしたら戦争遂行に都合がよいかに、絶えず心を配っていた。この結果、彼らは都市を手に入れようとする場合、なるべく包囲戦を避けるようになった。というのは、この方法は大いに費用がかさんだ上、実行に際して何かと不便を伴なうので、都市を占領して得られる利益をはるかに上回ってしまうと判断したからである。

このために、ローマ人は都市を征服するには、これを包囲するよりは、他の色々の方法を用いたほうがはるかに良策だ、と考えていた。だから、ローマ人はあれほどたび重なる戦争を行ない、しかもそれが多年に及びながら、包囲戦を用いた実例はきわめて少ない。彼らが都市を手に入れる時に使った方法は、強引に奪取するか、あるいは降伏させることであった。

さて強引に奪取するというのは、しゃにむに突進をしていくやり方と、これに計略を交えたやり方とである。猪突猛進によって都市に攻撃をかけるときは、城壁を破壊するということをしない。(このやり方は「王冠式攻撃(1)」と呼ばれるのだが、そのいわれは、全軍を動員して冠のまわりを取り囲むようにして、その都市の四方八方から一時に痛撃を与えることに基づいている。）

このようにしてどんな大都市であろうと、これに一挙に攻撃をあびせて奪取する方法で、ローマ人はたびたび勝利を収めた。スキピオがスペインの新カルタゴ[2]〔カルタゴ・ノヴァ〕を奪取したのも、この方法によったものである。

この方法を使ってもうまくいかないときは、破城槌《つち》とかその他の戦具を使って、城壁に突破口を作る。さもなければ坑道を掘り進んで、これによって城内に突入するのである。（この方法はウェイイを攻略する時に用いられた戦法である。）あるいは、城壁を固めている敵側と同じ高さに材木で櫓《やぐら》を組んだり、敵と同じ高さに達するように、外側から城壁に向かって盛り土をする。

これらの攻撃のやり方の中でも、なんといっても守備側にとって一番苦手なのは、ぐるり全体から一時に攻めかかられる時だ。これをやられると、守る側はとたんに危機に襲われ、手のほどこしようがなくなる。なぜなら、このような攻め方をされると、どこもかしこもたくさんの守備陣を強化せねばならぬので、全体にわたって〔兵員を〕配置しなければならぬか、あるいは〔危険な個所に〕交代要員を補給できるほど彼らは兵員を備えていないからだ。また兵員の確保ができたところで、全員が同じように勇ましく応戦するとは限らないので、一カ所が崩れ出すと全軍がなだれをうって壊滅する結果となる。

すでに指摘したように、八方から一挙に猛攻をしかける戦法は、成功を収める場合がきわめて多い。

ところが、緒戦にこの戦法が功を奏さない場合は、繰り返しこの戦法を試みるべきではない。つまり、これは軍隊にとっては、危険な方法なのだ。なぜならこの場合、攻撃軍は広い範囲にわたって散開しているので、城側から出撃してくるときにはどこもかしこも手薄となり、とても太刀打ちできず、攻撃軍の将兵は混乱に陥り、疲労しきってしまうからである。だから、この戦法はただ一度限り、それも奇襲戦法として用いるものなのである。

一方、城壁を破壊して突破口を作る戦法への対抗策として、当今よく行なわれるように、これを修復〔して敵の侵入を阻止〕する方法がとられている。また坑道を掘り進めてくる方式に対しては、逆にこちらからも穴を掘っていくやり方もある。そしてこの坑道を利用して、武器やその他の道具を使って敵の侵入を食い止める。

道具を利用して敵を防ぐやり方のうちで、一番行なわれる方法は、次のようなものだ。つまり樽の中に羽毛を詰め火をつけて、坑道に投げ込み、その煙と臭気で敵の侵入を妨げる。あるいは敵が櫓を組んで攻撃をしかけてくれば、なんとかしてその櫓に火を放って、これを壊してしまおうとする。土盛りをした上で城壁を乗り越えて侵入しようとする敵に対しては、こちら側の城壁の低い個所に穴をあけて、外側でいくら土を積み上げても内側からその土を取り除いてしまう。このように、外側から積み上げた土を内側から運び去っていけば、土手はいつまで経ったところで高くはならない。

敵地を攻略するこれら様々の方法は、長時間にわたってこれを続けることができない。したがって、陣地を引き払うなりその他の方法を用いて、勝利を収めるようにもっていくかなければならない。このことは、スキピオがアフリカに侵入した時の例にも見られる。つまり、彼はウティカ攻略に成功しなかったために、陣地を引き払った上で、カルタゴ軍を野戦に引きずり出して撃破しようとしたのだった。

また場合によっては、普通の包囲戦を行なわなければならない。あたかもウェイイ、カプア、カルタゴ、エルサレム、その他の地方に対し、包囲戦によって占領した例がこれに当てはまるのである。

計略をめぐらした武力で都市を占領するやり方は、ローマ人がパラエポリス(3)攻撃にあたって用いたものである。ローマ人はこの時、城内の住民とひそかに通じて占領に成功したのだった。

ローマ人やその他の連中は、この種の攻撃法をしばしば用いたが、成功した例は少なかった。その理由は、どんなささいな支障が生じても、計画全体がすっかり狂ってしまう上に、そのような支障は起こりやすいものだからである。

そもそも陰謀とは、それを実行に移す前に露見に及びやすいものである。このように事が簡単に露見してしまうのも、そのはかりごとにあずかる者の裏切りのためだったり、あるいは陰謀そのものを実行する難しさによるからである。特にこの場合、〔何とかもっともらしい口実がある場合を除いて、〕敵及び接触してはならぬ連中と話し合わなければならないのだから、〔その困難はなおさらのこと〕である。

ところが、この陰謀を推し進める段階では洩れなくても、それを実行に移す時になって数限りない障害が続出する。つまり、あらかじめ予定しておいた実施の時期よりも以前に事を起こしたり、あるいはそれに間にあわなかったりした場合には、何もかも台なしになってしまうのである。例えば、カンピドリオの鵞鳥《がちょう》が鳴きだして思わぬ騒音を立ててしまったり、ふだんのしきたりとごくわずかでも違うことをやってしまったり、さらにはほんのわずかな手違いとか思い違いを犯してしまうと、計画は破綻をきたすのである。これに加えるに、闇夜の中で事を起こさねばならない時には、この危険な仕事で辛苦を重ねている人びとの恐怖心を、さらにかきたてるのである。

このような仕事に従事する連中の大半は、連れていかれた都市の配置や場所柄に不慣れなために、ほんのちょっとした偶発的な出来事にもあわてふためき意気消沈してしまい、すっかり我を忘れてしまう。こうして、幻にも怯えて、風をくらって逃げてしまう。

夜陰に乗じて事を運んで成功した人たちの中でも、シュキオンのアラトス[4]ほど見事にやりおおせた者は他にはあるまい。ところが彼は、夜戦では真価を発揮したのに、白昼公然たる戦いでは臆病だった。彼が成功を勝ち得たのは、ひとりでに幸運が転がり込んだというよりは、彼の中にひそんでいた隠れた力量《ヴィルトウ》のたまものなのであった。ゆえに夜陰を利しての攻撃は、しょっちゅう計画はされるのだが、実行に移されることはきわめてまれで、しかも成功することはいたって少ない。

相手を降伏させてその土地を手に入れる方法には、進んで投降させるのと、実力を行使するのとの二通りがある。自発的に投降してくる場合は、カプア人がローマ人に降伏した時のように、第三者から脅威を受けたために、保護を求めて投降してくる場合がある。また別の例としては、もともとより恵まれた統治に浴したい気持がある国民が、一人の君主に対し、進んで投降した他の人が善政に浴しているのを見てうらやましくなり、その後を追うというケースが考えられる。

この後の場合の実例としては、ロドス人、マッシリア人、その他の連中がローマ人民に進んで投降した場合が、これに当てはまる。

実力によって相手を降伏させる場合は、すでに述べたように、長期の包囲戦の結果もたらされる。もう一つは国内各地を侵して荒らしまわり、さんざん狼藉《ろうぜき》の限りを尽せば、当の都市はこれを避けようとして、降伏せざるをえなくなる場合である。

これまであげてきた色々の戦法の中でも、ローマ人が特に取り上げたのは、他のなにものにもましてこの最後のやり方だった。ローマ人は四五〇年以上にわたって、近隣諸国を打ち破り荒らしまわって、疲弊させることに専念し、これを利用してできるだけ有利な条件の取り決めを相手に対しておしつけるように努力していた。このことは、私が他の個所(5)ですでに説明しておいた通りである。

もちろんローマ人とても、ありとあらゆる方法を試みてはみたが、他の方法は危険でもあり効力がうすいとわかったために、〔結局のところ〕いつもこの方法に依存していた。というのは、包囲戦は長引く上に費用がかさむし、正面きっての攻撃は成功が疑わしく、危険でもあり、陰謀による方法はあてにならない、という理由からであった。ローマ人は、頑強に抵抗する一つの都市を降伏させるには多くの年月を要するのに対し、敵軍を野戦で撃破すれば、たった一日のうちに王国を手に入れることができることを知っていたのである。

33　ローマ人は作戦において軍隊の指揮官に十分な権限を与えた

　ティトゥス・リウィウスの歴史を読んで、そこから何らかの利益を引き出そうと思えば、ローマ人民と元老院《セナトゥス》とがとった全行動のあり方を検討し尽さなければならないと思う。考察するに値する事柄は数々あるが、なかでも次のことは特に知っておく必要がある。つまり執政官《コンスル》、臨時独裁執政官《ディクタトール》、さらにその他の軍司令官を戦争に差し向ける時に、どのような権限を与えていたかを知っておかなければならない。この場合、彼らは絶大な権限を与えられていた。したがって元老院には、わずかに新たに戦争を始める時と和平を講ずる時の権限だけが残されていたにすぎない。こうして、この他全部の事柄については執政官の独断と権限にまかされていたのである。

　人民と元老院が一つの戦争、例えばラティウム人との戦争に踏みきることを決定すれば、これ以外の事柄はあげて執政官の判断にまかされることとなる。つまり執政官は、自分の判断に従って決戦を挑むか避けるかを決定したり、自分の考え通りにどの都市に攻撃を加えるかを決めるのである。

このようなことは数多くの実例によっても確かめられるが、わけても、ローマ人がエトルスキ人に対して行なった遠征の時に起こった出来事は注目に値する。執政官ファビウス(1)は、サトリウム付近でエトルスキ人を破り、さらに軍を率いてキミニアの森を抜けてエトルリアに殺到しようとした。この作戦は、新しい土地で展開され、不確実かつ危険なものだったのに、彼はこれを元老院にはからないばかりか、何の報告もしなかった。

彼の行動に対して、元老院の行なった決議のいきさつが、この間の事情を説明する。すなわち、ファビウスが勝利を博したという情報を耳にした元老院は、ファビウスが例の森を通って、エトルリアに抜ける道を選ぶに違いないと心配し、このような作戦を立てて危険を犯すことは良策ではない、と判断した。そこでファビウスに二人の使者をつかわして、エトルリアへ抜けてはならないという元老院の意向を伝えさせた。ところが、二人の使者が先方に到着してみると、ファビウスは例の森を通って、すでに勝利を獲得した後だった。こうなると、二人の使者は戦いをやめさせに来た代わりに、ローマに帰ってファビウスの勝利とその輝かしい成果を報告するしまつとなった。

元老院のこの行動をよくよく考えてみると、きわめて深い配慮のもとに行なわれていることがわかるであろう。なぜなら、執政官はいちいち元老院の指令を仰ぎながら戦争を進めていくべきだと元老院が考えているようなら、執政官としては、もっといいかげんに、そしてもっと悠長に事を運んでやろうということになるからだ。なぜなら、せっかく勝利を得たところで、その栄誉はそっくり執政官には与えられず、執政官は元老院の指示によって戦争をしているのだという理由で、元老院にも勝利の栄誉を分かち与えなければならなくなるとファビウスは感じるに違いないからである。

そのうえ元老院は、とうてい理解が及ぶはずもないことについても、口出しが出来ることになってくる。なぜなら、たとえ元老院の連中はおしなべて、戦争には腕に覚えのある強者ばかりであるにしても、現地に足を踏み入れているわけではなく、適切な指示を与えるためにはどうしても知っておかなければならない、すみずみの細かい知識を持ちあわせているわけでもないから、執政官に意見を述べようとすれば、数限りない誤ちを犯すようになってしまうからだ。

右のような事情からして、執政官は自ら思いのままに戦争を指導し、その栄誉はひとり占めにすべきものだと考えられていた。というのは、執政官は勝利の栄誉を望んでやまないゆえに、自分の行動にたがをはめられ規制されていることが〔かえって〕、彼をぎりぎりまで努力させると判断されたからなのである。

このようなやり方に対して、私は進んでこれに賛意を表したいと思う。実際、当節のヴェネツィアやフィレンツェといった共和国では、ローマ時代の方針とは反対のことをやっているように思われるからである。つまり、これら共和国の将軍、隊長《プロヴェディトーリ》、軍事委員《コンメッサーリ》が、大砲を一つ据えなければならぬ時、当局はそれを了承して〔これに〕助言を与えたがる。〔このように逐一当局の許可を仰がなければならない〕習慣は、その他の万事でも称讃を受けている。いずれにせよ、これらの傾向すべてが、現在イタリアが陥っている情況へとイタリアを駆り立てたものに他ならないのである。(2)

第三巻

1　宗派や国家を長く維持していくには、多くの場合本来の姿を回復することが必要である

この世のすべてのものに寿命があることは、疑いようのない真理である。しかし、すべて天によってたどるべき循環の道(1)が完全に定められており、その道を踏み外すことは許されていない。そして、一定の法則のもとにその存在に変化がないように保たれており、たとえ変化があったとしても、有害な方向ではなく、健全な方向へ進むものである。

さて、ここでは共和国とか宗派のような複合的な存在について述べるのだから、それらを本来の姿に引き戻す働きは有益であると言いたい。

制度の力でしばしば自ら改革したり、あるいはその制度の力を借りずに、何らかのきっかけで改革と同様の成果を摑み取るような共和国や宗派は、より整然たるもので、さらに永続的な生命を持つものである。そして革新運動が起きないものが、長続きしないことは光よりも明らかである。

革新する方法は、申し上げた通り、本来の姿に戻すことに他ならない。というのは、宗派、共和国、王国などの創設期は、どれを取り上げてみても、何らかの優れた点が認められるからだ。このような長所があればこそ、名声を博するきっかけと盛大になる糸口を摑むことができたのである。

ところで、時が経つにつれて、当然本来の美点もしだいに色あせてくる。だから、初心に立ち返る運動を起こさない限り、これらの団体の崩壊は必至といえるだろう。医学者たちが、人体について次のような言葉を述べている[2]のも、同じ意味あいからである。「毎日毎日、何か新しいものを吸収しているのだから、時々は、元の体に引き戻す必要がある。」

このように、共和国が本来の姿に戻るのは、外からの圧力に起因するか、あるいは自発的な判断の結果によるかのいずれかである。

前者の例としては、次のことをあげておこう。ローマはガリア人に占領されてはじめて、その革新の目的を果たした。ローマは新たな生命と清新な活力《ヴィルトウ》とを確保し、すでに腐敗を示しはじめていた宗教と正義を、再び真摯な態度で取り扱うようになった。このことはリウィウスの歴史を読めば、大変よく理解できる。彼は次のように説明する。

ローマ人はガリア人に向けて軍隊を派遣し、執政官《コンスル》の権限を持った護民官《トリブヌス・プレビス》制度を創設するにあたって、何の宗教儀式も行なわなかった。例のファビウス家の使節が引き起こした事件の場合も、同じことがいえる。ファビウス家の三人の連中が万民法に違反してガリア人と戦ったのに、ローマ人民はかえって彼らを護民官に任命してしまった[3]時のことでである。こういう乱脈ぶりを見て感じることは、ロムルスやその他の行き届いた支配者たちが作り上げた優れた制度は、もはや尊重されなくなり、自由な社会を維持していく上にぴったりで欠くことのできない良識が、いっそう無視されるようになりはじめたということである。

このように、外部的な要因がローマに襲いかかって改革を促したため、ローマ固有のすべての制度が回復され、人民も以下のことを自覚するに至る。すなわち、本来の宗教や正義を持つことがぜひとも必要であるばかりでなく、市民の中の傑出した人物を尊重してその卓越した才能《ヴィルトウ》を活用することが、彼らの高邁《こうまい》な生き方を台なしにする安易な方法よりも重要だと思われるようになった。

その結果、次のような成果がもたらされた。すなわち、ローマはただちに固有の制度と宗教をすべて復活し、万民法を侵害したファビウス家の面々を処罰したのである。そればかりではない。元老院《セナトウス》やその他の連中は嫉妬心を捨て去って、カミルスの才能《ヴィルトウ》と人徳を大いに尊敬するようになり、彼に共和国の全権限を委託するまでになったのである。

右の話からもわかるように、何らかの秩序のもとに共同生活を営む人びとは、外部の事件の刺激のためか、あるいは自発的な意志によるかは別として、自分自身を掘り下げて考えるようになってくる。つまり前者の場合、それは常に法律から生まれる。法律はしばしば、団体の中にある人間に、自分たちを見つけ直す機会をもたらす。あるいは、まさに市民の中から傑出した人物が出て、自ら手本を示すだけでなく、その立派な行動によって一般市民を教化し、法律と同じ効果を与えるのである。

したがって、共和国にこのような望ましい傾向が出てくるのは、一人の人物の手腕《ヴィルトゥ》による場合と、法律の働きによる場合とが考えられる。後者の場合、つまりローマ共和国をその創設期の姿に立ち戻らせた法律とは、平民出身の護民官及び監察官《ケンソル》の制度、さらには人民の野心や思い上がりを封じこめる、その他の法律であった。このような諸制度に血をかよわせ、実際に効力を発揮させるためには、どうしても一人の人物の力量《ヴィルトゥ》を必要とする。つまり法律を犯そうとする有力者に対し、勇気を持って対決し、法を執行する人物がいなければならないのである。

ガリア人によるローマ占領以前では、厳正に法を執行した実例として、ブルトゥスの息子たち[4]、十人会《デケンウイリ》の委員[5]、それにスプリウス・マエリウスに死を与えた[6]ことが有名である。ガリア人のローマ占領以後では、マンリウス・カピトリヌスの死[7]、マンリウス・トルクァトゥスの息子の死[8]、パピリウス・クルソル[9]が騎士の長ファビウスを処刑したこと[10]、それにスキピオ家の告発[11]があげられる。このような実例はきわめて特異なもので、人びとの耳目をそばだたせずにはおかないので、この種の事件のたびに人民はローマ本来のあるべき姿に引き戻されたものであった。

ところが以上のような例は、実際にめったには起こらなかったから、人民はますます放任されて堕落していき、法の厳正な執行にはいよいよ危険と混乱が伴なうようになった。というのも、ある刑の執行と次の刑の執行との間隔は、少なくとも十年以上離れていたからだ。しかも人民にとって、その衝撃はその場限りのもので、時が経つにつれて習俗を変え、法律を犯すようになる。だから、人民の心に厳しい刑罰を思い出させて、その恐怖を新たにさせない限り、違法行為はあとを絶たず、これを処罰するにも危険が伴なうようになる。

この問題に関連することだが、一四三四年から一四九四年まで[12]フィレンツェ国家を統治した人びとは、五年ごとに政府を組み替えない限り、これを維持していくことは難しい、とよく口にしたものである。

それは、政府を替えなければならないと叫ぶことによって、〔はじめてメディチ家が天下をとった時と〕同じ恐怖心と不安とを人民に呼びさますためであった。まさに、メディチがその支配を確立した時には、メディチ家なりのやり方で、反対勢力を打倒したからである。

このような厳しい処罰についての記憶が人びとの心の中で薄れていくと、新たに事を構えようと企んだり、支配者を悪しざまに言うようになるものである。これに備えようと思えば、政府を当初の状態に戻してしまう以外に方法はない。

このように、国家を創設期の体制に復帰させるためには、普通ただ一人の人間の力量《ヴィルトウ》だけで足りる。厳罰で脅して、人びとを強制するような法律に依存する必要はない。そして、この人物が名声も高く、模範とするに足る場合には、善良な人びとはこれに倣《なら》おうとするものであるし、悪党どもは、〔あの高潔な〕人物に逆らう生活を送るのを恥じ入ることになる。

ローマにおいてきわだった好結果が得られた実例をあげてみると、ホラティウス・コクレス、スカエウォラ[13]、ファブリキウス[14]、両デキウス[15]、マルクス・アティリウス・レグルス[16]、その他がある。これらの人びとの世にもまれな勇敢な行動は、法律や制度の力がもたらすのとほとんど同一の成果を生んだ。

すでにあげたような厳格な刑罰の執行と、右のような個人のきわだった行動とは、少なくとも十年毎に、次々とローマにおとずれた。したがってローマは、堕落しようにも堕落するわけにはいかなかったのである。ところが、これらの二つの間の間隔が開きはじめると、堕落の程度は加速度的に大きくなりはじめる。マルクス・アティリウス・レグルス以後は、このようなことは起こらなくなったからだ。

もっとも両カトー[17]の出現もあるが、レグルスの時代とこの二人の時代とはいたって離れていた上、大カトーと小カトーとの間にもきわめて長い空白があったため、互いに孤立した存在で、立派な模範をたれたところで、よい影響を及ぼすことはできなかった。特に小カトーの時代は、ローマがほとんど堕落の淵に沈みきっていたため、いかに高邁《こうまい》な行動で世の師表たろうとしても、人民を善導するまでには至らなかったのである。共和国については、右に述べてきたことで十分であろう。

ところで宗教の問題に目を移してみると、やはり同じような革新がどうしても必要ではないかと思われる。それはキリスト教の問題からも、うかがい知れるところである。

聖フランチェスコ[18]と聖ドメニコ[19]との力で本来の姿に引き戻されていなかったら、キリスト教は完全に消滅していたことであろう。なぜなら、この二人の聖人は清貧の力と、キリスト自身の生涯を鑑《かがみ》とすることにより、人びとの心の中でまさに消えかかっていた信仰の火を再び燃え上がらせたからだ。その上彼らが設立した新しい教団は強力であったので、聖職者や宗教の首長たちのでたらめな生活によってキリスト教が破滅してしまうのを救うことになった。というのは、この教団は自ら清貧の生活に甘んじ、さらには信仰の告白を聴聞し、説教を続けて大きな信用を博したからである。そこで一般民衆も、たとえ邪悪なものでも、これを悪いと決めつけることは悪しき罪業であり、ひたすらな服従をむねとして生きることこそ正しく、世の悪行への懲罰は神の御手にまかすべきものだと会得したのである。

こうなるとキリスト教界の指導者たちは、なしうる限りの悪行に身を堕《お》としてしまうこととなった。連中は、目に見えず信じられもしないような罰を、いっこうに恐れようとしなかったからだ。いずれにせよ、この刷新運動がキリスト教を維持してきたし、今日もこれを支えているわけである。

王国の場合も、同じように革新を断行し、その王国創設当時の法律に復帰するようにしなければならない。フランス王国では、これが好結果を収めていることが認められる[20]。この王国では、他の王国にもまして厳格に、その法律制度を遵守して生活している。

その法律制度の遵奉者をもって任ずるのは高等法院《パルルマン》で、特にパリ高等法院がその主体である。フランスの法律制度は、この機関によって絶えず刷新されており、王国内の領主に対しても拘束力を持ち、時には王自身に対しても有罪の宣告をする。今日に至るまで高等法院がその地位を守り続けているのも、貴族階級の野心を執拗に拘束しているからだ。しかし、高等法院が貴族の横暴をただの一度でも見逃すようなことがあれば、とたんに秩序を破る者が続出し、これを匡正《きょうせい》しようとすれば異常な危険を伴なうようになるか、王国そのものが崩壊してしまうか、いずれかであることは火を見るより明らかであろう。

さて、いよいよ結論を述べる段である。宗教団体であれ、王国であれ、また共和国であれ、一つの共同体にとってより必要な事柄とは、それぞれが創設期に持っていた名声を再び我がものとすることである。しかも、優れた法律と傑出した人材によって、本来の姿を取り戻すように努力しなければならない。外部の力を借りて実現しよう、などと考えてはならない。

ローマの実例〔ガリア人侵入を契機とした革新〕に見られるように、〔外部の勢力にひきずられて革新運動を行なうことが、〕時として便法でありえないこともない。しかし、これはきわめて危険を伴なう荒療治であって、いずれにしても好ましいものとは言えない。したがって、特定の個人の行動が、ローマに大をなさしめるのにどれほど与って力があったか、またどれほど多くのすばらしい成果を与える元となったかを明らかにするために、この問題について、これから記述と論議を進めていこうと思う。

つまり、このテーマを中心とする本書の第三巻と、リウィウスの著書の最初の十巻の最後の部分との範囲内で結論づけることになろう。

ローマの国王の業績は偉大であり、注目に値するもので、歴史はそのことを長々と述べているが、ここでは述べないであろう。もっとも、君主が自分個人の利益のために行なった、何らかの行為を除いてではあるが。それでは、ローマの自由の父であるブルトゥスからはじめよう。

2 白痴を装うことが時には最も賢明であるかもしれない

すばらしい仕事を成し遂げたため、その行き届いた配慮と賢明さとを高く称えられる人物であっても、ユニウス・ブルトゥスが白痴と見せかけて成し遂げた、あの行動には遠く及ぶまい。

ティトゥス・リウィウスは、ブルトゥスがあんな真似をしたのは、自分の身の安全と家督とを守り抜こうとしたためである、としか言っていない。しかし、ブルトゥスの行動を考えてみると、彼が白痴を装っていたのは、自分の思惑を覚られまいとする一つの手段であったに違いない。つまり、機会さえ摑めればいつでも彼は王を打倒して、ローマを解放する機会をうかがっていたのである。

アポロ神殿の神託に対する解釈のしかたを見れば、彼がこのような考えを持っていたことがすぐわかる。神託を受けた時、彼は自分の計画に神の加護が得られるようにと、わざとつまずいて倒れ、〔ひそかに母なる〕大地に口づけをした。さらに、ルクレティアの死に際しては、父やその夫や、その他の親類縁者の集まる中で、まっ先にその傷口から短刀を引き抜き、これから先はいかなる王の支配もローマには許さない、という誓いを並みいる者に立てさせたのであった(1)。

このブルトゥスの故事は、君主に対して不満を抱いているすべての人びとが、学ばなければならないものである。すなわち、まず自分自身の実力のほどをはからなければならない。そして、相手を敵にまわして堂々と戦えるだけの確信を持てるほど自分の実力が充実していれば、当然戦いに突入しなければならない。これこそ危険の少ない、誇り高い行動といえる。

ところが、相手と戦うにはどうしても実力不足の場合には、あらゆる手段を尽して相手と友好関係を取り結ぶように努力しなければならない。そのためには、必要と思われるあらゆる手段に訴えなければならない。例えば相手の趣味に歩調を合わせ、相手が喜びそうなことなら何でも一緒になって楽しむようにしなければならぬ。

このように親密さを装っていれば、まず第一に身の安全が確保される。そればかりでなく、危険な目にあわずに、相手の君主の幸運を一緒に楽しむこともできる。しかも、君の心を満足させるような機会をもたらしてくれる(2)。

君主に接近しすぎると、君主が破滅したとき、まきぞえを食らう恐れがあるから、用心しなければならないと注意する人があるが、これは正しい。かといって離れすぎていると、万一、君主が没落しても、その後釜として名乗りを上げるのに間にあわないこととなる。したがって、両方のちょうど中間こそ採るべきよりよい策であろう。

ところが、実際にはこれは実行不可能と思われるので、結局は右にあげた二つの方法、つまり相手との距離をうんと広げておくか、さもなければぴたりと相手の胸ぐらに食らいついているか、どちらかを選ばなければならぬ。このような手段を採らないなら、才幹《ヴィルトゥ》がどれほどきわだった人物でも、絶えず危険につきまとわれて生きていかなければならないだろう。

たとえ次のように言ってみたところで、もう手遅れなのだ。「私は物質的な野心は少しも持っていない。名誉も金も欲しくない。私が望むのは、ただ静かでわずらわしくない生活だけなのだ。」なぜならこのような釈明は聞き捨てられるだけで、決して納得してもらえないからだ。社会的に高い地位を占めている者ならば、本心から閑寂の生涯を愛し、何の野心も持たないような場合でも、決して世塵《せじん》から超然として暮らすことはできない。社会がそれを信じないからである。たとえ静かな生活を守り続けようとしても、他の人がそっとしておかないであろう。

だからこそブルトゥスのように、馬鹿の真似をしてみることも必要になる。そして、君主の歓心を買うためには、自分の本心とはうらはらに、自ら馬鹿に成り下がり、笑い、しゃべりちらし、かしずかなければならない(3)。本章では、ブルトゥスがローマに自由を回復するために取った、賢明な態度について紹介してきた。次章では彼が自由を保持するために、どのような厳しい態度で臨んだかを論ずることにしたい。

3 新たに獲得した自由を維持していくために、ブルトゥスが自分の息子たちを殺さなければならなかった事情について

ローマのために、回復した自由を維持していくにあたって、ブルトゥスが厳しい態度を取ることは、どうしても必要であったばかりでなく、有効な手段でもあった。父親が裁判官の席につらなって、息子に死刑の判決を下したばかりでなく、死刑執行にも立ち会ったということは、歴史の中でも特異な実例の一つである。

昔の歴史をひもとけば、いつでも以下のことを理解できる。政体の転換、つまり共和政治から僭主政治へ、あるいは僭主政治から共和政治へと政体が変わる場合には、樹立された新体制に敵意を持つ者に対し、忘れようにも忘れられないような厳しい刑罰を科すことが必要である。

したがって、僭主の権力を掌中にする者が、ブルトゥスのような〔反抗的な〕人間を殺さずに至り、あるいはまた共和国を築いた人物がブルトゥスの息子たち〔のような禍根〕を取り除かずにいれば、どちらの場合でも、政体は短命に終わることだろう。

この問題についてはすでに詳しく論じたので、それに譲ることにしておく。そしてここでは、現在我が国で起こっている記憶すべき実例のみにとどめよう。

実は、ピエロ・ソデリーニのことである。彼は自分さえ辛抱して紳士的に振舞っていたら、ブルトゥスの息子たちが行なったような旧体制への復帰運動を抑圧できるものと思い込んでいた。ところが、その期待は裏切られてしまった。

もっとも、持ち前の用心深さからして、彼は〔反抗に対する〕抑圧が必要《ネチエシタ》なのを承知していたし、当時の客観情勢や敵の思惑からいっても、彼には反抗を圧しつぶす機会があった筈にもかかわらず、実行する決心がつかなかったのである。

それというのも、忍耐と寛容とをもってすれば、人間の悪などは吹きとばせると考えていただけでなく、特定の敵にはいくばくかの報酬を与えさえすれば、その敵意を鈍らせることができると信じていたからであった。そればかりでなく、（幾度となく信頼できる友人を前にして言明していたことだが、）もし自分が反対勢力と激突しこれを打倒しようと思えば、独裁権を確立して市民の平等の原則を法律でぶち壊す必要がある、と判断していたからに他ならない。

その後もソデリーニは、このような方法を僭主になる目的のために用いようとはしなかった。しかし、一般大衆に与えた衝撃は大きかったために、彼の死後(1)、大衆は再び終身統領《ゴンファロニエーレ・ア・ヴィタ》を立てることに同意しなかった。当のソデリーニは、政府を強化し維持していくためには、この制度はなくてはならないもの、と考えていたのであるが。

ソデリーニが示した法への配慮は、賢明で善意に基づくものではあった。しかし、良いことに心を奪われるあまりに、好ましくない傾向が頭をもたげてくることに無関心であってはならない。時として、この良い傾向は、やすやすと悪い傾向に押しつぶされてしまうことがありうるからである。

ソデリーニとしては、自分の仕事やその意図が、結果で判断されることに気づかなければならなかった。（運《フォルトゥナ》と長寿に恵まれてさえいたなら）彼のしたことは国を思う至誠から出たもので、個人的な野心を満たすためのものでは決してなかったことは、誰の目にも明らかになっていたに違いない(2)。

またソデリーニは、立派な目的に役立てようとして作った制度を、後継者が悪用しようとしてもできないように、法律のけじめをつけておくことができた。しかし、ソデリーニははじめから考え違いをしていた。人間の悪意は、時の流れとともに洗い落とされるものではなく、また何かを貰ったからといって和らげられるものでもないことを彼は理解していなかった。だからこそ、ブルトゥスの例に倣うことができないまま、追放の憂き目をみ、地位も名声も共に失うことになったのである。

右に述べてきたように、共和国を維持するのは至難の業であるが、王国を保つこともこれに劣らず難しい。この点については、次章で説明することにする。

4　国を奪われた人間を君主国内に生かしておけば、簒奪者《さんだつしゃ》は安泰ではありえない

タルクィニウス・プリスクス[1]は、アンクスの息子たちの手にかかって非業の最期をとげた。また、セルウィウス・トゥリウス[2]はタルクィニウス・スペルブスに殺された。これらの例を見ても、一人の王から王国を奪い取った後で、なおその奪われた人物を生かしておくことが、どれほど危険なことかわかるであろう。たとえ、何か恩恵をほどこして自分に好意を持つようにしむけておいたところで、何の役にも立ちはしない。

一方、タルクィニウス・プリスクスのごときは、ローマの王権は人民によって与えられ、さらに元老院によって確認されたのだから、法的には自分の手中にある、と誤って思い込んでいた。つまり、アンクスの息子たちが非常に憤激しているために、たとえ全ローマがタルクィニウス・プリスクスの支配に満足していたところで、この兄弟だけはとてもそれに満足している筈がないことについては、彼は疑ってもみなかった。

一方、セルウィウス・トゥリウスはタルクィニウス・プリスクスの息子たち[3]に新たに贈り物をして、そのご機嫌をとってあるから大丈夫、と思い違いをしていたのであった。

タルクィニウス・プリスクスの実例から、すべての君主は、国を簒奪された人物が生きている限り、その国家は決して安泰たりえないものであることを第一に知らなければならない。また第二には、セルウィウス・トゥリウスの失敗から、およそ有力者たる者は、次

のことを銘記しておかなければならない。古い恨みは、いまさら恩恵を与えてみたところで、決して帳消しにはならないものである。ましてや、古い恨みに比べて、その恩恵がちっぽけな場合には、なおさらのことである。

セルウィウス・トゥリウスはあさはかにも、タルクィニウスの息子たちが、自分たちこそ王でなければならぬ、と考えている人物〔すなわち、トゥリウス〕の婿の立場で辛抱するに違いない、と思い込んでいたのだった。ところが、王位につこうとする彼ら〔タルクィニウスの息子たち〕の欲望はきわめて激しかったので、王位の継承権が自分にあるという考えを抱くようになったばかりでなく、その資格がない人びとの心の中にもその考えは芽生えた。

弟のタルクィニウスの妻となっていたセルウィウスの娘はこの欲望に目がくらみ、親子の愛情などそっちのけで、自分の夫をそそのかし、実の父に対して命と王国を簒奪してしまったのである。これは、王女の立場より、女王の地位につきたかったからに他ならない。

このようにタルクィニウス・プリスクスとセルウィウス・トゥリウスとは、かつて簒奪した相手から身を守れずに、その王国を失ったのである。一方、タルクィニウス・スペルブスは、先王の打ち立てた法律を破ったばかりに王位を奪われることとなる。これについては次章を見ていただきたい。

5　国王が世襲した王国を失う理由について

タルクィニウス・スペルブスは、セルウィウス・トゥリウスを殺した。セルウィウスには後継者がいなかったこともあったので、タルクィニウスは奪った王国を何の心配もなく維持していた。こうして彼は、以前の王たちが味わわねばならなかった危険を、何ら意識せずに過してきたのである。

彼は、無法かつ憎むべき方法で王国を手に入れた。しかしながら、彼が以前の王たちの遺訓にのっとってさえいれば、彼の立場はそのまま容認されていたに違いない。また元老院《セナトゥス》と平民が、力を合わせて彼の手から国家を奪う事態も起こらなかったであろう。したがって、この男が追放されてしまったのも、彼の息子セクストゥスがルクレティアに無《む》体《たい》を働いた(1)からではなく、当人自身が国法を踏みにじって暴政を欲しいままにしたからに他ならない。事実、タルクィニウスは元老院からあらゆる権限を奪って、自分自身の手中に収めてしまっている。つまり、それまでは公共の場所でローマ元老院の同意のもとに処理されてきた事務を、自分の宮殿に持ち込んで、自分だけの責任と思惑だけで片をつけるようにした。こうして瞬くうちにタルクィニウスは、他の王たちが手を触れずにきたすべての自由を、ローマから剝ぎ取ってしまったのである。

彼は元老院を敵とするだけではあきたらず、平民とも対立するようになってしまった。

それまでの国王もやらなかったような、機械的で全く単調な仕事に平民を駆り立てて、彼らをうんざりさせたのであった。こうしてローマは、タルクィニウスの残酷で傲慢な事業に埋め尽され、全ローマの民心は彼から離れてしまい、きっかけさえあれば、いつでも暴動を起こすまでになっていた。

例のルクレティアに対する息子セクストゥスの凌辱《りようじよく》事件が起こらなかったところで、なにかしら別の事件が持ち上がって、結局は同じ結果になっていたであろう。なぜなら、もしタルクィニウス自身が自重して、終始それまでの国王と変わらない振舞いをしていたならば、息子セクストゥスが誤ちをしでかしたところで、ブルトゥスもコラティヌスも、セクストゥスに復讐することをタルクィニウスに訴えるだけで、人民に訴えてまであのような行動を起こすようなことはなかったはずだからである。

したがって、昔から長い間にわたって人びとが慣れ親しんできた法律や制度や習慣を、君主自らぶち壊した時に、国家は彼の手の中から離れはじめることを、君主は肝に銘じるべきだ。君主の権威が剝奪《はくだつ》された後になって、あの時忠言にすなおに耳を傾けていたなら、王国を維持していくことは赤子の手をひねるようなものだと覚《さと》るほど思慮深くなったところで、国家を失った悲しみはますます彼の心を締めつけるだけであろう。このような自責の念は、他人から受けるどのような罰にもまして、いっそう骨身にこたえるものに違いない。

その理由は、悪党どもの機嫌を取り結ぶより、善人たちの人気を博するほうが簡単だし、法律を自分勝手に作り変えるよりは、旧来のものを守っていくほうがたやすいからである。

したがって、君主が権威を保っていくための方法を学ぼうとするなら、別にあれこれと苦労に耐えなければならぬのではなく、ただ賢君の生涯を鑑《かがみ》として己の姿勢を正せばよい。例えばコリントのティモレオン(2)や、シュキオンのアラトス(3)、及びその他の賢君が模範となるであろう。

これらの人びとの生涯を見れば、治める側も治められる側も十分に信頼しきって、満ち足りた生活を送っていたことが知られる。したがって、このような立派な先例を模範としようという気持も自然にわいてこよう。しかも、すでに説明した理由からして、先賢の遺訓に倣いさえすれば、君主の道をまっとうすることなどいたって容易なこととなる。

なぜなら、人民は善政に浴している限り、自由などは特に求めもしなければ望みもしないからだ。私が右に掲げた二人の賢君によって統治されていた人民は、これら二人の賢君が、一度ならず引退して個人の生活に戻りたいという意向を持っていたのに対し、結局、人民は終生二人を君主でいるようにひきとめておいたほどだった。

本章と前の二章で、私は君主に対して生じやすい反感や、ブルトゥスの息子たちが祖国に向けて企んだ陰謀、タルクィニウス・プリスクス及びセルウィウス・トゥリウスに対する謀反《むほん》について論じてきた。だから、次章でこれらの問題を詳しく述べることにしたい。それは私の主題から逸れるものではないだろう。というのは、陰謀という問題は、君主の側からも、また人民の側からも注目に値するテーマだからである。

6 陰謀について

陰謀は、君主にとっても、人民個人にとっても、危険きわまりないものなので、ここでこの問題を省くのは適切でないように思う。というのは、君主が命を落としたり、国を奪われたりするのは、目に見える戦争よりは、陰謀によることがはるかに多いからだ。君主に向かって公然と戦争を仕掛ける者は、わずか少数の者に限られるが、君主に陰謀を企むことは、誰にでもできるからである。

他面からいうと、個人が陰謀に加担するほど危険で恐ろしいことはない。陰謀とは、どの部分を取り上げてみたところで、困難で危険きわまりない仕事だからである。だから、陰謀を企む者はたくさん出てくるけれども、期待通りの結果を摑む者はきわめて少ない。ゆえに、君主にはこの危険から身を守る術を教え、人民にはみだりに陰謀に加担せず、運命によって与えられた政府のもとで満足して暮らしていくように勧めるために、私はこの問題には十分の紙面を割くつもりである。そして、両者どちらかに役に立つ事柄ならば、大小漏らさず書きとどめたいと思っている。

コルネリウス・タキトゥスの次の言葉[1]は、まことに珠玉の名言というべきであろう。

「人は過去をうやまい、現在に服従し、名君の出現に期待をかけ、その君主の行ないがどのようなものであれ、これを忍んでいくべきなのである。」これを守ろうとしない者は、たいていの場合、自分自身のみならずその祖国までも破滅に導いてしまうことは、間違いのないところである。

具体的な内容に立ち入るに先立って、陰謀が向けられる対象そのものについて考察を加えなければならない。それには、祖国に対する陰謀と、君主に対する陰謀との二通りがあることがわかるであろう。ここで説明しようと思うのは、これら二通りの陰謀についてである。というのは、包囲軍に内通して都市を明け渡そうとする陰謀とか、その他これに類する陰謀については、すでに十分に紙面を尽してあるからである[2]。

はじめに、君主に向けられた陰謀を扱うこととする。その場合、何よりも第一に、原因となるものをえぐり出さなければならない。その原因はたくさんあるが、群を抜いて重要きわまりないものが一つある。それは君主が人民の憎悪の的となることだ。なぜなら、一般民衆の憎しみをかきたてるような君主には、それまでことさらこの君主にいじめぬかれたために、復讐の心を固める人物が出てくることは当然だからである。このような一部の人の復讐心は、一般民衆の対君主感情が悪いのに引きずられて大きくなっていく。したがって、君主たるものは、そのような人物の憎悪の的とならないように十分に気をつけなければならない。

これを防ぐ方法については、他の著作で取り上げた[3]ので、ここで述べるのはよそう。いずれにせよ、世論から攻撃を受けぬように注意すれば、一個人から取るに足らぬ攻撃を受けたところで、さしてひびいてはこないものである。

その一つの理由は、自分に加えられた害をどれほど恨みに思っていようとも、重大な危険を冒してまで復讐しようとする人間は、いたって少ないからだ。別の理由としては、たとえ復讐をしとげる気概と実力を具えた人物がいたところで、その君主に一般民衆が敬愛の心をもって接するような時は、計画を放棄しなければならないからである。

危害と一言にいっても、それには財産に対するもの、直接肉体に対するもの、名誉に対するものがある。肉体に加えられる害の場合、〔いつやられるかいつやられるかと、〕相手を脅かしておくほうが、〔実際ばっさりと〕片づけてしまうよりはるかに恐ろしい。相手に脅威を与えることは、無限の危険の可能性を意味するものだが、実際に相手を殺してしまえば、後には何の危険も残らない。殺されてしまった人間は、復讐しようなどと考えることはできないからだ。しかし、生き残った人間は、加害者への恨みを決して忘れないからである。(4)

ところで、脅迫されて、相手の言いなりになるか、あるいは拒否して害を加えられるか、どうしても選ばなければならない破目に立たされた人間こそ、君主にとって最も危険な存在となる。これについては、改めて論じることにしよう。

人命を脅かすことは別として、財産や名誉に害を加えることほど、他にもまして人間を傷つけるものはない。君主は、この点に深く注意しなければならない。なぜなら、いくら根こそぎ財産を剝ぎ取ったところで、復讐に使う短刀まであらかじめ取り上げるわけにはいかないし、また名誉をすっかり失墜させてみたところで、執念のこもった復讐心までもすっかり捨てさせることはできない相談だからである。

相手の名誉を傷つけることの中でも、筆頭はその人物の妻を辱めることである。それに次いでは、当人の人格を侮辱することである。後者の場合に該当するのが、マケドニア王フィリッポスに対し武器を取らせたパウサニアスの実例である。[5] これが原因となって、どれほど多くの人が自分の君主に対して武器を握ったことであろうか。

話題は現代に移るが、シエナの僭主パンドルフォ[6]に対して、ルツィオ・ベランティ[7]が陰謀を企んだのも、パンドルフォがベランティに対し、いったん自分の娘を妻として与えておきながら、それを取り上げてしまったからであった。この事件は後で述べる。

また、パッツィ[8]がメディチに陰謀を企む何よりの原因となったのは、ジョヴァンニ・ボンロメイ〔ボロメイ〕の遺産問題であった。パッツィ家はメディチ家の命令によって、その相続権を奪われたためである。

一方、人民が君主に対して陰謀を企む最大の動機は、君主の支配下にあえぐ祖国に、自由を取り戻そうという熱望に他ならない。これこそ、カエサルに対してブルトゥスやカッシウスを動かしたものであった。さらには、ファラリス家[9]、ディオニシオス家、その他ローマを我がものとしていた連中に対して、多くの人びとに武器をとって立たせたものである。

もし僭主がこのような危険に身をさらしたくなかったら、僭主政治をやめるより他はない。これを実行しない者は、必ず悲惨な結果に終わっている。だからこそ、次に掲げるようなユウェナリスの言葉[10]も生まれてくるのである。

死して安らかに眠る僭主の数は少なく
傷つき血をしたたらし冥界に下らざる王者なし。

すでに説明したように、陰謀を企むのは、いつに変らず大変な危険を伴なうものだ。というのは、陰謀を計画し、実行し、成就するという一連の経過を通じて、陰謀は危険をまき散らすからである。

陰謀をめぐらすには、一人の力で事を運ぶ場合と、同志がいる場合とがある。一人だけの場合は、陰謀とは言えないかもしれない。むしろ、一人の人間の中に君主を殺そうとする固い決意が生まれたということにすぎない。

陰謀をとげるにあたっては、右のように三つの段階〔計画、実行、成就〕にわたって危険を冒さなければならないが、一人で陰謀を企む場合に限って、第一期の危険を冒さずに済む。なぜなら、実行に移さない限り一人だけの秘密で、他人の関知するところではなく、何の危険も伴なわないからだ。また、君主の耳に陰謀がつつぬけになる危険もないからである。

貧富貴賤を問わず、また君主と親しくしているか、面識のあるなしを問わず、あらゆる種類の人間の心に陰謀の影は忍び寄るものである。なぜなら、誰でもいつかは君主に謁見することが許されるものなので、この時を利用して、思いを果たすことができるからである。

すでに何度も述べたように、パウサニアスがマケドニア王フィリッポスを殺害したのは、多数の武装兵に護衛されたフィリッポスが、息子と婿を伴なって神殿に足を踏み入れた時のことだった。しかも、この時の刺客は貴族で、フィリッポスの顔見知りの人物であった。

貧しく卑しい一スペイン人が、スペイン王フェルナンドの首に短刀を突き刺した。致命傷ではなかったが、この事件はこんな男にでも国王を刺す気持と機会があるのだ、ということを示すものである。

トルコの一回教僧が、現在のトルコ皇帝の父にあたるバヤジット[11]に対して、新月刀を抜いて斬りかかったことがある。皇帝を傷つけることはできなかったが、この男もまた、計画を果たす勇気とチャンスを持っていた。

このような行動を頭の中で空想する人は、かなりいることと思う。考えるだけなら刑罰を受ける気づかいもないし、危険にさらされることもないからだ。ところが、これを実行に移す者はわずかしかいない。しかも、実行に移した者で殺されずに済む者はきわめてまれか、まったくないといってよい。したがって、殺されるに決まっていることをしてやろうという人物は見つからない。単独意志で陰謀を企む事例はこのくらいにして、数人が共謀して企む陰謀について述べてみよう。

歴史の示すところによれば、すべての陰謀は上流階級や君主と昵懇《じっこん》の人びとによって計画されている。他の連中は完全な狂気でもない限り、陰謀を企むことなどありえないからだ。下層階級の連中とか、君主の顔もろくに知らない人びとが、陰謀を実行するにしても、成功の見込みはまったくないし、その機会にも恵まれないからである。

第一に、下層階級の人びとは、自分の考えを信用してくれる人物を見つけ出すことができない。なぜなら、とてつもない危険に人びとを引きずり込む、いかなる見通しにも進んで同意はできないからだ。したがって、二、三人の人物に自分の計画を打ち明けると、たちどころに裏切られて身は破滅してしまう。

運よく裏切り者に密告されるような目にあわなくても、陰謀の実行にあたって、めざす君主に近寄れないという思わぬ障害に出会って、目的を果たせずに破滅してしまう。君主に近づきやすい有力者をもってしても、これから先に述べるような困難に突きあたって失敗してしまうのだから、ましてや普通の人の場合となると、困難は底なしに増えていく。ところで、人間というものは、(生命とか財産のこととなると、完全にはこれを投げやりにできないものなので)、自分の力量がいまだ不足だと覚れば、用心深く身を守るようになるものである。また君主を心よく思っていない場合は、かげで悪態をついてうっぷんを晴らしておいて、自分より地位の高い者がその君主に復讐してくれるのを待つということになる。

ゆえに、下層階級の連中が陰謀を企むことがあっても、その意図は壮とするとしても、用心深さの点では褒めるわけにはいかない。

さて、陰謀を企てた人物は、全部が全部有力者であるか、君主に親しい立場の人びとだった。そして、その大半は、恩顧を与えられすぎたために陰謀を企む場合か、加えられた害の仕返しとして陰謀を企む場合か、のいずれかである。

これに当てはまる実例として、コンモドゥスに対するペレンニス、[12]セウェルスに対するプラウティアヌス、[13]ティベリウスに対するセイアヌス[14]などがあげられる。これらの謀反人は、誰も彼も、それぞれの皇帝から、多くの富や名誉や地位を与えられていたので、自分たちの権力を完全なものにするために欠けているものは、わずかに皇帝の権力だけであると考えた。そして、これを手に入れようと、皇帝に対して陰謀を企むようになるのだが、彼らの陰謀は揃いも揃って、恩知らずにふさわしいみじめな結果に終わったのである。

これに似た実例をもっと新しい時代で探してみると、ヤコポ・ディ・アッピアーノ[15]がピサの支配者ピエロ・ジャンバコルティにしかけて成功した陰謀があげられる。ジャンバコルティはヤコポを幼児の時から手塩にかけて育て上げて、彼に信用を与えてやったのに、その男にやがて国を奪われる結果となってしまった。

これに似た事件を現代に例をとれば、アラゴン王フェルナンドに対してコッポラ[16]が行なった陰謀がある。コッポラはたくさんの権勢を手に入れたため、まだ手に入れていないのは王国だけであると思い上がり、実際にこれを掌中に収めようとして失敗し、命を落としてしまった。

さて、一人の有力者によって君主に対して仕組まれる陰謀が成功を収めるための条件は、ほとんど国王と変わりない実力を備えた、いま一人の王ともいえる人物が指導者であることが前提とされる。このような実力者なればこそ、計画を成功に導く多くの機会にめぐまれることになるからである。ところが、これらの有力者が支配欲に目がくらんでしまうと、陰謀の遂行にあたって、目標を見失ってしまうようになる。なぜなら、このような悪巧みを成功させるには慎重な配慮で行なうなら、不成功に終わることはありえない。

したがって、陰謀から我が身を守ろうとする君主は、さんざん虐待した相手ではなく、むしろ大変ひいきにしていた人物にこそ、十分警戒をしなければならない。というのは、ひどい目にあわされている連中には、それを果たす機会がないのに対し、寵愛を受けている人物にはそんな機会はどこにでも転がっているからである。しかも、両者の目的とするところは同じとはいえ、支配権を手に入れようとする欲望は、ただの復讐欲に比べて、同じように大きいものか、あるいははるかに大きいものだからである。

だから、君主が親しい者に多くの権威を授けてやる場合、その男と君主自らの地位の間に、一定の間隔を置くようにしなければならない。そして両者の中間に何かを置いて、その男が欲しければ取れるようにしておかなければならない。このような手を打っておかない限り、右に述べた君主と同じ運命をたどることは間違いない。ここで話を本題に戻すことにしよう。

陰謀を企む者は、いつでも君主に近寄れる地位の高い人物でなければならないと述べたが、次にこうして行なわれた陰謀がどのような結末に至るのか、また成功、不成功の分かれ道となるのは何であるかについて論じなければならない。

すでに述べたように、陰謀を企てるにあたって待ちかまえている危険は、三つの段階に分けられる。すなわち計画を練る段階、実行に移す段階、実施後の段階がこれである。この三つの関門を首尾よくくぐり抜けることは至難の業であるので、目標にたどりつける者はごくわずかである。

さて、はじめに第一の段階の危険を論じることにしよう。これは最も重要なことであって、きわめて慎重な配慮に加えて、非常な幸運が伴なわなければならない。この二つが〔あってこそ〕、陰謀を露見させずに運んでいくことができるからである。

陰謀が露見するのは、密告されるか、それとなく感づかれるかのどちらかだ。密告されるのは、主謀者が陰謀を打ち明けた相手が信用のおけない人物か、慎重を欠く人物の場合である。信用のおけない人物は、簡単に見破ることができる。諸君が大事を打ち明けることのできる人物とは、諸君のためなら命を捨てることもいとわないと信じられる者か、あるいは君主に対して不満を抱く者である。

信用のおける人物というのは、せいぜい一人か二人くらいしか見つからないものだ。君が計画をさらに多くの人びとに打ち明けようと思っても、できない相談である。さらには、これらの人びとは君に捧げる好意がまことに大きくて、危険や刑罰への恐怖を物ともしない人物でなければならぬ。

人間は他人が自分に好意を寄せていると買いかぶりすぎて、裏切られがちなものだ。だから、実際の経験に照らしてみる以外には、これを確かめる方法はない。ところが、これを経験の場に移すのは危険この上もない。他の危険な仕事に使ってみた上で、はじめて信用するにしても、これだけでその人物に全幅の信頼を寄せるわけにはいかない。なぜなら、本番として控えている陰謀は、それまでの仕事とは比べものにならないからである。

また、現に君主に不満を抱く人物にならら大事を打ち明けられると考えると、大間違いのもとになりかねない。この不平家に腹のうちを打ち明けでもしようものなら、この男が〔君主に投じて〕その寵を回復するための密告の材料を与えることになるからである。(17)したがって、この男を信用するにあたっては、この男の君主嫌いがどこまで徹底したものか、また君にこの男への信頼をつなぎとめておく力がどれほど具わっているかを、考えて判断しなければならない。

したがって、陰謀とは、はじめたばかりのところで露見し、つぶされてしまうことが大変多いものだ。そのため、多くの人の心の中でひそかに陰謀が育まれ、長い間にわたって秘密が保たれている例は、じつに奇跡ともいうべき現象と言えるだろう。

ネロに対するピソの陰謀、(18)今日の実例では、メディチ家のロレンツォおよびジュリアーノ兄弟に対するパッツィの陰謀(19)がこれにあたる。このパッツィの陰謀のごときは五十名以上の人間が加担していたにもかかわらず、実行に移されるまで秘密が洩れなかった。

一方、用心が足りぬために陰謀が露見してしまう場合は、加担者が不用意にしゃべったことを召使なり第三者なりが聞いてしまう時に起こる。ブルトゥスの息子たちの陰謀が発覚した時も、まさにこれであった。彼らがタルクィニウスの使いの者と密議していた時、一人の奴隷がこれを立ち聞きして訴え出たのであった。

また、愛する妻子や、その他の軽はずみな連中に、うかつにも秘密を洩らしたような場合に露見することが多い。この例としては、アレクサンドロス大王に対して陰謀をはかったフィロタスに加担したディムヌスの失敗がある。彼は自分が愛していた若者ニコマコスに、この陰謀を打ち明けた。ニコマコスは兄弟のキバリヌスに話し、これを聞いたキバリヌスが王に注進に及んだ[20]のであった。

それとなく感づかれたために陰謀が明かるみに出てしまった実例には、ネロに対するピソの一味の陰謀があげられる。この陰謀の仲間の一人スカエウィヌスは、ネロ暗殺を決行しなければならぬ前日に遺書を作成した。そして、解放奴隷ミリクスに命じ、古くなって錆びついた短剣を研《と》がして、すべての奴隷を解放し、金までも与えてやった。さらに傷をしばるための包帯までも用意させたのである。このような態度から、ミリクスは何かあると判断し、ネロに密告した。スカエウィヌスは、その一味のナタリスとともに捕えられた。この両名は、その前日、長時間にわたってひそかにひざをまじえて談合を重ねているのを見られたからだ。彼らは供述を拒んだので、拷問によって自白を強制された。かくしてこの陰謀は露見してしまい、その他の仲間もみな殺されてしまった。

以上のような、様々の陰謀発覚の原因があるところにもってきて、陰謀の仲間が三、四人を超すようなときは、これを露見しないように守ることは、大変難しい。なぜなら、露見の原因となるのは裏切り、不注意、軽率であって、人数が増えるとこれを防ぐ手だてはなくなるからだ。

また二人以上の仲間が捕えられれば、陰謀のすべての露見を防ぐことは不可能である。なぜなら、捕えられた二人は、完全に口裏を合わせて陳述することなどはできない相談だからである。

ただ一人だけが逮捕された場合、その者が強靭であれば、その人物の意志が強いため仲間の名前について口を割ることは決してない。したがって、捕えられずに残っている他の仲間は、しっかり心をすえてその場を動いてはならない。逃亡したりしたら、かえって陰謀が発覚するだけである。その理由として捕えられた者にしろ、捕えられていない者にしろ、どちらかに勇気が欠けていると、陰謀は露見してしまうからである。

この点について、ティトゥス・リウィウスがあげている実例は大変貴重なものである。それはシュラクサイの僭主ヒエロンに対する陰謀である。

この陰謀の仲間の一人テオドロス〔テオドトス〕は逮捕されてしまった。彼は気力《ヴィルトゥ》のみなぎった男だったので、陰謀の加担者を誰一人明かさなかったばかりでなく、王の友人たちの名をあげてこれを告発したのだ。一方、テオドロスの仲間は彼の勇気《ヴィルトゥ》に全幅の信頼をおいていたので、誰一人としてシュラクサイから逃げ出そうとはしなかったし、少しでも不安の表情を見せた者はいなかった。

陰謀を進めていくにあたって、これを実行に移すようになるまでに、上述のすべての危険をくぐり抜けなければならない。このような危険を避けるためには、次のような方法をとらなければならない。第一にあげるべき一番確実な方法、というより唯一最上の方法は、仲間の誰に対しても、密告できる時間を持たせないようにすることである。すなわち、主謀者はいざ実行という間際に、内容を参加者に知らせるようにし、それ以前には決して洩らしてはならない。

この方法にのっとって事を運ぶ人は、陰謀遂行の際に遭遇する危険を避けられるばかりでなく、たいていのこともうまくくぐり抜けることができる。その結果、陰謀はすべて成功を収めることになる。賢明な人間なら誰しも、この方法によって成功を収めることができるはずである。これについては、次の二つの実例をあげることで十分だと思う。

ネレマトス[21]は、エペイロスの僭主アリストティムスの僭主政治に我慢がならず、自宅に多くの親類や友人を集めて、祖国を解放すべきことをたきつけた。すると中の一人が、考えをまとめ決心するための時間がほしい、と言い出した。そこでネレマトスは奴隷に言いつけて扉に錠をおろさせ、要求した者に向かって次のように言った。

「諸兄は今すぐここを発《た》ち、この企てを実行に移すことを誓うか。さもなければ、余は諸兄全部を引っくくってアリストティムスに引き渡すつもりである」と。

この言葉に気圧《けお》された人びとは、誓いを立てた上、時を移さず出立し、ネレマトスの陰謀を実行に移して成功させたのであった。

ペルシアの妖術使い〔ガウマタ〕[23]は、策を弄してペルシア王国をあざむき奪った[22]。そこで、王国の有力者の一人オルタネスはその欺瞞を見破って、王国の他の六人の主だった貴族と協議し、ガウマタの専制よりペルシアを解放するにはいかにすべきか、を説いた。そのうちのある者が、しばらく待ってほしいと言った時、オルタネスに招かれた六人のうちの一人であるダレイオスは立ち上がって、次のように言った。

「今すぐ出かけていって決行すべきだ。さもなければ、余はガウマタのもとに赴き、諸君全員を告発するであろう」と。

ここに至って、全員こぞって立ち上がり、あれこれと思い迷ういとまもないままに、みごと計画をしとげたのであった。

これら二つの実例に似たものとして、アエトリア人がスパルタの僭主ナビス(24)を殺す時に用いた方法があげられる。アエトリア人は援軍を派遣する名目で、ナビスのもとに騎兵三十騎と歩兵二百人を率いた自国人アレクサメネスをつかわした。そしてアレクサメネスにだけ陰謀の秘密を知らせて、その他の部下にはどんなことでもアレクサメネスに服従するように命じ、これに叛くと追放に処すことを呑み込ませておいた。スパルタへと赴いたアレクサメネスは、いよいよ計画を決行するまぎわまで、その使命を洩らさなかったので、まんまとナビスを殺すことに成功した。

このような方法にのっとって陰謀を進めた人びとは、右に見たようにすべて陰謀につきものの危険からうまく逃れることができた。だから、この方法を模範として陰謀を企てれば、いつでも危険を避けることができるであろう。

以上の方法にのっとって事を進めることは、誰にでもできる。その例として、私はすでに引用したピソをあげておきたい。このピソはローマ随一の名門の出で、その名声は卓抜で、ネロとも親しく、その信任もひとしおであった。ネロはピソと会食するために、ピソの庭園に出かけていくことも多かった。さらにピソは、頭がよく気力も充実した仲間を同志に引き入れて、陰謀を決行するにうってつけの配置をしておいたのである。(それは重要人物にとっては、いともたやすいことだった。)

ネロが庭園に出てきた時をみはからって、陰謀の内容を仲間に知らせ、逡巡するいとまもないように、激励の言葉を授けていれば成功しない筈はなかったのである。

このように、他の実例をもつぶさに調べてみると、たいていの場合この方法を用いて陰謀を進めていけることがわかってくる。ところが、人間というものは、実際に事を運ぶには経験も浅いものなので、しばしば大失策をやらかすものである。特に陰謀のようなきわめて特異な事例の場合は、失敗をしてしまうことがいっそう多い。

だから、なおさらのこと、よくよくの必要に迫られない限り、計画を打ち明けてはならない。打ち明けるにしても、決行まぎわに限る。それでも必要な時は、きわめて長い経験を持ち、君と同じ志に燃えている人物一人だけを選んで打ち明けるようにすべきだ。このような人物を一人探すことは、数人探し出すことに比べ、たやすくもあるし、危険も少ない。また、仲間が主謀者たる君を裏切るようなことがあっても、まだまだ逃げ道は残されている。しかし、一味の数が多い時にはそうはいかない。

というのは、ある用心深い人物から聞いたことだが、共謀者が一人の時は、口だけでどんな用も足りるが、たくさんになると、君の手を使ってものを書いて意思表示をしておかない限り、言ったことが受け取る側によってまちまちになってしまうものだからだ。ところが、書類にしておくことは、大変な障害となる。このことは、よくよく用心しておかなければならぬ。君の手で書かれたものほど、君を簡単に有罪とするものは他にないからである。

プラウティアヌスがセウェルス帝とその王子アントニヌス〔カラカラ〕を亡きものにしようと考えて、計画を護民官サトゥルニヌスに洩らした。サトゥルニヌスは、お先棒を担ぐよりは、いっそ告発してやろうと考えたが、告発してみたところで、自分よりプラウティアヌスに信用が集まるのが関の山だと考えて、この仕事を正式に委任する旨の自筆の書類が欲しい、と申し入れた。はやる野心に我を失っていたプラウティアヌスは、サトゥルニヌスに書類を与えた。そこでプラウティアヌスはサトゥルニヌスに告発され、処刑されてしまった。自筆の書類や、その他の証拠がなかったら、プラウティアヌスは頑強に否認し続けて無罪となったに違いない。筆跡や有罪の決め手となる他の証拠を残しておかなければ、一人の人から告発を受けたところで逃げ道はある。したがって、そんな証拠を残さないように、身を慎まなければならない。

ピソの陰謀の仲間に、以前ネロと親しく接していたエピカリスという女性がいた。(25) 彼女は、ネロが用心棒として用いていた三段櫂軍船《トゥリレーミ》の船長の一人を陰謀に引き入れておくべきだ、と判断した。もっとも、彼女は陰謀があるとだけ洩らし、加担者については一切明らかにしなかった。ところが、例の船長は信を破って彼女を裏切りネロに密告する。この時の彼女の態度はまことに堂々としたものであった。彼女は否認し続けたため、ネロもわからなくなって、彼女を処罰しなかったのである。

・陰謀の内容を、たった一人だけに洩らす場合にも、二つの危険が待ちかまえている。一つは、陰謀の内容を知らされた当人が進んで主謀者の告発を買って出る場合であり、いま一つは、その人が疑惑をもたれたり、しっぽを摑まれたために逮捕され、拷問に屈して主謀者の名を自白してしまう場合である。

ところで、どちらの危険にせよ、防ぐ手段がないわけではない。前の場合には、「自分を告発した者は、ふだんから自分を大いに恨んでいた」と申し立てればよろしい。後の場合には、「自分の名を白状した者は、拷問の苦しみに耐えかねて、でたらめの供述をしているにすぎない」といって打ち消せばよいのである。

けれども、なんといっても一番安全な方法は、一切誰にも陰謀を打ち明けないことだ。そして、先にあげた実例に従って事を運ぶべきであろう。どうしても打ち明けねばならない時は、一人だけにとどめておかねばならない。こうしておけば、なお危険はあるものの、多くの人に洩らすよりは、はるかに危険が少ないからである。

これと大変似ているのは、君主があなたに対し何か処罰を考えているのを知って、「先手をとって」緊急に君主に対して陰謀をはからざるをえない必要がある時だ。しかも情勢は急を告げており、一刻でも手遅れになると、身の安全をまっとうできない。このようなせっぱつまった情況にあれば、たいていの場合、かえって陰謀は思い通りの結果を生むものである。この例としては、次の二つをあげるだけで十分であろう。

コンモドゥス帝は、最も信頼が置ける側近として、二人の親衛隊長レトゥス及びエレクトゥスを従えていた。一方、寵妾の筆頭にマルチアと称する者がいた。ところで、コンモドゥスの行為は皇帝の名だけでなく、帝国をも汚すものだと、この三人は再三にわたって皇帝に直言したため、皇帝はこの三人を殺してしまおうと心に決めた。皇帝は、マルチア、レトゥス、エレクトゥス、その他の人物の名前をリストにして、翌晩彼らを処刑することに決めた。そして、このリストをベッドの枕の下に置いたまま風呂にでかけた。

ところで、部屋では皇帝がかわいがっている子供がふざけていた。この子供がベッドの上に例のリストを見つけて、それを持って部屋の外に出たところをマルチアに出くわしてしまった。彼女はそれを取り上げて読んで、その内容に思いあたると、すぐさまレトゥスとエレクトゥスに使いをつかわした。三人は身にふりかかる危険を覚り、〔皇帝の先手を打ち、〕時を移さずその晩に皇帝を殺してしまったのである。

アントニヌス・カラカラ[26]帝は軍隊を率いてメソポタミアに転戦していたが、総督としてマクリヌスを起用した。この人物は軍人というより、どちらかというと、政治家むきの人であった。

さて、悪王と呼ばれるほどの支配者は、うしろめたい思いを持つ自分に対して、陰謀を企む者があるのではないか、と絶えず脅迫感にさいなまれているものだ。彼も〔その例に漏れず〕、ローマにいる友人マテルニアヌスに書簡をしたため、帝国をうかがっている者がいないか占星術師に占ってもらい、結果を知らせてほしいと依頼した。そこでマテルニアヌスは皇帝に返事を送って、マクリヌスこそその者に他ならない、と述べたのである。

ところが、この返信が皇帝に届く前に、たまたまマクリヌスの手に入った。これを読んだマクリヌスは、次の手紙がローマから到着する前に皇帝を殺してしまわなければ、自分が殺されることを覚った。そこで彼は、腹心の部下であり、しかもわずか数日前に弟を皇帝に殺された百人隊長マルティアリスに、皇帝を殺すように命じた。彼は計画通りに事を運んで、みごとに目的を達したのである。

これらのことからもわかるように、一瞬の遅疑も許されない瀬戸際に立たされると、かえって、上述のエペイロスのネレマトスが用いたのとほとんど同じ結果が得られるものである。また、本章のはじめに指摘しておいたような現象が起こることも認められる。つまり、君主が特定の人間に対して脅威を与え続けることは、実際に〔ばっさりと〕害を加えるよりも、はるかに重大な陰謀を引き起こす原因となるのである。

したがって君主たるものは、部下を脅やかすような態度は、一切慎まなければならない。君主は部下を愛撫《あいぶ》し、安心立命の境地に置いてやらなければならない。君主を殺してしまわなければ、自分が君主に殺されると思いつめるような土壇場に、部下を追い込むことは慎まなければならない。

陰謀を決行するにあたっての危険は、当然次のような情況から生まれてくる。つまり、途中で計画を変更する場合、またはそれを実行する人びとの勇気が足りないか、または慎重さに欠けるか、計画を完全にやり通さないかで、へまをするから起こるのである。したがって殺す計画に入っている人を討ち漏らして、陰謀を完全には遂行しえない場合である。忌わの際になって、突然計画を変更し、はじめに組み立てた計画とまったくかけ離れた方向にもっていくことほど、人びとのあらゆる行動を混乱に陥れたり、妨げたりするものはないと申し上げる。このような計画変更は、いかなる場合も混乱の種をまき散らすものであるが、戦争指導の場合と、ここで扱っている陰謀などの決行の場合には、特に大きな混乱が生まれるものである。

なぜならこれらの場合、参加する人びとは前提条件として、それぞれまかされた任務を遂行するのに必要な、堅忍不抜の精神を備えていなければならないからだ。それまで長い間にわたって、参加者が方法や手はずについて考えをめぐらしてきたのに、突然計画が変更されるような事態が起これば、誰でもあわててしまい、すべて引っくり返ってしまわざるをえないからだ。

それゆえ、たとえ計画の実施にあたって具合の悪い点が出てこようとも、はじめに決めた手順に従って事を運んでいくにしくはない。都合の悪い点を変更しようとしても、かえって無数のまずいことが起こってくるものだ。しかも、このような事態は計画を練りなおす時間の余裕のない場合に限り起こる。そんな余裕があれば、誰だって自分の好き勝手に計画を組み替えていけるからである。

メディチ家のロレンツォ、ジュリアーノ兄弟に対する陰謀は有名である。その決行はサン・ジョルジョの枢機卿(27)を正餐《せいさん》に招待する日に予定されていて、二人の殺害をめざしていた。加担者に割り当てられた役割は、それぞれ次のようなものだった。二人を殺害する係、館《パラッツォ》を占領する任務、市中に駆け出して人民に自由を呼びかける役目、という具合である。

ところが、パッツィ家、メディチ家、枢機卿が儀式に参列するためにフィレンツェの大聖堂《キエザ・カッテドゥラーレ》に入場している間に、ジュリアーノがその朝の枢機卿との正餐に出席しないことが判明した。これを知った一味の面々は集まって、メディチの館で決行する手はずになっていたのを変更し、教会の中で決行することにした。

ここで完全に手はずが狂ってしまった。というのは、ジョヴァンバッティスタ・ダ・モンテセッコは、教会堂の中で人殺しはしたくないから、そこで事を起こすのはいやだ、と言い出したからである。その結果、持場の割りふりをすべてやり直さなければならなくなった。こうして、心の準備が整わないままに時間がなくなり、失敗を犯してしまい、せっかくの計画も鎮圧されてしまった。

陰謀の実行に身を投げ出すべき人が、倒すべき相手に気圧《けお》されてしまったり、あるいは生まれついての臆病から気おくれしてしまうことがある。威風堂々たる風格、人を圧する威信が君主に備わっているために、刺客は一も二もなく気がくじけたり、萎縮《いしゅく》したりしてしまう。

マリウスはミントゥルナエの住民に捕われの身となっていた。ミントゥルナエの連中は、一人の奴隷をマリウスのもとに送って彼を殺す手はずを整えていた。(28)ところが、いざマリウスの面前にまかり出ると、この奴隷は彼の威厳と赫々《かくかく》たる過去の名声にすっかり圧倒されてしまい、臆病神が頭をもたげて、殺そうとする気力も萎《な》えてしまった。

マリウスのように獄窓につながれて非運をかこっている場合でも、このように人を威圧する力を具えているのだから、ましてや捕われの生活を知らぬ君主が、絢爛《けんらん》たる王衣を身にまとい、百官を従えてその姿も堂々と控えていれば、威厳のほどは計り知れないものがあろう。この華麗なさまは相手を萎縮させ、そのすばらしいレセプションは気負った出席者の気を和らげてしまうのである。

数人の者が、トラキア王シタルケス(29)に対し陰謀を企てたことがあった。陰謀決行の日取りを決め、当日約束の場所に行くと、そこに王が現われた。ところが、誰一人として王に討ってかかろうとする者がない。そうこうするうちに、何もしないままその場を立ち去ってしまった。こうして、決行できなかった理由も呑み込めないままに、互いに責めあった。このような失敗を幾度か重ねるうちに陰謀は遂に発覚し、彼らは実行すべきものながら、それを行なう意志のなかった罪のために、罰せられたのであった。

フェルラーラ公アルフォンソに対し、二人の弟〔ジュリオ及びフェルディナンド〕が陰謀を企み、手先としてジャンネスという者を使った〔一五〇六〕。この男は公の司祭であり、かつ宮廷付き音楽師でもあった。彼は頼みに応じて何度も公を二人の前に連れ出し、いつでも殺せるように取り計らった。ところが、二人とも暗殺の挙に出なかった。そのうちに陰謀は発覚し、奸計とあさはかな振舞いにふさわしい罰を与えられた。

こうした優柔不断の態度は、君主の前に出て萎縮してしまったのか、あるいは君主の親しげな応対に、はやる心を和らげられてしまったのか、それ以外には考えようがない。計画の実行にあたって挫折するのは、十分に計画を練っていないためと、勇気が足りないために他ならない。この二つが君をうろたえさせて、頭が混乱し、言ってはならぬことを口走ったり、してはならぬことに手を出したりしてしまうのである。

こうなると、人間はどれほどのぼせあがり混乱してしまうものであるかは、ティトゥス・リウィウスがあげたアエトリアのアレクサメネスの例ほど、うまく言い表わしているものはない。すでに述べたように、アレクサメネスがスパルタの僭主ナビスを殺そうとはかった時、いざ計画実行という段になって、はじめて部下に計画を知らせたのであった。

この点についてリウィウスは、次のように言っている。「大事を決行すると思えば、とかく心は乱れがちであったが、彼自身もまた気をとり直さなければならなかった」と。なぜなら確固たる勇気を持ち続け、人の死も見なれており、武器をふりまわすのも日常茶飯事となっているような人びとでさえ、〔いざその場に臨めば、〕あがらずにいることはできぬからだ。

したがって、場数を踏んだ人だけにこの大任を授けるべきで、いくら勇気がありあまるほどの人物も信頼すべきではない。というのは大事を決行する心組みについて、経験のない者は誰しも、起こることを確実に予見はできぬからだ。したがって、未経験な連中ならあがってしまい、武器をとり落としたり、あらぬことを口走ったり、いずれにせよ、これに類するような失敗をするものである。

コンモドゥス帝の妹ルキラは、クィンティアヌスに皇帝の殺害を命じた。この男は円形劇場の入口でコンモドゥスが入ってくるのを待ちかまえ、抜き身の短剣をふりかざして皇帝に近づき、「元老院《セナトウス》が汝《なんじ》にこの剣を遣わしたるぞ」と叫んだ。しかし、こんなことを口走ったために、腕をふりおろして皇帝を傷つける前に逮捕されてしまった。

話は元に戻るが、アントニオ・ダ・ヴォルテッラ殿はロレンツォ・デ・メディチ殺害の大役を負わされたが、ロレンツォに近づいて「裏切者め」と口走ってしまった。この一声でロレンツォは逃れて助かり、陰謀は台なしになってしまった。

右に述べたような理由からしても、ただ一人の親玉を狙って仕組んだ陰謀は、成功しにくいものだ。ところが、二人の大物に対する陰謀はもっと成功しにくくて、成功例は皆無といっていいほど困難なものである。というのは、同じ時刻に、違う場所で、同じような陰謀を実行することは、ほとんど不可能だからである。

もし第一段が第二段をぶち壊さないように望んでも、別々の時刻に同一のことを実行するのは不可能である。ただ一人の君主を狙った陰謀でも成功は疑わしく、かつ危険で向こう見ずな行動なのである。まして同時に二人も狙う陰謀に至っては、まったく空しいあがきであり、軽率のそしりは避けられない。

歴史家に対する私の尊敬を、この場合だけ除外することを許していただければ、私はプラウティアヌスについてヘロディアヌス[30]が書いていることには、どうも合点がいきかねる。ヘロディアヌスによれば、プラウティアヌスは、百人隊長サトゥルニヌス一人に、各々別の所に住んでいるセウェルスとアントニヌス〔カラカラ〕を殺すように命じている。というのはこれはまことに常識はずれな命令で、もしヘロディアヌスほどの権威ある人が言っているのでなければ、とうてい信じる気にはなれぬからである。

数名のアテナイの青年が、僭主ディオクレス[31]とヒッピアスに対して陰謀を企んだ。ディオクレスを殺《あや》めはしたが、難を逃れたヒッピアスは、復讐を果たしている。[32]ヘラクレアのキオンとレオニダスは、プラトンの弟子であったが、彼らも僭主クレアルコスとサティロスに陰謀をしくんだ。この場合も、クレアルコスはしとめたものの、討ち漏らしたサティロスによって復讐されている。

これまで何度も触れたパッツィの陰謀にしても、わずかにジュリアーノ一人を殺しえたにすぎなかった。

以上列挙した実例からしても、二人以上の首領を倒そうという陰謀は、誰しも差し控えなければならない。そんなことをしたところで、自分のためにも、祖国のためにも、また他の誰のためにもいっこう役立つものではないからだ。むしろ逆に、生き残った者が、いっそう手に負えなくなって、暴虐の度を強めていくことは、フィレンツェ、アテナイ、へラクレアについてすでに指摘しておいたところである。

ペロピダス[33]が祖国テーバイを解放しようとして取り組んだ陰謀の行く手は、まことに険しいものであった。しかし、彼は幸いにもその目的を達しえた。ペロピダスはわずか二人どころでなく、十人もの僭主に対して事を起こさなければならなかった。その上、ぜんぜん僭主側に信用されていなかったので、そばに近寄ることも容易なことではなく、まして謀反を起こすなどとは思いもよらぬ情況だったのである。にもかかわらず、テーバイに潜入して僭主たちを殺し、祖国を解放したのであった[34]〔前三七二〕。彼は僭主連中の相談役たるカロンという者の援助を得てすべて事を運び、僭主たちに近づき、陰謀をやすやすと果たすことができたのである。

ところで、このペロピダスの例を手本としてはならない。なぜなら、彼のやったことは本来からいえば不可能なことであって、成功したのは奇跡といってもよいからだ。だからこそ歴史家は、彼の成功を古今まれに見る現象で、むしろ空前絶後の例外と称えてきたのである。

陰謀を進めるにあたって障害が生ずるのは、はじめに見込み違いをしているか、あるいは実行に移していくうちに予測もしなかった事態が起こってくるからである。ブルトゥスとその同志がカエサルを暗殺する手はずを整えていた当日の朝、たまたまカエサルは一味の一人であるクネウス・ポピリウス・レナテスと長話をしていた。この長話を見ていた他の一味は、ポピリウスがカエサルに陰謀の秘密を洩らしているに違いないと思い込んでしまった。

　そこで、カエサルが元老院に入る前に、その場で暗殺しようと計画を変えようとしたほどであった。もっとも、長話が終わった時にも、カエサルはふだんとほとんど変わらない顔つきをしていたので、胸をなでおろしたわけである。さもなければ、その場で決行していたことであろう。

　こんな思い過ごしについては、考えぬいて用心を重ねなければならない。しかもこうした事態はしょっちゅう起こるものである。なぜなら、うしろめたい思いをしている人は、他人がしゃべっているのを見ても、自分のことを言っているのではないかと思いがちのものだからだ。違う意図で言われた言葉にもぎくりとして、てっきり自分のことを言っているものと信じ込む。その結果あわてふためいて逃亡し、せっかくの陰謀を発覚させてしまったり、その時でもないのにまごついて行動を起こしたりする。このような事態は、陰謀に加担している人が多ければ多いほど起こりやすい。

　事態の発展はまったく予測もつかない。だから、人びとの注意を促す実例から学んでいくより方法はない。すでに触れた例であるが、シエナのルツィオ・ベランティは、パンドルフォがいったん自分に娘をよこしておきながら、取り上げてしまったことに腹を立てて、パンドルフォを殺そうと心に決め、時機をうかがっていた[35]。一方パンドルフォは、ほとんど毎日のように親戚の病人を見舞いに行き、ルツィオの家の前を通るのであった。

　これに着目したルツィオは、仲間を館の中にひそませ、パンドルフォが通りかかったら殺そうと手はずを整えた。そして、門の中に武装した者を配置し、一人の男を窓に立たせて、見張りをさせたのである。こうして、いざ彼が門のところに来たら合図をするばかりになっていた。ところが合図を送ったその直後、たまたまパンドルフォは友人とばったり出会ってしまった。そこで、パンドルフォのともの連中は、彼を置いたまま歩いていった。そしてルツィオの門に武器のきらめきを見、それが触れあう音を聞いたため、待伏せがばれてしまったのである。こうしてパンドルフォは危機を脱し、ルツィオと仲間はシエナから逃亡しなければならなくなった。

この場合、パンドルフォが偶然友人と会ったことが陰謀の妨げとなり、ルツィオは計画を台なしにしてしまったのである。

このような偶発事故は、例外中の例外に属することなので、いかんとも手の打ちようがない。だから、起こりうる限りの可能性を考え、対処する手だてを十分にほどこしておくことが必要である。

残された唯一の問題は、陰謀決行後に生ずる危険についてである。その問題点はただ一つにしぼられる。つまり、生き残った者が、殺された君主の仇を討とうとする場合である。生き残った兄弟や子供たち、その他の縁者が、君主国を引き継いでいこうとする。生き残りの連中があるのは、不注意にも討ち漏らしたか、すでに説明したような場合かどちらかである。結局、彼らは復讐の挙に出ることになる。

ジョヴァンニ・アンドレーア・ダ・ランポニャーノの場合は、まさにしかりである。彼は同志とはからって、ミラノ公を殺害した(36)。ところが、一人の息子と二人の弟とを生かしておいたばかりに、当然復讐されて殺されてしまった。

この場合、陰謀を企てた人びとの手ぬかりを責めるわけにはいかない。というのは、彼らにはそれ以上、手のほどこしようがなかったからである。けれども不注意や、甘く見たりして、討ち漏らした者を生かしておいた場合は、断じて大目に見るわけにはいかない。

フォルリの人民が数人相謀《はか》って、君主ジロラモ伯(37)を殺した上、妻と幼い子供たちを捕えたことがあった。反乱側はフォルリの城塞が手中に入らない限り、自分たちの立場は安心できるものではないと考えた。しかし、守備隊は明け渡そうとはしない。（伯爵夫人と呼ばれていた）マドンナ・カテリーナ(38)〔スフォルツァ・リアリオ〕は、反乱側に誓約して次のように言った。「城塞に入ることをお許しください。そうすれば、守備隊を説得して砦をお引き渡しさせましょう。その代わり、子供たちを人質としてお預けいたします」と。

反乱側はこの言葉を信用してしまい、彼女を城内に送った。城内に入った彼女は、城壁から夫を殺したことを責めたて、どんな手だてを用いてもこの復讐は果たしてみせる、とすごんだ。その上、人質に置いてきた自分の子供にはさらさら未練のないことを示すため、敵に自分の恥部を示して、子供などこれからいくらでもつくってみせる、と叫んだのであった。反乱者は慎重さに欠けていた。自分たちの失策に気づいたときには手遅れで、むくいとして終身追放の憂き目にあうこととなった。

この種の危険のうちで、殺害された君主が人民に慕われている時ほど恐ろしいものはない。なぜなら、これら人民に対し反乱側はまったく打つ手がないからである。〔全人民を敵にまわしては、〕身の安全を確保することはできないのである。(39)

カエサルの場合は、まさにそうであった。彼はローマ人民に人気を博していたから、カエサル暗殺の陰謀に加担した連中は、人民の復讐を受けた。彼らはローマを追われ、場所と時の違いはあったが、一人残らず殺される原因となった。

君主の命を狙う陰謀に比べて、国家に反逆を企てることははるかに危険が少ない。国家に対して陰謀を巡らす場合は、計画を実行に移すにあたっても、決行した後にしても、君主に対する陰謀ほどの危険はないからだ。陰謀を推し進めるにあたっても、さして危険は起こらない。陰謀を企む一人の市民は、自分の本心と計画を他人に打ち明けずに権力を手にすることができるからである。したがって、計画に邪魔が入りさえしなければ、その目論見をしとげることは造作もないことだ。仮に、ある法律が目的遂行の障害になる場合にしても、時のくるのを待てばよいのだし、別の方法を用いれば事足りるのである。

これは、特にある程度腐敗した共和国の場合に当てはまる。なぜなら、健全な国家では、国に対する陰謀など起こる余地などありえないし、誰一人としてそのような考えを抱くはずはない。〔ところが腐敗した共和国では、〕市民は色々な手段を弄して君主の座を手に入れることができ、その際弾圧される危険もない。しかも共和国は君主国に比べて、事の運びがにぶいので、人を疑う雰囲気が少なく、したがって警戒もさほど厳重でない。その上共和国は有力市民にはひとしおの敬意を払うので、彼らは国家に対して、より不遜で大胆な態度に出るようになるからである。

サルスティウスによるカティリナの陰謀についての記述(40)を読めば、誰しも、カティリナが陰謀発覚後もローマにとどまっていただけでなく、元老院《セナトウス》にまで出かけていき、元老院議員や執政官《コンスル》にひどい言葉であたりちらしたさまを知ることができる。これほどまでにローマは、市民の自由を尊重していたのである。それどころか、彼がローマをあとにして軍隊の指揮を執るようになっていた時でさえも、レントゥルス(41)や他の連中がカティリナの罪状をつまびらかにした書状を持っていなかったなら、彼の逮捕は実現していなかったであろう。

カルタゴ随一の大市民ハンノンは僭主の地位を得ようと熱望して、娘の結婚式に招待した元老院議員全員を毒殺して君主になろうと企んだ〔前三五〇頃〕。この計画は発覚してしまった。しかし、元老院は一つの法案を作って、披露宴と結婚式の費用を制限するようにしたにすぎない。これも国家が上流市民にどれほどの尊敬を払っていたかを物語るものである。

実際、祖国に対する反逆を実行に移す時は、それを計画する時よりもはるかに大きな困難と危険が待ちかまえているものである。その理由は、いくら味方の兵員をかき集めてみたところで、数で勝る敵に立ち向かうことは、まず不可能だからである。カエサルやアガトクレスや、クレオメネス及びその他の人びとのように、自分が率いる軍隊をほんの少し動かすだけで国を支配したようなことは、誰にでもできることではない。このように、強力な軍隊に支持された連中は、何を行なってもいとたやすくかつ安全に成功を収めることができる。しかし、軍事力を備えていない連中は、同じ事を運ぶにしても権謀術数にすべてを賭けるか、外国勢力の導入を頼みの綱としなければならないのである。

権謀術数に頼った実例としては、アテナイ人ペイシストラトスがメガラ人を打ち破った時のことがあげられる。(42)この戦勝で、人民の名声を一身に集めるようになった彼は、ある朝、傷ついた体を引きずって外に出て、貴族たちが自分の勝利を妬《ねた》むあまりこのように傷つけたのだと称して、護衛の武装兵を連れて歩いてもよいことにしてほしい、と要求した。ひとたびこの特権を認められるや、彼は何の苦もなく、一挙に権力の座にのし上がり、アテナイの僭主になってしまった。

パンドルフォ・ペトルッツィは、他の追放されていた連中とシエナに帰還してきた。彼を待っていた仕事は政庁前広場の警護の任務であった。これは端役というべきものであり、みんな〔嫌がって〕断わってしまったものであった。ところが、武装兵を従えて任務を遂行しているうち、いつのまにか彼の地位は権威あるものとなり、瞬く間に君主の座についてしまったのである。

その他ありとあらゆる手練手管を用いて、わずかの期間のうちに、危険にもあわず、目的を果たした例も数限りなくある。自分の軍事力だけに限るにせよ、外国勢力を導入して祖国を我がものにしようとするにせよ、運《フォルトゥナ》次第で、色々な結果が生まれてくる。前にあげたカティリナの陰謀は、挫折に終わった。また前述のハンノンは毒殺に失敗し、数千人の部下を擁して兵を挙げたのだが、結局部下もろとも殺されてしまった。一方、テーバイの有力市民数人は、僭主の座を狙ってスパルタ軍隊の援助を求め、専制権力を奪ったのであった。

このように、祖国に対する陰謀のあらゆる例を検討してみると、計画の途中で挫折してしまう例はまったくないか、あるにしてもごくわずかしかない。成功か失敗かの分かれ目は、むしろ実行する段にある。そして、いったん決行してしまえば、その君主国が本来内包している色々の危険な課題に対処すればよいのである。つまり僭主の座についた人は、僭主政治につきものの一般的な危機にさらされるというだけの話である。その対処の仕方については、すでに論じた。

以上、陰謀について心に浮かんだことを書いてきた。説明にあたっては、武器による陰謀に重点をおき、毒殺によるものは重視しなかったけれども、いずれにしても、経過はまったく同じことである。確かに、毒殺という手段で陰謀を果たそうとするのは、いっそうの危険を伴ない、より不確実である。誰でもが君主の食卓に近づいて毒を盛る機会に恵まれるとは限らないのだから、どうしても第三者に依頼せざるをえない。ここで主謀者たるあなたは、危険に直面せざるをえないからだ。その上、幾多の先例に照らしても、毒を飲まされた者が必ずしも死ぬわけではない。コンモドゥス帝殺害を企んだ連中の場合もそうだった。コンモドゥスは差し出された毒を吐き出してしまったので、結局、彼らがコンモドゥスを殺そうと望むなら扼殺《やくさつ》しなければならなかった。

さて君主にとって、陰謀が企てられるほど怖いことはない。君主に対して企てられる陰謀は、命取りになるし、そうでなくても、不面目となるからだ。陰謀が成功すれば、君主は死に、陰謀が発覚すれば、君主が一味を殺す。これは、君主が殺した人びとの命と財産に対する貪欲と残虐の責めを逃れようとする君主の企みだ、といつも考えられるものである。

ここで、私は陰謀をしかけられた君主や共和国に対し、あえて次のように忠告したい。つまり、自分たちに対する陰謀が露見した場合、何がなんでも主謀者に仕返しをするのでなく、その前に、陰謀の性格を理解するように慎重につとめなければならない。さらに叛徒の力と自分たちの勢力とをよく比べて、叛徒の力が強大で侮《あなど》れぬ場合は、決して陰謀をあばきたててはならない。そして、弾圧できるだけの実力が備わるまで、事態を静観せねばならない。さもないと、いたずらに自己の破滅をあおる結果になるからである。

だから、あらゆる努力を重ねても、陰謀に気がついていぬふりをする必要がある。なぜかといえば、陰謀の露見に気づけば、一味は勢いの赴くまま、がむしゃらに突進してくるからだ。

ローマ人の例がこれに当てはまる。この話はすでに述べたが[43]、サムニウム人の攻撃からカプア人を守ってやるために、ローマ人は二つの軍団を守備隊としてカプアに駐屯させていた。ところが司令官たちは、共にカプアを我がものにしようとする陰謀を企んだのである。

このことがローマの耳に入り、新任の執政官《コンスル》ルティリウスがお目付役を命ぜられた。彼は陰謀を企む連中を油断させるために、元老院《セナトウス》がカプア駐屯軍に駐屯期間の延長を、と発表した。これを彼らは信じ込み、陰謀の実行までにたっぷり時間があると考えて、事を荒だてようとしなかった〔前三四三〕。そして、執政官が二つの軍団を離れ離れに配置しようとしていることに気づきはじめるまで、のんきに構えていた。執政官のこの処置から、ようやく彼らは疑念を抱くようになり、はじめてその意図をむきだしにして実行に動きはじめたのであった。

陰謀を企む者、企まれる者のいずれにも、右の例ほど適切なものはない。というのは陰謀を企む者は、時間的余裕があると思っている間はぐずぐずしていっこうに行動に出ず、逆に時が切迫してくるといかにあわてて行動に移るものであるか、よくわかるからだ。一方、都合のよいように陰謀の暴露の時期を後にのばそうと思えば、〔陰謀が向けられている〕君主や共和国は、一味の者にこれからのちに陰謀の実行には次の機会があるとわざと思い込ませるべきだ。こうして彼らに時間があると思わせて君主や共和国が陰謀を企む者に鉄槌《てっつい》を加える時間を与えるにしくはない。

この策を用いなければ、破滅を早めるだけだ。アテネ公[44]やグリエルモ・デ・パッツィの失敗は、このために起こったのであった。

フィレンツェの僭主になったアテネ公は、陰謀の計画に気づいたとき〔一三四三年七月二十六日〕、このような策を講ずるなど思いもつかず、加担する一人を逮捕させた。これを知った仲間はにわかに武装蜂起し、アテネ公の手から国家を奪ってしまった。

一方、一五〇一年(45)にヴァル・ディ・キアナの総督《コンメッサリオ》に任ぜられたグリエルモは、アレッツォがヴィテッリに味方してフィレンツェからキアナ奪回の陰謀があるのを知った。そこでグリエルモはすぐさまアレッツォに赴き謀反人たちと自分たちの実力をはからずに、またろくに軍事力をたくわえもせずに、息子の司教の意見を採り入れて、叛徒の一人を逮捕させた。これがきっかけとなって、他のアレッツォ人はただちに武装蜂起し、都市をフィレンツェ人から奪い返してグリエルモを捕えてしまったのである。

けれども叛徒側が弱体な時は、ためらわずに弾圧しなければならない。その場合には、次に述べるような対照的な二つの策のどちらをも、真似てはならない。

一つは、右に述べたアテネ公の場合である。彼はフィレンツェ人一般の善意に完全に信頼していることを見せるために、せっかく陰謀の情報を持ってきてくれた一人の市民「マッテオ・ディ・マロッツォ」を死刑にしてしまった。

いま一つの例は、シュラクサイのディオン(46)の場合である。彼は疑惑をかけた人物の胸中を探るために、信頼するカリッポスに、自分に陰謀をめぐらしている真似をするように命じた。

ところが、二つながらまずい結果を引き起こすことになった。前者は密告しようとする人の勇気をくじき、逆に陰謀を企む連中を活気づけた。後者は、自ら墓穴を掘ることとなった。というより、自分自身が自分に対する陰謀の元凶になってしまったのだ。いうまでもなく、カリッポスはこのにせ陰謀を逆用して、ディオンに楽々と謀反し、その命もろとも国家を簒奪したからである。

7 自由から隷属状態へ、隷属状態から自由へと政体が変革する場合、時には無血のうちに達成され、時には流血の惨を伴なうのはなぜか

共和政体から専制政体、あるいはその逆の過程をたどる多くの政変が、時には流血の惨を呼び、時には無血のうちに達成されることについて、誰でも不審に思うであろう。

歴史をさかのぼって同じような事件を見ても、ある場合には多くの人命が失われ、別の場合には誰も被害をこうむらないという現象は、どうして生まれてくるのであろう。例えば、ローマが王政から執政官制度へと変わったとき、タルクィニウス家だけが追放され、被害はそれ以外には及ばなかった。

そのわけは、変革される国家が暴力によって成立したものであるか否かにかかっているからだ。国家が暴力によって打ち建てられて、それに伴ない多数の人間が痛めつけられているような場合、当然その国家が崩壊する時には、かつて迫害を受けた連中が報復の挙に出ることになるからである。このような復讐心が、人命の損傷をもたらすこととなる。

ところが、国家を強大なものにしていこうという一般民衆の一致した気持に基づいて国

家が成立している場合、たとえその国家が滅亡の危機に瀕している時でも、彼ら民衆は元首に攻撃を加えこそすれ、それ以外のものに力をふるうことはない。ローマの国柄はこれに当てはまるものであったから、タルクィニウス家の追放だけにとどまった。また、同じことがフィレンツェにおけるメディチ政体にも当てはまる。一四九四年の政変では、追放されたメディチ家以外は何者も被害を受けなかった。

それゆえ、このような場合の政変は、さしたる危険を伴なうものではない。ところが、復讐しなければならぬ人びとが引き起こす政変は、実に危険である。この時行なわれる事実は、読む者をして目をおおわしめるものがある。それは歴史のどこにでも転がっていることなので、触れずにおこうと思う。

8 共和政体を変革しようとする者は政体の内容を吟味しなければならない

すでに述べたように、(1) 堕落していない共和国にあっては、いかに悪辣《あくらつ》な市民にしても、(2) たいした悪事を働くことはできない。それはそれとして、私が与えた理由に加えて、さらにスプリウス・カッシウス(3)とマンリウス・カピトリヌス(4)の例をあげれば、この考えの正しさがいっそう裏づけされるだろう。

スプリウスは野心に燃えた男で、ローマでずばぬけた権力を摑もうと、人民の歓心をひくために多くの財貨を与えた。例えば、ローマ人がかつてヘルニキ人から奪った土地を、人民に分与しようとした。ところが、彼の野望は元老院《セナトゥス》に見破られ、疑惑の目が注がれるようになってきた。折も折、彼は人民に向かって演説し、国費でシケリアから運搬した穀物から引き出された売上金を人民に分配しようと提案をしたのだが、人民は一人残らず拒絶した。スプリウスが人民の自由を奪う代償に、金を与えようとしているのだと見破ったからである。ところが、仮に当時のローマ人民が堕落していたなら、この金を受け取っていたであろう。そして、僭主政への道がスプリウスの前に開け放たれていたことであろう。しかし、実際は閉ざされていたのであるが。

マンリウス・カピトリヌスの例は、いっそうはっきりしている。その理由は彼が心身ともに卓越した資質《ヴィルトゥ》を具え、それによって祖国にどれほどすばらしい貢献をしたとしても、その後で心中に生じた醜い支配欲のために、すっかり帳消しになってしまったからである。明らかに、マンリウスの支配欲は、カミルスに与えられた栄誉に対する嫉妬がもととなって起こってきたものだが、このため、彼はすっかり分別を失い、ローマの風俗習慣を無視して、一度としてくだらない政体を採用したことのない共和国の性格をもかえりみずに、元老院と祖国の法律に弓を引くような騒動を、ローマにおいて引き起こしたのであった。

ここで我々は、当時のローマがいかに完全で、人民がいかにすばらしい良識を備えていたかが了解できる。貴族たちは本来、事あるごとに仲間同士で助けあうものだが、誰一人としてマンリウスに味方しようとはしなかった。その上親類の者でさえも、マンリウスにそっぽを向いたままであった。他の被告人に対しては、慈悲を請うために知人縁者が喪服やよごれた衣服を身にまとい、謹慎の色を表わして被告人のそばに付き添って出廷するのがならわしであった。ところが、マンリウスに付き添うものは誰一人としていなかった。

そもそも護民官《トリブヌス・プレビス》という職は、人民の利益になることならいつでも何でも推進するもので、人民の利益を追求するあまり、貴族と対立するものである。しかし、この場合に限って、護民官は貴族と手を結び、共通の敵〔マンリウスのこと〕にあたったのである。またローマ人民は、本来自分たちの利害には大変敏感であり、好んで貴族と対立した。この時も、当初はマンリウスにきわめて好意的だったはずだ。にもかかわらず、護民官がマンリウスを喚問し、事件を人民の裁判に委ねると、その同じ人民が正義の擁護者となり、ためらわずにマンリウスに死刑判決を下してしまったのである。

実際、歴史のどこを取り上げても、この例ほどローマ共和国の制度の優れていることを見事に指摘しているものはないように思う。この例によると、この都市の中の誰一人として、あらゆる才能《ヴィルトゥ》を具え公私にわたって数々の称讃すべき業績を残した一市民〔マンリウス〕を、弁護しようとはしなかったのである。

つまり、国を思う心が他のいかなる感情にも優先していたからだ。そして過去の実績よりは、マンリウスによってもたらされている現在の危機に多くの考慮を払った。したがって、現在さらされている危機を救うためには、人民はマンリウスを殺す他方法がなかったのである。ティトゥス・リウィウスは、次のように言っている。「共和国にさえ生まれていなければ、名声を歴史にとどめたであろう人物〔マンリウス〕が、その生涯を終えたと。

ここでは、二つの点を考慮しなければならない。第一に、腐敗した都市で名声を求めねばならぬのと、優れた政治体制にある国家で名をなすのとは、おのずから別だという点である。第二には、(第一の点とほとんど重なるが、)人びとが身を処していくにあたり、特に大事業をしとげるにあたっては、生きている時代を考えて、環境に合わせなければならないことである。

選択がまずかったり、生来の性格が災いして、時代に合わせられない者は、生涯の大半を不幸のうちに過し、何をしてもなさけない結果に終わってしまう。これに反して、時流《テンポ》に乗った人びとは、〔することなすこと何でも〕うまくいくものである。

右に引用した歴史家〔リウィウス〕の言葉からは、まさしく次の結論を得ることができる。もしマンリウスが、人民がすでに堕落してしまったマリウスやスッラの時代に、〔遅れて〕生まれてきたなら、彼は野心のおもむくままに大事を成しえたであろう。また、マリウスやスッラをはじめ、その後に僭主政治を企んだ連中と同じような成果と成功とを収めたに違いない。同じように、もしスッラやマリウスがマンリウスの時代に生まれていたとすれば、事業に着手する段階で打倒されていたことであろう。

それというのも、事の運用いかんによっては、また悪辣《あくらつ》に策を講ずれば、一人の人間でも一都市の人民を堕落させることができるが、彼自身が、そこから利益を得るまでに人民をたっぷり腐敗させるのに十分なほど、人の生命は長いものではないからである。

仮に、目的達成まで長生きできると仮定したにせよ、人の常の習性によって、結局失敗に終わるであろう。つまり、人間本来の性急さのため、欲望をいつまでも抱き続けられないからだ。その上人は、自分のこと、とりわけ熱望していることとなると、目をくらまされやすい。こうして、せっかちと勘違いのために、時宜《テンポ》を得ない仕事に取り組んで、苦杯を喫してしまうのである。

したがって、共和国の自由を奪ってその上に悪しき政体を押しつけようと思えば、人民がすでに堕落しはじめており、時を追い世代を重ねるにつれて無秩序状態に向かうのを、あらかじめ見極めておかなければならない。

すでに述べたように、よき先例を導入して国政刷新を断行し、新しい法律を作って国家草創期の姿を取り戻さない限り、どの国家にしても、堕落の一途をたどるのは避けられぬものだ。したがって、マンリウスが仮に堕落した都市に生まれていたら、歴史上まれに見る人物として成功を収めていたに違いない。

共和国に自由を打ち建てる場合にせよ、専制政治を確立しようとする場合にせよ、共和国で何らかの事業をやる市民たるものは、まず自分の置かれている情況をよく考えた上で、仕事の困難さを判断しなければならない。なぜなら、奴隷として甘んじて生きる人を解放しようとすることは、自由を渇仰する人を奴隷の境遇に落とすのと同じくらいに、困難で危険な仕事だからである。

本章では、行動するにあたっては時代の性格を考え、これに合わせていかなければならないと述べてきたが、この点について次章で詳細に述べることにしよう。

9 いつも幸運に恵まれたければ時代とともに自分を変えなければならない

すでに何度も述べたように、人の運不運は時代に合わせて行動を吟味するか否かにかかっている。周知のように、ある者は感情の激するままに事を運び、ある者は用心に用心を重ねて事を進めていく。またどちらの場合でも、限界を踏み越えやすいから、適切な方法を守り通しえずに、失敗に終わってしまう。

ところで、誤りを犯すことも少なく、前途は洋々たる幸運にいろどられている人びとは、何度も述べたように、時代の性格を敏感に感じとり、いつも自然が命ずるままに事を運んでいくものである。

周知のように、ファビウス・マクシムス(1)は慎重な配慮と細心の注意を払いつつ、作戦を推し進めていった。これはローマ人にありがちな、衝動にかられ向こう見ずにつっぱしる傾向からは、ほど遠いものと言わねばならない。幸運に恵まれた彼のこの行き方は、時代に即応したものだった。

当時イタリアに進攻してきたハンニバルは、若さとはつらつとした運《フォルトゥナ》とに恵まれて、ローマ人を二度までも撃破していた。それにひきかえローマ共和国は、精鋭の軍隊の大半を失い、士気阻喪していた。したがって鈍重のきらいはあっても、用心深い将軍が出て、敵を見張らせておくより他には、よりよい幸運を手に入れる手段はありえなかった。

一方ファビウスにとっても、自分の持って生まれた性格や行き方に、これほどぴったりの時代にめぐり合わすことは考えられなかった。だからこそ、あのような栄誉を一身に浴びるまでになったのである。しかも、ファビウスがあのような仕事を成し遂げたのも、彼の生まれ持った性格によるもので、好んで選んだ道ではなかった。このことは、次のことからも知られる。スキピオが戦争を終結させるため軍隊をアフリカに派遣しようとした時のことだった。ファビウスはこれに強く反対する。これは自分の慣れてきた方法を捨てきれず、頭の切りかえのできない人にありがちのことである。だからファビウスの主張が通っていたら、ハンニバルはなおイタリアにとどまっていたであろう。これはファビウスが時の流れを察知するのにうとく、それにつれて戦争遂行の方法も変えていかねばならない〔ことを理解しなかったことを示すものに他ならない〕。

ファビウスがローマの国王だったとしたら、この戦争は簡単に敗れていたに相違ない。というのは、時代の推移につれて策を変えていかねばならないという鉄則を、彼は知らなかったからだ。

ところが、実際にはファビウスは共和国に生をうけていた。共和国には様々な型の市民、色々な性格を持った人間がいて、長期戦を戦い抜くにはちょうど適任のファビウスがおり、一方、勝ちに乗じた時にはもってこいのスキピオが控えている、といった具合なのである。

このことからも、共和国は君主国に比べてはるかに繁栄し、かつ長期にわたって幸福を享受できることが理解できよう。なぜなら共和国では国内に色々な才能を具えた人間が控えているので、時局がどのように推移しようと、これにより巧みに対応していくことができるが、君主国の場合はそうはいかないからだ。

すでに述べたように、いつでも決まった手しか打てない人は、時局の動きにつれて脱皮することができない。時勢が変わって、それまでの方法が通用しなくなると、必然的に破滅するより他仕方がない。

前に何度か触れたピエロ・ソデリーニ[2]は、事に対処するにあたって、すべて人間味と忍耐で押し通した。彼の行き方が時代に適っている間は、ソデリーニもフィレンツェもはなやかであった。しかし、その後時勢が移って、忍耐も謙譲もかえりみられない世の中になってしまうと、手のほどこしようもなくなり、祖国もろとも破滅してしまった。

同じく、教皇ユリウス二世[3]は、在位期間を通じて、短気のあまり感情の激発に身をまかせた。そんな態度でも時代にうまく一致したものか、彼のすることはすべて上首尾だった。しかし、時局ががらりと変わって他の策が要求されると、ユリウスも破滅のやむなきに至った。なぜならば、時代の要求に合わせて、従来の行き方や方法を変えることをしなかったからである[4]。

時代に合わせて行き方を変えることのできぬ理由として、次の二つがあげられるだろう。

第一に、生まれ持った性格にはどうしても逆らえない。第二に、いったんある方法を用いて上々に成功した人物に対して、今度は別の方法を採用したほうがうまくいくと信じさせるのは至難の業だ。こうして、一人の人の運命《フォルトゥナ》は色々に変わってくる。時勢は刻々に移り変わるのに、それに対応して人は行き方を変えることをしないからである。

国家が滅亡していく場合も、同じ理由から説明されよう。すでに詳しく説明したように、(5)共和国は時代に応じて法律を変えることをしないから、失敗するのである。しかも共和国の場合、〔君主国に比べ〕遅々とした変革しかできない。しかも、より多くの困難を伴なう。つまり変革のためには、共和国全体が革命を必要とする情勢になるまで待たなければならないからだ。したがって一人の人間だけが、時代に合うように方針を変えてみたところで不十分である。

本章では、ファビウス・マクシムスがハンニバルの攻撃を食い止めた時を例としてあげておいた。次章では、いくら将軍が敵と決戦を交えようと思っても、敵の出方によってはできない場合もあることを説明しようと思う。

10　敵があらゆる手段を使って決戦を挑んでくる場合、指揮官は戦いを避けることはできない

「臨時独裁執政官《ディクタトール》グナエウス・スルピキウス[1]はガリア人に対する戦いを長引かせていた。彼は、いちかばちかの決戦にすべてを賭けることを避けようとしていた。ガリア軍は時が経てば経つほど疲労の色が濃くなり、地理的な不利によっても日に日に消耗の度が加わることを見越していたからである。[2]」

いったいに誤りというものは、すべてとは言わないまでも、ほとんどの人が陥りやすいものなのだが、私としては、そのような失敗をいつもくり返さぬように警告するのは悪いことだとは思わない。だから私は、〔現代人が〕重大な用件を処理する態度は、古代人のそれとはまったくかけ離れたものになったことをくり返し述べた。けれども、ここでもう一度くり返しておくのも、あながち無駄ではあるまい。

なぜなら、特に古代の行き方とは離れてしまっている分野といえば、その大半は軍事行動に関するものに限られているからだ。これについては、古代人が大いに評価していたものでも、今日、全然取り上げられていないものもある。このような相違は、当今の共和国や君主がみな、戦争を傭兵軍隊まかせにしているために生まれる。つまり、危険を冒したくない一心で、この軍役から手を引いてしまっているのである。

また、当代の国王の中にも親しく軍隊を率いて戦いに臨む人物がいるからといって、格別称讃するに値する別のやり方が彼によって生まれるとは思えない。なぜなら、このような支配者が行動を起こすのは、ただ大向こうの喝采を狙うにすぎないからであって、これといって他の立派な動機から行動を起こしているのではないからである。

しかし、時には配下の軍隊を直接指揮する一方、自ら最高司令官の称号を得ようとするこれらの君主は、共和国、特にイタリアのそれに比べれば失敗を犯す率はきわめて小さいと言える。

事実、イタリアの共和国は戦争を傭兵軍隊にまかせきりにしている上、戦争に関する事柄はさっぱりわかっていないくせに、他面では見事な指揮を執ることもできることを示そうとして、決定を下して、そのあげく数えきれぬほどの失敗を重ねているのが現状である。この問題については、ある程度別のところで論じておいた。ここでは最も重要な点について黙っておこうとは思わない。

だらしない君主や堕落しきった共和国が、将軍を戦場に送るに際して与えるより賢明な命令と考えているのは、どうしても一戦交えざるをえなくなった場合、何を差し置いても、白兵戦だけは慎めということである。しかも彼らは、ファビウス・マクシムスの慎重な行動を範としているつもりでいる。このファビウスこそ、ハンニバルとの決戦に遷延策をとってローマ共和国を救ったその人であった。ところが彼らは、多くの場合そのような命令は無意味なばかりでなく、害をもたらすことには気がつかない。戦場にある将軍には、敵があらゆる手を用いて決戦を挑んでくれば、どんな場合でも避けることはできない、という結論を摑んでいなければならぬからである。

だから、次のような助言を与えられるだけだ。「敵が戦いをしかけてきたら交戦せよ。しかし、こちらから挑戦してはならない。」なぜなら戦場に出るつもりはあるが決戦は交えたくない場合、唯一の安全な手段は敵から五十マイルの距離をとっておかなければならぬからだ。こうしておいて腕利きの斥候を放ち、敵が接近してきたら退却する時間を持たせる。

他にもう一つ方法がある。それは都市に籠城することだ。右のどちらの方法にせよ、それによって受ける痛手は計り知れない。

前の場合は、国土を敵の略奪にまかせることになる。勇敢な君主ならば、戦争を長引かせて領民に多大の損害を与えるより、決戦を試みて運命に結着をつけようとする。後の戦法についても、その損失は目に見えている。なぜなら、軍隊を率いて都市に籠城すれば、必ず敵に包囲され、すぐに飢えにさいなまれて降伏せざるをえなくなるからである。

このように、どちらにしてもこれら二つの方法で決戦を回避することは危険この上ないことである。ファビウス・マクシムスがしたような、有利な地点を占拠する戦法は、勇猛な軍隊を抱えているために、敵が恐れをなしてこちらの有利な地点に踏み込んでこない場合に有効なのだ。事実、ファビウスは決戦を避けたとは言えない。むしろ有利な態勢に導いて、決戦しようとしていた。

なぜなら、もしハンニバルが決戦をしかけてきたなら、ファビウスはこれを迎え撃って決戦したに違いないからだ。ところが、ハンニバルはこのような情況の下では、敢えてファビウスと戦いを交えようとしなかった。ハンニバルもファビウス同様、決戦を避けようとしていたのである。しかし、一方がなんとかして決戦に持ち込もうとしたなら、他方は三つの方法の中から一つの方法を選ばなければならなかったろう。三つとは、すなわち上述の二つの方法に退却を加えたものである。

私の言うことの正当性は、幾多の実例からしても明らかである。とりわけローマ人が、ペルセウスの父マケドニアのフィリッポスとの間に行なった戦争[3]の中で、はっきり汲み取ることができる。というのは、フィリッポスはローマ軍の攻撃を受けたが、正面きって戦うことを避けようと心に決めていたからである。そのためには何をおいても、ファビウスがかつてイタリアで用いた通りに行動しようとしたのだった。

フィリッポスは、きわめて要害堅固な山の頂に全軍を集結し、ローマ人はとうていここまではやって来ないだろうと決めてかかっていた。ところが、ローマ軍が進撃してきてフィリッポス軍に攻撃を加え、山頂から追い払ってしまう。支えきれなくなったフィリッポスは、部隊の大半を率いて退却してしまった。フィリッポスの軍隊が全滅を免れえたのは、この地方の地勢が不規則であったためローマ軍が彼を追跡できなかったからである。

フィリッポスは、このようにローマ軍と正面からぶつかることを避けようとしていたのに、ローマ軍のすぐそばに陣を構えたので、結局は退却しなければならなくなった。決戦を避けようと思えば、山頂に陣を布くだけでは十分ではないことを、彼はこの〔苦い〕経験から学びとったのであるが、かといって都市に籠城する気にもなれず、いま一つの残された方策を用いようと決心をした。つまりローマ軍の陣営から数十マイルの距離をとって陣を布いたのである。ローマ軍がその地域に進出してくると、フィリッポスは他に移動し、ローマ軍が引き払うとその後にいつもフィリッポスが現われた。

しかし結局は、この戦法で戦いを長引かせていると自軍の立場がますます悪くなっていくだけであり、しかも国民は、時には味方から、時には敵から損害をこうむることがわかってきた。そこでフィリッポスは一回の決戦[4]に運命を賭ける気になった。こうして、ローマ軍とまともにぶつかり合うことになったのである。

だから、ファビウスとかグナエウス・スルピキウスの軍隊と同じような条件を確保している時には、戦いを交えないことが得策なのだ。つまり諸君の統率する軍隊が精鋭であるため、敵軍も敢えて諸君の陣地に攻撃を加えてこない場合とか、敵軍が諸君の領内に踏み込んではみたものの、足掛りがないために生活必需物資の欠乏に悩まされるような場合には、敢えて戦うべきではない。このような情況下においてこそ、遷延策は効力を発揮するのである。

その理由としては、ティトゥス・リウィウスがスルピキウスの作戦を取り上げて述べていることを見よう。「彼は、いちかばちかの決戦にすべてを賭けることを避けようとしていた。ガリア軍は時が経てば経つほど疲労の色が濃くなり、地理的な不利によっても日に日に消耗の度が加わることを見越していたからである。」

しかし、これ以外の情況のもとで決戦を避けようとすれば、必ずや不面目と危険とを背負い込まねばならなくなる。というのはフィリッポスのように、退却することは敗北を喫するのと同じ結果となるからだ。これはより不名誉なことであって、諸君の武勇《ヴィルトゥ》を示すのには何の足しにもならない。なるほどフィリッポスは幸運にも逃げおおせることができたけれども、フィリッポスのように地の利に助けられることのない場合は、とても助かる見込みはないのだ。

ハンニバルが戦術の大家ではなかった、と言う者はまずあるまい。ハンニバルがアフリカに出陣していたスキピオと対峙した時、戦いをひき延ばすのが得策だと知っていたとすれば、決戦を回避していただろう。しかも、たまたまハンニバルは有能な将軍と精鋭な部隊を備えていたのだから、ファビウスがイタリアで収めたのと同様の成果をあげえたはずだ。ところが、実際は遷延策をとらなかった。これは、なにかしら重大な原因によるものと考えなければならぬ。

というのは、自分の指揮下に軍隊を編成はしたものの、戦費にも事欠き、味方に加わる者も少ない場合、君主はとうていその軍隊を長く維持してはいけないからだ。こんな場合、軍隊が離散してしまわなければならぬ前に、いちかばちかの決戦を試みなければならないのである。[5] なぜなら、決戦に踏み切っていれば勝利を摑めたはずなのに、ためらったばかりに確実な勝利までも失ってしまうことになるからである。

また、次の点には十分注意しておくべきだ。つまり指揮官は、戦争に敗けても名誉だけは確保したいと思っているという事実である。しかも他の障害から敗戦の憂き目にあうよりも、一戦交えて敗北を喫するほうがいっそうの名誉が与えられる、という傾向がある。ハンニバルがその行動を決定せざるをえなかったのは、このような制約だったに違いない。

一方スキピオは、ハンニバルが決戦を遅らせようとしていた時でも、堅固な陣を布くハンニバル軍に突撃する十分な勇気を持ちあわせなかったし、それにいっこう痛痒《つうよう》を感じなかった。スキピオはその時までに、シュファックスを破っており、その上アフリカで夥《おびただ》しい土地を手に入れていたので、イタリアにいる時のように安心して気楽に事を運ぶことができたからだ。このような情況は、ハンニバルがファビウスと対峙した時の情況とは、異なったものである。またスルピキウスと対決した、ガリア軍の場合とも違うものである。

軍隊を率いて、外国に侵入しようとする者にとっては、なおさらのこと決戦を避けることはできない。なぜなら敵国内に攻め入り、敵と遭遇すればいつでもこれと一戦交えなければならないからだ。さらに敵の都市を包囲しようとすれば、当然正面衝突は避けられない。当節の例としては、ブルゴーニュ公シャルルをあげることができる。彼はスイスの都市モラを包囲したのであるが、スイス人に攻撃され敗北を喫した(6)〔一四七七〕。またノヴァーラを包囲したフランス軍も、スイス人に撃破されて同じ憂き目にあっている。

11　多数の敵と戦わなければならない場合、劣勢であっても、緒戦の攻撃に耐えれば勝つことができる

これまで何度も述べたように(1)、ローマにおける護民官《トリブヌス・プレビス》の権力は絶大であった。また、

どうしてもその必要があった。彼らに権力がなかったら、貴族の野望を抑えきれなかったに違いない。そうなれば、貴族が実際にローマを滅ぼしたより、もっと早く滅びていたであろう。

ところで、すでに他でも触れたように、なにごとであれ人間が作った制度には、本来何かしら固有の欠陥が隠れている。そして、そこから思わぬ障害が持ち上がってくる。そこで、また新しい法律を作って対処しなければならなくなる。

護民官の権力についても、このことが当てはまる。その権力が、貴族にとってばかりでなくローマ全体にとっても尊大かつ恐ろしいものに成長していったため、もしアッピウス・クラウディウス(2)が護民官の野望からローマの自由を守るような策を講じていなかったなら、ローマの自由にとって重大な脅威がもたらされていたであろう。

その策というのは、護民官の中に、人一倍臆病な者、あるいは買収されやすい者、または社会の利益を第一に考えようとする者が、いつも選ばれるようにしてあったことだ。これらの連中は、他の護民官が元老院の意思に反した決議を打ち出そうとしても、それに反対の心構えを見せたわけである。確かにこれは、護民官が絶大な権力を握るのをきっぱりと抑制した。これが長い間にわたってローマの歴史に幸いしたのであった。

このような現象は、私を次のように考えさせる。すなわち、権力者が多数団結し別の一つの権力に対抗しようとする時は、たとえその結集された勢力が別の一つの力よりはるかに強大であったとしても、数において圧倒的に勝り、実力でも並ぶもののない集団よりも、単独でしかも力に劣る単一の勢力のほうが、いつもはるかに威力を発揮するものである。なぜなら、単独ならば多数（それも数えきれない）の場合よりも強力であることは別としても、次のような利点が常に備わっている。つまり、ほんのちょっと頭を働かせれば、相手の集団に不和を呼び起こして、〔団結している間は〕強かった力を弱めることができる。この点については、数ある古代の実例を持ち出すことは控え、現代の事例を示すことにしたい。

　一四八三年、全イタリアはヴェネツィアに対して同盟を結んで立ち上がった。敗れたヴェネツィアは元も子もなくくし、戦場に軍隊を送ることすらできなくなった。ところがヴェネツィアは、ミラノを支配していたロドヴィーコ〔ルドヴィーコ・イル・モーロ〕を買収して協定を結び、失った土地を取り戻しただけでなく、フェッラーラ領の一部までも奪った。このように彼らは、戦いには敗れながらも、平和によって勝ちを占めたのである。

　数年前のことであるが、全世界が同盟[3]してフランスと対抗したことがあった。ところが戦争の結末を見ないうちに、スペインが同盟から離反しフランスと協定[4]を結んでしまった。このため、その他の同盟国もあいついでフランスと和議を結ばざるをえなくなった。

　このことからも、当然次のような考えに到達する。一国に対して多くの国が団結して戦争をしかける場合、緒戦の攻撃を支えるだけの力《ヴィルトゥ》を持ち、機会の来るまで時を稼ぐことができれば、この国は勝利を得ることができるはずである。しかし、それができなければ、この国は非常な危険にさらされるだろう。

一五〇八年のヴェネツィア人の体験が、そのよい例である。あの時、もしヴェネツィア人がフランス軍をあしらって時を稼ぎ、ヴェネツィアに向かって同盟を結んでいた国々のいくつかを味方にできたなら、あれほど破滅せずに済んだに違いない。しかし実際には、敵の攻撃を受け止めるだけの優秀な軍事力もなかったため、仲間割れを起こさせる時間的余裕もないままに敗北してしまった。

この事件に関連して、教皇は自分の喪っていたものを再び手に入れると、ヴェネツィアと友好関係に入ったし、スペインとても同様であった。しかも、この二者はいずれもヴェネツィアのため、進んでロンバルディーア地方をフランスの手から奪い返そうとしていたのだし、さらにフランスのイタリアにおける勢力の伸長をできるだけ食い止めようとしていた。

だから、ヴェネツィア人は領土の一部を割譲するだけで、残りを確保できたはずである。もしぎりぎりまでに追いつめられたのではないように思わせて、かつ戦端を開く前に先立ってその手を打っておいたなら、これはきわめて賢明なやり方であったろう。しかし、いったん戦端を開いてしまった後の割譲は不面目であり、おそらく得るところも少ないであろう。

実際に戦端が開かれるまでは、ヴェネツィア市民のうちで、事態の危険を認識していた者はまれであったし、その予防策を説ける者はさらに少なかった。そして、意見を具申する者は皆無の状態であった。

ここで本章のはじめに戻り、次のように結論しておこうと思う。多くの国家から攻撃を受けている君主は、ローマ元老院《セナトウス》が多くの護民官《トリブヌス・プレビス》の野心から祖国を守る時に用いた方法と同じように、相手国の間に不和を引き起こすような用心深い策をいかに利用するかを知っている時はいつでもその解決策を用いるであろう。

12 慎重な将軍は、部下の将兵を戦闘が避けられない状態に追い込む、また敵に対しては決戦を挑んでこさせぬようにする

すでに何度も述べたように、必要《ネチエシタ》に迫られてようやく行動を起こした場合、人間の行為はすばらしい成果をあげるものである。ある道徳哲学者の言葉[1]に、人が名声をあげるためには、手腕と弁舌が最も大切な道具だ、とある。しかし、この高貴をきわめた二つの手段が人間を高貴にするにしても、もし必要《ネチエシタ》に迫られて行動を起こすのでなければ事業を完成させないし、人間の行為を高みに導くこともなかろう。

古代の将軍は、必要性《ネチエシタ》が発揮する威力《ヴィルトウ》についてよくわきまえていたばかりでなく、部下の将兵にどうしても戦わなければならぬ気持があれば強い攻撃力を発揮できることも知っていたので、このような条件のもとに部下を置こうとあらゆる策を講じたものだ。他面、敵が必要に迫られて〔果断な〕行動に出ることのないように、あれこれ工夫をこらした。

このためにこそ古代の将軍は、閉鎖できる道路をわざと敵のために開いておいたり、〔反対に、味方の軍隊に利用させぬように〕通れる道路を閉鎖してしまったりしたのである。したがって、都市を包囲から頑強に守り続けたり、あるいは戦線で軍隊の力を完全に出しきろうと考えるならば、何にもまして、戦闘の担い手の部下将兵の心中に〔戦いの必要性《ネチエシタ》を〕呑み込ませなければならない。だから卓越した指揮官は、都市攻略にあたって作戦遂行の難易を測る場合、都市住民がどれほどまで切迫《ネチエシタ》して死守する覚悟を決めているかを知り、かつ考えてみなければならない。守備軍を防衛に駆り立てる切迫《ネチエシタ》した事情がはっきりと認められれば、攻略は簡単にはいかないと思わなければならない。それが感じられなければ、攻略は造作もないことと考えてよい。

さて、自国から離反した都市を今一度従属下に置くことは、ある都市をはじめて占領する場合に比べて、はるかに困難なものである。はじめて攻撃を受ける場合は、住民は以前に何の害も与えていなかったので罰せられる怖れがないから、簡単に降伏する結果となる。一度叛いた連中を攻撃する場合、彼らは〔以前に〕害を与えた以上このために罰を受けることを恐れ、攻め落とすにはなみなみならぬ努力が必要となってくる。

このようなねばり強い抵抗は、近隣の君主や共和国の間で自然に育まれた敵対感情からも引き起こされうる。この敵対感情は、言うまでもなく支配欲とか嫉妬心に基づく。ことにトスカーナ地方に見られるように、共和国相互間ではこの傾向はいちだんと強い。このような競争心、敵対感情は、一国が他の共和国の支配に甘んずることを常に困難にさせている。

さてここで、フィレンツェとヴェネツィアのそれぞれの周辺国家の性格を検討してみよう。フィレンツェが領土拡張のために莫大な金を注ぎ込みながら、ヴェネツィアほどには得るところが少なかったのは、多くの人が理解するように驚くべきことではなかった。その理由として、ヴェネツィア周辺の諸国家は、フィレンツェ周辺の諸都市に比べて、それほど頑強には抵抗しなかったことがあげられる。ヴェネツィアと境を接した全国家は君侯によって統治され、共和国に支配されていたのではなかった。彼らは支配されることに慣れており、支配者が替わったところで、意に介さぬどころか、多くの場合、むしろ望むところであった。(2) このような情勢であったので、ヴェネツィアはフィレンツェに比べて、より手強い国々に取り囲まれていたのに、共和国に囲まれたフィレンツェほど強い抵抗に遭遇せずに、やすやすとそれらの国を手中にすることができたのである。

さて、本題に話を戻そう。都市に攻撃を加えようとする場合、指揮官は、追いつめられてその結果、頑強に抵抗することを防衛軍から取り除くようにあらゆる手を打たなければいけない。

例えば相手が罰を恐れているなら許しを約束し、あるいは自由を失うことを心配している場合は、国民全体の幸福に危害を加えようとしているのではなく、敵は国内の少数の野望家連中だけなのだと説得して、国民を納得させなければならない。このような方法こそ、いつの場合でも都市攻略を遅滞なく成功させたものである。

このような口実は、特に頭のよい者にかかったら、いっぺんに見破られることは確かだ。しかし一般民衆なら、しばしばわけもなく騙せる。民衆は目前の平和を求めるあまり、見せかけの口約束の背後に隠されている罠には目を閉ざすものである。

この罠にかかって独立を失った国家は、枚挙にいとまがない。ごく最近フィレンツェに起こった例[3]がそうである。クラッススと彼の軍隊の破滅も、この例に漏れるものではない。クラッスス自身、パルティア人の約束はでたらめだ、と承知していた。パルティア人の目的は、ローマ軍の兵士から、戦わなければならないという追いつめられた気持を取り除くものだった。にもかかわらず、彼はその軍隊を頑強なままで維持できなかった。ローマ人はパルティア人による和平の提案に、すっかり目をくらまされてしまった。この間の事情はクラッススの伝記[4]に特に詳しい。

さて、ここでサムニウム人の例を引いておこう。彼らは一部の者の野望に踊らされて、ローマとの協定を破り、ローマの同盟国領内に侵入して略奪を働いた。その後になって彼らはローマに使節を派遣し、これまでに略奪したものを返還し、騒動と略奪の主謀者を逮捕して引き渡す条件で和平を提案した。

ローマ人がこれを拒否したため、使節は和平の望みを失ってサムニウムへと引き返した。サムニウム軍司令官クラウディウス・ポンティウス[5]は、その有名な演説で次のような意見を披瀝《ひれき》した。ローマ人がどうあっても戦うつもりでいる以上、サムニウム人が和平を望んでみたところで、戦争に突入せざるをえないだろう。つまり、人にとっての「やむにやまれぬ戦いは正義であり、武力の他に一切の望みが絶たれた時、武力もまた神聖である[6]」と。

この言葉のように、彼が部下とともに勝利の希望をつなぐ裏づけとなったものは、必要《ネチエシタ》に迫られてどうしても戦わなければならないという現状だった。

この問題についてはこのへんでけりをつけて、二度と持ち出さなくても済むように、裏づけとなる注目すべき例を『ローマ史』の中から引用してみたい。

グナエウス・マンリウスが軍を率いてウェイイ軍と対峙した時のことである[7]。ウェイイ軍の一隊がマンリウス軍の柵内に侵入してきたので、マンリウスは一隊を率いて救援に駆けつけ、ウェイイ軍の脱出を不可能にするために、侵入した時の突破口をすっかり占領してしまった。ウェイイ軍は袋の鼠となったことに気づいたウェイイ軍は死にもの狂いで戦い、とうとうマンリウスを戦死させてしまった。もし一人の護民官が賢明にも、わざとウェイイ人の脱出口を開けておかなかったとしたら、残るローマ軍は全滅の憂き目にあっていたことであろう。

この事実からも、ウェイイ人は必要《ネチエシタ》に迫られてどうしても戦わなければならなくなると、火の玉のようになって奮戦するが、いったん退路が確保されていることを知ると、戦うどころか逃げ出してしまうことがわかるであろう。

ウォルスキ人とアエクウィ人とが、軍隊を率いてローマ国境に侵入してきた。執政官《コンスル》は防御のため軍隊を差し向けた。戦いもたけなわとなって、ウェティウス・メシウスに率いられたウォルスキ軍は、突然陣地に閉じこめられて、ローマ軍とその同盟軍にすっかり占領されているのに気がついた。坐して死を待つか、撃って出て死中に活路を見い出すか、どちらかしかないことを覚ったメシウスは、「ものども続け。こうなれば柵も城壁も役には立たん。体と体とぶっつけあって戦うより他に仕方がない。気力においては劣るものではない。背水の陣を布いているわが軍こそ有利というものだ」と号令を発した。このように、それ以上後には退けないところに追いつめられて戦うことを、ティトゥス・リウィウスは「最後にして最上の武器」と呼んだのである。

数あるローマの将軍の中でもずばぬけた知将であったカミルスは、軍隊を率いてウェイイの都市に突入した際、これを難なく掌中に収めるため、また敵を追いつめてかえって死にもの狂いの防御に走らせないため、次のように命じた。つまり、武器を放棄した者には絶対攻撃を加えてはならないことを徹底させ、このことがウェイイ人の耳にも入るようにした。このためにウェイイ人は次々と武器を捨て、ためにほとんど無血占領に近い形でこの都市を手に入れることができたのである。それ以後、多くの将軍がこの方法を踏襲するようになった。

13　勇将のもとに弱卒ある場合と弱将のもとに精兵ある場合と、どちらが信頼できるか

コリオラヌスはローマから追放されてウォルスキに赴き、この地で軍隊を編成して、自

分を追放した連中につのる恨みを晴らそうとローマに進軍した。しばらくして彼は、またローマを立ちさる。これはローマ軍に屈したというよりは、母親の慈愛によるものであった。

これについてティトゥス・リウィウスは、次のように言っている。この文章から、ローマ共和国が大をなしたのは、その兵士の気力《ヴィルトゥ》よりも将軍の気力《ヴィルトゥ》に負うことが知られる、と。彼がこのような考えを持ったのも、ウォルスキ人はそれまで連戦連敗だったのに、ひとたびコリオラヌスという名将が統率するようになると、勝利したからである。

リウィウスの意見とはうらはらに、指揮官を欠いていても兵士が武勇《ヴィルトゥ》にあふれているため、まことに驚くばかりの働きをしとげた数々の例に、歴史のいたる所で触れることができる。それどころか、執政官が指揮を執っていた時にもまして、彼が戦死したのち部下の兵士たちが一糸乱れぬ統制を保って勇猛に戦っている。スペインにあったスキピオ配下のローマ軍は、二人の指揮官の戦死後かえって勇気百倍して危地から脱出したばかりでなく、敵を撃破しローマ共和国のためにこの属州を守り通したのだった。(1)

このように、戦闘に勝利するには兵士さえ勇気《ヴィルトゥ》を具えていれば足りるという、数多くの実例に触れることができよう。しかし同時に、将軍が見事な指揮を執りさえすれば、戦闘の勝利は疑いないとする証拠にも事欠かない。こうなると、この二つの立場は互いに依存しあって目的を達するものだと、判断せざるをえない。

さて、まず考えておかなければならないことは、だらしのない将軍をいただく精鋭の軍隊と、名将に指揮されたでたらめな兵士からなる軍隊と、どちらがよりあてにできるかという問題である。これについては、カエサルの意見を持ち出すまでもなく、どちらもあまりあてにはできない。というのは、スペインでアフラニウスとペトレイウス(2)の率いる精鋭軍に立ち向かった折、カエサルは「指揮官のいない軍隊と戦う」のだからたいしたことはあるまいと言った。つまりカエサルは、腰抜けの将軍が統率する軍隊のことを指している。これと逆に、テッサリアでポンペイウス(3)と戦ったときには、「兵隊を持たぬ将軍と一戦交える(4)」と言ったからである。

続いて、優れた将軍が精鋭の軍隊を作るのと、充実した軍隊が有能な将軍を生み出すのと、どちらがやさしいか、という別の疑問が出てくる。これに対する答えは、決まっているも同然だ。一人の優れた者が多くの人びとをよい方向に教化するより、多くの立派な人びとがいて、ただ一人の人を探し出して偉大な人物に育て上げるほうが、はるかにやさしいのである。

ミトリダテスに派遣された時、ルクッルス(5)は戦争について何の経験も持たない素人《しろうと》にすぎなかった。ところが配下の軍隊は精鋭であった上、多くの優秀な指揮官を抱えていたので、彼はたちどころに傑出した名将に成長してしまった。

他方、兵員不足に悩んだローマは多数の奴隷に武器をとらせ、その訓練をセンプロニウス・グラックスに委ねたところ、瞬く間に立派な軍隊を作り上げてしまった。また、すでに紹介済みのペロピダスとエパメイノンダスは、祖国テーバイをスパルタの圧政から解放した後、たちまちのうちにテーバイ農民を優秀な軍隊にしたてあげた。この軍隊はスパルタ軍の攻撃を食い止めただけではなく、これを撃破するほどの大功を立てたのである。(6)

右の例から考えても、この問題は同等のことである。一方に利点があれば他方を補うものである。しかし、いくら優秀な軍隊でも指揮官に統率されていなければ、えてして傲《おご》りたかぶり、手に負えない存在となるものである。例えばアレクサンドロス死後のマケドニア軍とか、ローマの内乱時代の古強者《ふるつわもの》が好例である。

したがって、部下を鍛える暇もあり、武器をとらせる好機を摑む力もある将軍は、もめにもめた末、自分たちで選んだ将軍をいただく思い上がった軍隊に比べて、はるかに信頼するに足るもの、と私は考えている。

このような優れた将軍は、二重の称讃と名誉に値する。なぜなら、戦場に出て敵を粉砕するだけでなく、戦う前にすでに、軍隊に訓練を施し精鋭部隊に仕立てあげるからである。このようになるには二倍の力量《ヴィルトウ》が示される。そのような課題が多くの指揮官に求められることがあっても、現代では〔彼らに〕名誉と名声をもたらすことはめったにない。

14　戦闘のさなかにこれまで使ったことのない計略を用いたり、思いがけない音を立てたりすることの効果について

激戦の最中に、これまでになかった事柄が新たに眼に触れたり耳に聞こえたりすると、どんなことが持ち上がるだろうか。それに関しては、きわめて多くの〔戦闘中に起こった〕例がある。このような例の中でも特に有名なのは、ローマ人がウォルスキ人と戦っている最中に起こった出来事である。ローマの将軍クィンティウス[1]は自軍の一角が崩れそうになったのを見てとると、死守するようにと大音声を発して叱咤《しった》しはじめた。その他の場所では、味方はすでに優位に立っていたからであった。この大音声で味方の士気は大いに上がり、敵は肝をつぶしてしまい、勝利を手にした。

　このような叱咤の声は、精鋭な部隊に対してすら大きな効果を持つのだから、まして統制も乱れがちで、ろくに訓練も受けていない軍隊にとっては、どれほどの影響を与えるか計り知れない。いかなる集団といえども、この種の衝撃にはきわめて動かされやすいからだ。これについては、最近起こった有名な例をあげておこう。

　ペルージアはオッディ家とバリオーニ家という二派に分裂して、数年前までバリオーニ派が政権を握ってオッディ派を追放していた。ところが追放されていたオッディ派は仲間の助けを得て軍隊をかき集めて、ペルージア付近の某所へと軍を進めた。ある夜、内応者

の助けを得て城内に忍び込み、誰にも感づかれずに広場を占領するために進んでいった。
ところが、この都市の道路の街角はすべて鎖をはりめぐらして遮断されていたので、オッディ派は、一人にハンマーを持たせ鎖の鍵を断ち切りながら、騎兵を通さなければならなかった。とうとう広場へたどりつく道を突破すればよいだけとなったが、この時すでに、城内の者は武器を手にして騒ぎはじめていた。その上後続の者が邪魔になって、思う存分ハンマーを振りあげてぶち壊せないため、その男は仕事をしやすくするため後続の者に「後にさがってくれ」と要求した。ところが、この言葉が後方に順々に伝達されると「後退」に変わってしまった。②このため最後尾の者は遁走《とんそう》してしまう。残る連中も、それぞれ無我夢中にとんで逃げていってしまう。こうして総崩れ③となってしまった。このように、つまらぬ出来事がきっかけとなって、オッディ派の計画は台なしになってしまったのである。

右のことからも、一糸乱れぬ統制のもとで実戦に駆使しうるように、またささいなきっかけから収拾のつかぬ大事を引き起こさないように、軍隊を訓練しておかなければならないことが理解できるであろう。④まこと烏合《うごう》の衆なるものは、実戦には役に立たない。彼らはちょっとしたざわめきとか、〔話し〕声やわめき声を耳にすると我を失って逃げ出してしまうからだ。

したがって優れた指揮官は、何を差し置いても、命令を受けて伝達する人物を任命しておかなければならない。一方、部下の者には他の人物の言うことに気をとられぬように慣らしておくべきだ。また彼の士官たちは、指揮官の命令以外の何も言ってはならぬ。さもないとたいていの場合、とんでもない大混乱に陥ってしまう。

交戦中の部隊で、どのような手を新たに打たねばならぬかといえば、指揮官は味方の士気を鼓舞し、敵からその戦意を喪失させるように努力しなければならぬ。というのは勝利に至る道は数々あるが、とりわけ右の方法こそ有効きわまりないからだ。

これについては、ローマの臨時独裁執政官《ディクタトール》グナエウス・スルピキウスの例が挙げられよう。(5) 彼がガリア軍を相手に一戦交えた時のこと、すべての荷物担ぎや雑兵にまで武器をとらせ、鎧兜《よろいかぶと》をまとわせて、軍旗をなびかせ、ラバやロバにまたがらせて騎兵に見せかけた。そして、軍旗を奉じて丘の背後に潜ませておき、戦闘がたけなわとなった時をみはからって合図を送ったら、勇ましく躍り出て敵前に姿を現わすように命じておいた。この作戦は筋書き通りに実行され、ガリア軍は肝をつぶして戦いに敗れてしまったのである。

傑出した指揮官として、しなければならないことが二つある。第一に敵を愕然《がくぜん》とさせるように新手の作戦を練っておくこと。第二に敵の次の手を見破って、効果をなくするような備えを立てておくことである。セミラミスの策略がインド王に看破された故事が、これに当てはまる。(6) セミラミスはインド王が多数の象を擁しているものと考え、敵を驚かせようとして、また自分もそれに劣らず多くの象を持っていることを示そうとして、たくさんの水牛や牛の皮をラクダにかぶせて象にしたてて戦場に送り出した。ところがインド王が、このからくりを見破ったために、せっかくのセミラミスの計画も水泡に帰しただけでなく、さんざんな目にあってしまった。

さて、臨時独裁執政官マメルクスが(7)フィデナエ人と戦った時の話である。この時フィデナエ人はローマ軍のどぎもを抜いてやろうと、戦いもたけなわとなった頃をみはからい、槍の穂先に火をつけたたくさんの兵士に城外に撃って出るように命じた。ローマ軍が、この奇襲に気を呑まれて、壊滅することを狙ったのだ。

この種の計略は、見せかけだけのものでなく、どこまでも真に迫ったものである場合に、人びとの目をうまくごまかして成功するものだということを銘記しておかなければならない。なぜなら十分に自信に満ちてさえいれば、そうやすやすと弱点を見破られることはないからである。うわべだけで真に迫るものがない時は、決してこのような策を用いないのがよい。どうしても必要な時には簡単に見破られないように、ある程度距離をとっておかなければならない。グナエウス・スルピキウスが、馬丁の輩《やから》を使って一芝居打ったのがこれにあたる。

ところが相手に近づきすぎると、たちどころに弱点が見破られてしまい、有利になるどころかとんでもない目にあうからだ。セミラミスが偽物の象を用いたり、フィデナエ人が火を使ったりして失敗したのは、まさにこれである。フィデナエ人の計略などは、緒戦でわずかに相手をあわてさせたにすぎなかった。マメルクスが駆けつけ、煙にいぶり出されて蜜蜂のように逃げまどうとは見苦しい、すぐさま火に向かって突入せよ、と叫びはじめた。「奴等のかざしている火で、逆にフィデナエ人を焼きつくしてしまえ。一切容赦はならんぞ」と叱咤するや、フィデナエ人の計画も破れ、結局は戦いに敗れてしまった。

15　一軍の指揮官は一人であるべきで複数ではいけない、指揮官の数が多いとろくなことにならない

フィデナエ人が反乱を起こして、ローマ人がフィデナエに送っていた屯田兵《とんでんへい》を殺害した。この反乱の報復処置をとるため、ローマは執政官《コンスル》の権限を帯びる四人の護民官《トリブヌス・プレビス》を創設して、四人のうちの一人だけローマ防衛のために残しておき、他の三人をフィデナエ人とウェイイ人との戦いに派遣した。ところが三人は敗れこそしなかったが、仲違いしてすっかり面目を失ってしまった。威信失墜はまさにこの三人の責任に他ならず、敗戦の憂き目にあわずに済んだのは将兵の果敢な働きによるものだったからだ。このだらしないさまに気づいたローマは、臨時独裁執政官《ディクタトール》の制度を復活し、三人の護民官が破壊した秩序を回復しようとした(1)。

このことからも、防衛を任とせねばならぬ軍隊や都市にあっては、何人もの指導者の存在はマイナスになることがよくわかるであろう。ティトゥス・リウィウスの次の言葉ほど、この事情をはっきりと言い表わしているものはない。「執政官の権限を与えられた三人の護民官は、指揮系統が分裂すればするだけ、戦いは難しくなることを実証した。それぞれ

自分勝手な考えを持ち出して、意見の食い違いを生み出すために、敵に乗ずる隙を与えてしまうのである。」この例ですでに多数の指導者の欠点は明らかであるが、さらに古今を通じての別の例をあげて、いっそうはっきりさせておきたい。

一五〇〇年、フランス王ルイ十二世はミラノを再占領した後で、ピサに兵を送って、フィレンツェ共和国のためにピサを奪還しようとした。一方フィレンツェも、ジョヴァンバッティスタ・リドルフィとルカ・ディ・アントニオ・デリ・アルビッツィを、司令官[2]に任じて前線に送り出していた。ジョヴァンバッティスタは名声も轟きわたり年配でもあったので、ルカはなにごとによらず彼に一切を委せていた。ルカは考えをむきだしにしてジョヴァンバッティスタに逆らうようなことはなかったけれども、だんまり戦法に出て、なにごとによらずやる気を見せず水をさしてばかりいた。

こうして戦闘に参加するわけでもなく、作戦の相談に乗るのでもなく、何の手助けもせずに、まるででくのぼうか何かのように振舞っていた。ところがジョヴァンバッティスタがある事件[3]のためにフィレンツェに帰還しなければならなくなると、とたんに態度をがらりと変えた。一人になったルカは、やる気を見せはじめ、精力的にしかもきめの細かい作戦を行なった。このようなルカの能力は、同僚ジョヴァンバッティスタが在任中には片鱗すらうかがうことのできなかったものである。

さてここで、私はいま一度ティトゥス・リウィウスの言葉を借りて、これまで述べてきたことの裏づけとしたい。ローマ人がアエクウィ人を討つために、クィンクティウスと同僚のアグリッパを派遣した時のことである〔前四四六〕。アグリッパは、作戦指導の全権をクィンクティウスに委ねたい、と考えた。リウィウスによると、次のように言っている。「非常事態のもとで方針を決定する場合、何よりも一人の人間に指導権を集中することが大切である。」

ところが、現在の共和国ならびに君主は、これとまさに正反対のことをしている。彼らは事態を好転させようとして、一つの任務に複数の代表や指揮官を送っている。このため、計り知れないほどの混乱を引き起こす。今日、イタリア軍やフランス軍がさんざんの目にあっている最大の理由を探すなら、右のことが最も有力である。

私は確信をもって、次のように結論を下すことができる。作戦の指揮官を派遣するにあたっては、二人のきわめて実力ある者を同じ地位に据えるよりも、十人並みの判断力を備えた、唯一人の人物を任にあてるほうが、はるかに好ましい結果が得られる。

16 困難な事態のもとで真の力量《ヴィルトウ》を具えた人物が現われる、太平の世では力量《ヴィルトウ》のある人物は現われず、金の力や姻戚関係を背景とした者が誰よりも人気を呼ぶ(1)

まれに見る大人物は、国家が太平を楽しんでいる限り、とかく粗末に扱われがちなものであったし、将来にわたって常に無視されよう。なぜなら、彼の力量《ヴィルトウ》によれば当然手に入る名声を、太平の世に生きる民衆は、嫉妬のあまり奪い取ってしまうからだ。しかもこうした民衆と同程度の者だけでなく、それ以上の力量《ヴィルトゥ》を具えた者までも、出る杭《くい》を打ってしまう。

ギリシアの歴史家トゥキュディデスは、次のような適切な例を示している。[2] ペロポンネソス戦役の覇者となって、スパルタ人の高慢の鼻をへし折り、ギリシアのほとんどのポリスを傘下に収めたアテナイ共和国は、名声嘖々《さくさく》たる中で、今度はシケリアをも占領しようともくろんだ。[3] そして、この計画がアテナイで討議されることになった〔前四一五冬〕。アルキビアデス他数人の市民たちが、この計画に賛成の意向を表明した。が、それは国を思う真心から出たものではなかった。むしろ自分の栄達を得るために遠征軍の総指揮官に納まろう、と画策したのである。

ところで、当時アテナイで名声並ぶもののなかったニキアス[4]は、この計画を思いとどまらせようとして、人民に向け演説した。そこで一番大きな説得の論拠となったのは、次のことである。彼が戦争反対を叫ぶのも、決して自分に都合のよいように事態を運ぼうと考えているのではない。アテナイに平和が続けば、〔私にはむしろマイナスである〕。というのは私を追い抜こうとする市民が、いくらでも続出することはわかりきっている。ところが戦争となれば、誰一人として自分を追い越したり肩を並べたりできなくなるからだ。

このことからしても共和国には、以上のような欠陥があることがわかる。つまり太平の時代の共和国にあっては、優れた人物はさして評価されない。この弊害は傑出した人びとを二通りに憤慨させる。一つは、自分にふさわしい扱いを受けていないことに対する恨みであり、他の一つは、自分より劣ったくだらない輩《やから》が同僚や上官としてのさばっているのを見なければならないことである。

このような共和国の通弊は、えてして破滅をもたらす原因となる。なぜなら、本当に軽んぜられていると感じる市民は、時代が太平に流れて緊張感を欠くからに他ならないと判断して、国家に害を及ぼすような戦争を新たに起こして、世の中にひと騒動持ち上げてやろうと努めるようになるからである(5)。

この対策としては、次の二つの方法がある。一つは民衆を貧困のままにしておくことだ。そうしておけば能力《ヴィルトゥ》もないくせに富を持って、自分のみならず他人まで堕落させてしまうことがないようになる。いま一つは、初期のローマに見られたように、いつでも戦争に臨めるよう準備に心がけ、評判の高い市民を常時必要とするようにしておくことである。

ローマは戦場で軍事力を常備していたために、勇ましい働きを披瀝《ひれき》する機会がいつでも誰にでもあった。だから、功績のあった人物の地位を取り上げて、それに値する資格もない者に与えてしまうようなことは起こりえなかった。たとえなにかのはずみで、またはわざとためしに、立派な人物の地位にくだらない人間を据えたことが何度かあったにしても、とんでもない混乱と危機に陥るのが関の山だったので、ただちに本来の姿に戻ったものである。

ローマと違って、環境も整っていない他の共和国の場合、せっぱつまってしぶしぶ戦争をするにすぎないので、この弊害を未然に防ぐ策はない。むしろ逆にいつもその中でこの弊害を招く方向へと発展していく。そしてふだん重視されない〔で不満をかこっている〕力量《ヴィルトゥ》ある人物が、この機会にうっぷんを晴らして、名声と支持者を都市の中で勝ち得ようとして、必ず混乱を引き起こすようになる。

ローマはしばらくの間、この悪習に染まらずに済んだ。ところが、そのローマもまた（別の個所で述べたように、）カルタゴとアンティオコスを破ってからは、戦争の心配もなくなった(6)ことゆえ、ローマの思い通りの人物に軍隊の指揮を委ねることができるようになったらしい。こうしてローマは力量《ヴィルトゥ》の高さにさして考慮を払わぬようになり、人民の歓心を買うことに重きをおくようになった。

アエミリウス・パウルス(7)が、そのよい例だ。彼は一度ならず執政官《コンスル》就任を拒否された。そしてマケドニア戦争がはじまったので、はじめて執政官に任ぜられた。しかもこの戦争が重大な局面を迎えるに至って、全市をあげて彼の指揮下に入ることに踏み切ったのである。

一四九四年以降、我がフィレンツェは数々の戦争を体験してきた。フィレンツェの市民の誰も彼もがへまをさらしていた時、たまたまいかに軍隊を指揮すべきかを示した一人の人物にフィレンツェは機会を与えた。これがアントニオ・ジャコミーニ(8)である。戦局が急を告げている間は、他の市民たちの野望も影を潜めていたので、ジャコミーニを軍司令官に任ずるにあたって、競争相手は現われなかった。

ところが、戦いの様相が危険な段階を脱して、栄誉と出世の場所になると、多くの競争者が現われ、ピサ戦線の指揮にあたる者だけでも三人の司令官が任命されなければならなかった。こうして、ジャコミーニは選から漏れてしまうことになった。ジャコミーニをピサ戦線に配置しておかなかったばかりに、フィレンツェがどれほどさんざんな目にあったか、はっきりと証拠だてられないにしても、およそのことはごく簡単に推測できるだろう。というのはピサ人は防御するにも、食糧入手にも事欠くありさまであったから、もしジャコミーニが戦線の指揮を執り続けていたら、思いのままに窮地に追いつめて、ピサはフィレンツェ人の言いなりの条件で屈していたであろう。ところが、包囲作戦や強襲作戦の何たるかを知らないフィレンツェの司令官たちがピサ攻略にあたったから、ピサはなんとか持ちこたえたので、フィレンツェは本来武力で解決できるものを、金力で片づけるようになったのである。

ジャコミーニがひどく立腹するのは当然で、フィレンツェを破壊したり、できれば特定の市民を殺害したりして、恨みを晴らそうとする気持を抑えるには、尋常の忍耐や善意ではとてもできるものではなかった。

以上からして、共和国はこのような不満に対していつも心を配っていなければならない。これについては次章で述べることにしよう。

17　一度ひどい目にあわせた人物を重要な職や任務につかせてはならない

共和国は、以前他からひどい目にあわされたことのある人物を、何か重要な役職に任ずることのないよう注意しなければならない。クラウディウス・ネロ(1)はハンニバル軍と対峙させていた軍隊を撤収させ、一部を率いてマルケ〔アンコーナ〕に向かい、そこでいま一人の執政官と合流して、ハスドルバルと戦おうとした。それもハスドルバルがハンニバルと合体する前にである。

クラウディウスは、前にハスドルバルとスペインの戦場で戦ったことがあった。この時クラウディウスの軍隊はハスドルバルを窮地に追い込んだので、ハスドルバルは不利な態勢のまま戦うか、さもなければ飢餓のために飢え死にするか、の瀬戸際《せとぎわ》に追い込まれた。ところが、奸智にたけたハスドルバルは、和戦を申し込むかに見せかけて包囲網をたくみに脱出し、クラウディウスからこれを撃滅する好機を奪ってしまった。これがローマに知れると、元老院《セナトウス》や民衆の間にクラウディウスに対する非難の声が巻き起こり、全市をあげて彼の不誠実を責め、彼のこの上ない不名誉と侮りを口にせぬものはなかった。

その後、執政官の職につきハンニバルと戦うのに送られたクラウディウスは、すでに述べた(2)ように危険きわまりない策を用いた。それまでローマ全市は不安にうち沈んでいたが、ハスドルバル敗戦の報にやっと胸をなでおろすことができたのである。

後になって、なぜあのような危険な策を用いたのか、ぎりぎりの必要《ネチェシタ》に迫られてしたのでないとすると、ローマの自由をのるかそるかの勝負に賭けていたことになる、と問われて、クラウディウスは次のように答えた。「敢《あ》えてあのような勝負に出たのは、この一戦に勝てば、かつてスペインでの戦いで失墜した面目を取り戻せると考えたからだ。万一失敗し、自分の取った手段が反対の結果を生んだとしても、以前あれほど恩知らずのむちゃな仕打ちをしたローマ及び市民に対して復讐となるだろうと考えていたのだ[3]」と。

このように、ローマがいまだ堕落の淵に沈んでいなかった時代でさえも、ローマ市民にとっては侮辱を与えられたことに対する恨みがこれほど深かったのだから、まして当時のローマとはすっかり事情の異なる他の都市では、侮辱されたことに対する恨みがどれほど重いものかは想像もできないであろう。

共和国に起こりがちなこの種の悪弊については、これで大丈夫という対策がないので、永遠に繁栄を続ける共和国の建設は不可能だ。どの道をたどっても、行きつく先は国家の破滅だからである。

18　敵の計略を見破ることは指揮官に与えられた最大の任務である

敵の決定と計画をあらかじめ察知することほど、指揮官にとって必要で大切なことはない。これはテーバイのエパメイノンダスの言葉(1)である。実際、敵の胸中を見抜くことは困難この上ないものなのだから、敵の計画を推測できる秘法を駆使できる人物に至っては、いくら称讃してもし足りない。

場合によっては、敵の意図を予測するのは、敵の行動を察知するほどには難しくはない。また、敵のそばにくっついて敵の行動を察知するより、遠くから敵を観察してその行動を知るほうがたやすいものである。

夜まで戦闘がもちこされた場合、勝っているほうが負けていると思い込み、逆に負けているほうが勝ったものと早合点してしまうことなど、よくある例だ。このような思い違いをしたばかりに、自分の幸運とあべこべの決定を下すものである。

ブルトゥスとカッシウスとの例(2)が、これにあたる。彼らは思い違いをしたばかりに〔あたら勝てる〕戦いを失ってしまった。つまりブルトゥスは、その戦列の一翼で敵を圧倒していたのに、カッシウスの軍隊が崩れたため、全軍が敗れたものと思い込んでしまった。そしてブルトゥスは助かる見込みはまったく断たれたと失望し、自殺してしまった。

現代においては、ロンバルディーアのサンタ・チェチリアにおいてフランス王フランソワがスイス軍と争った戦争(3)があげられる。夜の闇が訪れ、まだ無傷のままでいたスイス軍の一隊は、〔実は〕スイス軍がさんざん撃破されて多くの戦死者を出したことを知るよしもなく、勝ったものと思い込んでいた。ために、戦線を離脱しようともせず、翌朝戦闘を再開しようと考えて時を重ね、とうとう取り返しのつかぬ事態に陥ってしまった。

教皇軍やスペイン軍も、このような失敗を犯し、すんでのところで壊滅するところであった。彼らは勝利のデマに惑わされ、ポー川を渡ってしまった。もし前進しすぎていたなら、勝ち誇るフランス軍に捕捉されていたことであろう。

これと同じような失敗が、ローマ軍とアエクウィ人の両陣営に起こった。執政官《コンスル》センプロニウス(4)は軍を率いてアエクウィ人と対峙し、戦闘を開始した。戦いは終日続けられ、夕刻に及んでも、一進一退をくり返した。こうして夜になり、両軍とも半数を失っていたので、陣営には引き揚げずに手近の丘の陰に身を潜ませた。こうすれば安全だと考えたからである。

さてローマ軍は二つの部隊に分割され、一隊は執政官、一隊は百人隊長テンパニウスの指揮に委ねられていた。当日の戦闘では、彼らの勇敢な働きのおかげでローマ軍は完敗をまぬがれた。

夜が明けると執政官指揮下の部隊は、敵についての情報も十分でないままにローマに引き揚げた。一方、アエクウィ軍も撤収をはじめた。というのは、両軍とも敵は勝ったものと思い込んでいたからだ。したがって、両者とも自分の陣営が敵の手で略奪されるだろうとは考えてもみなかった。ところが、ローマの別働隊を率いてやはり退却しようとしていたテンパニウスが、アエクウィ人の負傷兵を尋問してみると、アエクウィ軍の指揮官たちも脱出し、すでに陣地を引き払っていることが判明した。この情報を耳にした彼は、引き返してローマ軍陣地を確保し、さらにアエクウィ人の陣地を荒らしまわり、凱歌をあげてローマに帰還した。このように、ローマが勝利を占めえたのも、ひとえに敵の混乱ぶりを耳に入れていたおかげである。

したがって、次のことを十分に肝に銘じておかなければならない。二つの軍が対峙する場合、たいていは両軍とも同じように浮き足立っており、退却の必要に迫られているのがしばしばである。そこで、敵のそのような気配を先に耳にする者が勝利を獲得するのである。

この点については、我がフィレンツェの、しかも最近起こった実例(5)を加えておきたい。一四九八年、フィレンツェは大軍を集結して、ピサに鋭く肉薄していた。ヴェネツィア人はピサを援助しようとしたが、これを救う方法がないので、戦争を他に散らそうと、フィレンツェ領に別働隊で攻撃をしかけることに決めた。ヴェネツィア人は精鋭部隊を起用して、ヴァル・ディ・ラモーナを経てフィレンツェ領に侵入し、マッラーディの村を占領して村を見おろす丘の上にたつカスティリオーネの城塞を包囲した。

これを聞いたフィレンツェ人は、マッラーディを救援することに決めた。しかし、ピサ戦線の軍隊を弱体化することを避け、新たな歩兵と新編成の騎兵をその方面に差し向けた。この指揮官には、ピオンビーノの領主アッピアーノ家のヤコポ四世とリヌッチオ・ダ・マルチアーノがあたった。この軍隊がマッラーディを望む丘の上に進出すると、それまでカスティリオーネの城塞を取り囲んでいたヴェネツィア軍は、全軍ふもとのマッラーディの村に引き揚げた。両軍は数日間にらみ合ったままで、糧食その他軍需品の欠乏にひどく悩みはじめた。

こうして互いに攻撃しようとせず、また相手がのっぴきならない窮状に陥っていることも知らないままに、両軍ともに翌朝陣地を撤収し退却することを偶然にも同じ日の夕刻に決定した。ヴェネツィア軍はベルシゲッラ〔ブリシゲッラ〕とファエンツァへ、フィレンツェ軍はカサリアとムジェッロへと撤退することになっていた。

ところが明け方、両軍が荷物を運びはじめた時、たまたま一人の女がマッラーディの村を出てフィレンツェ陣へやって来た。この女は年もとっており、身なりもみすぼらしかったので、咎《とが》められずにフィレンツェ陣にいる知り合いに会いにきたのだ。この老女からヴェネツィア軍の陣営撤収を知ったフィレンツェ軍の指揮官は、新たに勇気をふりしぼり、決定を変更して、まるで自力でヴェネツィア軍を追い払ったかのような勢いで進撃した。こうして敵を撃退して、勝利を握った旨フィレンツェに報告したのである。こうしてフィレンツェが勝利を得たのも、敵より先に、相手の退却を聞くことができたからだ。万一、この情報が先に敵に伝わっていたならば、敵軍はそっくり同じことをフィレンツェ軍に対してやっていたことであろう。

19　民衆を統御するには寛大が苛烈より有効であるか

ローマ共和国は貴族と平民との対立のため、内乱一歩手前の状態であった。しかし戦争が彼らにのしかかると、クィンクティウスとアッピウス・クラウディウス(1)に軍を委ねて国外に派遣した。アッピウスは苛烈、乱暴に指揮を執り、ために部下は彼の命令通りに動こうとせず、敗北同然にまで追いつめられ、自分の支配の属州から脱出するという憂き目をみた。一方、クィンティウスは人情に厚く人柄も利口であったので、兵士はよく服従し勝利をもたらした。この例からして、民衆を統御する場合、傲慢よりは人間味、厳しさよりは憐れみがいっそう大切であるように思われる。

しかしコルネリウス・タキトゥスは、多くの識者が筆を揃えているのとは反対に、その文章の中で次のように言っている。「民衆を統御するには、下手《したて》に出るよりは高圧的態度で臨むほうが望ましい(2)」と。

このように対立する見解を、どこで調和させたらよいだろうか。私が思うには、まず被支配者が支配者と同列の者の場合と、被支配者がいつも支配に甘んずる下層の人間である場合とのいずれかによって、彼らを支配しなければならぬ。仲間である場合には、いつでも刑罰をもって臨むことはできない。また、タキトゥスの言う高圧的な態度も慎まなければならない。

例えばローマの平民は貴族と同等の権力を持っていたので、任期を限られて任命された支配者は、誰一人として専制的かつ高圧的な態度で政治に臨むことはできなかったからである。

あるいはまた、ローマの将軍が部下に敬愛されるようにつとめ、慈しみをもって遇した場合、異常な畏怖を植えつけるより、はるかによい結果が得られたことも常に認められる。ただし畏怖させるにしても、マンリウス・トルクァトゥス(3)のように並外れた力《ヴィルトゥ》を持つ人物の場合は、話は別だ。

ところがタキトゥスの言うような、臣下に命令する立場にある人は、部下を思い上がらせないように、またその部下をあまりにもなれなれしくさせて、ついには主君を踏みにじらぬように、温かく取り扱うよりむしろ厳罰をもって臨まなければならない。この方針で進むにしても、憎しみだけは受けないように厳罰もほどほどにしておかなければならない。その理由はどんな君主にしろ、憎悪の的となって利益があるはずは決してないからだ。憎悪を避けるためには、臣下の財産に手を触れないことである。君主が臣下の生命を損なうのは、その底には臣下の財産に対する食指が動いているからだ。どのような君主であろうと、必要もないのにみだりに臣下の生命を損なうことはしないものである。仮にその必要があっても、このことが起こるのはいたって稀なことだ。ところが、臣下の財産に対する貪欲がまざっている場合には、〔生命を損なう〕事例が頻発する。〔つまり臣下の財産に食指を動かすことは〕とりもなおさず彼らの血を流す原因と欲望をかきたてる。この点については別の論文で詳しく論じた(4)。

したがってクィンティウスは、アッピウスよりはるかに称讃に値する。またタキトゥスの言葉も一定の枠内で認められるべきもので、アッピウスのやり方はこれには当てはまらない。

本章では苛烈と寛大について論じてきた。次章で、ファレリイ人が軍隊の威力より人間味に溢れた行動によっていかに動かされたかという例をお見せするのも、あながち見当外れではないだろう。

20 ローマの全軍事力よりも、人間味ある一つの行為がファレリイ人に対してより有効であった

カミルス(1)はファレリイ人の都市の周辺に軍を配して、包囲したことがあった。この時、市内の上流貴族の子弟が学んでいた学園の一教師が、カミルスとローマ軍の歓心を買おうと考えた。彼は城外において実習を行なうという口実を作って、カミルスの陣営へ生徒全員を連れて行った。そして生徒をカミルスに引き渡し、彼らを人質にすれば、この都市はあなたの手に落ちましょうと言った。だがカミルスは、贈り物を受け取らないばかりか、この教師をまる裸にして後手に縛りあげ、生徒の一人ひとりに鞭を渡し乱打させたあげく、生徒の手で市内に送り返した。

ファレリイの市民はこれを聞くと、カミルスの人間味と純粋な気質に非常に感銘を覚え、これ以上防衛する気も失って、ローマの軍門に降ることに決めたのである。

この適切な一例から考えなくてはならないことは、時によっては非情で激烈な行動に出るよりも、人間味のある恩情あふれた行動を示すほうが、人間の心にはるかに訴えるということだ。軍隊や武器や、人のふるう他のいかなる力によっても落城しえなかった都市や地方が、ただ一度の人間的で恩情に満ちた、高潔で寛大な行動に屈伏してしまう。前の例以外にも、歴史にはこの種の例は数知れずある。

ローマ軍は、ピュロスをイタリアから駆逐できなかった。たまたまピュロスの側近の一人が主人を毒殺しようとローマ人に申し出たのを、ファブリキウスはこれをピュロスに通じたので、ファブリキウスの寛大さがピュロスを撤退に導いた〔前二八七〕。またスキピオ・アフリカヌスが非常な名声をあげたのは、スペインの新カルタゴ〔カルタゴ・ノヴァ〕の攻略にもまして、若く美しい夫人に一指も触れずに夫に送り返した、あの純潔な振舞いのおかげであった。彼のこの行動の評判は、スペイン全土の人びとの共感を呼んだからであった。

さらにまた、立派な人たちが示した気風を、どれほど民衆が期待し、またどれほど著述家、つまり君主の一生を描き君主の生き方の規範を立てる著述家が褒め称えているか、周知の通りである。

こうした著述家の中でも、クセノポンはきわめて熱心であって、特にキュロス王の人間味あり慈愛あふれる態度がどれほどの名声をもたらし、幾度となく勝利を導き、立派な評判を呼び起こしたかを論証しようとした(2)。また彼は、キュロス王は傲慢、非道、ぜいたくなど人びとの生涯の汚点となる悪徳は自戒して、後世に悪例を残さないように努めたと解説した。

ところが、ハンニバルはこれとは正反対の生き方をして、大きな名声と勝利とをあげた。となると、なぜそうした事態が生ずるのか、次章で検討しなくてはなるまい。

21　スキピオがスペインにおいてあげたのと同じ効果を、ハンニバルがイタリアにおいて別の手段であげたのはなぜか

私が考えるに、人びとの中には、ある将軍が、反対のやり方を用いたにもかかわらず、私が前述した生き方で行動した人びとと同一の効果を生んだのを見て驚く人があるかもしれない。彼らの成功は、前述の原因によるものとは思えない。それどころか、反対のやり方で栄光や名声が得られるとなれば、前章に述べた手段ではもはや勢力や幸福を摑み取れないのではないか、とさえ思うであろう。

さて私は、ここで前述の人から離れたくはないし、すでに述べたことをいっそうはっきりさせたくもある。ご存じのように、スキピオはスペインに入ると、人間味と慈悲とで、瞬く間にその属州全域を味方につけ民衆の崇拝と称讃とを受けるようになった。逆にイタリアに侵入したハンニバルは、まったく正反対の手段、つまり残虐、暴行、強奪をはじめ、

ありとあらゆる非道を働きながら、スキピオがスペインであげたのと同じ効果をあげた。すなわち、すべてのイタリアの都市がハンニバルになびいて反対側につき、民衆もまたこれに従ったからである。

なぜ、このような事態が生まれたのだろう。そこには幾多の理由があることがわかる。まず第一に、人間というものは、もともと珍しいものにあこがれることによる。しかも、不遇な者と同様に、また恵まれた者も、等しく珍奇なことを求めることが多々ある。その理由は前にも述べたし、また事実その通りなのだが、人間は幸運な時にあっては倦怠《けんたい》を覚え、不遇の時には悲嘆にくれるものだからである。

このように人びとの待望する気持が、誰彼なく招き入れて、その地方の革新の指導者にしてしまう。彼が外国人の場合は従順についてゆき、同国人であれば、周囲に寄り集まってその者の勢力を強め、援助を惜しまない。彼がどんな振舞いをしようと、彼がどんなやり方をしたところで国内で大成功を収めることになる。

この欲求の他に、人間は主要な二つのこと、つまり愛と恐怖心によって駆り立てられる。したがって愛される者も、恐れられる者も、同じように人民を服従させる。いやむしろ多くの場合、愛される者よりも、恐れられる者のほうに、人はついていき、服従する。

そこで、力量《ヴィルトウ》のある人物で、その力量が世の評判になっているような指揮官であれば、彼が歩むいずれの道を選んでもかまわない。なんとなればハンニバルやスキピオのように力量抜群の人であれば、愛されすぎたり、憎まれすぎたりしたために生ずる欠点など、すべて帳消しになってしまうからである。これら二つのどちらを手段としても、君主の破滅を招く大きな災厄が生まれる可能性があるからだ。

例えば、愛されようとことさら願う者は、正道をほんのわずか踏み外しただけでも軽蔑を招くことがある。他方、恐れられようと、それだけを異常に求める者は、振舞いに多少行きすぎがあるだけで憎しみを買うことがある。そのうえ中道を行こうとしても、概して人間の性質は中道を歩むことを許さないから、これは無理だ。こうした度を越した行為は、ハンニバルやスキピオのように並外れた手腕《ヴィルトウ》で緩和しなくてはならない。要するに、彼ら二人はその生活態度により人びとに誹謗《ひぼう》されたが、一方で称讃されたことも事実である。

二人とも称讃されたことについては、すでに述べた。次に誹謗されたことについて述べよう。スキピオは同盟軍の一部と一緒になった部下の兵士によって、スペインで反乱を起こされた。それが起こったのは、彼が少しも恐れられていないことに他ならなかった。人間はきわめて変わりやすい存在だから、自分の野心の前に少しでも門戸が開かれていれば、前述のこの兵士や同盟軍のように、人間味あふれる君主に抱いていた親愛感など誰しもたちどころに忘れてしまうからである。こうした不利益を配慮して、スキピオはこれまで控えていた残酷ぶりを、少しは用いざるをえなかった。

ハンニバルに関しては、残酷や不信義が不利益になった特別の事例は見当たらない。しかし、ナポリやその他の多くの都市がローマ人民の側に加担したのも、ハンニバルを恐れるあまりであったことは十分推測がつく。ハンニバルの無慈悲な生活態度は、ローマがこれまで迎え撃ったどんな敵よりも、ローマ人に憎々しく映ったという事実からも、このことはよく理解される。だからこそローマ人民は、イタリアに軍を率いてやってきたピュロス王に対しては、汝の毒殺を企む男がいると通報してやったけれども、ハンニバルに対しては、彼が武力を奪われ敗走を重ねている時でさえ、最後にハンニバルが死に至るまで断じて許そうとしなかった。このようにハンニバルは、無慈悲な男で、信義を破り、残酷だという評判が立ってしまっていたために、不利を招いたのだ。

しかしこの評判は、どの著述家からも讃辞を浴びたきわめて大きな利点も持っていた。すなわちハンニバルの軍隊には、色々な人種が集まっていたにもかかわらず、兵隊の間でも、また彼自身に対しても紛争が一度も起きなかった。このことは、彼自身の人柄を畏怖する気持以外のなにものによるものでもなかった。部下の兵士はきわめて強い畏怖心を持ち、彼の勇武に対する崇敬もいりまじって、おとなしくかつ団結していたのである。

したがって結論としては、指揮官に妙味を出す手腕《ヴィルトウ》が具わっていさえすれば、どちらの方針を取ろうとさしつかえないということになる。なぜなら前にも述べたように、どちらの手段にも欠点や危険はあり、ただ人並み外れた力量の持ち主だけがこの欠点を是正できるからだ。だから、スキピオは人に褒められる行為により、ハンニバルは人から嫌われる行為に出て、同じ効果をあげたのである。

では、さらに二人のローマ市民について論ずるのも、不都合ではなかろう。この二人の市民はそれぞれ異なった手段であるが、揃って称讃を受け、同様の栄光に達したのである。

22　マンリウス・トルクァトゥス[1]は秋霜烈日の態度により、ワレリウス・コルウィヌス[2]は温かい思いやりにより、どちらも同じ栄光を手に入れた

ローマに時を同じくして二人の名将、マンリウス・トルクァトゥスとワレリウス・コルウィヌスが輩出した。両者いずれ劣らぬ剛《ヴィルトウ》の者で、武勲といい名声といい、ローマで相拮抗していた。両者とも、敵に関しては、同等の武勇《ヴィルトウ》でその立場を獲得していた。ところが、部下の将兵に対する鍛え方や取り扱い方となると、まるで違った行き方をしていた。

それというのもマンリウスは、およそ考えられる限りの厳格さで将兵に臨み、彼らがどんな苦痛にあおうと、どんな罰を受けようと中断することはなく、彼らに命令を下した。これに反してワレリウスは、することなすこと人情の限りを尽し、思いやりをこめて部下を遇したからである。

このような次第だったから、マンリウスは部下の将兵を服従させておくためには、息子を殺すことも辞さなかった。一方、ワレリウスはわずかばかりも、他人を犯すことはなかった。

しかし、やったことは大いに違っていたが、いずれも敵を撃破して共和国を守り、成果

を挙げた点では、同じであった。なぜなら、いざ決戦という段には、一兵たりとも白兵戦に怯むものはいなかったし、叛く者もなく、どんな些細なことでも意に逆らうようなことはなかったからである。

実際、マンリウスの場合など、命令は苛烈をきわめたものだったため、厳しい命令のことをすべて「マンリウス式命令[3]」と呼ぶようになったほどだった。

このことから、どうしても次の疑問について考えざるをえない。第一には、マンリウスはなぜこのような厳格な処置に出なければならなかったのか。第二に、ワレリウスはどうしてあれほどまでに人情味あふれる取り扱いができたのであるか。第三に、このように異なった筋道をとりながらなぜ同じ効果を得ることができたのか。最後に、どちらの方法に軍配をあげるべきか、また範とすべきはどちらであるか。

ここでティトゥス・リウィウスがはじめてマンリウスの名前をあげた時までさかのぼって、人となりを詳細に検討すると、彼は類《たぐい》まれなる強靭な人物であるばかりか、父や祖国に対して献身的で、上長をこの上なくあつく敬ったことがわかるだろう。このことは、マンリウスがガリア人と決闘して倒したこととか、父親をかばって護民官《トリブヌス・プレビス》と対立した事件からうかがい知れるのである。

またガリア人との決闘に赴くに先立って、彼は執政官《コンスル》に向かって、次のように言った。「たとえ勝利は確実でござろうとも、貴下の御下命なき限り、決して敵とはわたり合いますまい」と。このようなことを言う人物が命令する立場に立つ時、誰でもが自分と同じように〔献身的な〕人物であることを要求するようになるものだ。こうした強い気性は、威圧的な命令となって反映する。そして命令が与えられたら、その精神は、この命令にまったく服従することを望むのである。実行困難な命令でも、厳しく遵守させることが鉄則だ。そうしなければ、命令は簡単に無視されてしまうからである。

さて、他人を服従させようとする人物は、命令の仕方に注意を払わなければならない。命令を下す者は、自分の実力《ヴィルトゥ》と服従を要求する相手の力と比べてみて、釣り合っていたら命令を下すようにすべきだ。そして落差の大きい時には、差し控えるべきである。先賢の言葉[4]にもあるように、共和国を力によって維持しようとする場合、力を行使する側と支配を受ける側とに、均衡が存在しなければならない。均衡が存在するならいつでも、力による支配が永続的だと考えてよろしい。被支配者が、力をふるう支配者より強力な場合は、権力は毎日のように破滅の影に怯えなければならない。

本題に戻ることにしよう。

ここで言えることは、秋霜烈日《しゅうそうれつじつ》の命令を与えうる者は、強い心を持った人間でなければならないということである。しかも、毅然たる精神の持ち主でもまた、それを命令する人は、なまやさしい手段では命令を徹底させることはできない。だから、強い性格に恵まれない者はなおさらのこと、決して高飛車な命令を下さないように心を配らなければならない。そして、ありきたりの事件に対処するには、もっぱら持ち前の気立てのよさを活用するべきである。つまり、並みの処罰で済ませておけば、君主のせいと思われることは決してなく、法律や制度に恨みが集まるにすぎないからだ。

したがってマンリウスが、あれほどまでに苛烈な非常手段に訴えても法律制度に服従せざるをえなかったのは、生来具えていた強い性格によると考えなければならない。このような命令の仕方は、共和国にとっては有効なのだ。このような厳しい命令が発せられると、国家は建国の姿に引き戻され、本来の力量《ヴィルトゥ》が呼びさまされるからである。

すでに述べた[5]ように、もしある共和国が幸運にもしばしば人を得て、その人の指導よろしきを得、法律が刷新されれば、その国の破滅への速度が鈍るだけでなく、建国当初の姿に戻ることができて、その国家は永遠の生命を保ち続けるであろう。

かくしてマンリウスは厳格な命令によって、ローマに軍事訓練を持続させた人びとの一人に加わることになった。このことがマンリウスに可能だったのは、何よりも彼の生まれ持った性格による。それに次いで、彼の生来の欲求が彼に命令を発するようにしむけたことを部下は守るべきであるとする、彼の意欲による。

一方ワレリウスは、きわめて人間的に振舞うことができた。それは、当時のローマの軍隊で習慣となっていた訓練法を、そのまま守っていくだけでよかったからだ。その時代の習慣は立派な訓練を施されていたので、それに敬意を払うだけで十分成果をあげることができたのである。また現行の習慣を守ることもそれほど難しくなかったので、彼は違反者を処罰する必要はなかったのである。この守りやすい習慣を、あえて犯す者は誰もいなかった。たとえ違反者が出ても、すでに説明したように、罰したところで恨みを受けるのは法律であって、当局者がむごい仕打ちだと非難される気づかいはなかったのである。

このようにして、ワレリウスは何をするにしても、深い思いやりを示すことができた。その結果、彼は部下の感謝と心服を一身に集められたのである。

右に述べてきたように、マンリウスもワレリウスも同じように部下の服従を勝ち得た。用いた手段は異なるとはいうものの、同じ成果をあげることができたのである。

しかし、この両名のしたことをそっくり真似ようとすれば、すでにハンニバルとスキピオについて説明した(6)ように蔑視と憎悪とにさらされるに違いない。ただ当人が人並み優れた力量《ヴィルトウ》を具えている場合にのみ、この弊害を避けることができる。さもないと、〔蔑視と憎悪はまぬがれえない〕。

さて、残された問題は、どちらの方法が推奨に値するかということである。識者が思い思いのほうを推している点からしても、この問題は大いに議論が分かれることだろう。ともかく統治に際して、君主がわきまえるべきことを問題にする人は、マンリウスよりワレリウスをとる。

前に述べたクセノポンは著書(7)の中で、思いやりの深かったキュロスについての色々な例をあげているが、それは、ティトゥス・リウィウスがワレリウスについて述べている内容ときわめて一致するものである。

ワレリウスは執政官《コンスル》に任ぜられてサムニウム人と干戈《かんか》を交えることになったが、いよいよ戦いというその日に、いつに変わらぬうちとけた態度で部下に語りかけた。

ティトゥス・リウィウスはワレリウスの演説を紹介した後で、次のように書いている。(8)「彼ほど部下とうちとけてつきあった指揮官は他に例がなかった。彼は一番下級の兵士と言葉を交わすことをもいとわなかった。そして軍事競技の場合でも、人びとは上下の隔てなくスピード競技や力くらべを競いあった。その時、彼は勝者にも敗者にも同じ顔つきでうちとけて接した。しかも彼と互角の力を持つと噂される競争相手を前にしても、敵意を見せることはなかった。事情の許す限り、彼の行動はおだやかなものだった。また話をする場合でも、自分の威厳に心を配るのと同じく、相手の気持も尊重することを忘れなかった。また、彼が高官に命令を下すときの態度は、あたかも陳情に来た平民のごとくであった」と。

マンリウスについても、ティトゥス・リウィウスは同じような称讃の言葉を並べている。リウィウスはマンリウスが自分の息子を殺したあの峻厳な態度こそ、軍隊を意のままに服従させ、ラティウム人に対してローマ人民を勝利に導く原因となったのだ、と指摘した。リウィウスのマンリウス称讃はとどまるところを知らず、この勝利を述べた後で戦闘の事と次第を詳述し、当時ローマ人が直面していた危機と、勝利を手に入れる難しさとを、あらいざらい書き記して次のように結論している。ローマがあのような勝利を摑むことができたのは、もっぱらマンリウスの力量《ヴィルトゥ》のおかげである。さらにリウィウスは両軍の実力を比較検討し、どちらにせよ執政官マンリウスを指揮官と仰いでいたほうが勝ったはずだ、と言いきっている。

このように、多くの識者の主張をあれこれ考えてはみたが、マンリウスとワレリウスのどちらの仕方が好ましいかを決めることは容易なことではない。

けれども、この問題を未解決のまま放っておくわけにもいかないから、私は敢《あ》えて次のような意見をとろうと思う。一つの共和国の法律に服している人物ならば、マンリウスの峻厳な方法をとるのが一般に評判もよいし、また実施にあたって危険も少ない。なぜならこの方法は、心から公《おおやけ》のことを思っての行ないであって、いささかの私心も交えていないからだ。

つまりこの方法を用いれば、個人には峻厳な態度で臨み、社会全体のみに愛情を注ぐ結果になり、すでに述べたように子飼の子分はできないからである。言いかえると、この方法を用いるとなれば、我々がすでに与党《パルティジアーニ》という名で呼んでいる格別に親しい仲間は得られないこととなる。だからマンリウスのような方法に従えば、共和国の場合これほど有効で望ましいものはない。この方法は社会のために至れり尽せりで、個人的野心が介入する心配はいささかもないのである。

ところが、ワレリウスのほうはこれとはまったく正反対である。なるほど公共の利益をもたらした点では、マンリウスのやり方と同じ効果をあげたとはいえ、多くの疑念を生むこととなるからだ。もし一人の人物が軍隊の特別の愛着をうることができ、長期にわたって指揮権を握ることになるなら、その結果は自由にとって有害となるかもしれぬことを恐れる重大な根拠があるからである。プブリコラ〔ワレリウス〕の場合に、このような憂慮すべき結果が生まれなかったのは、ローマ人の精神状態がまだ堕落していなかったからに他ならない。またワレリウスが長期間継続してローマ人民に君臨していなかったためでもある。

けれどもクセノポンに倣《なら》って、どうすれば一番君主のためになるか、と考えなければならぬ場合、全面的にワレリウスの立場を支持すべきで、マンリウスの行き方は捨てなければならない。君主は、兵士や臣下の中に服従心と敬愛の念を植えつけるように努めなければいけないからだ。服従心は、君主自身が法律を守り、力量《ヴィルトゥ》に富む人物だという評判を得てこそ獲得される。

また部下からの敬愛の念は、君主が物腰も柔らかく、人情の機微を察し、慈愛も深く、さらにワレリウスが具え、クセノポンがキュロスの中に認めるような、他のもろもろの資質によって得られるものである。

というのは、君主の人柄が臣下の敬愛の的となり、献身的な軍隊がそのもとに集まるということは、国家における他のすべての利害と完全に一致するからである。ところが一人の市民にとって、忠実な軍隊を持つことは、法律に服し当局に従わねばならない市民としての義務と両立しない。

ヴェネツィア共和国の昔の年代記をひもとくと、次のような出来事に気づく。ヴェネツィアにガレー船隊が帰港した時のこと、乗組員と一般人との間にある種の騒ぎが持ち上がり、擾乱《じょうらん》に発展し、武器をとって争うまでになった。当局の威信をもってしても、尊敬を集める市民の調停によっても、行政を担当する者の懸念をよそに、いっこうに騒ぎを鎮められなかった。

ところが、乗組員たちの面前に前年に彼らの司令官であった一人の貴族(9)が立ち現われるに及んで、この人物に対する敬愛から騒ぎもたちどころに収まってしまった。ところが、この貴族の掌握力は元老院の猜疑心をかきたてたので、しばらくしてヴェネツィア人は彼を投獄したか処刑したかして、我が身の安全を図ったのであった。

したがって結論として言えることは、ワレリウスの方法は君主の場合には有効だが、市民が用いると有害だということである。その国家にとっては祖国にとってのみならず、自分自身にとっても有害である。それは祖国にとっては僭主政治への道を開くものに他ならないし、それを用いる当人にとっては、祖国から疑惑の目で見られるようになり、祖国の安全のために消されることにもなりかねないからだ。

ところが、逆にマンリウスの方法を用いることは、君主にとって有害である。しかし、市民にとっては有効であり、祖国そのものにとっても非常に有効である。ただし次のような場合に限って、まれに害をもたらすこともありうる。峻厳なやり方で臨む人物に対してもたらされる憎悪が、さらに別の疑惑を受けて過熱してしまう場合である。このような疑惑は、この人物がさらに功名をあせって別の手を打ったような場合にふりかかる。この例としてカミルスがあげられるが、これについては次章で述べることにしよう。

23　カミルスがローマを追放されたのはなぜか

我々はすでに、ワレリウスのような行き方は、国にも我が身にも害を招き、マンリウスのような行き方は、国には有益だろうが、時によっては自分には不利を招くこともある、と結論した。このことはカミルスの例を一つ取り上げれば、さらによく立証される。彼の行き方は、ワレリウスよりはマンリウスにやや似ている。

さて、ティトゥス・リウィウスは彼について、「兵士たちは、カミルスの力量《ヴィルトゥ》を憎みつつ、感心していた」と語っている。

すばらしい人物だと感心されたのは、彼には用心深さ、深慮、広い度量、軍隊の使い方や指揮にあたって示した見事な統率力などがあったからだ。憎しみを買ったのは、相手かまわず褒賞を与えすぎたためではなく、むしろ部下の処罰に厳格すぎたことにあった。

さて兵士たちの憎しみの原因について、ティトゥス・リウィウスは次のことを指摘している。第一に、ウェイイ人の財産を処分して得た金を国庫にまわしてしまって、他の戦利品とともに兵士に分かち与えることをしなかったこと。第二に、凱旋式にあたって、四頭の白馬に馬車を引かせて、自分を太陽になぞらえるような、傲慢な振舞いがあったと陰で評判されたこと。第三に、ウェイイ人の戦利品の十分の一をアポロ神殿に捧げると誓いを立て、その誓いを果たすために、兵士からすでに分配したものを取り上げようとしたこと(1)。

この事実から、どのようなことが、君主が民衆から憎しみを買うのかが容易にわかる。最大の原因は、民衆から何か大切なものを取り上げてしまうことであろう。次の点はきわめて重要なことだ。というのは、人は自分が大切にしているものを奪われると、肝に銘じて忘れないものだからだ。なにかにつけて、そのもののちょっとした必要性《ネチエシタ》を思い知らされて、いつまでも忘れられない。しかも、その必要性は毎日痛感させられるので、日々諸君の念頭に浮かぶからである。

もう一つの原因は、君主が傲慢に見られたり、いばって見られることだ。これほど民衆、特に自由な都市の市民の憎しみを買うものはない。こうした傲慢や見せびらかしは、特に民衆に甚だしい不利益を与えるわけではない。だが民衆は、そうした振舞いに出る人物を憎む。要するに君主は、民衆の憎しみをあたかも一つの暗礁と心得て、警戒しなくてはならない。なぜなら、君主自身の利益にもならず、ただ憎しみを買うのは、まったく無謀な、きわめて思慮を欠く選択だからである。

24　指揮権を延長したためローマは奴隷状態に陥った

ローマの国の歩みをよく観察してみると、国の破滅の原因になったものが二つあることに気がつくだろう。一つは、農地法に端を発した紛争であり、いま一つは、軍の指揮権の延長である。この事態が当初からはっきり認識されており、適切な対策が講じられてさえいれば、この国はその後さらに長い間自由な生活を送り、おそらくは平穏な暮らしをずっと続けたことであろう。もっとも、軍の指揮権の延長だけなら、ローマに擾乱《じょうらん》が発生することにはならなかっただろう。しかし、この方針が決まったために、ある市民の権力がどれほど都市に害を与えたかは、実際、人のよく知る通りである。

もっとも、執政権の延長が認められた市民が、ルキウス・クィンクティウスのように賢明で立派な人物であったとすれば、こういう害悪は生まれずに済んだであろう。クィンクティウスの立派さは特筆すべき模範の一つである。

平民と元老院の間で妥協の話しあいがついて、平民側は護民官を貴族の野心に抵抗するのにふさわしい人びとと判断して、彼らの任期を一カ年延長しようとした。他方、貴族も平民との対抗上、さらに平民以下に見られないように、ルキウス・クィンクティウスの執政権を延長することに同意したのであった。

この時ルキウスは、自分の選出をきっぱり拒否して、悪例はぜひ廃棄し、まして悪例の上にまた一つ悪例を積み重ねるようなことは、断じてすべきでないと力説して、新しい執政官を選ぶようにと願った。仮にローマの全市民がこの善意と深慮とを備えていたとすれば、執政官の任期の延長といった風習は起こりえなかったであろう。と同時に、軍の指揮権の延長も起きなかったであろう。こうした事態が長年続いて、ついにローマは破滅の淵に追いやられたのである。

軍の指揮権を延長した最初の立役者はプブリウス・ピロ[1]であった。パラエポリスの町を攻めて陣を張っていた頃に、彼の司令官としての任期は終わりに近づいた。元老院は、彼がすでに勝利を目前にしていることを知り、後継者を派遣せず、そのまま統率代理の形で彼を留任させた。こうして彼は、初代の執政官代理《プロコンスル》に推された。

これは元老院が国家の利益を考えて提唱したことであったが、時が移るにつれて、このことがローマに奴隷状態を招く下地になったのである。やがてローマは軍に遠征を命ずる時、司令官の任期延長の必要を痛感するようになり、頻繁にそれを行なった。このことから次の二つの不利益が生ずることになった。

一つは、少数の者が指揮権を専断するようになったこと、したがってその少数者に名声が集まるようになったこと。もう一つは、ローマの軍団の司令官が、長年君臨する間に部下の気持を摑んで完全に自分の腹心にしてしまったこと。そのため、軍団は年とともに元老院の存在を無視して、司令官に対する恩義を深めることになった。だからこそスッラやマリウスは、国益を無視しても自分に対してだけ忠誠を尽す兵士を得ることになった。またカエサルも、こうして祖国を征服することができたのである。もしローマ人が執政官や司令官の任期の延長を認めなかったならば、また彼らがその後すみやかに権力の座を固めることがなく、結果的に彼らによる征服が遅れたとすれば、ローマ人が奴隷状態に陥ったのは、実際よりはるかに遅れていたであろう。

25　キンキンナトゥスと多くのローマ市民の清貧について

他の個所でもお話しした通り(1)、自由な市民生活を立派に秩序づけるために、最も大切なことは、市民に清貧を守らせることだ。もっとも、この規律がはたして効果をあげうるものかどうか、特に農地法が激しい反対を招いたローマでは明らかではない。にもかかわらず、歴史上確かなことは、ローマの建設後四百年経っても、ぎりぎりの清貧がなお守られていたという事実である。

この結果を生むにあたって、以下の事実よりも、より有力な条件は信じられない。すなわち、ローマ市民は貧乏であっても、常に何らかの地位につき、何らかの名誉に浴する道をいつでも持っていたので、たとえどんな陋屋《ろうおく》に住んでいようと、有為《ヴィルトゥ》の人材であれば、必ず誰かがたずねてくるものだという自覚が心の底にあったからだ。こうした処世の態度だから、富など欲しなかった。この事実は次のことに明らかに汲み取れる。

司令官ミヌキウス(2)が軍隊とともにアエクウィ人によって包囲攻撃された時、ローマでは彼の軍団が殲滅《せんめつ》されるのではないかといたく恐れた。そして、この難局に対する最後の切り札として臨時独裁執政官《ディクタトール》を立てようと計画した。そこでルキウス・クィンクティウス・キンキンナトゥスを選ぶことにした。当時、彼は田園の小さな家に住み、自ら畑仕事をしていた。こうした事情について、ティトゥス・リウィウスは珠玉のような言葉で、彼を次のように称えている。「一切の人間的な雑事を軽蔑し、ただ財産以外には、偉大なことも価値もありえないと考える輩《やから》は、よく耳をすませて聴くがよい」と。

当時キンキンナトゥスは、小さな山荘の四ユーゲラ(3)にも満たない菜園を耕していた。そこに到着したローマ元老院の使者は、臨時独裁執政官に選出されたことを彼に伝えるとともに、共和国が今いかなる危険に直面しているかを説いた。彼はただちに正服《トガ》を着てローマに赴き、軍を統率してミヌキウスの救援に向かった。そして敵軍を打ち破り、決定的な敗走をさせて、ミヌキウスを救った。

キンキンナトゥスは、包囲攻撃を受けた部隊が戦利品の配分に与ることを許さず、ミヌキウスに向かってこう言った。「お前はあやうく敵の餌食になるところだった。だからお前は敵の戦利品の配分に与るわけにはいかない。」

こうしてミヌキウスを司令官の役から退け、属官の地位に下げて、さらに次のように言った。「お前は執政官がどんなものであるかを学びとるまで、この地位についているほうがよい」と。そしてキンキンナトゥスは、貧乏のため裸足で戦ったルキウス・タルクィニウスを騎兵隊の隊長に任じたのであった。

先にも述べたように、ここでも注目をひくのは、ローマにおいては貧乏が名誉と思われたことだ。またキンキンナトゥスのような立派で有能な人物が、ただの四ユーゲラの土地を耕すだけで生計を立てていたことである。

この清貧ぶりは、マルクス・レグルスの時代にはまだ残っていたことが知られる。軍を率いてアフリカに遠征中、レグルスは元老院に休暇を願い出て、田舎の自分の家の畑仕事を小作人がいいかげんにしているので自ら監督したい、と申し立てている。ここでは二つのことが特に注目に値する。

一つは貧乏である。市民が貧乏の中にあって、どれほど楽しい思いをしていたか、また戦争によって市民一人ひとりが面目を施すだけに満足して、他のすべての利益を公共に委ねたことである。もし市民が、戦争によって富み栄えようと考えているのならば、自分の田畑が荒らされることなど平気であったろう。もう一つは、市民たちの器量の大きさである。彼らは、ひとたび軍団の隊長に選ばれた時には、精神の高邁さではどんな君主をもしのいでいた。どこの国王をも、どこの共和国をも少しも恐れず、どんなことにもあわてなかった。それでいて一市民の身分に戻ると、慎ましく質素に、小さな仕事を精一杯に実行し、公職にある者に服従し、年長者に敬意を払った。一人の人間の心がけが、これほど変えられることが不可能に思えたほどであった。

こうした清貧は、アエミリウス・パウルスの時代にも、やはり続いていた。彼の時代は、いわば共和政最後のはなやかな時代であって、彼の凱旋によってローマの都は繁栄した。だが一市民としてのパウルスは、あいかわらず貧乏であった。そして彼は、立派な戦功をあげた人物を賞揚するに際して、女婿《じょせい》の一人にも銀杯を贈った。しかも、これが彼の一家にとってはじめての銀杯だったという。この話からうかがえるように、この時代はまだ清貧が尊ばれていたのである。

このように、清貧は財産よりもはるかに立派な結果を生む。また清貧が都市や属州や宗教に大いなる栄誉を与えたのに反して、財産は都市などを滅ぼした。この論題については、これ以上に詳しく論じ、明らかにすることもできようが、従来多くの著者により論じられているので、ここでは触れない。

26　女のためにいかにして国が滅びるか

アルデアという都市で、ある家の結婚問題が原因になって、貴族と平民の間にもんちゃくが生じたことがあった〔前四三三〕。それは、ある金持の家の娘を平民の家と貴族の家が競って嫁にもらおうと望んだことから生じた。たまたま娘には父がいなかったため、娘の後見人は平民に嫁がせようとし、母親は貴族に嫁がせようとした。そして両家は互いに武器をとり、擾乱《じょうらん》へと発展した。貴族はことごとくその貴族の家に味方して武器をとり、平民もまたあげて平民の側についた。

敗れた平民はアルデアを追われて、ウォルスキに援助を求めた。一方、貴族たちは加勢を求める特使をローマに派遣した。まずウォルスキ人が到着してアルデアの周囲を包囲した。やがてローマ軍が押し寄せて、ウォルスキ人を城内の者と協力して挟撃し、兵糧攻めにしてついに降伏させた。かくてローマ軍はアルデアに入城し、内紛の主謀者すべてを殺して治安を回復した。

この事実については、注目すべきことが数々ある。まず、女のことが原因で幾多の破滅を引き起こしたこと、都市の統治者に甚大な損害を与え、都市の内部に無数の分裂を招いたことが第一に目をひく。同様に、この我々の歴史書にも書かれている通り、タルクィニウスの王位が奪われることになったのも、もとはルクレティアという女に対する暴力沙汰にあった[1]。また十人会《デケンウィリ》が権限を失ったのも、やはりウィルギニアという女のせいであった[2]。アリストテレスは、専制君主が破滅する第一の原因として女をあげている[3]。女を誘惑したり、凌辱《りょうじょく》したり、結婚生活をかき乱したりして、他人を傷つけることが原因になるとしている。この論点について私は、先に謀反を取り上げて論じた章[4]で詳細に述べておいた。ここで私は、専制君主や共和国の施政者は、この問題をあまり軽く見てはいけないと言いたいのである。こうした不慮の出来事から、秩序の乱れが起こりうることをよくよく考えておくことだ。そして自分の国なり共和国に、損害を招いたり、名声を傷つけたりしないうちに、適切な対策を講じなければならない。

例えばアルデア人に起こったように、市民の中で持ち上がった騒動が大きくなり、分裂抗争し、ついには、二つの勢力がそれぞれの力を強化するために外国の援助を求めるまでになり、自ら奴隷状態を招く重大な原因を作ったのである。

次章では、もう一つの留意すべき問題、都市の統一を図る手段について考えるとしよう。

27　内部分裂した都市の統一を図るためにはどうすればよいか、また都市を征服するには内部分裂を図るべきだとする意見は正しいかどうか

アルデア人たちを和解させようとしたローマの執政官たちの残した行ないから、我々は分裂した都市を再建する手段を知ることができる。つまり擾乱《じょうらん》を起こした指導者を殺してしまう以外に手はないし、その他の方法を用いては、打開の見込みはない。だが、実際上は三つの方法があり、そのうち一つをとる必要がある。つまり執政官たちのやったように彼らを殺してしまうか、あるいは都市から追放するか、それとも互いに傷つけあうことはしないという誓約のもとで仲直りさせるかである。

これら三つの方策のうち、第三の手段が一番危険であり、確実性がなく、およそ無駄である。というのは、すでに夥《おびただ》しい血が流れ、乱暴が行なわれてきた後だから、強制的に和解させても、毎日顔を合わせている連中では、和解も長続きするはずがない。日々会話を取り交すうちに、新たに喧嘩の原因になるようなことが当然起こりうるので、それでもなお加害行為が避けられようとは、考えられないからである。

これについては、ピストイアの都市が残した実例ほど適切なものは他にあるまい。今日でもそうだが、この都市は十五年前、(1)パンチャティキ家とカンチェリエーーリ家とに分裂していた。しかも当時は、今と違って武器をとって相争っていた。幾度となく激論が続いた

末、流血の惨事となり、家屋は破壊され、財産は略奪され、ありとあらゆる敵対行為が繰り広げられるようになった。彼らを仲直りさせなければならなかったフィレンツェ人は、そのたびに第三の方策を用いたが、決まっていっそう激しく擾乱や混乱が巻き起こった。そこでついに業を煮やして第二の方策をとり、両派の領袖《りようしゆう》を解任したり、幾人かを投獄したり、他の連中を他国へ追放したりして、ようやく和解ができて、今日に至ったわけである。

だが、一番安全な方策は、疑いもなく第一のものである。ところが、この方策の実行には、きわめて重大で、断固とした決意がいるので、弱体な共和国では断行できない。第二の方策を用いるのとはわけが違う。第二の方策を行なうのにさえ苦労しているような国では、とても無理である。さて、これらは私が冒頭で語った、現代の君主が重大なことを判断しなければならぬ時に犯す誤りである。したがって、昔に似たようなことを判断しなければならなかった人びとが、いかなる処置をとったかを進んで耳を傾けなければならない[2]。ところが現代人は、なまくらな教育を受け、物事がよくわかっていないために惰弱であって、昔の人の見解を非人間的であるとか、不可能などと考えてしまっている。

こういう現代人の見方は、まったく真実を無視したものである。例えば、我々の都市の物知りたちがつい先頃まで、「ピストイアを維持するには分裂をもってし、ピサに対しては城塞を固めるのが肝要である[3]」と述べているのが、よい例である。彼らはこうした方策が、どちらも無意味なことに気づいていない。

城塞についていては、すでに長談義したので[4]省略したい。そこでここでは、都市を平定しようとする時に内部分裂の策を用いるのは無意味だ、ということを立証しておきたい。君主国であろうと、共和国であろうと、その国内の二つの勢力を同時に味方につけることはできない。なぜなら、人間は本来二つの党派のどちらかに加担する性質を持っており、必ず一方に好意を抱くことになっているからである。

かくて国内の一部が不満を抱くようになって、戦争が起きるとなると、国を失うこともありうる。国の内外に敵を持つような都市は、とうてい守りきれるものではないからだ。またもし共和国であれば、市民を堕落させ、国内の分裂を図って国を治めることは、それ以前に内部分裂のあった都市の統治に比べて、容易ではない。それぞれの分派は支援を受けようと求めるし、あくどい策を色々と講じて支配者の歓心を買おうとするからである。

ここから二つの重大な不利益が生ずる。一つは諸君に味方する者が誰もいなくなることだ。ある時はこちらを支援し、ある時はあちらを支援するというふうに、政策を頻繁に変えるために立派な統治が行なえなくなるからである。いま一つは、こうした党派性のため国が支離滅裂になるからである。ビオンドが、フィレンツェ人やピストイア人について、「フィレンツェ市民はピストイアの統一を図ろうと苦慮しているうちに、市民同士が仲間割れをした」[5]と言っている言葉が、その裏づけとなるだろう。このように、分裂には弊害がつきものだということは容易に推察できる。

一五〇二年に、アレッツォとヴァル・ディ・テヴェレ及びヴァル・ディ・キアナ一帯が、ヴィテッリの一派とヴァレンティーノ公によって攻撃され、占拠されたことがあった。このときフランス国王は、フィレンツェが全被占領地を取り返すように、ラン閣下を派遣した。要塞を訪問したランは、城内の誰も彼もが、自分はマルツォッコ党⑹だと主張するのを聞いて、彼らの党派根性を痛罵《つうば》したのであった。本来、国王に従うべき国民が、私は王党派だなどと言えば、国王に対立する勢力があると推定されるから、フランスでは当然処罰されるところだ、また国王は、国をあげて自分を信頼し、一致団結して党派の生じないことを望んでいるのだと、彼は城内の者をさとした。

それにしても、こうした馬鹿げた方針や意見は、そもそも君主の弱さから生ずる。弱い君主は、自分の武力や力量《ヴィルトゥ》では国を治められないと察知して、こうした工作を行なう。なるほど平穏な時代においては、この工作も役に立とうが、逆境や嵐の時代がやってくれば、その愚かさははっきりと現われてくる。

28　共和国においては常に市民の行動に心を配らなくてはならない、慈悲深い行動のかげには、しばしば専制君主を生むきっかけが隠れているものだからである

かつてローマの都が飢饉に苦しみ、国の備蓄では食糧不足が解消できなくなった時のことである。当時大金持であったスプリウス・マエリウス⑴という男が勇気をふるって、自分

の金で小麦を買い集め、勝手に下層市民に配給しようとした。

そのため、民衆は相争ってマエリウスにとりいろうとした。彼の寛大さが原因で、やがて起こりうる弊害を見通して、元老院は事態が悪化しないうちに、彼を抑えようとした。そこで臨時独裁執政官を一名任命して、彼を殺害することにした(2)。

ここで注目されるのは、多くの場合、見かけは慈悲深く見え、しかも筋道からいえば害になるとは思えない善行であっても、適切な時期に是正しておかなくては、その善行が暴走することがあり、共和国にとって危険きわまりないものになりうるということである。

そこで、これについてさらに具体的に述べることとする。共和国は、名声のある市民がいなくては成り立たないし、立派な政治が行なわれないことは事実である。だが一面、この市民の名声が、共和国にとって専制政治を生む原因を作る。したがって、これをきちんと防止しようとすれば、しっかりとした組織を作って、一市民の名声が都市や都市の自由にとって害にならず、むしろ役立つような方向にもっていくべきである。それゆえに、その市民が名声を獲得した手段について検討しておかなくてはならない。

事実、それには、公的手段と私的手段とのどちらかがある。公的手段とは、公共の福祉のために立派な意見を述べ、見事な活躍をして、一人の市民が名声をあげたような場合を指す。こういう名声は、広く市民に道をあけておかなくてはならない。こうした意見や活動に対しては名誉を与え、満足〔のいく恩賞〕を与えなければならない。しかもこういう手段で得た名声が、純粋で他意のないものである限り、危険の心配はまったくない。

これに反して、上述の第二の私的手段で評判をあげるような場合は、危険きわまりなく全面的に有害だ。私的手段とは、あれこれの個人に金を貸したり、娘を嫁がせたり、官吏をかばったりして、恩義を着せること、あるいは同様の個人的な援助を行なって、民衆を手なずけたり、かげで支持を与えて激励したりすることを指す。こういう手段は国家を腐敗させ、法律を侵害する。

したがって、立派に組織のかたまった共和国は、前述のように、公的手段で人気を得たいと思う人物には、道を開いておくべきだ。だが、私的手段で人気を得ようとする者に対しては、ローマが行なった通り、門戸を閉ざさなくてはいけない。

ローマは、公共のために立派な活躍をした者には、恩賞として凱旋式を挙行したり、しかるべき名誉を与えたが、その反面、私的に自分の勢力の拡張を図る者は、口実をもうけて告発してきた。さらに、これでもまだ不十分と見れば、臨時独裁執政官を任命して、偽善的な幸福に酔う民衆の思い上がりをさまそうとした。その絶対的な権力で、ちょうどスプリウス・マエリウスの処刑に見るように、逸脱した人物を元のさやに収めるようにした。ともかく、こうした人物を処罰しないで事態を放任しておけば、共和国の命取りになる。なぜなら、先例ができてしまえば、後になって、元の正しい路線に復帰させることは難しいからである。

29　民衆の過失は君主の過失から生ずる

君主は、自分が治める民衆が何か過失を犯したときには、不満を漏らすべきではない。なぜなら、民衆の過失は、もともと君主自身の怠慢か、君主が同様の悪事に染まっていたために起きたに違いないからである。

したがって、現代においても、略奪行為や、そういった類の悪徳に満ち満ちていると見られる民衆を詳しく調査してみると、民衆を統治して似たようなことをする君主自身に、その原因が全面的にあったことが知られる。

教皇アレクサンデル六世[1]が滅ぼす以前のロマーニャ地方では、この地を統治していた領主たちは、ありとあらゆる邪悪な暮らし方の範を示していた。当時、この地方では、くだらない原因で殺傷沙汰や、重大な強盗行為が横行していた。

これは、君主が考えるように、民衆が邪悪だったから起きたのではなく、君主自身の邪悪さに端を発したことである。事実、これらの君主は貧乏なくせに、金持らしい暮らしがしたかったのだ。それでひたすら強盗行為に頼らざるをえず、様々の手を尽してこれを実行に移した。

彼らが取り上げた卑劣な手段の一つに、法律をでっちあげて、ある種の活動の禁止を命令するやり方もあった。そして最初のうち、君主はこの法律を尊重しないでよさそうな原因を自分からこしらえた。そして違反者を処罰しなかった。君主はこうして、多くの人が同じ誤ちを平気で犯すのを待っていたのだ。それから不意に、本腰を入れて違反者を処罰しはじめた。もちろん定めた法律を熱心に守るためではなく、〔彼の真意は〕ただ罰金を貪欲に取り立てようという腹であった。

こうして、無数の災いが表面化するようになり、とりわけ民衆はますます疲弊に苦しみ、正道を見失うことになった。例えば、落ちぶれた人びとは、自分たちよりもさらに弱い連中を犠牲にして、〔こうむった損害の元を〕取り返そうと画策した。ここから、上述の悪事がどんどん発生したのである。要するに、原因はすべて君主にあった。

この説が正しいことは、ティトゥス・リウィウスが次のように述べていることでもわかるであろう。ある時、ローマの使節がウェイイでの戦利品をアポロ神殿に届けようとした。しかし、その途中で使節は、リパーリ群島の海賊にシケリア沖で捕えられ、彼らの根拠地に連れていかれた。だが、群島の領主ティマシテウスは、この贈り物の性質、行く先、また誰から頼まれたか、などの事情をただした。しかし、この時領主はリパーリの出身者でありながら、ローマ人のような態度を示したのである。彼は、自分の領民に向かって、この種の贈り物を強奪することがいかに神を恐れぬふらちな行動になるか、を説いた。そして、大衆の同意を求めた上で、ローマの使節にこの奉納品を持たせて、帰国させた。これについて、歴史家〔リウィウス〕は次のように述べている。

「ティマシテウスは、大衆に、宗教的な畏怖心を十分に呼び起こした。しかも大衆は、常に政治を行なう者を模倣するのである」と。

ロレンツォ・デ・メディチも、こうした考え方を認めて、次のように述べている。(2)「領主の行なうところ、大衆もまたこれを行なう。なぜなら、万人の目は常に、領主その人に注がれているからである」と。

30 一市民が共和国で自分の権力を用いて何か有意義な仕事を行なうには、嫉妬心を起こさせないようにすることがとりわけ必要であること、及び敵軍の来襲に対する都市の防備対策について

ローマ元老院は、ある時エトルリア全土が新たに兵力をつのって、ローマに攻めかかろうとしているという情報を摑んだ。また、これまでローマ人民と友好関係を保っていたラティウム人とヘルニキ人とが、ローマの宿敵ウォルスキ人と接近をはかりはじめたことを知った。そのため、今度の戦争はなかなか難しいことになる、と見てとった。たまたまこの時カミルスは、執政官の権限を持つ護民官の任にあったが、こんな考え方をした。もしも、同僚の護民官たちが自分に最高指揮権を与えてくれれば、臨時独裁執政官は立てなくてもやっていけるだろう、と。同僚の護民官たちは喜んで彼の言う通りにした。(ティトゥス・リウィウスは、こう述べている。)。「偉大なこの人物に権限を委ねたとしても、護

民官たちは自分たちの尊厳が薄れるとは考えなかったからである」と。

カミルスは、こうして同僚の服従の約束をとりつけると、三つの部隊を編成せよ、と命令を下した。第一軍団については、彼自身が指揮官となってエトルスキ人に対抗した。第二軍は、クィンクティウス・セルウィリウス[1]を指揮官に任じてローマの周辺に待機させ、ラティウム人やヘルニキ人が策動する気配を見せれば、制圧することにさせた。第三軍については、ルキウス・クィンクティウス[2]に委ね、ローマの都市の守りを固め、万一の事態に備えて、城門や元老院議事堂の警備を命じた。

以上の命令の他彼は、同僚の一人ホラティウス[3]に命じて、武器、糧食、その他戦時の必需品を調達させた。また、やはり同僚のコルネリウス[4]に対しても、元老院や公的な協議会の席上、日々計画し、実行していかなくてはならない諸活動の審議のとりまとめ役を依頼した。事実、当時の護民官たちは祖国の安全のためには、どんな時でも指揮を執り、あるいは命令に服する心構えができていたのである。

我々はこのことから、勇気ある賢明な人間なら、どんなことをしなくてはならないかを汲み取ることができる。とともに、どれほど立派な行ないを生み出し、また祖国に対してどれほど有意義な行ないができたかが汲み取れるのだ。しかもこの場合、常にこの人物が立派な人格と力量《ヴィルトウ》とで、仲間の嫉妬心を起こさせなかったから、以上のことができたのである。この嫉妬心というものは、多くの場合、人びとが立派な活動をする妨げとなるものだ。換言すれば、上述の嫉妬とは、きわめて重大な事態にあたって、一人の人物にどうしても与えねばならない権力の委任を認めないように働きかけるものである。

このような嫉妬心を抑えるには、二つの手段がある。その一つは、当面の恐るべき難局を持ち出すことだ。この難局を自覚すれば、誰しも身の危険を感じて自己の野心などあとまわしにして、進んで勇武《ヴィルトウ》の誉れ高い、自分たちの危機を救う信頼できる人物の命令に服する気になるからである。

例えば、カミルスの例がそうである。この人は、すでに抜群の人物だと折紙つきの上、三度までも臨時独裁執政官に任ぜられていた。しかも終始、自分の利益をはからず、ただ公共の利益になるように、その役目を果たしたので、一般の人びとは、彼の偉さについて、疑問を抱くことはなかった。しかも、彼がこのように偉大であり、尊敬を集めていたために、誰も彼の下の地位に置かれていても、それを屈辱だとは考えなかった。それゆえ、ティトゥス・リウィウスの前述の言葉は、まことに正しかったのである。

次に、嫉妬心を消すもう一つの方法は、暴力によって、あるいは自然の成り行きから、名声や権力の追求をめぐって君の競争者だった人びとを滅ぼすことである。こうした人びととは、君の評判が自分たちをしのぐのを見ると、気もそぞろになり、我慢できなくなってくる連中を指す。特に、こうした連中が腐敗した都市に住みなれて、彼らの心に立派な人格を作る教育を受けていないような場合には、どんなささいなことにでも必ず異議を差し挟むものだ。そして、自分の欲しいものを手に入れ、自分の邪悪な気持を満たすためには、国が滅びても喜んでしまうのである。

こうした連中の敵対心を抑えつけるには、その連中を殺してしまう以外には対策はない。時に、運命《フォルトウナ》が有徳の人物にほほえみかけて、ごく自然にこういう連中を死なせてくれることがあるが、その時は、特に見苦しい乱暴をしなくても栄光に輝くことになる。つまり、この場合には、少しの障害も傷害沙汰も見ずに、自分の力量《ヴィルトウ》を十分に発揮できるようになる。

これに反して、こうした幸運に恵まれない場合には、あらゆる手を尽して、彼らを自分の前から抹殺することを考えなくてはならない。何をおいても、この難点を克服する手段を講じなくてはならない。頭を働かせて聖書を読む人は、モーゼが自己の法律と制度とを確立しようと願ったこと、またそのために、彼が数知れない人間をやむなく殺したこと(5)を覚えておられるであろう。彼の手にかかった人間とは、嫉妬のためにモーゼの計画に反対した人に他ならなかった。

同じ必要性《ネチエシタ》は、修道士ジローラモ・サヴォナローラもよく自覚していたし、またフィレンツェの統領《ゴンファロニエレ》ピエロ・ソデリーニも心得ていたことであった。だが、前者が嫉妬心を抑えられなかったのは、一つには修道士であったため、それを敢《あ》えて実行する権力を持っていなかったことにあり、また一つには、彼に従う権力者が、この辺の事情をよく理解していなかったことにある。でもこのことは、彼自身の欠陥とは言えなかった。これに反して、この世の賢人たちに対する弾劾や誹謗に満ち満ちていた彼の説教は、嫉妬する連中や、その新制度に対する反対者を招く結果となった。

さて、後者のソデリーニは、自分の善良さと好運《フォルトゥナ》に恵まれていたから、時が経つにつれて、他人に恩恵をほどこせば嫉妬の火は消せる、と信じ込んでいた。それとともに、彼の行き方に色々と好意が持たれてきだしたことや、まだこれからという年齢でもあったために、嫉妬でいがみあう連中⑥に対しては、見苦しいことや暴力や擾乱《じょうらん》などを起こさなくても鎮められると考えていた。つまり彼は、時は待ってくれるものではなく、善良な人柄だけでは足りないこと、運命は変化すること、邪悪な心にはどんな贈り物をしても、穏やかな気持にはならぬことをわきまえていなかったのである。こうして両人は、共に破滅の道をたどったが、二人の破滅の原因は、この嫉妬心を克服する策を知らず、また能力がなかったことによるのである。

もう一つ注目に値するのは、カミルスがローマの安全を守るために、都市の内外で示した規律のことである。まことに、例えば我がリウィウスのごとき立派な歴史家と称される人たちが、特にある事件を取り上げて、綿密に説き明かすのは、何か理由があってのことである。すなわち、同じような出来事が起こった場合に、後世の人びとがそれを防ぐ策を心得ておくようにという気持からであろう。したがって、この個所においては、無秩序な、あわてふためいて行なう防衛などは、まことに危険この上もなく、また無益なことを記憶しておかなくてはならない。

カミルスが都市防衛のためローマに待機するようにと命令した前述の第三軍は、こうした事態のよき範を示したのだ。昔から今に至るまで多くの人は、ローマ市民は概して武装に慣れており、しかも好戦的だから、こうした〔秩序を整える〕方策など無意味なように思っているようだ。言いかえれば、わざわざそのための徴兵など必要なく、ただ必要に迫られた時に、市民を武装すればそれで十分だと思っているようである。

これに対して、カミルスは違った考え方をした。また、どんな賢明な指揮官でも彼と同じ態度をとったことであろう。つまり彼は、きちんとした軍事組織を整え、訓練を経てはじめて、大衆に武器を持たせるようにしたのだ。したがって、彼の範に見るごとく、ある都市を防備しようと志す者は、人民をただどさくさにまぎれて武装するようなことは、一つの障害物と思って避けなくてはいけないのである。

そうではなく、まず武装しようとする者を召集し、選りすぐっておかなくてはならないのだ。そして、誰が指揮を執るか、どこに集合するか、どこに向かって進撃するか、あらかじめ定めておかなくてはならない。と同時に、召集しない者に対しても、各人が自宅に待機して、都市防衛にあたるべきことを命じておかなくてはならない。攻撃を受けた都市にあって、こうした規律をよく活かす者が、楽に守り通せるものである。これに反する行き方をとって、カミルスの範に倣《なら》おうとしない者は、とうてい都市を守りきれるものではない。

31　強い共和国や卓越した人物は、どんな運命《フォルトウナ》に対しても少しも変わらない気魄《きはく》と威厳とを具えている

われらの歴史家リウィウスは、カミルスの言動に関して色々とすばらしいことを書き記している中で、ことにこの人物がどんな風格を具えていたかを示すものとして、カミルス自身の口からこう言わせている。「臨時独裁執政官《ディクタトール》になったことで特に勇気が出るものではなく、追放になったからといって勇気がくじけもしなかった」と。

この言葉から、偉大な人間は、どんな環境に置かれても常に変わらないことが知れる。例えば、運命《フォルトウナ》が人を高い地位につかせたり、あるいはしいたげたりすることがあっても、彼らは泰然として変わらず、常に不屈の心を持ち続ける。彼らの生活態度にもそれが反映しており、そのため誰の目にも、運命《フォルトウナ》は彼らには何らの影響も残さなかったと映ずる。

他方、弱い人間はこれとは正反対の態度になる。彼らは幸運《フォルトウナ》に恵まれると、得意がり、有頂天になる。幸運《フォルトウナ》はすべて、ありもしない自分の実力《ヴィルトウ》のおかげだと言い張る。こうして、彼らは周囲の人びとから、鼻もちならない存在になり、憎まれるようになる。こうしてまもなく、運命《フォルトウナ》の逆転にみまわれてしまう。彼らの表情にありありとそのことが表われ、とたんにうってかわって弱みに沈んで行き、卑怯な卑屈な人間に成り下がる。したがって、こういう性質の君主は逆境にみまわれれば、防衛することよりも、逃げることし

か考えない。しかも彼らは、幸運《フォルトゥナ》に恵まれている時には平和な状態をうまく活かさず、防備については何ひとつ配慮しない。

さて、こうした美徳《ヴィルトゥ》や悪徳が、同じ人間の心の中に見られることを記したのだが、国家についてもそのことは言える。例をとれば、ローマとヴェネツィアがそうである。

前者は、どんなみじめな運命に陥っても決して卑屈になることはなく、かといって幸運《フォルトゥナ》に恵まれても、決して傲《おご》りたかぶることはなかった。例えば、このことはカンナエで敗北をこうむった直後のこと、またアンティオコスに対して勝利を収めた直後のことが明らかに示している。というのは、この敗戦が、三度目の重大な敗戦[1]であったにもかかわらず、ローマ人の意気は決してくじけなかったのである。それどころか、ローマは新たな兵を国外に派遣し、従来の法律やしきたりに反して敵の捕虜を釈放することは認めなかった。またハンニバル、ないしはカルタゴに対して使節を派遣して、和平を求めようとはしなかった。いや、このような卑しい考えはことごとく捨て去り、常に戦争のことを念頭に置き、人員不足のため、老兵や奴隷をさえ武装させたのである。先にも述べた[2]ように、この情況を知ったカルタゴのハンノンは元老院において、ローマ人が蒙ったカンナエでの敗北をそれほど評価していないと説いたのである。要するに、この事実から、ローマ人が厳しい局面に陥っても慌てふためかずに、卑屈にならなかったことが知れる。

一方、また隆盛の時を迎えても、ローマ人は傲りたかぶることはなかった。例えば、次のことからもわかる。アンティオコスは和平交渉の使節をスキピオに送って、戦《いくさ》になって負けたりしないうちに、和解をはかろうとした。これに対してスキピオは、次のような講和条件を示した。すなわち、アンティオコスはシリアの国内に撤退すること、そして残していった地域はローマの人民の自由意思に委ねること。この提案をアンティオコスが拒否したため、戦争になったが、彼らは敗れた。こうして彼らは、大使に勝利者側の持ち出すどんな条件も呑むようにと言い渡して、スキピオのもとに送った。だが、スキピオは大使に向かって、戦いになる前に提唱した条件しか持ち出さず、ただ次の言葉をつけ加えただけであった。「ローマ人は負けても気力はくじけない。しかし、勝っても決して傲りはしない。」

このローマ人の態度とうらはらなのは、ヴェネツィア人の振舞いである。彼らは幸運《フォルトゥナ》に恵まれているときは、ありもしない武勇《ヴィルトゥ》で幸運《フォルトゥナ》を摑んだような気になって、傲慢不遜な行為を行なった。例えば、彼らはフランス国王を聖マルコの子と呼んでみたり、ローマ教会を尊重しなかったり、その視野をイタリアだけに限定せず、ローマ帝国と同じような国を造ろうという意図を抱いたりした。

だが、やがて幸運《フォルトゥナ》に見はなされ、フランス王がヴァイラでなかば敗戦の憂き目にあうと、ヴェネツィアは、国内の反乱(3)にもあい、領土をことごとく失ったばかりでなく、臆病になり卑屈になって、領土の大半を教皇とスペイン国王に譲り渡してしまった。しかも気力がまったくくじけて、皇帝に対して大使を送って、自ら貢物《みつぎもの》を納める国となり、教皇に対しては、同情を買おうとして、卑屈な隷属的な言辞に満ち満ちた書簡を送った。

こんな不幸な状態に陥ったのも、もとはといえば、わずか四日間でなったことで、彼らが敗北を喫したのは、一回の部分的敗戦によるものだった。

すなわち、ヴェネツィアの軍隊は一戦を交えたが、退却にあたってなおも戦っているうち、約半数の兵力がたたきつぶされるはめになった。かくて、生き残った指揮官の一人は、二万五千を超える歩兵や騎兵とともにヴェローナに逃げ込んだ。

したがって、もしもヴェネツィア国内に、またこの国の制度の中に力強さ《ヴィルトゥ》が発揮されていたとすれば、簡単に立ち直ることができ、再び運命《フォルトゥナ》に正面から対決して、戦いに勝つか、栄光の中で滅びるか、あるいは名誉のある協定に達するか、そのいずれかを手に入れたに違いない。だが、ヴェネツィア人の軍事制度の欠陥からくる精神力のもろさが、瞬く間に国土と士気を失わせたのである。

ともかく、ヴェネツィアのような振舞いをする国では、こうした事態は常に起こりうることだ。なぜならば、このように幸運《フォルトゥナ》に恵まれれば得意になり、逆境に沈めば意気消沈する態度は、君たちの生活態度とか、受けてきた教育から生ずるものなのである。教育が浅薄であれば、君たちはそれに似てくる。教育がそれと逆の行き方であれば、君たちは違った性質になる。また世の中の事柄についても、より深く知る人となり、調子のよい時も有頂天にならず、災難にあっても悲嘆にくれることにはならない。

こうして一人の人間について述べたことは、また同じ共和国に生活する国民全体についても言えることだ。彼らの態度もまた、国全体の規律がどの程度まで完成しているかによって、左右されるのである。

ところで、すべて国家の基礎は立派な軍隊にあり、これなくして立派な法律も、他のよい事柄もありえないことは、先に述べた通りである。しかし、ここで重ねて述べるのも無駄ではないと思う。それというのも、この〔リウィウスの〕史書を読むと、あらゆる個所で、これを強調する必要性が感じとれるからである。例えば、軍隊は絶えず訓練を受けなくては立派なものにはなりえないこと、また、君たちの国の市民で組織しない限り、十分に訓練できないことなどが痛感される。というのは、戦争は絶えずあるわけではなく、したがって実戦に常に参加するわけではない以上、平時にも軍隊の訓練に十分に力を入れなければならない。この時市民からなる軍隊でなくては、費用の面から訓練などできないことになる。

先に述べた通り、カミルスは軍を率いて、エトルスキに攻めかかったことがあった。ところが彼の軍隊は、敵の強力な兵力を見たとたん、全員が気を呑まれてしまった。兵士たちは、敵の猛攻撃をとても耐えられない、自分たちがずっと劣勢だという気になってしまった。

さてカミルスは、攻撃側のこうした憂慮すべき気分について耳にすると、自ら戦線に赴いて、城攻めの一人ひとりの兵士に言葉をかけ、兵士たちの頭からこのような不安を一掃した。そして、最後に前線に命令したことは、特に変わった命令ではなく、「各自は常日頃覚えて行なってきた通りにやれ」ということであった。

したがってカミルスのとった方針や、彼が兵士を鼓舞し、攻撃に出るために告げたこの言葉をよくよく味わってみれば、こうした言動は戦時のみならず、平時においても軍隊が立派に組織され、訓練が行き届いているのでなければ、無意味だったことがわかるであろう。なぜなら、指揮官がよいと思う事柄でも、よく兵士が習得していなくては、指揮官は自信をもって兵士に実行させることができないからである。だから、たとえ第二のハンニバルが新たに軍の指揮を執ったとしても、そうした兵士相手では負けたであろう。

もとより、指揮官は戦闘中いたる所に出没することはできないから、戦闘以前にすでに全面的に立派な組織を整えておかなくてはならない。兵士が指揮官の気持を汲み取り、彼の命令や行き方を十分呑み込めるようになっていなくてはならない。そうでなくては、必然的に破滅への道を歩まざるをえない。

右に述べたところから、例えばローマのように、ある都市国家が武装され、組織が整い、また日夜、市民が公私を問わず、各自の持つ力量《ヴィルトゥ》と運命《フォルトゥナ》の力とを十分に発揮できる機会が与えられているとすると、どんな時勢になっても、その都市の市民は常に変わらぬ精神力を持ち、威厳を保持しうるであろう。これに反して、もし市民が武装されていなければ、換言すれば、自分の力量《ヴィルトゥ》に頼らずに烈しい運命の波にただ身をまかせるのであれば、運命《フォルトゥナ》の移り変わりにつれて動揺するだろう。また、ヴェネツィア人が演じた二の舞いを演ずることになろう。

32　一部の人が平和攪乱のために用いた手段

ローマの二つの植民地であるキルケとウェリトラエとは、ラティウム人の支援を期待して、ローマの人民に謀反を起こした。だが、その後ラティウム人が戦いに敗れたため、一切の望みを絶たれた。そこで多数の市民は協議の上、ローマの元老院に事情を釈明する説得の使節を送ることを考えた。しかし、この方針に対して、謀反の当事者たちは狼狽した。彼らは、処罰のすべてが自分たちの頭上にふりかかってくるのを恐れたからである。彼らは、和議についての話し合いを撤回させようとして、一般大衆をそそのかして武力行動を起こさせ、ローマの辺境の地を襲わせた。

したがって誰かが、つまり市民なり君主なりの誰かが、ある盟約から民心を完全にそらそうとすれば、好まざる盟約の相手国に対して、民衆自身の手で重大な加害行為を行なわせることだ。これ以外に確実で、決定的な対策はない。しかも、これによって彼が犯した過失のために当然受けるべきであった刑罰への恐れも、どこかに消えてしまう。

カルタゴとローマの間で戦われた第一次ポエニ戦役ののち[1]、カルタゴは平和条約を取り決めて、シケリアやサルディニアでの戦闘に使ってきた兵士たちをアフリカに撤収させた。ところが彼ら兵士は、その地で給料の不満のために、マトーとスペンディウスの二人を指揮官にあおいで、カルタゴに攻撃をしかけた[2]。そしてカルタゴの多くの都市を占領し、略奪を欲しいままにした。カルタゴ人は、まず本格的争闘にならないように情勢を打開しようとして、同胞の一人ハスドルバルを使節に送った。この男は、元彼らの隊長をつとめたので、今でも押しがきくだろうと考えたからであった。

だが、この使節が到着する頃、スペンディウスとマトーは、カルタゴとの和平交渉に期待を寄せる兵士の心を入れ替えさせようと思った。そして、どうしても戦争を続行させようと図った。このため兵士に対して、すでに捕虜の身であったカルタゴ市民たちと一緒に、この使者を暗殺するほうがよい、と力説した。こうして兵士は使節を殺したばかりでなく、殺す前に数限りない拷問で痛めつけた。しかも次のような非道な掟を定めた。将来、彼らに捕まったカルタゴ人は、誰彼問わず、同じような拷問を加えて殺すというのである。こうした決断と実行とによって、兵士はますますカルタゴに対して残酷になり、執念に燃えるようになったのである。

33　戦闘で勝利を収めるには、軍隊に自信をつけること、また軍隊内では指揮官に対して信頼を持たせることが必要である

戦闘に勝つためには、軍隊に自信をつけて、何がなんでも勝たなくてはならない、と思うようにしなくてはならない。ところで、自信をつける事柄とは、立派に武装され組織が

整っていること、兵士が互いに気心が知れていること、この二つから生まれる。こうした信頼感や秩序は、もし兵士たちが同一の地方で生まれ育ったのでなくては、得ることはできない。

次に指揮官は、その慎重さが信頼のおける人物として尊敬されていなければならない。それには常に、兵士たちに彼が規律正しく、注意深く、しかも勇気ある人物であることを示し、威信のある地位にふさわしい名声を保っていくことが必要である。こういったことは、兵士たちの過失を処罰し、不必要に彼らを疲労させないようにし、厳格に約束を守り、勝つことがいかにたやすいものかを兵士たちに見せつけてやり、また、離れた所から見れば危険に思われることを兵士たちの目から隠したり、たいしたことではないと教えたりすることによって、実現できる。

これらのことをよく守ることが、指揮官に対する軍隊の信頼感を与え、彼らに勝利を確信させる最高の方法である。

ローマ人は、軍隊にこうした自信をつけるために、宗教という手段を利用した。このため、鳥占い《アウグウリ》や腸卜《アウスピチ》によって、執政官の選出とか、兵籍をこしらえ、軍隊の出発や戦闘開始の時期などを決めるようになった。そこで賢明な指揮官は、必ず占いを実行してから、軍事行動に出るようになったのである。

つまり、占いをやらなくては敗戦は必至と彼は考えて、まず神々が味方についていることをよく兵士の肝に銘じさせた。そこで、ある執政官ないしは指揮官が鳥占いの結果にそむいて出撃すれば、たとえばクラウディウス・プルケルと同様に、神々は彼に罰を下したことであろう。[1]

ローマ史のどこをひもといてみても、このような実例は見られるが、一番明らかな証拠は次の個所である。アッピウス・クラウディウス[2]は、護民官の横暴を下層民に訴え、彼ら護民官は鳥占いやその他の宗教上のことさえおろそかにしていることを力説したが、リウィウスはこう言っている。[3]

「彼らは今日、神事さえもおろそかにしている。鶏が餌を食わなくても、小屋からの出かたが遅くても早くてもかまわないではないか、鳥の鳴き声が悪くてもかまわないではないか、と。なるほど、これはささいなことに違いない。だが、我らの祖先はこのささいなことを無視しなかったからこそ、国を立派にしたのである」と。

事実、このささいなことが軍隊に結束と自信をつける励ましになり、またこうした力が常に勝利の最大の原因となったのだ。しかし、もちろんこれには武勇《ヴィルトウ》が伴なっていなくてはならない。武勇《ヴィルトウ》がなくては、それは役に立たないのである。

プラエネステ人は、ローマ[4]軍に対して軍を起こして進撃し、アリア川の岸辺に陣を布いた。しかも、この場所は、昔ガリア人がローマ軍を打ち負かした所であった。この布陣は地の利を占めて、味方の兵士の勇気を奮い立たせ、ローマ人の肝を冷やすことにあった。ところで、彼らのとったこの方策は、上述の理由によって、納得がいくわけである。それでも、実際の勝敗の結果を見ると、本当の武勇《ヴィルトウ》の前には、こうしたちょっとした出来事などまったくものの数ではなかったことがわかる。

この事態について、歴史家〔リウィウス〕は、ローマの臨時独裁執政官《ディクタトール》の口を借りて、次の言葉を言わせている。これは臨時独裁執政官が騎兵隊の小隊長に向かって言った言葉⑸である。「彼らはごらんの通り地の利を占めて、アリア川の岸に陣を築いたようだ。だが、君は、武力と勇猛心を信じて、敵陣のまっただなかに攻めかかれ。」

つまり真の武勇《ヴィルトゥ》、立派な組織、数多くの勝利を収めたという自信、こうしたものは、ちょっとやそっとのことでは失われることはなく、またつまらない恐怖にまどわされることもなく、たとえどのような混乱が起こってもびくともしなくなる。このことは、次の例からも明らかに汲み取れる。

執政官であった二人のマンリウス⑹は、ウォルスキ人に対して戦いを始めたが、その時彼らは向こう見ずにも、一部の部隊が陣を離れて戦利品を漁《あさ》りに行くことを許可した。その結果、たちまち出て行った兵士も、残留の兵士も共に敵の攻撃を受けた。ここで味方が危機を脱せられたのは、二人の執政官の思慮によるものではなく、兵士自体の武勇《ヴィルトゥ》によるものだった。この事件について、ティトゥス・リウィウスはこう述べている。「たとえ指揮官がいなくても、兵士の日頃の勇猛心がこれを持ちこたえさせた」と。

ここでまた私は、ファビウス⑺のとった方策にも触れないではいられない。彼は新たな兵力を率いてエトルリアに攻め込んだことがあった。彼は軍隊に自信を持たせることが、新しい土地で新しい敵に対抗するにはぜひ必要だ、と判断したのである。そこで自信をつけさせるために、兵士に向かって、戦闘についてあらかじめ次のように訓示した。実はそれによって勝利を摑める理由は色々あって、確実で優れた事柄と勝利を確実にする事柄を話してもよいのだが、諸君に明らかにしては危険だから話さないでおく、と。策略もこれぐらい抜け目なくやれば、模範とすべきであろう。

34　どんな評判や風聞あるいは世論があった場合に、一人の市民が人民の支援を受けるようになるか、また、人民は一人の君主よりも国家の要職の選出にあたって正しい判断を下せるものかどうか

ティトゥス・マンリウス(1)は、のちにトルクァトゥスという通称をもらった人物だが、すでに述べたように、護民官マルクス・ポンポニウスに告発された父のルキウス・マンリウスを救出したのであった。もっとも彼の救出策自体は、やや過激で異常なものだったけれども、彼の父に対する孝心はきわめて世人を感激させた。そのため誰からも非難を浴びず、それどころか、このティトゥス・マンリウスは軍団長選出の機会に、副軍団長に推されたのであった。

彼の成功について考えてみると、民衆は人の性質を評価する時に、その人のどういう態度を特に考慮するものかがわかる。また冒頭で述べたごとく、民衆は君主以上に、ある人

物に対して名誉を授ける判断力があるものかどうかがわかるのである。

さて、民衆はある人物に対して名誉を授ける場合、この人物がまだ目立った仕事をせずに、人に知られていない時には、彼についての先入観とか人物評などから作られる世間の噂や評判を探ってみるものである。ところで、噂とか評判は、その人の祖先に基づいて作られることもある。例えば、ある人物に対しての祖先が偉大な人物で、都市でも有力者だったとなると、本人が何か失敗をしでかして、見かけとは違うという評判が立たなければ、その本人を祖先に似ていると思い込んでしまう。次に、噂が本人の態度そのものから生ずることもある。こうした態度のうち最上のものは、まじめな品性のよい、誰が見ても聡明だと認められる友だちを持つことだ。

まことに、つきあっている友だちを見るほど、人物評価の的確な目安はない。というのは、誠実な仲間とつきあっている者は、必ずその仲間と似通ってくるから、よい評判を得るのである。第三に、きわだって人並み外れた行動によって、よい世評を勝ち得ることもある。たとえその行動が私的な目的であっても、輝かしい効果がある。

以上の三つが原因で、特定の市民のよい評判が生まれる。しかし、中でも第三のものが一番大きな名声を勝ち得る。というのは、第一の場合は祖父や一門からくる理由で、きわめてあてにならないため、民衆は人物評価の点で慎重にならざるをえない。そして、彼の力量《ヴィルトゥ》が一般に考えられていたほどではないとなると、たちまちその評判は吹きとんでしまう。次に、交際する者から人物が評価される第二の場合は、第一の場合よりはましだが、第三の場合に比較すればはるかに劣る。

というのは、こうして評判を得ても、それは君自身が人に認められたからではない。つまり間接的な噂に基づいている。しかもこうした噂は、いとも簡単に消えてしまう性質のものだ。これに対して、第三の場合は、君自身の行なった活動や事実から出ており、また全面的にそれに立脚している。ゆえに最初から大いなる名声を勝ち得る。しかも、こうして築いた名声は、そののち、彼がよほど正反対の行動を繰り返さない限り、とうてい消えることはない。

右の点を考えて、共和国に生まれた人間なら、ぜひこの第三の行き方をとらなくてはならない。並外れた活動をして、自分の名をあげるように努めなくてはならない。事実、多くのローマ市民は青年時代にこういったことを実践している。ある時は、公共の利益になる法律を制定したり、あるいはまた権力者の一人を法律違反者として弾劾したり、またこれと同様の目新しいことを行なって、人の話題にのぼるようなことをやっている。こうした行動は、単に世の評判を得るのに必要なばかりでなく、またそうして評判を維持し、ますます高めるためにも必要なのである。

それにしても、これを効果あらしめようとすれば、例えば、ティトゥス・マンリウスが一生を通して行なったように、絶えず新しい行動を起こさなければならない。彼はきわめて荒っぽく異常なやり方で父を救い出して、これによってまず評判を立てた。数年後には、ガリア人と戦って相手を殺し、その男から金の首輪を奪った。そして、トルクァトゥス[2]のあだ名を奉られた。しかも、これでもまだ不足で、壮年時代に息子を殺害してしまった。これは、息子が敵を打ち負かしたものの、その戦いが自分の許可を得ずに勝手に行なわれたためであった。この三つの行動でマンリウスはますます有名になり、そののち何百年も彼の名声は高まる一方であった。

こうして彼は、他のローマ人がいかなる勝利を収め、凱旋した時よりも立派な栄誉で飾られた。ところで、その理由を説明しよう。名声は軍事上の勝利であれば、これまできわめて多くの人によって得られた。だが、こうした風変わりな行動というものは、ごく少数の者、いや誰一人として他にはやれなかったからである。

大スキピオがあれほどの栄光に輝いたのは、彼が戦争に勝ったからではない。むしろ彼が若い頃、ティキヌスの河畔で父を救ったことや、またカンナエの敗戦の直後、勇猛果敢にも剣をふるって、ローマの若者に次のような誓約をさせたことにあった。その誓いとは、彼ら若者がかねがね密議していたように、イタリアを見捨てることは断じてしないということであった。以上、二つの行動で大スキピオは名声をあげたのである。しかも、スペインとアフリカにおけるその後の勝ち戦《いくさ》は、彼の評判に拍車をかけた(3)。そして、彼がスペインにおいて一人の娘を父に返し、一人の妻を夫のもとに返した時、彼の名声は不動のものとなった。

こうした振舞いは、共和国において市民がよい評判を勝ち得て、立派な地歩を築いていこうとする上で、ぜひとも必要なことだ。と同時に、君主が君主たちの中で名声を堅持するためにも、やはり必要なことである。なぜなら、公共の福祉にそって、何か類《たぐい》まれな言動で実例を自ら示すほど大きな名声をあげることは他にはないからだ。しかもこうした言動を示せば、この君主は度量が広いとか、物惜しみしないとか、正義感があるとかと思われ、領民の間で諺《ことわざ》やなにかの形で評判になる。

さて、ここで本題の出発点を振り返ってみよう。これまで述べた三つの理由のどれかに基づいて、仮に民衆が、特定の市民を高い地位につかせたとする。とすれば、判断の基礎は決して悪くはない。しかもやがて、この市民が立派な範を示して名を高めれば、きわめて堅実な基礎に立ったことになる。なぜなら、ここまでくれば、民衆はまず欺かれることはなくなるからである。

だが、私の述べたことは、ある人をはじめて何かの役職に推挙する場合のことであった。換言すれば、この人物が日常の不断の努力を通して認められたり、あるいはまた平常とは正反対の行動に出たりする以前の段階のことである。これに対して地位を得てからのことは、最初に役職につく時よりは、世論の誤ちや、悪評の間違いがはるかに少ない。

ところで民衆は、ある人物について、また彼の仕事ぶりについて、実際よりもずっと高く評価しがちである。そこで判断を誤る。ところが君主では、こういうことは起きない。なぜかといって、君主には相談役がいて、色々と答えてくれたり、耳打ちしてくれたりするからである。ところで民衆も、こうした相談役を持とうと思えば、もてないわけではない。だからこそ、共和国の制度を立派に打ち建てた人たちは、次のようなことをしている。

例えば万一、都市国家の最高機関に実力のない者が選ばれたとしたら、危険この上ないであろう。そこでこの場合、実力のない者に民衆の人気が出はじめて高い地位につきそうになったとき、民衆はこの男の欠点を公の会議の席で誰かに発表させることにした。しかも、発表を名誉ある行為として尊んだ。すなわちこれによって、この人物に関する知識を十分民衆に伝えて、民衆の判断が間違わないようにと考えたのである。

事実、このことはローマでは始終行なわれたことである。ファビウス・マクシムスが第二次ポエニ戦役のさなかに、民衆の前で大演説をしたが、この演説がその明らかな証拠である。というのは、執政官《コンスル》の選挙でティトゥス・オクタキリウスに人気がわき、彼が選出されそうな気配が見えた。これに対しファビウスは、非常事態における執政官の任務をまっとうするのには、この男の実力ではとても無理だと考え、公然と彼の非力さについての演説をした。こうしてオクタキリウスを斥けて、彼以上に適任の男に、民衆の人気を転じさせたのである。

以上のように民衆も、行政官の選出にあたっては、人間の真実性が摑める証拠を元にして、的確な判断を下すことができる。したがって民衆も君主のように、こうした相談役を持つ時には、君主よりもずっと判断の誤ちが少なくなる。逆の立場から、市民の誰かが民衆の人気を得ようと思えば、例えばティトゥス・マンリウスのように、何か人目につく事実を自ら示さなくてはならない。

35　率先して新しい計画を提案する場合に起こる危険、及び計画の重要さに伴なって、危険がより増大することについて

多くの人びとに影響を及ぼすような新しい計画の音頭をとる人には、どれほど危険がつきまとうかしれない。また、このような計画を推し進め、指導し運営していくことの困難さも、おしはかれないほどである。

これらの問題は、あまりにも幅が広すぎ、その内容もこみいっているので、その取り扱いも容易ではない。したがって、ここでは問題を取り扱いやすい範囲にしぼろうと思う。つまり、私がもっぱら対象とするのは、共和国の市民や、君主の為政に参画する人たちが、率先して重大で重要な建議を打ち出す時に、その全責任を一手にかぶらなければならなくなる危険についてである。いったい人間というものは、結果から事の成否を判断するものなので、結果がまずければ、助言した当人に全責任が押しつけられることになる。たとえ、その結果が上首尾で、称讃の的となることがあっても、得るところは少なく、失うところが多いのが普通である。

（トルコから来た連中の話によると）「偉大なトルコ」と呼ばれる現在のスルタンのセリム〔一世〕は、シリアとエジプトに戦《いくさ》をしかける準備をしていた。ところが、ペルシアとの国境を固めていたさる大官《パシャ》は、ペルシアのソフィへと進撃するように、スルタンを励ま

した。この進言に心を動かされたスルタンは、夥《おびただ》しい大軍を派遣してこの大作戦〔一五一四～一六の遠征のこと〕を遂行しようとした。見渡す限りの砂漠で、ろくに川さえない広漠たる地方へとたどりついたのだが、これこそかつてのローマ軍を壊滅させたのと同一の恐ろしい環境に他ならなかった。スルタンの軍隊は飢餓と疫病とにさんざん苦しめられて、戦闘そのものは優位に立っていたが、その兵員の大半を失うこととなった。これに激怒したスルタンは、遠征計画を建議した大官《パシャ》を殺してしまったのである。

歴史の教えるところによれば、何かの事業の発案者となった市民は、その計画の結末が破綻《はたん》した責任を問われて、追放の憂き目にあう例が実に多い。ローマ市民の有志が、ローマに平民出身の執政官《コンスル》を設置しようとして音頭をとったことがあった。ところが、この初代の平民出身の執政官(1)は、出陣して敗北を喫してしまった。この計画に賛成していた党派の力があれほどまでに強いものでなかったら、当然、例の発起人連中は、とんでもない目にあわされるところだったに違いない。

共和国に対して、あるいは君主に対して意見を具申する人は、必ず次のような板挟みに陥るものである。つまり、彼らが自分の祖国なり君主なりに有益だと気づいていながら、わざとこれを建議することをはばかる場合、自分の職責を果たしていないことになる。一方、敢《あ》えて意見を述べる場合には、自分の生命や地位を危険にさらしていることになる。というのは、人間はすべて視力を失ったも同然であって、結果を見て当の意見の善悪を判断しようとするものだからである。

意見を具申《ぐしん》したばかりに不名誉や危険がその身にふりかかるのを防ごうとすれば、どうしても次の方法をとるしかない。つまり、物事に対処する場合中正な態度をとるように心がけ、むきになって自分の意見に固執することがあってはならない。また自分の意見を主張するにしても、感情にかられた発言をせずに、おだやかな説得に努めねばならない。さらには、都市や君主を自分の意見になびかせるにしても、こちらの意見に彼らが進んで従ったのであって、執拗な説得に屈したのではないと、一般に印象づけるように配慮しなければならない。

このような手順で事を運べば、この進言が世論の反対を押し切って強行されたのでない以上、君主としても共和国としても、これにけちをつけるのは筋が通らない。なぜならその提案に多くの連中が反対するような場合には、危険が伴なうからだ。この場合結果が失敗に終わると、人びとはよってたかってその首唱者を破滅させてしまうものなのである。〔以上のような柔軟でおだやかな説得方法を用いる場合は、〕世論の反対を受けながらも一つの計画を提案し、しかもそれが上首尾に及んだ場合に比べて、その足もとにも及ばないほどの栄誉しか得られないとしても、次の二つの利点は十分これをつぐなうに足るものである。その利点の第一に数えられるのは、危険の心配がないことである。

さらに、その第二は、次の事が考えられる。すなわち、おだやかな態度で自分の意見を述べたばかりに、その提案が採用されず、他人の提案がまかり通ってしまっても、万が一その結果が失敗に終わるようなことでもあれば、逆にこちらは最高の面目をほどこすことになる。

なるほど、自分の都市なり君主なりが痛手を受けて苦しんでいるのにひきかえて、自分一身のみ栄誉に輝くのでは、とても気が晴れるものではないが、それでもこの利益は十分に計算に入れておくべきであろう。

したがって、この点については、今まで述べてきた方策よりもさらに優れたものは他にあるまい、と信じている。その共和国なり君主なりにとって、どう見ても好ましくないという情況を読み取りながらも、しかも口をつぐんで忠告しないようにしても、危険からは逃れられない。というのは、ほどなくその態度は疑惑の目で見られるようになるからである。つまり、マケドニア王ペルセウスの友人たちの身にふりかかったことと同じ結果になるわけだ。

ペルセウス王はアエミリウス・パウルスのため、一敗地にまみれ、少数の腹心の友人に伴なわれて敗走中であったが、たまたまこれまでのいきさつを王が述べたのに対し、友人の一人が、王の犯した多くの誤ちを取り上げて、これこそ今度の敗戦の原因だ、となじりはじめた。これを聞いたペルセウスは、その男に向かって、「この裏切者め。そんな忠告を言うべき時に言わず、打つ手もなくなる時まで黙っているとはなにごとか」と言うが早いか、自らこの男を殺してしまった。

この男が殺されたのは、言うべき時に言わず、逆に黙っていなければならない時に喋ったことの、当然の報いに他ならない。つまり、忠告すべきことをほおかぶりしていたばかりに、危険を招いてしまった好例である。それゆえにこそ、私が右ですすめておいた行き方を守って、これを踏み外さないように心がけねばならない。

36 ガリア人は、緒戦では非常に男性的であるが、やがてきわめて女性的になってしまい、今でもそうであるのはなぜか

ガリア人は勇敢にもアニオ川のほとりでローマ人と一騎討ちの決闘を挑み、ここにガリア人とティトゥス・マンリウスの組み打ちに及んだのだった(1)。私はこのことに関連して、ティトゥス・リウィウスが幾度となく述べている次の言葉(2)を思い起こさずにはいられない。「ガリア人は緒戦では非常に男性的であるが、戦いが長引くにつれて女性にも劣るようになってしまうものである。」

さて、このような考えがどこから生じてくるのかを考える場合、多くの人びとの意見は、ガリア人本来の性格がしからしめるのだと信じている。私も、その意見は正しいと思う。だからといって、ガリア人の緒戦における勇敢な性格を鍛え方ひとつでうまく導いて、それを戦いの終わるまで持ち続けさせることは、決してできない相談ではない。このことを実証するために、私は軍隊には三種類あることを指摘しておきたい。

その第一は、勇敢でかつ軍規の厳正な軍隊である。すなわち、厳正な軍規から激烈な尚

武の気風が生まれるからだ。この好例は、ローマ軍に見られるものである。つまり、どの歴史を取り上げても、ローマの軍隊は見事な軍律を維持していたことが認められる。これも長期間にわたる軍事訓練のたまものに他ならない。というのは、軍規の厳正なところ、なんぴとといえども規則を無視しては、なにごともなしえないからだ。まさに、この規則厳守はローマ軍隊の中に見られる特徴である。

これによって、彼らは全世界を征服したわけだから、ありとあらゆる軍隊の鑑《かがみ》となるべきものである。すなわちローマ軍は、戦時平時の別なく、執政官《コンスル》の命令がなければ、食事もしなければ、寝ようともしなかった。ましてや、女遊びに行くことやら、その他の行動はすべてこれを慎んだものだった。

このローマ軍のような規律を守れない軍隊ならば、それは軍隊と呼ぶに値しない。仮にこの軍隊が、何らかの働きをすることがあっても、それはがむしゃらな攻撃がたまたま功を奏しただけのことである。決して本来備わった力量《ヴィルトウ》のせいではない。けれども、磨き上げられた力量《ヴィルトウ》が、その時の情勢にうまく当てはまるようにその勇気をふるって事にあたれば、どのような困難な事態に直面しても屈するようなことはない。また、戦意を喪失することもありえない(3)。まさに、鍛え上げられた軍隊は、戦意を高揚させ戦闘精神をふるいたたせて、必勝の信念を植えつけるものだからだ。このような信念とは、軍律が厳正に維持される限り、決して消えることのないものである。

ところが、これとは逆にガリア軍の場合のように、蛮勇だけはあるものの、軍規が乱れている軍隊では、正反対の結果がもたらされることとなる。まさに彼らは決戦に臨んで敗北を喫してしまった。というのは、緒戦に勝利を摑むことに失敗すると、彼らが頼りにする蛮勇は、鍛え上げられた力量《ヴィルトゥ》の裏づけがなく、その他にはこれといって確信のよりどころとなるものを持たぬだけに、その勇猛さが冷めてしまうと、もろくも潰《つい》えてしまったのである。

これに反してローマ軍は、十分な軍律の裏づけがあったために、どんな困難な事態に直面してもうろたえず、必勝を信じて緒戦の時と変わらない士気と力《ヴィルトゥ》とをそのまま戦いの終わるまで持ち続けて、頑強にねばり強く戦い抜いた。それどころか戦いが白熱化するにつれて、変わることなく彼らの戦意はますます燃え上がったのであった。

さて、軍隊のうちで第三の部類に属するものは、本来から戦意もなければ、軍規もない軍隊を指す。現代イタリア各国の軍隊が、これに当てはまる。彼らこそ、戦いには何の役にも立たない烏合《うごう》の衆だ。だから、何か思いがけない出来事のために逃げ出してしまうような敵とぶつからない限り、絶対に勝利を得ることのできぬ軍隊なのである。我々は毎日のように、この連中の闘魂不足を見せつけられているから、ここに改めてその実例を加えてみてもはじまらないと思う。

さてティトゥス・リウィウスによれば、誰しも、優れた軍隊はどのようにして造られるか、ろくでもない軍隊はどうやったらできるか、ということを理解できるはずだ。この点に関しては、私は臨時独裁執政官《ディクタトール》パピリウス・クルソル(4)の言葉を引用しておこう。それはクルソルが騎士の長ファビウスを罰しようとして言った、次のような言葉である。

「誰一人として、人間にも神にも敬意を払おうとしない。また、軍の布告にも服従しなければ、鳥占い《アウスピチ》も信用しない。補給を受けない兵士は、敵味方の領内をうろうろとさまようだけだ。服従の誓いなど、どこ吹く風で、好き勝手に、自分の都合のいい側に身を投じてしまう。各地を荒らしまわり、命令されてもいっこうに集合せず、巡察にも出ようとしない。夜になればなおさらのことだ。地形などおかまいなく、指揮官の命令などあろうがなかろうが戦う。軍規も階級もあったものではない。兵士はまるで盗賊のように、思慮もなく行きあたりばったりに群をなす。彼らは訓練が徹底した厳格な軍団ではない。」

右の文章を読めば、現代のイタリアの軍隊が思慮もなく、行きあたりばったりに群をなすものか、あるいは神聖な威厳を備えているものかは、容易に判断のつくところだ。さらにはまた、イタリア軍は軍隊と呼ばれるものとは似ても似つかない存在であって、ローマ軍のように勇猛心を発揮し、軍規をも備えた軍隊の足もとにも及ばず、ガリア軍のような蛮勇だけの軍隊にも程遠い存在なのである。

37　決戦の前に前哨戦は必要か否か、前哨戦を避けたい場合、どのようにしてはじめてぶつかる敵について知識を得るべきか

私が別の個所ですでに論じたように、人間が事にあたる場合、それをやりとげるまでのさまざまな困難はさておき、毎度ながら味わわせられることといえば、どんなよいことにも、なにかと都合の悪いことが背中合わせとなっているという事実である。この短所は、長所ときわめてたやすく結びついて発生するものだから、短所をも受け入れない限り、成功はおぼつかない。しかもこの傾向は人間が演ずることなら、なにごとによらずついてまわるものだ。したがって、幸運《フォルトゥナ》に助けられて、例のおきまりの都合の悪い点をうまく断ち切らない限り、成功を収めるには、なみなみならぬ辛苦を味わわなければならないのである。

このことの連想として心に浮かぶことは、マンリウスとガリア人の決闘である。これについてティトゥス・リウィウスは、次のように述べている。つまり、「この勝負の決着は、全戦局の運命に重大な影響をもたらしたのだった。すなわち、ガリア軍はほうほうの態で陣地を撤収し、ティーブル〔現在のティヴォリ〕近郊を経てカンパニアへと退いたのである」。

以上の実例から考えられることの一つは、思慮分別に富む将軍たるもの、自軍によくな

い影響を及ぼす恐れのあることなら、どんなにささいな事柄も断じて行なわぬようにすべきだということである。例えば、敵と決戦を交えるにあたって、全力を投入せずに戦って、しかもこれに全運命《フォルトゥナ》(1)を賭けるというやり方は、交通の要衝だけに警戒を払うことについて、私が批判しておいたのと同様に軽率きわまることである。

もう一つ考えられることは、次のことだ。すなわち名将ならば、まったくはじめての相手、しかも評判の高い敵と対戦しなければならない時には、決戦の前に軽い小競合《こぜりあ》いを行なって、部下にその敵の力をためす機会を与える必要があるということである。このような前哨戦によって敵の実力を知り、相手をどうさばけばよいかを飲み込んでおけば、敵の名声に気圧《けお》された味方の恐怖心を解消させることもできる。

このことは、将軍にとっては最も重要な仕事で、どうしてもこれを行なうように要請される。つまり、この将軍が本格的な戦いの前にちょっとした前哨戦を行なって、敵の名声ゆえに自分の部下の上にのしかかる恐怖心を取り除かない限り、戦争したところで、負けるのを承知の上で戦場に臨まなければならなくなるからである。

ローマ人に派遣されたワレリウス・コルウィヌスは軍を率いて、はじめて顔合わせをする敵サムニウム人と戦った。この点については、ティトゥス・リウィウスは、ワレリウスはローマ軍に何度かサムニウム人に対する小競合いをさせた、と述べている。つまり、「新しい戦いといい、はじめてぶつかる敵といい、決してどぎもを抜かれることのないように(2)」、前哨戦が必要だったのである。

このように述べてはきたものの、実のところ、前述の前哨戦の用い方というのは危険この上もないものだ。というのは、部下の兵士がその小競合いで敗北を喫した場合、兵士の恐怖心と劣等感をますます助長し、将軍が意図したのとあべこべの結末になってしまうからである。つまり部下に安心感を与えるどころか、かえって縮みあがらせてしまうことになるのである。

したがって、前哨戦という問題は、長所と短所とがあまりにも背中合わせにぴたりとくっついているために、そのよい点だけを摘み取ろうとしても、それに伴なって好ましくない点までもくっついてきがちなものだという、あの一般的な傾向の一つに当てはまるものなのである。

この点に関しては、私は次のような意見を持っている。すなわち、優れた将軍なら配慮に配慮を重ねて、自分の軍隊が自信を喪失するような事件は、一切引き起こさぬように身を慎まなければならないということである。部下の戦意を喪失させるようなことでもあれば、その時は、敗れたのも同然だ。だからこそ、たとえどんな小規模な衝突でも、これを注意深く扱わなければならない。また、きわめて大きな利得があるとか、絶対に勝てる見通しでもない限り、決して前哨戦など演じてはならない。

さらには、全軍をそこに集結できないような狭い通路をよりどころにして、防衛を固めることも慎まなければならない。その地点が奪取されてしまえば、必然的に国家の滅亡に結びつくことでもない限り、あえて特定の地点だけを守るようなことがあってはならない。

一方、防備を固めるには、次のような点に心を向けなければならない。すなわち包囲を受けた時には、全軍をもってその攻撃に対処できるように、守備軍や軍隊を配置すべきである。そしてそれ以外の場所は、無防備のまま放置しておくがよろしい。

というのは、こちらから捨ててかかっているものをいつ奪われたところで、その軍隊さえ依然として健在ならば軍事的威信を傷つけることにはならぬし、また戦局の将来にいささかの不安を与えることにもならないからである。ところが、諸君が守り通そうと腹を決めており、他の人びとも諸君が守り通すだろうと信じているものを失おうものなら、諸君は損失と痛手を受けることとなろう。ガリア人の実例(3)が示すように、わずかなつまずきが原因となって、ほとんど戦争に敗れることになる。

ペルセウスの父、マケドニアのフィリッポスは、当時の一流の軍人であった。この国がローマの侵略にさらされた時、とてもマケドニア全域は守りきれないと判断して、その一部を放棄して荒らされるにまかせた。守ろうとしていたものを守りきれなかった場合は、わざと敵を釣るための餌《えさ》として見捨てておいたものを予定通り奪われた時に比べて、その面目は丸つぶれになるものだという、抜け目ない判断を下したからに他ならなかった。

ローマ人はカンナエで敗北を喫した後、事態が苦境に陥っていた時多くの同盟国や属国からの救援の懇請をはねつけて、それぞれの国に、各自が全力を尽して自分自身の国を守るよう命じた。このやり方は、〔すべてを〕防衛しようとして、しかも〔結局手が行き届かずに〕失敗してしまうことに比べれば、どれほど上策かわからない。それは、いったん防衛を引き受けて、しかもこれに失敗すれば、これらの友好国ばかりでなく、ローマ自身の力までも失わなければならないからだ。ところが、ローマがその支配下諸国からの援助の要請を拒否すれば、失うものはその友好国だけである。

さて、例の小競合いの問題に話題を戻すこととしよう。私が確信するところによれば、一人の将軍がはじめて顔を合わせた敵とどうしても戦わなければならない場合、彼が着目すべきことは、その戦争によって大きな利益をあげられるか、しかも敗れる心配がまずないかどうか、ということである。

さもなければ、マリウスがキンブリ人と相対した時と同じ方法を選べばよろしい。(この方法こそ、より優れたものと言えよう。)さて、この野蛮きわまるキンブリ人は、イタリアを劫掠《ごうりゃく》するために襲いかかってきた。彼らは、その凶暴さと圧倒的な兵員とで、全ローマを恐怖のるつぼにたたきこんだ。それまですでに、ローマ軍は惨敗を喫していたのである。そこでマリウスは、次の方法をとらねばならない、と判断した。つまり、前哨戦で探りを入れるに先立ち、ローマ軍からキンブリ軍への恐怖心を取り除くために、何らかの手を打たなければならない、と考えたのだ。

そこで、非凡な智将にふさわしく彼は、キンブリ軍の通過しそうな場所を選んで、そこにローマ軍を一度ならず何度も配慮しておいた。こうして、その陣地の物陰に隠れてキンブリ軍の姿をその目で望見させて、これに慣れさせようとしたのである。やがてローマ兵の目に映じたのは、押しあいへしあい、ろくに役にも立たぬ武器を帯びる奴もいれば、素手の連中もまじった、秩序も何もない大軍の姿だった。マリウスは、このさまをローマ兵に見せた上で、彼らに自信を持たせ、進んで戦いに臨む気持を持たせようとしたのであった。(4)

マリウスが巧みにも用いたこの方策は、すでに述べたような危険を避けようとする人びとの鑑《かがみ》とすべきことである。さらにはまた、ガリア人のように、「ほんのちょっとしたことに肝をつぶしてティーブル近郊を経てカンパニアへと退却した」あの不面目を犯したくない人も、マリウスのやり方を模範とすべきであろう。

本章ではワレリウス・コルウィヌスについても述べてきたので、次章では、同じコルウィヌスの言葉を引きながら、将軍たるものの心得を論じてみたい。

38 部下の信頼を一身に集める将軍はどのような資質を備えているか

上述したように、(1) ワレリウス・コルウィヌスが軍を率いてサムニウム人と戦ったことがあった。このサムニウム軍は、ローマ人民にとっては、初顔合わせの相手だった。そこで彼は、自分の部下に自信をもたせ、かつ敵にも慣れさせておくために、自分の軍隊にいくつかの小競合い《こぜりあ》をやらせてみた。けれども、それだけでは十分ではないと考えて、彼は戦闘に臨む前にその部下に演説した。こうして部下の将兵のみならず、自分自身の敢闘精神《ヴィルトゥ》について演説しながら、今相手にしている敵がどんなに取るに足らないものであるか、を熱を入れて説いたのであった。

ティトゥス・リウィウスが、コルウィヌスの口を借りて言わせている言葉(2)からして、部下の将兵から信頼されるに足る将軍は、どのように身を処さなければならないものかを知ることができる。その言葉というのは次のようなものだ。

「しからば、諸君はいったい誰の指揮のもとで、またどのような神の導きで、決戦に臨もうとしているかを考えてみるがよい。諸君がその命令を受ける指揮官が、いたずらに派手な説教師のような男にすぎず、恐ろしげな言葉をあやつるだけで、実戦には不慣れな男なのか、あるいはまた、その指揮官自らが槍を使う術にたけ、軍旗の先に立って突撃し、彼我いりみだれての混戦のまっただなかに突っ込んでいく真の軍人なのか、を考えてみるがよい。兵士諸君、余の言葉に従うのではなく、余の行動に従ってほしい。余の命令に従うだけではなく、自らの右腕によって三回も執政官《コンスル》の地位にのぼり、最高の栄誉に輝いた余を模範としてほしい。」

右の言葉を十分に味わう人びとにとっては、将軍の地位を保っていこうと思えば、どのような行動をとるべきかを納得できるに違いない。

また、その行動に反するようなことがあれば、その将軍の地位は、幸運《フォルトゥナ》によるか、または野心をたくましくして手に入れた地位である場合には、時が経つにつれてその地位を保てなくなり、名声を博せなくなることに気づくであろう。肩書が人間を持ち上げるのではなく、人間が肩書を輝かせるからだ。

ここで本章の出だしに戻ることにして、次のような問題を考えてみよう。すなわち、偉大な将軍がはじめての敵と戦う時、ベテランの軍隊でさえもその士気を高めるためには思いがけない方法を用いる心配りが必要だ。ましてや、一度も敵と戦ったことがない新編成の軍隊を指揮する場合、どれほどの配慮を重ねても、行きすぎることはない。今まで手合わせしたこともない敵軍に対しては、百戦錬磨《れんま》の軍隊といえども、ひるんでしまいがちなものだ。ましてや、新編成の軍隊なら、どんな敵を見ても、震えあがってしまうものだからである。

しかしながら、このような困難も、ローマのグラックスや、テーバイのエパメイノンダス(4)のような名将の類まれな配慮によって、再三にわたって克服されている。この両名の偉業についてはすでに触れておいた。彼らはまったく戦争経験のない軍隊によって、百戦錬磨の軍隊を撃破した。彼らのとった方法は、次のようなものであった。つまり、数カ月間にわたって模擬戦を通して教練を加え、命令に従い、軍規を重んずる習慣を養った。そして、この体験をもとにして、実戦に臨む確固とした自信を植えつけたのである。

したがって軍人は、たとえ部下に恵まれなくても、精鋭な部隊を育てられないと決め込むには及ばない。というのは、国内に多くの人口を抱えながら、軍隊には事欠く君主は、国民の覇気《ヴィルトウ》のなさをこぼすよりも、君主自身の怠慢と、読みの浅さを嘆かなければならないからである。

39　指揮を執る将軍は地形を熟知していなければならない

いろいろの事柄の中でも、とりわけ指揮にあたる将軍に要求されるのは、地形や地理を知っておくことだ。その理由は、大局的でしかも細部にわたる知識がないと指揮官は、どんな作戦も実施しえないからである。しかも、すべての技術は、訓練を重ねてはじめて、完全にそれを我が物にできるものである。

したがって、この場合、地形を熟知するためになみなみならぬ訓練をしなければならない。では、どのようにして、これを習得したらよいか、あるいは、このような特殊な知識をどうして身につけたらよいか。それには、他のどんな練習方法よりも、狩猟を通して地形に関する知識を我が物とするにしくはない。したがって古代の著作家たちは、その当時世間を征服していた英雄たちについて、次のように述べている。すなわち、彼ら英雄たちは森の中で育ち狩猟によって育まれた、と。なぜかといえば、狩猟は、これによってその地方の地形を細かく習得しうることになる他、戦争に必要な無数の事柄を教えてくれるからである。

さてクセノポンは、その著『キュロス王の教育』の中で、キュロスがアルメニア王を攻撃しようとした時のことを取り上げている。キュロスはその部下たちに狩猟の持つ役割を詳しく述べて、このたびの戦いも、これまで何度も一緒に行なってきた狩猟の一つにすぎないと述べたことをクセノポンは記録している。そればかりでなく、キュロスは、軍隊を山中に潜ませて相手を待ち伏せる作戦は、ちょうど狩で罠をしかけて獲物を待ち受けるようなものだし、さらには、戦いで原野を駆けめぐるのは、そのねぐらから野獣を狩りたてて、網のほうに追い込む作業と同じだと説いたことも記録されている。

右に述べてきたことは、クセノポンに従って、狩猟も戦争の一つの投影だという意見を示すためのものである。だから傑出した人物は、狩猟を称え、かつ必要なもの、と見たのだ。事実、一地方の地形に通暁するのは、狩猟という方法を除いては、他にこれといった便法はありえない。つまり、狩猟を行なえば狩を催した場所を微に入り細にわたって、諳《そらん》ずることが可能になるからである。

こうして、一人物が一地方の地理に通暁するようになれば、どんな新しい地方に行っても、やすやすとその地勢を呑み込めるようになるものだ。どこの国だろうと、またその各部分は、どこかしら似ているからである。したがって、一つの土地の地形を呑み込んでさえおけば、他の地方についても、これを推量することが容易になる。ところが、一つの土地のこともろくに知らない者が、他の土地の地形を類推するのは難しい。それどころか、どんなに時間をかけてみても、できない相談である。

ところが一地方の地形を習得した人は、ちょっと目を向けただけで、原野がどのような具合に広がっているか、山はどのように聳えているか、その山にはどのような谷がついているかを見破ってしまう。その他、これに類した様々の事柄も、その人が以前にはっきりした形で摑み取っている一つの知識から類推して、理解してしまうのである。

このことについて、ティトゥス・リウィウスが示したプブリウス・デキウスの例を掲げるのが適切だと思う。執政官《コンスル》コルネリウスがサムニウム人と戦った際のことである。デキウスは軍団の隊長をつとめていた。執政官は一つの谷間にローマ軍を引き入れた。しかし、そこはサムニウム軍に包囲される恐れがあった。事態の危険を見てとったデキウスは、執政官に次のように言った。「アウルス・コルネリウス閣下、敵軍の頭上に聳える高地をご覧ください。幸い敵は、まだあの重要性に気づいていません。そこで、思いきってあの地点を占領してしまえば、これほど頼りになる安全な場所はないでしょう。」[1]

デキウスの言葉を紹介する前に、ティトゥス・リウィウスは次のように述べている。「隊長プブリウス・デキウスは、狭い一筋道の先に聳える高地を認めた。この地点は、敵陣をのぞきこむような格好になっていた。そこには荷物を持った軍隊は登りえないが、軽装の兵士ならば、さして苦労もせずに達することができそうであった。」

そこで執政官は、デキウスに三千の将兵を与えて、この高地を占拠させた。こうして彼は、ローマ軍を危地から救った。さらに夜陰を利用して、その地点を離脱して、自分と〔三千の〕部下を救おうと考えた。こうしてリウィウスはデキウスをして、部下に次のように言わしめている。[2]「余についてこい。日が沈んでしまわないうちに、どの地点に敵が警備兵を配置しているか、我々はどうしたらここから脱出できるか、よくその目で探しておくのだ。」こうして、敵兵に将軍自らが偵察に出ているのを覚られないように、一般の兵士の軍衣に身をつつんで、つぶさに敵状を観察したのであった。

さて、右の文章を注意して読めば、一人の将軍がその地方の地勢を知っていることが、どれほど有効で必要なことかに思い至るであろう。なぜなら、もしデキウスが例の地形についての何も知らなかったとすれば、ローマ軍があの高地を占拠することがどれほど有利であるかを判断できなかったはずである。あるいはまた、離れた所から、その高地にたどりつけるものかどうかも分からなかったに違いない。

こうして、デキウスが高地の頂きを占領した後、再び執政官本隊に合流のため撤収しようとした時、周囲全部を敵に包囲されてしまっていたので、どのルートが敵に抑えられているのか、遠くからではどの道を選べば安全に脱出できるかも見当がつかなかったに違いないからである。ところがデキウスは、その地形を完全に知っていたために、当然、以上の点について何の問題もなかった。つまり、その高地を占拠してローマ軍を救うことができたし、さらには包囲されながらも、自分自身ならびにその部下が脱出できる道を発見することも可能であったのである。

40 戦闘に際して策略をめぐらして敵を欺くのはむしろ立派なことである

一般の事柄では、どんな場合でも、奸計をめぐらして相手をたぶらかすことは、忌みきらうべきことである。しかしながら、ただ戦争においては称讃に値し、名誉ともなることなのである。したがって、計略をめぐらして敵を撃破することは、腕にものをいわせて敵を打倒する場合と、まったく同じように称えられてしかるべきだ。これと同様の意見は、偉人伝を書いた人びとも持っていたようだ。つまり、計略によって勝利を得たことできわめて有名なハンニバルや、その他の人びとの行為を伝記作家は称讃してやまない。その実例は夥《おびただ》しくて、とても読みきれないほどだが、私はここでは一切繰り返さないつもりである。

ただ、次のことだけは言っておきたい。つまり、君が公言した約束や、結んだ条約の破棄を意味する策略が称讃に値すると考えているのではない、と。というのは、これまでも論じたように、奸計によって共和国や王国を手に入れるようなことがあっても、その行動は、名誉にも何にもならないからである。

私がここで対象としているだまし討ちというのは、最初からこちらを信用していない敵に対してこそ、用いるべき性格のもので、戦争の駆引きだけに使うべきものである。例えば、ハンニバルの計略などがこれにあたる。彼はペルージア湖のほとりで逃げるふりをして、執政官とその軍隊を〔まんまと〕包囲してしまった。さらには、またハンニバルがファビウス・マクシムスの包囲網から脱出するために、家畜の角に火につけたことなどもこれにあたる。(1)

このような奸計に似たものとしては、サムニウムの将軍ポンティウスが、ローマ軍をカウディウム渓谷に包囲した時があげられる。ポンティウスは、その軍隊を丘の後ろに忍ばせておいて、牧人に変装した多くの部下に無数の家畜を追わせながら、平地へと行かせた。この連中がローマ軍に捕まって、サムニウム軍の所在を尋問された。誰も彼もが口をそろえて、ポンティウスの言いつけ通りに、サムニウム軍はノケラを包囲攻撃の最中だ、と言った。この言葉にうまうまとのせられた執政官は、カウディウム渓谷に閉じこもり、そこに入るや否や、サムニウムの重囲に陥ってしまった。

この詭計によってもたらされたサムニウム軍の勝利たるや、ポンティウスがその父親〔ヘレンニウス・ポンティウス〕の意見をいれて事後の処理にあたっていたならば、その成果はこの上なくはなばなしいものとなっていたことだろう。つまりポンティウスの父親は、ローマ軍をそのままにして見逃すか、あるいはみな殺しにするか、二つに一つであって、中途半端なやり方は断じてとってはならない、と忠告していたのであった。

ところが、ポンティウスのとった中途半端な手段というのは、「味方を増やすでもなし、敵から逃れる」(2)わけのものでもなかったのだ。実際、このようなどっちつかずのやり方は、他の場所でも論じたように、いつに限らず国家に重大な危機をもたらすものに他ならない。

41　恥辱にまみれなければならない場合でも、栄光に輝く場合でも、祖国は防衛しなければならない、どんな方法によってでも防衛しなければならない

すでに述べたように、執政官《コンスル》とその軍隊は、サムニウム人の重囲に陥ってしまった。そこで、サムニウム人はローマ人に対し、屈辱この上もない条件を押しつけた。（つまり、くびきをはめ、武装を解除した上でローマに帰国を許す、という条件であった。）この苛酷な条件を聞いた執政官は呆気にとられ、将兵一人残らず絶望にうち沈んでしまった。しかし、ローマ軍の使節ルキウス・レントゥルスは、祖国を救おうと思えば、たとえどのような手段でもこれを避けるべきではないと思う、と発言した。[1] レントゥルスの根拠は、次のようなものだった。ローマの存亡は、その軍隊にかかっている。だから、どんな犠牲を払っても、この軍隊を救出すべきだ、と考えた。

さらにまた、どのような辱めを受けようと、あるいは栄光をその身に浴びようと、どのような手だてを使ってでも、祖国は護持されなければならない。なぜなら、その軍隊さえ救出できれば、ローマはほどなくその汚名をそそぐことができるからである。もし、この軍隊を救出せずに名誉ある全滅に導くようなことがあれば、ローマとその自由は失われてしまうだろう。このようにして、レントゥルスの意見は受け入れられることとなった。

さてこの事件は、その祖国に忠告する立場にあるすべての市民が、よくよく注意を払い、もって範とするに値するものである。というのは、ひたすらに祖国の存否を賭して事を決する場合、それが正当であろうと、道に外れていようと、思いやりに溢れていようと、冷酷無残であろうと、また称讃に値しようと、破廉恥なことであろうと、一切そんなことを考慮に入れる必要はないからだ。そんなことよりも、あらゆる思惑を捨て去って、祖国の運命を救い、その自由を維持しうる手だてを徹底して追求しなければならない。

右のような事柄については、フランス人が自分たちの国王の尊厳と王国の威信を守るために身をもって言動で示しているところである。つまり、彼らフランス人は、誰一人として、「あんなことをやっては王の名を汚すだけだ」と批判されるのを聞き捨てにはしない。つまり、国王がいかなる決断を下し、それがいかなる結果になろうとも、国王の恥辱になる筈がないと考えているからだ。またその成否にかかわらず、国王はなすべき義務を果たしたと、国民は考えるからである。

42　無理強いされた約束は守る必要はない

執政官スプリウス・ポストゥミウスは、武装解除された軍隊を連れて恥をさらしながらローマに帰ってきた。彼はまっ先に元老院《セナトウス》に出頭し、カウディウムで取り交した和平は守るべきではない、と訴えた。さらに彼は、例の和平の約束にはローマ人民はなんら拘束されるものではなく、わずかにその協約を結んだ彼自身とその他の連中がその対象となるだけにすぎない、したがって、人民諸君がその約束を破棄しようと思えば、こんな約束を取り交した責任者の自分と、ならびに彼に随行していた者をサムニウム人の手に引き渡しさえすればよい、と述べたのであった。

ポストゥミウスがその意見を強く主張したので、元老院もそれに同意した。そこで彼及びその側近を捕えてサムニウムに送り、サムニウム人に対して、例の和平の約束は効力のないものだ、と異議をとなえた。ところが、この場合にも運命《フォルトゥナ》はポストゥミウスにほほえみかけて、サムニウム人は彼を捕えたままにはしておかなかった。

こうして、ローマに帰還したポストゥミウスは、敗軍の将とはいえ、人びとから一段と高い栄誉をもって飾られたのであった。彼が浴した光栄は、サムニウム側のポンティウス(1)が、その戦勝のゆえに人びとから捧げられた名声をはるかに上回るものだったのである。

ここで、次の二点に注目しなければならない。その一つは、どのような行為によっても、名声を博することができるということである。戦いに勝てば栄誉を与えられるのは、言うまでもない。たとえ敗戦の汚名を受けたところで、自分の責任で敗れたのではないことを証明したり、あるいは失敗を埋め合わせるような立派な行動に瞬時に移って、世の称讃を勝ち得ることもできるのである。

第二にあげられる点は、無理やりに誓わせられた約束は守らなくても、決して破廉恥なこととはならない、ということだ。つまり、国家に関する約束ごとを強要されて結んだ場合は、どんな時でも、その圧力が弱まりさえすれば、これを破棄すべきである。そして、その履行に忠実でなくても、何の恥にもならないのである。歴史を読めば、いたる所にその実例があふれている。さらには現代でも、しょっちゅうこういったことにお目にかかる。君主間で無理強いに締結させられた約束ごとが、その圧力がなくなると破棄されるばかりでなく、その他の約束ごとでも、それを取り交させた理由が消滅してしまうと、もう守られないのが現状である。

右のような約束違反が褒められるべきか否か、さらには君主がそのような違約をやってよいものか否か、という点については、私の著書『君主論』で十分に論じておいた(2)ので、ここではそれ以上は述べないこととする。

43 同じ地域の住民は時代のいかんを問わずだいたい同じような性格を持っている

世の識者は、将来の出来事をあらかじめ知ろうと思えば、過去に目を向けよ、と言っている。この発言は道理に適ったものだ。なぜかといえばいつの時代を問わず、この世の中のすべての出来事は、過去にきわめてよく似た先例を持っているからである。つまり人間は、行動を起こすにあたって、常に同じような欲望に動かされてきたので、同じような結果が起こってくるのも当然なのである。ところが、同じような行為とはいうものの、地域によってその内容に優劣があるのは、それぞれの地域で教育の仕方が違うので、それにつれて異なった生活態度を摑み取るようになるからである。

過去に目をそそぐことによって、将来を推しはかることが手軽にできるのは、一国民が長い間にわたって同一の習俗を保持するものであるからである。つまり、これまで一貫して吝嗇《けち》な性分や、あるいは詐欺まがいの性格を持つか、さもなければ正邪いずれかの傾向を持ち続けてきた国民は、将来にもずっとその性格を捨てきれないであろう。

さて、我が祖国フィレンツェの歴史を読んで、そこにごく最近に襲ってきた事件に思いをいたすならば、ドイツ国民、フランス国民がその国民性として一貫して貪欲で傲慢で、かつ凶猛で信用のおけない連中であることがわかるであろう。まさにこれら四つの性格こそ、いつの時代にも変わらず、我々の都市に計り知れない災いをもたらしたものである。彼らが信用のおけない連中だということについていえば、シャルル八世がピサの城塞を略取すると約束して、何度も金を出させておきながら、結局それを果たさなかった事実は、誰一人として知らない者はない。このような王の行動を通して、彼がいかに信用がおけない男であるか、いかに貪欲きわまる奴かがわかるのである。

けれども、以上のような記録になまなましい事実は、このくらいにしておこう。さて、フィレンツェ共和国がミラノ公ヴィスコンティと争った戦いの結末がどういうことになったかは、誰しも知っての通りである。孤立無援に陥ったフィレンツェは、皇帝をイタリアに招き入れて、その威信と軍事力を利用して、ロンバルディーアを攻撃しようともくろんだのであった。

これに対し、皇帝は強力な軍隊を率いて南下し、ヴィスコンティと戦い、フィレンツェをその脅威から救うことを約束した。しかし、その条件として、フィレンツェ人がまず十万ドゥカーティを提供すること、さらに皇帝の軍隊がイタリアに入れば、また十万ドゥカーティを差し出すことを要求した。この申し出に同意したフィレンツェは、まず最初の十万ドゥカーティを、そして、それに続いて二度目の十万ドゥカーティをも支払った。ところが皇帝軍は、ヴェローナに入っただけで、何ひとつ約束らしきものを果たさずに帰国してしまった。その言い分はといえば、両者間の約束をフィレンツェの側が破ってしまったので、もうこれ以上とどまっていなければならない理由はなくなった、というのであった。

もし、フィレンツェがせっぱつまった周囲の情況に左右されたり、一時の感情にはしって理性を失った行動に出ることを自戒していたならば、あるいはまた、周辺部族の古来からの慣習を読んだり理解していたならば、この場合も、またその他の場合にしても、あれほどまで彼らに騙されることはありえなかったはずだ。しょせん奴らの習慣はいつも変わるものではなく、何をやるにしても同じ手口を使うものだからである。

このことは、彼らの祖先であるガリア人が古代のエトルスキ人に用いた手口にも当てはまる。つまり、その昔エトルスキ人はローマ人に圧迫されて、何度となく退却や敗北を重ねたが、とうてい独力ではローマの攻撃を支えきれないと判断して、アルプスを越えてイタリア側に定住していたガリア人の力を利用しようと考えた。

そこでガリア人に巨額の金を与えて、その軍隊をエトルスキ軍と連合させ、一体となってローマ軍にあたることを約束させた。これに同意したガリア人は、金を受け取っておきながら、その後になってエトルスキ人のために武器をとって戦おうとはしなかった。その言い分というのは、自分たちが金を受け取ったのは、もともとローマ軍と戦いを交えるためではなく、ただ自分たちがエトルスキ人の領内を劫掠《ごうりゃく》しないという保証のためだった、ということであった(1)。

このようにしてエトルスキ人は、ガリア人の貪欲と不信行為とによって、瞬く間にその金をまきあげられたばかりでなく、期待していたひとかけらの援助も手に入れられなくなってしまった。ゆえに、古くはエトルスキ人、今日ではフィレンツェ人が喫した苦杯に照らしてみても、ガリア人どもはいつに変わらぬ手口を繰り返しているにすぎないことがわかる。このことからして、一般の君主にとっては、彼らをどの程度信用したらよいのか、容易に推測できるのである。

44　尋常の手段では埒《らち》のあかない時、荒療治を施すと成功することが多い

ローマ軍の攻撃を受けたサムニウム人は、その兵力ではとうてい正面きって戦えそうも

なかったので、サムニウムの都市には守備隊だけを残して、全軍エトルリアの地に移動することに決めた。当時エトルスキ人はローマと休戦していた。このようないきさつがあったので、サムニウム軍がエトルリア領内に入ったならば、同情して武器をとってローマ人に立ち向かってくれるかどうかエトルスキ人に説得してみたのだが、彼らはサムニウムの使節に対して拒否の意を表した。

　ところが、エトルスキ人の説得にあたっていたサムニウム人は、自分たちが武器をとって立ち上がるに至った最大の理由を述べたてて、次のような名言を吐いたのであった。「奴隷の境遇に甘んじつつ太平に生きることは、自由のために武器をとって戦うことよりも苦しかったから、サムニウム人は立ち上がったのである。」このような説得に動かされたのと、一方では眼前にサムニウム軍が姿を現わしているために引っ込みがつかなくなったエトルスキ人は、武器をとって立ち上がった。

　右の例から次のことを知ることができよう。君主が他人の所有になるものを手に入れようとする場合、情況が許すなら、相手にゆっくり考える暇を与えてはならない。そして、すぐ態度を決めねばならぬような気持に追い込まなければならない。こちらの要求を拒否したり、決断に手間どっていたら、とんでもない目にあうことを思い知らせておく必要がある。

　この方法をうまく利用した例として、現代では教皇ユリウス二世がフランスに対してとった行動、またフランス王の将軍ガストン・ド・フォア閣下がマントヴァ侯[1]を手玉にとった時があげられる。

教皇ユリウスはボローニャのベンティヴォリオ家を追い出そうと考えた。そのためには、どうしてもフランス軍の力を借りなければならない。またヴェネツィア共和国には中立を守ってもらわねばならない。そう判断して教皇は、これらの国にそのことを依頼した。ところが両国の反応はあいまいでばらばらであったので、思い迷う暇を与えずに、どちらにも自分の考えを呑まざるをえないようにしむけようと、ユリウスは心に決めた。

こうして彼は集められるだけの大軍を率いてローマを発《た》ち、ボローニャをさして前進した(2)。そして使節を派遣してヴェネツィア共和国には中立を保つように、またフランス国王に対しては兵力を提供するように申し入れた。考える余裕をまったく奪われてしまった上に、遅滞したり断わったりしようものなら、どれほど激怒するか計り知れなかったので、教皇の思い通りに譲歩して、フランス王は援軍を送り、ヴェネツィアは中立を保持することになった。

ブレッシアに反乱が勃発した時(3)、なおボローニャに滞在していたド・フォア閣下は、鎮圧に赴こうとした。これには二通りの進路があった。一つはミラノ公国領内をよぎる進路で、うんざりするほど長い道のりである。いま一つは最短距離を結ぶものなのだが、このためにはマントヴァ侯領内を通過しなければならない。

侯爵領を通過しなければならぬだけでなく、その上、この地方のいたる所に点在する沼沢や湖水の間をぬう山間の細道を通っていかなければならない。しかも、マントヴァ侯の手によって城塞その他で厳重に警備を固められている。

ここでド・フォアは、最短のマントヴァ経由の進路を選ぶことを決心した。そして、この近道に伴なう様々な困難を打開するため、マントヴァ侯に考える暇を与えないように突然、軍を進めて道路の通行権を要求した。このような迅速果断の申し出にどぎもを抜かれたマントヴァ侯は、ド・フォアの通行権を認めてしまったのである。

もし、ド・フォアが少しでも臆病風に吹かれていたなら、通行権獲得という成果はとても手に入れることはできなかったであろう。なぜなら、侯は教皇やヴェネツィアと同盟を結んでいた上に、息子〔フェデリーコ〕を人質として教皇に差し出していたから、ド・フォアの申し入れを拒否できるもっともな言訳を備えていたからだ。ところが、思いもかけない要求をつきつけられたので、先ほど説明したような理由から、要求を呑んでしまった。これはエトルスキ人がサムニウム人にとった態度と同じである。最初は拒否するつもりでいたエトルスキ人は、サムニウムの軍隊が眼の前に現われると、〔方針を変えてローマ軍との〕戦いに応じたのである。

45 敵の攻撃を受けて立つのと、はじめから敵を激しく攻めたてるのと、どちらの戦法が有利か

ローマの執政官《コンスル》デキウス(1)とファビウス(2)は、二つの軍隊を率いて〔それぞれ別個に〕サムニウム軍、エトルスキ軍と対峙し、同じ日に戦闘を交えた。二人の執政官はそれぞれ異なった戦法を採用した。ここで、どちらが優れた効果をあげたかを検討しておかなければならない。

デキウスは全力を傾けて敵を攻撃したのに対し、ファビウスは受身にまわって敵の攻撃をできるだけ持ちこたえ、その後で攻撃をしかけるのが有効だと判断した。つまり敵が緒戦の戦意を失い、我々の言う息切れが見られるようになるまで、〔満を持して〕力を蓄えておくほうがよい、と考えたのである。この結果、ファビウスの方法はデキウスの計画に比べ、はるかに好結果をもたらすことがわかった。

緒戦の猛攻に力を出し尽したデキウスは、指揮下の一翼が崩れ出したのを見て、もはや勝利の栄冠を得る見込みはなくなったと思い、死をもって名誉を守り通そうと、彼の父にならってローマ軍団のために我が身を犠牲にした。これを聞いたファビウスは、同僚デキウスが死をもって獲得した栄誉を生きて手に入れようと考えて、それまで蓄えてきた力を一挙にふりしぼり、比類ない勝利を摑んだのであった(3)。

このことからも、ファビウスの方策のほうが確実で、もって範とするに足るものであることがわかる。

46　ある都市で一つの家系が長い間同じ傾向を持続する理由について

都市はそれぞれ別個の習慣や制度を持ち、強靭な人間、惰弱な人間を生み出している。それればかりでなく、同じ都市の中でも多くの前例を読めば、それぞれ色あいの異なった家系が育つものである。どの都市を取り上げてみても、またローマの都市の場合も、たくさんの実例にお目にかかる。例えばマンリウス家は、いつも厳しく片意地であったし、プブリコラ（ワレリウス）家の人びとは人民に情けをかけて、これを慈しんだものだった。またアッピウス家は野心的で、平民に敵意を持っていた。その他多くの家系は、それぞれ独特の家風を備えていた。

このようなことは、単に血統から説明できるものではない。なぜならば、血統などというものは、縁組しだいでどうにでも変わるものだからだ。むしろ、それぞれ異なった家風をもたらす原因は、教育差に基づくものである。なぜならば、若者は幼い時から、事の理非善悪をたたきこまれはじめて、やがて必然的にこの印象がその人物の全生涯を通じて行動の規範となるからである。

もしもこの事実が考えられないとすれば、ティトゥス・リウィウスがその著作でたびたび繰り返す通り、アッピウス家の者全体が揃いも揃って同じ欲望のとりことなったり、同じ野望に駆り立てられるようなことは起こりえなかったはずである。

監察官《ケンソル》の職にあったアッピウス家の一人〔アッピウス・クラウディウス〕による最後の実例では、その同僚が法律〔アメリア法〕の取り決めに従って十八カ月の任期が済むとその職を退いているのに反して、彼だけはやめようとはせずに、監察官の職制を取り決めた本来の法律では、その任期を五カ年としていると言い張ったのであった。このために何度も民会が開かれて、大騒ぎが持ち上がった。しかし、人民と大部分の元老院《セナトゥス》の思い通りには、アッピウスを罷免する方法が見つからなかった。

護民官《トリブヌス・プレビス》プブリウス・センプロニウスに対してアッピウスが行なった演説を読む人は、誰しも、その中にアッピウスの横柄な態度がさらけ出されているのに気づくであろう。一方、法律を尊重し祖国を守ろうとする数限りない市民が抱いていた善意と、すなおな態度に心打たれることであろう。

47 祖国愛に燃えるよき市民は私怨を忘れ去らなければならない

執政官《コンスル》マルキウスは、サムニウム軍と軍を率いて戦って(1)、その戦闘で負傷した。このために、その麾下の軍隊は窮地に陥ったので、元老院は執政官マルキウスの抜けた穴をふさぐ後釜に臨時独裁執政官《ディクタトール》パピリウス・クルソル[2]を派遣しなければならない、と判断した。ところが法律の規定に従えば、臨時独裁執政官は執政官ファビウスによって任命されることになっており、そのファビウスはエトルリアに転戦中だったのである。しかもファビウスは、個人的にはパピリウスに敵意を抱いており、その任命には反対するかもしれないと懸念された。そこで元老院は、ファビウスのもとに二人の使節を送って、個人的な恨みは水に流して国家のためにパピリウスを臨時独裁執政官に任命するように頼んだ。ファビウスは祖国愛に動かされて、パピリウスを任命した。その際、ファビウスは沈黙を守ったままであった。しかし、その他の様々の気配から察しても、その任命は彼をずいぶん苦しめたものと思われる。このことから、よき市民の亀鑑《きかん》と仰がれようと思えば、なんぴとたるを問わず、このファビウスの実例を手本としなければならない。

48　敵がとほうもない失策を犯したとしても、それには罠がしかけてあるものと疑ってかからなければいけない

執政官[1]はある式典に参列するためローマに帰らなければならなかったので、エトルリアにあったローマ軍の指揮をフルウィウス[2]に委ねた。一方エトルスキ軍は、フルウィウスが

罠にかかるかどうか見ようとして、ローマ軍陣地のそばに伏兵を置く一方、兵士を牧夫に変装させ、沢山の家畜の群を追ってローマ軍の目と鼻の先のところを通らせた。こうして、牧夫に化けたエトルスキ兵たちはローマ軍陣地の柵の所にまで近づいた。

牧夫どもが、ずうずうしく近づいてくるのに驚いたフルウィウスは、どうも様子がおかしいと考えて、策略をあばく方法をとった。こうしてエトルスキ人の策略はふいになってしまったのである。

一軍の指揮を執る者は、敵が犯す、誰の目から見ても明らかに失策だと思われる手に、まんまとひっかかるようなことがあってはならぬことが容易にわかるであろう。こんな場合には、裏に策略が隠されているに違いない。なぜなら、普通こんなへまをするはずがないからだ。けれども、人びとは勝利を握りたい一心で、分別を失ってしまい、自分に都合のよいようにしか解釈しようとしないのである。

ローマ軍をアリアに撃破したガリア軍がローマに殺到してみると、城門は開かれたままで、守りを固めている様子もない。策略である恐れもあったし、ローマ人が祖国を見捨てて逃げてしまうほどの弱虫で間が抜けているとはとうてい信じられなかったので、ガリア人は昼間も夜も市内突入をのばした(3)。

一方、フィレンツェ軍がピサを包囲攻撃していた一五〇八年のこと、ピサ市民アルフォンソ・デル・ムトロはフィレンツェ軍に捕えられてしまった。彼は釈放の代償として、フィレンツェ軍に内応してピサの城門を内側から開くことを約束した。釈放されたのち、彼はこの約束を実行に移すために何度もフィレンツェ軍の司令官が任命した者の所に来て相談していた。ところが彼が、秘密裡ではなく公然と訪問してくる上に、ピサ人を随伴してくるのである。もっともフィレンツェ人と談合する場合には、随伴のピサ人には席を外させてはいたのだが。

このような情況からしても、ムトロの心に裏表があることは容易に察しがつくはずであった。秘密の計画を着実に実行しようとしているのに、露見するかもしれないようなことを平気でやっているのは、どう見ても理屈に合わないからだ。

けれども、どうしてもピサを手に入れなければならないと思いつめていたフィレンツェ軍は、すっかり前後の見さかいをなくしてしまい、ムトロの手引きでルッカに通ずる城門におびきよせられて、彼の二重スパイに騙されて不名誉な敗北を喫し、司令官以下多数の将兵を失ってしまったのである。

49　共和国が自由を維持していくためには、絶えず時代に即応した法律制度を編み出していかなければならない、またクィントゥス・ファビウスが偉大《マクシムス》なファビウスと呼ばれるようになったのは、どのような功績があったからであるか

すでに指摘しておいた[1]通り、大都市は連日のように医師の手をどうしても必要とする緊

急事態が持ち上がるものである。その病状が重ければ重いほど、より優れた人物が出て、これにあたらなければならない。

ローマが体験したような奇怪で意想外な事件は、他のどの都市でも持ち上がったことはなかった。例えばローマの女が揃いも揃って夫を殺害しようと陰謀を企んだことがあった。実際に自分の夫を殺した者や、毒殺用の毒を用意している者まで現われた(2)。さらにはバッカス祭の陰謀(3)も発生している。これはマケドニア戦争当時に露見した事件で、数千にのぼる男女が加担していた。もしこの陰謀が発見されていなかったとしたら、あるいはまた、この誤ちに加わった大勢の者を手ぎわよく罰しえなかったら、ローマはどれほどの危機に立たされたことであろう。

ローマ共和国の偉大さの証拠を示すと同時に、ローマ人が国家を運営していくにあたって発揮した実力を明示するには、様々の実例をもってしても十分とは言えぬとしても、罪を犯した連中に加えた罰の性格を考えれば理解ができるはずである。

ローマ人は正義を守るためには、一軍団全員を一時に皆殺しにしたり、一都市全体を根絶やしにすることも辞さなかった。あるいは、一時に八千人から一万人の人間に対し、たった一人の追放者にさえ守らせがたい苛烈な条件を課して追放地へ追いやった。

例えば、武運つたなくカンナエで敗戦を喫した将兵がこの例だ。彼らはシケリアに流された上、都市内に居住することも許されず、しかも立ったままで食事することを命ぜられていたのである。

ところで、色々な刑罰の中で、何が苛酷だといって、一つの軍隊から無作為に十人に一人の割で選んで殺す、デチマーレという方法の右に出るものはあるまい。多くの人間に罰を与える場合、この方法ほど恐怖感を与えるものはない。多くの人びとに責任があることは確かだが、首魁《しゅかい》がはっきりしていない場合、全員を処罰しようとしても数が多すぎてできないからだ。あるいはまた、一部の者を処罰して他の者を放っておくと、たまたま罰せられた者は不運この上ないし、一方、処罰を逃れた連中は、〔いい気になって〕さらに別の罪を犯すようになる。

ところが、罪人をくじで選んで殺す方法は、もともと全員が罰に値するわけなので、たまたま殺された者も運の悪さを悲しむ他仕方がない。一方、罰を免れた者は、今度はくじに当たるかもしれないという恐れから、罪を犯すことを慎むようになる。

亭主を毒殺した妻女や、バッカス祭に参加していた連中は、それ相応の罰を受けた。この種の犯罪は共和国に有害な結果をもたらすものではあるが、国家を死滅させるまでには至らない。時間さえかければ、回復することが可能だからである。ところが、国家そのものが病気に冒されている場合は一刻の猶予もならない。頭のよい人間が何らかの手を打たない限り、国家の滅亡は免れない。

ローマにおいては、外国人に対しても市民権をどしどし与えたので、その結果、多数の新来の人間がローマに流入して、有権者の大部分を占めはじめるようになり、それが政体の変化をもたらした。新しい情勢は、それまで従うことになれ親しんできた事柄や、人間からかけ離れたものとなった。

このような情勢を見てとった監察官《ケンソル》クィントゥス・ファビウスは、その出現が混乱の元となる新来者を四つの部族に分けて狭い場所に集め、ローマ全体に悪い影響が広がらないように配慮したのであった。

これをファビウスは見事に認識していて、あまり急激な変革も行なわず適切な方法を用いた。彼の方針が共和国にうまく取り入れられて成果を収めたので、「偉大な人物《マクシムス》」という呼び名にふさわしい功績に輝いたのである。

訳注

第一巻

献辞

（1）メディチ家主宰のプラトン・アカデミー Accademia Platonica が消滅した後を受けて、名門ルチェッライ家の主宰になる「ルチェッライ庭園の集い」Orti Oricellari が開設された。コジモ・ルチェッライ（一四九五〜一五一九）は、このアカデミーの創設者ベルナルドの孫。彼の主宰のもとに、当時の著名な学者や文人を集めて会合が開かれた。マキァヴェッリもその一員として参加し、教養ある青年グループの指導を行ない、感銘を与えたといわれる。プラトン・アカデミーの中心テーマが哲学と詩であったのに対し、この会合の特徴は、政治、歴史に関心が集まるようになったことである。本論の一部もここで発表されたらしい。ブォンデルモンティも、このグループの一員であった。彼は有名なディアッチェートなどとともに共和国憲法の研究を行ない、政治活動を行なったためにメディチ家の怒りに触れて、一五二二年、逃亡を余儀なくされている。

(2) マケドニアのペルセウス(前二一三頃〜一六五、在位、前一七九〜一六八)。最後のマケドニア王。フィリッポス五世の子である。

(3) シュラクサイのヒエロン〔二世〕(在位、前二六三〜二一四)。前二六八または二六九年、シュラクサイの僭主。第一次ポエニ戦争でカルタゴと同盟を結んだが、その後、一貫してローマの盟邦を通した、政治力抜群の人物。

1章

(1) 「都市の起源」 強力な中央集権国家が発生する以前、集住地域とその周辺に、農地や牧場を擁する小国家が成立した。オリエント、インド、中国、ギリシア、ローマの都市国家がこれである。特にギリシア、ローマの都市国家 polis は、長く存在したばかりでなく、政治的にも文化的にも高い水準に達し、きわだった存在であった。ここでいう都市とは、このような都市国家を指している。なお、マキァヴェッリの都市の起源についての考えは、当然のことながら、今日の学説からいって、正確なものとはいえない。

(2) テセウス。ギリシア神話に登場するアテナイの国民的英雄。アテナイの猛牛を退治し、クレタ島の半人半牛の怪獣ミノタウロスを拳で打ち殺したという。

(3) ヴェネツィアは、フン族侵入の余波を受けた避難民により建設されたと推定される。

(4) 「アレクサンドリア」 アレクサンドロス大王は、各地に都市を建設し、自分の名前にちなんでアレクサンドリアという名をつけた。なかでも、前三三二年に建設されたエジプトのものが最も有名で、プトレマイオス家の首都として、ヘレニズム文化の中心となった。現在も貿易港として栄えている。

(5)「ファエスラエの丘」 フィレンツェの東北にある丘。ローマ時代にこの地方の中心として栄えたが、ローマ人はそれに対抗して、前七〇年、付近の平地にフロリア（のちのフィレンツェ）を建設したといわれる。ダンテや年代記作者ヴィッラーニによれば、その成立に際して、ファエスラエからの移民を吸収したため、ローマ人系とフィエーゾレ人系との対立が生じ、のちのフィレンツェの内紛の底流となったという。

(6) モーゼ（前十三世紀頃）。『旧約聖書』（「出エジプト記」）に登場する古代ヘブライの預言者。イスラエルの民をエジプトの奴隷状態から救い出した。

(7) アエネアス。トロイアの伝説的英雄。ウェルギリウス『アエネイス』Aeneis の主人公。トロイア陥落後イタリアに逃れ、テヴェレ川に上陸し、ローマ人の祖となったが、のちにエトルスキ人と戦って戦死したという。

(8)「ラウジア」 ダルマティア沿岸の港町ラグーサ（現在のドブロブニク）。ラウジア建設についての史実は、不明である。この都市のことがマキァヴェッリの念頭に浮かんだのは、ここが、当時イタリアの東方貿易にとって、生命線になっていたからであろう。コンスタンティノポリス陥落以後は、とかく困難になった海上貿易路に代わって、アドリア海をよぎり、ラグーサに上陸し、さらに陸路東方に至るルートが重視されるようになったのである。

(9) セリム一世（一四七〇〜一五二〇、在位一五一二〜二〇）。ペルシア、シリア、エジプトなどをあわせて大帝国を建設した。残酷王と呼ばれる。

(10)「マムルーク」　西征の時、チンギス汗に捕えられた捕虜が、エジプトのスルタンに売られた。この奴隷軍をマムルークという。この軍隊は、その隊長を王として、一二五四年からエジプトの支配権を握り、一五一六年、セリム一世に破られるまで猛威をふるった。この個所は『ディスコルシ――「ローマ史」論』が完成した後で書き加えられたものらしい。

(11)ロムルス（前十三世紀頃）。双子の弟レムスと共に、ローマ建国の伝説の英雄。アエネアスの子アスカニオスが興し、十四代も続いたアルバ・ロンガの都を追われた母レア・シルウィアと軍神マルスの子とされる。生まれ落ちるとすぐティウェリス（現テヴェレ）川に流され、たまたま牝狼の乳で養われることになった。後に兄弟は祖父ヌミトルのアルバ・ロンガの王位への復位を実現したが、さらにその地を離れて新都ローマを建国した。第一巻11章参照。

(12)ヌマ・ポンピリウス。ローマ第二代の国王（伝承によれば、在位、前七一五～六七三）。第一巻11章、19章参照。

2章

(1)リュクルゴスはスパルタにおける伝説的立法者。前八二〇年頃、クレタの法をもととして、軍国的な法律であるリュクルゴス法を作ったといわれている。第一巻9章参照。

(2)「アレッツォの反乱」　チェーザレ・ボルジアの支持を受けたアレッツォ内部の反フィレ

ンツェ派が、フィレンツェ支配に対して起こした反乱。これはフランスの援助によって平定している。この年にフィレンツェは貴族層と中産層との抗争の妥協として、ソデリーニをいただいた終身統領制に踏みきった。

（3）「プラートの略奪」　一五一二年八月二十九日、スペイン兵の手で行なわれた略奪。この事件につづいて、フィレンツェのソデリーニ政権が崩壊し、メディチ家が復帰、マキァヴェッリが追放されることとなる。第二巻27章参照。

（4）「三通りの種類」　マキァヴェッリのこのような政体三区分のよりどころとなっているのは、ギリシアの歴史家ポリュビオス（前二〇五頃～一一八）の『歴史』Historiai VI である。さらに後述の六区分もポリュビオスの循環史観の影響を受けている。

（5）ソロン（前六四〇～五六〇頃）。前五九四年、執政官 archon となり、貧者の借財を帳消しにし、人身を抵当にすることを禁じた。また、収入によって市民を四階級に分け、それぞれ異なった権利を与え、金権政治への道を開いた。

（6）ペイシストラトス（前六〇〇頃～五二七）。アテナイの僭主。メガラ人との戦いに功を立て、急進的な山地党の首脳としてアテナイの主権を握った。一時失脚したが、再び勢力を得て、海上発展、商工業振興、貧民救済に力を尽した。

（7）「元老院」　senatus. もとは氏族の長老からなる王の諮問機関。ローマ共和政時代に力をふるい、最初は定員百名だったが、大土地所有者が加入するようになり、スッラの時代には六百人、カエサル時代には九百人を数えた。帝政成立とともに無力化した。

(8)「執政官」consul. 統領とも訳される。前四五〇年頃ローマ共和政の最高政務官として設けられた。二名選出され、任期は一年。政治・裁判・軍事を委ねられた。初代コンスルは、ブルトゥスとコラティヌス。

(9)「護民官」tribunus plebis. 平民の権利を貴族から守るために作られた官職。やがて平民から選出されるに至る。臨時独裁執政官以外のすべての政務官と元老院の決定を拒否しえた。

3章

(1) タルクィニウス・スペルブス。ローマ最後の王。前五一〇年、追放された。

4章

(1) マキァヴェッリはその著作を通じて、貴族の勢力に対抗する人民の意義を強調している。これは彼の思想の特色の一つといえるが、その立場はあくまでもフィレンツェの中産市民としてのものである。中産層として局外に立ちながら、貴族と人民を対立させて考えるのである。したがって、下層民の味方と考えることはできない。なお、彼の文中には、人民popolo、平民plebe、民衆multitudine、人びとuomini などの使い方が混同して現われるが、意味上の厳密な区別はないようである。

(2) グラックス兄弟。兄ティベリウスと弟ガイウスはローマ共和政末期の護民官。兄は前一三三年に、弟は前一二三年及び一二二年に就任。横暴な元老院に反抗して、平民の味方に立って社会改革を推進したが、支持する階級が経済的、精神的になお脆弱であり、挫折した。前者は保守派の貴族の反対に遭い、前一三三年撲殺され、後者は闘争に敗れて自殺した。著者は、グラックス兄弟の思慮深さより、彼らの政治的意図を評価している。第一巻37章参照。
（3）トゥリウス・キケロ（前一〇六～四三）。ローマの政治家・哲学者、雄弁家として特に有名。執政官としてカティリナの陰謀を破り、国父の称号を得る。カエサルに反対し、さらにアントニウスにも反対して暗殺された。その文章はラテン語の模範といわれる。

5章

（1）前三六七年、ルキニウス・セクスティウス法により、執政官二名のうち、一名を平民出身が占めることとなっていた。
（2）「監察官」censor. 課税・検察をつかさどった。
（3）「司法官」praetor. 貴族出身の執政官を指す。平民も執政官になれるようになると、貴族出身の場合は、この名を与えて区別した。
（4）ガイウス・マリウス（前一五七～八六）。七回、執政官となる。ユグルタ戦争を平定、外国遠征にも戦功を立てた。平民党首領として閥族党のスッラと戦い、その一派を殺したが、まもなく病死した。
（5）「臨時独裁執政官」dictator. 非常時におけるローマの最高職。二名の執政官のうち、一名が元老院によって任命されて臨時独裁執政官となり、至上権をふるう。任期は六カ月。

（6）「騎士の長官」magister equitum. 臨時独裁執政官によって任命される司令官。臨時独裁執政官に次ぐ権力を持つ。

（7）「カプア」ナポリ北部にあった都市。エトルスキ人が前三四〇年頃創設したものといわれている。カプアにおける陰謀事件については、第三巻6章参照。

6章

（1）第一巻1章、2章参照。スパルタについては、ポリュビオスの『歴史』（VI, 48-52）が典拠となっている。

（2）一二九七年以降、大議会 Maggior Consiglio は、当時のメンバーだけに固定され、以後、一、二の例外を除いて、新たに参加することを認めなかった。

（3）最近の研究によれば、十七、八世紀にヴェネツィアが衰退したのは、貴族人口の減少があったからであるとされている。

（4）「テーバイの反乱」テーバイの将軍ペロピダス（前四一〇頃～三六四）が、スパルタに対して前三七九年に起こした反乱。第一巻21章、第三巻6章参照。

7章

（1）グナエウス・マルキウス・コリオラヌス。ローマの半伝説的英雄。第一巻29章参照。

（2）ピエロ・ソデリーニは終身の統領 gonfaloniere a vita として、貴族層と中産層との均衡の上に一五〇二〜一二年までフィレンツェを支配。マキァヴェッリを信任していた。
（3）「八人の共和国の裁判官」 gli otto di guardie e balia と呼ばれる八人委員会のこと。

8章

（1）マルクス・フリウス・カミルス（前四四六〜三六五）。前四〇三年に監察官、前四〇一〜三八一年の間に、数度にわたって執政官権限を持つ護民官となった。伝説によると、前三九〇年にガリア人からローマを救ったという。
（2）マンリウス・カピトリヌスは前三九二年に執政官となった人物。伝説によると、ガリア人に包囲されたカンピドリオの丘を救ったという。僭主になろうとしたとして告発され、前三八四年に殺された。第三巻8章参照。
（3）「カンピドリオの丘」 ここにユピテルの神殿を建てたのは、タルクィニウス・プリスクスといわれ、前五〇七年に完成したといわれる。以後ローマ信仰の中心となり、執政官はそこで誓いを立て、凱旋将軍は、勝利を報告した。内乱時代に破壊されたが、ドミティアヌスの時代に再建された。
（4）「市政長官」 capitano. 司法裁判をつかさどった。フィレンツェの場合、公正を期すために外国人を任命する習わしがあった。なお、この頃はアルビッツィ家を中心とする寡頭政治の時代であった。

(5) その翌年にコジモ・デ・メディチが追放先から帰還して、ここにメディチ時代を迎えることになる。

9章

(1) 「監督官」eforoi. 五人で構成され、国政を監督。毎年選挙される。

10章

(1) ディオン(前四〇八頃〜三五四)。僭主ディオニュシオス一世(前四三〇頃〜三六七)の専制から、シュラクサイを解放した。

(2) ルキウス・セルギウス・カティリナ(前一〇八〜六二)。執政官になろうとして陰謀を起こしたが、キケロなどによって破られた。第三巻6章参照。

(3) 「賢帝」いわゆるローマ帝国の黄金時代を築いた皇帝たち。九六〜一八〇年に、ネルワ、トラヤヌス、ハドリアヌス、アントニヌス・ピウス、マルクス・アウレリウスの五賢帝(それぞれ世襲ではない)が出て、ローマの最盛期 pax Rmana を現出した。これら賢帝は、すべて元老院や軍隊に推されて皇帝になった。

(4) セウェルス・アレクサンデル帝(二〇八〜二三五)。

(5) ティトゥス・フラウィウス・ウェスパシアヌス(九〜七九、在位六九〜七九)。ヴェスヴィオの噴火、ローマ市の大火、疫病の始末に治績を上げた皇帝。

11章

（1） マンリウス・トルクァトゥス・ティトゥス。前三五三〜三四九年に臨時独裁執政官。その他三度執政官に選ばれた。ラティウムとの戦争に活躍した。

（2） ハンニバル（前二四七〜一八三）。カルタゴの将軍。父ハミルカルとともにスペインに遠征した。父及び兄の後を継ぎ総司令官となり、前二一六年、カンナエで大勝しローマに迫ったが、これを抜くことができず、前二〇八年、カルタゴに帰国した。前二〇二年、ザマでスキピオと戦って敗れた。

（3） スキピオ（前二三六頃〜一八四頃）。大アフリカヌス。第二次ポエニ戦役に功績を立てて、執政官となった。前二一〇〜二〇六年、スペインに出征、前二〇八年、ハンニバルを破って、ローマのスペイン支配を確立した。

（4）「トルクァトゥス」の名を継承したのは、「ティトゥス・マンリウス」であるが（第3巻34章参照）、元テキストにしたがった。

（5）『神曲』Divina Commedia 煉獄篇七歌。

（6） サヴォナローラ（一四五二〜九八）は、バイブルの説教をしながら、政治・外交問題の批判を行なった。特にノアの箱舟についての説教は、洪水とフランス王シャルル八世の南下が結びつき、その予言の正しさを人びとに植えつけた。マキァヴェッリがこの精力的な修道士の出現をどのように見ていたかは明確ではないが、政治と宗教を同一視すること、ことに政治家が神の恵みを授かった救世者、預言者と自認することを、単なるまやかしと冷静に見ていた。

12章

(1)「デロスの神託」 デロス島のアポロ神殿の神託は、全ギリシアの尊崇を集めた。

(2)「ユピテル・アモンの神殿」 リビアの神アモンはのちの時代になってユピテルと同一視されるようになった。

(3) ウェイイは十年間の包囲ののち、前三九六年に陥落した。

(4) マルクス・フリウス・カミルス。第一巻8章(注1)参照。

(5) シャルルマーニュ一世。カール大帝(七四二〜八一四)。フランク王(在位、七六八〜八一四)。八〇〇年、教皇により西ローマ帝国皇帝の帝冠を受け、キリスト教文化を奨励した。

(6)「ロンバルド族」 五六八〜五七二年の間にイタリアに侵入し、北イタリア及びベネベントとスポレートに居を定めていた。教皇ステファヌス二世は、フランクの助力を得てこれと戦った(七五四)。しかしロンバルド族が決定的敗北を喫したのは、シャルルマーニュとの戦い(七七四)である。

(7) 教皇ユリウス二世は、カンブレイ同盟 Lega di Cambray を結び、ドイツ、フランス、イギリス、サヴォイア、スイスなどとともにヴェネツィアにあたった。

（8）教皇ユリウス二世はヴェネツィアをカンブレイ同盟によって破ると、今度はフランスに鋒先を向け、一五一一年、イギリス、スペインを加えて神聖同盟 Lega Santa を結成し、翌年フランスを破った。

13章

（1）前四〇〇年の出来事。リウィウス『ローマ史』（V, 13–14）。

（2）第一巻39章参照。

（3）「テレンティルス法」 平民出身の護民官テレンティルスが、前四六二年に成立させた平民に農地の公平な分配をさせるための法のこと。

（4）プブリウス・ルベティウスはテレンティルス法に反対した元老院議員。プブリウス・ワレリウスが実名なのだが、数行後に現れる執政官プブリウス・ワレリウスとまぎらわしくなるので、ルベティウスという呼称を使ったのであろう。

（5）プブリコラ・プブリウス・ワレリウスはローマの執政官。エルドニウスによって占領されたカンピドリオを奪回するために戦い、戦死した。

（6）ティトゥス・クィンクティウスはローマの執政官。前四三一年に就任した。

（7）リウィウス、前掲書（III, 20, 5）。

14章

(1) 第一巻12章参照。

(2) ルキウス・パピリウス・クルソル。サムニウム戦争の時の執政官。パピリウスの息子にあたる。同名の父もサムニウム戦争の時の臨時独裁執政官である。

15章

(1) 「エトルリア地方」 現在のトスカーナを中心とする地方に勢力を張っていたエトルスキ人が居住していた地区をいう。エトルスキ人は前七世紀に全盛をほこり、前五世紀からローマ人との戦いの末、前三世紀には滅亡した。その出自は今日も不明で、文字も十分に解読されていない。建築物、青銅器には優れたものを残している。

(2) リウィウス『ローマ史』(X, 31, 14-15)。

16章

(1) マキァヴェッリのこの意見は、ポリュビオス『歴史』(VI, 9, 9)、リウィウス『ローマ史』(II, 1) によると考えられる。

(2) 「ブルトゥスのせがれども」 ルキウス・ユニウス・ブルトゥスの二人の息子を指す。彼らはタルクィニウス家の滅亡で、昔の夢を追って共和国に対する陰謀を企てたが殺された。ルキウスはタルクィニウス・スペルブスの甥であるが、タルクィニウス家の滅亡で、初代の執政官となった。

（3）『君主論』19章参照。

17章

（1）「ディオンやティモレオン」 第一巻10章及び第一巻10章（注1）参照。

（2） マルクス・ユニウス・ブルトゥス（前八五～四二）。カエサルが王になろうという野心を抱いていると疑って、ロンギヌス・カッシウスらの同志とともに暗殺したが、ローマにとどまることができずに東方に去り、カッシウスとともに兵を集め、オクタウィアヌス、アントニウスと戦い、敗れて自殺した。10章ですでに名をあげられている。

（3） フィリッポ・マリーア・ヴィスコンティ（一三九二～一四四七、在位一四一二～四七）。ジャン・ガレアッツォの息子。フェッラーラ公国を再建し、続いてジェノヴァを征服して（一四二一）領土を拡大した。さらにナポリの王位継承に干渉した。娘ビアンカ・マリーアをフランチェスコ・スフォルツァに与えた。

（4） エパメイノンダス（前四二〇頃～三六二）。テーバイの政治家、将軍。前三七一年、スパルタを破ってテーバイを全ギリシアの覇者としたが、前三六二年、スパルタ、アテナイ軍を破った時に戦死した。この例はポリュビオス『歴史』（VI, 32-33）を典拠としている。第一巻21章参照。

18章

（1）クレオメネス〔三世〕。第一巻9章参照。

19章

（1）トゥルス・ホスティリウス。ローマ三代目の王。第一巻21～22章参照。リウィウス『ローマ史』（I. 4-31）に詳しい。

（2）ソロモン（在位、前九六一頃～九二二頃）。古代ヘブライ王国の王。ダヴィデの子。ヘブライ王国の全盛期を招き、人民を使役してエルサレムに宮殿を築き、栄華をほこった。

（3）バヤジット〔二世〕（在位一四八一～一五一二）。

（4）メフメット二世（在位一四五一～八一）。征服王とも呼ばれ、一四五三年のコンスタンティノポリス攻略で有名である。

（5）セリム一世（在位一五一二～二〇）のこと。残酷王と呼ばれている。シリア、エジプトを征服した。第一巻1章（注9）参照。

（6）アンクス・マルキウス。ヌマの甥にあたる第四代のローマ王。前六四二～六一七年頃ローマを支配した。

20章

（1）第一巻7章参照。

（2） リウィウス『ローマ史』（I, 60, 3）によれば、ローマは二百四十四年間にわたり王に支配されていた。

21章

（1） イギリス王ヘンリー八世は、一五一三年七月〜九月にフランスに攻め入った。

（2） プルタルコス『ペロピダス伝』（Vita Pelopidae 17）が出典と思われる。

（3） ウェルギリウス『アエネイス』（VI, 813-814）。

23章

（1） この個所が一五一五年以後に書かれたことがわかる。

（2） 一五一三年、ノヴァーラの敗戦で、フランスはいったんロンバルディーアを失っていた。

24章

（1） 謀反人を死刑に処するときに用いられた方法である。

25章

（1）「犠牲祭の王」 Rex sacrificulus.

26章

（1）『聖書』ルカによる福音書（I, 53）。

（2）マキァヴェッリの主要な意見の一つである。ただし、彼が僭主政をすすめているのだと誤解してはならない。中途半端な態度がいけないと言っているのである。中道、中立を避けるべきだとしているが、こういった考えは、グィッチャルディーニにも見られる。敢然と極端な方法を選ぶという主張は、彼のヴィルトゥという概念と結びつくものである。

27章

（1）ジョヴァンパゴロ・バリオーニ（一五二〇没）。一四八八年から一五〇〇年にかけて、ペルージアの傭兵隊長であり、支配者であった。レオ十世に首を刎《は》ねられて死んだ。

（2）「具眼の士」教皇に随伴してこの事件を目撃したマキァヴェッリ自身をいう。このような表現は彼の他の著作の中にも見られる。

28章

（1）「陶片追放」Ostrakismos. 為政者追放制度。前五一〇年、クレイステネスの創設といわれ、前四八七年にはじめて用いられた。市民が追放しようとする人物名を陶片に書いて投票し、それが一定数に達すると追放が成立。乱用されたため、前四一七年以後は適用されない。

29章

（1）タキトゥス『同時代史』（IV, 3）。

（2）ウェスパシアヌス（九～七九、在位六九～七九）。ガリア、ブリタニア、アフリカでの戦功によって、ネロの死後推されて皇帝となった。ユダヤ人の反乱鎮定などを行ない、国内治安を回復し、ローマの黄金時代を作った。「ユダヤにいた」というのは間違いで、実際はエジプトにいた。なおこの実例は、タキトゥス『同時代史』を典拠としている。

（3）ウィテリウス（一五～六九、即位、六九）。ローマ皇帝カリグラ、ネロなどと並んで悪帝に数えられている。

（4）ゴンサロ・フェルナンデス・デ・コルドバ（一四五三～一五一五）。スペインの勇将。フランス軍攻撃のため、一五〇三年から翌年にかけてイタリアに出征し、フランス軍を駆逐してナポリ王国を征服した。チェーザレ・ボルジアを捕えてスペインへ送った。

（5）アラゴン王フェルナンド〔五世〕（一四五二～一五一六）。通称「カトリック王」と呼ばれるこのスペイン国王は、一五〇〇年のグラナダ協定により、アラゴン王朝の支配していたナポリ王国をフランス王ルイ十二世と分割統治した。だが、両国は戦い（一五〇二～〇四）を起こし、その結果、スペインは勝利し、一五〇四年、ナポリ王国の併合を成し遂げ、副王国とした。「ナポリ・シチリア両王国」の国王として、フェルナンド三世を称した。

（6）大カトー。マルクス・ポルキウス・カトー（前二三四～一四九）。ポエニ戦役に戦功をあげた。財務官、統領、監察官を歴任している。ヘレニズムの風潮に対し質実なローマ精神への復帰を説いた。その著『農業論』De agri cultura（前一六〇頃）は有名、文筆家としては、ラテン散文文学の祖と称せられている。その曾孫を小カトーという。

30章

（1） 第一巻27章参照。

31章

（1） セルギウス・フィデナ。前四〇二年、ウェイイ戦役時のローマの執政官。

（2） ウィルギニウス・トリスコストス・エクィリヌス。ウェイイ戦役に参加したセルギウスの同僚執政官。

（3） 「ファレリ人」 エトルスキ人の一支族。

（4） ガイウス・テレンティウス・ワロ。カンナエ会戦（前二一六）の時のローマ執政官。

（5） クィントゥス・ファビウス・マクシムス・ルリアヌス。サムニウム戦役時代のローマの将軍。数度執政官となり、前三〇四年に監察官となる。

32章

（1） ポルセンナはキウジにいたエトルスキ人の伝説上の王。追放されたローマ王タルクィニウス・スペルブスに好意を持ち、ローマ王国を再建しようともくろんだ。

33章

（1）この臨時の最高行政官制は、前五〇一年か前四九八年に創設された。

（2）マキァヴェッリは、物事の成功、不成功を決定する要因の一つとして「時」を重要視していた。『君主論』25章参照。

（3）マキァヴェッリの人間観察の一面を示している。民衆の飽きやすさという点に、彼は常に警戒を払っていた。

（4）コジモ・デ・メディチ（一三八九〜一四六四）。メディチ家は、フィレンツェの北のムジェッロに起こり、商業と金融業により富を蓄積し、十三世紀末にフィレンツェに出てますます繁栄した。コジモは、市の長官となったジョヴァンニ・ディ・ビッチの長男である。一時、パドヴァに追放されたが、まもなくフィレンツェに帰って政権を握り、政治的にも経済的にもフィレンツェを支配した。フィレンツェ市民から「国父」と呼ばれた。

（5）ニッコロ・ダ・ウッツァーノはコジモが君臨する以前のフィレンツェにおける寡頭政体の有力者であった。

（6）グナエウス・ポンペイウス・マグヌス（前一〇六〜前四八）。スッラの支持者。前六〇年、カエサル、クラッススと組んで第一回三頭政治を行なった。のちカエサルと対立し、元老院と結んでカエサルと戦い、テッサリアのファルサロスで敗れてエジプトに逃れたが、マケドニア王プトレマイオス十三世の配下に暗殺された。

34章

(1)「少数の市民」 十人会を指している。ヴェネツィアの十人会の制度は一三一〇年に創設された。

(2) この言葉は、元老院が執政官に例外的な権力を認める時の決まり文句だった。

35章

(1)「十人会」 Decemviri. 前四五四年、ローマ共和国は、アッピウス・クラウディウスを長としてアテナイに派遣し、その法律を調査させ、それにより十二表法を作った。そして一切の機能を停止せしめて、Decemviri、すなわち十人の委員のみで政治を行なわせたのである。この創設のいきさつについては、第一巻40章に詳しく述べられている。

(2) アッピウス・クラウディウスは前四七一年及び前四五一年に執政官をつとめた。伝承によれば、処女ウィルギニアに対する邪恋を通そうとして横暴をきわめた振舞いをしたが、前四四九年ついに失脚し、自殺したといわれている。しかし、今日ではウィルギニアの件は史実でないとされている。

(3) 当時、スパルタは世襲による両頭政治だった。二人の王の権力は常に制限され、もっぱら軍事をつかさどるだけであった。

（4）「元首」doge. 終身制であったが権力に制約を受けた。すでに九世紀頃から存在した。
（5）第一巻40章参照。

37章

（1）「アンティウム」ローマの南五十キロ、今日のポルト・ダンツィオにあたる土地である。
（2）リウィウス『ローマ史』(III, 1, 7)。但し、原文を変えて引用してある。
（3）「グラックス時代」第一巻4章（注2）参照。
（4）スッラ（前一三八～七八）。マリウスの部下としてユグルタ戦争などで戦功を立てたが、後マリウスと争い、元老院を背景として彼に勝って東征した。帰国後には、留守中活動していたマリウス派を破り、臨時独裁執政官となった。
（5）第一巻4章参照。

38章

（1）ボーモン閣下。フランス軍の司令官で、ピサ戦役の時、フィレンツェを助けた。

39章

（1）最近の研究によると、この考えの元になっているのはポリュビオスの著作らしいと言われている。

(2)「戦争十人委員会」 dieci della guerra または i dieci di libertà e pace もしくは dieci di balìa.

(3) テレンティルス法のこと。この法律は前四六二年に成立した。第一巻13章(注3)参照。

40章

(1) スプリウス・ポストゥミウスは十人会の委員の一人であった。

(2) 第一巻35章(注2)参照。

(3) スパルタの僭主ナビス(在位、前二〇五～一九二)。第一巻10章、彼は全ギリシアとローマから攻撃を受けたが、人民の支援を得ていたため、スパルタを守り通した。

43章

(1) 傭兵軍については『君主論』12章参照。

44章

(1)「ウィルギニアの事件」第一巻35章(注2)ならびに40章参照。

(2) このあたりの主張は、後世のマキァヴェリズムを生む有力な材料となっているものの一つである。

45章

（1）ジロラモ・サヴォナローラ。第一巻11章、及び、第一巻11章（注5）参照。

（2）一四九五年、サヴォナローラが推進したこの制度は、大議会 consiglio grande から選出された八十人会（または百人会）が、最高市政委員から有罪の判決を受けた者の提訴を受理することになっていた。

（3）「八人会」 gli otto di guardia e balìa. 第一巻7章参照。

（4）「五人の市民」 ジャンノッツォ・プッチ、ジョヴァンニ・カンビ、ベルナルド・デル・ネロ、ロレンツォ・トルナブオーニ、ニッコロ・リドルフィの五名。メディチ家復帰の陰謀を企てたかどで有罪となった。

（5）マルクス・ドゥエリウス。前三〇五年に護民官に就任した人物。ここの話はリウィウス『ローマ史』（III, 59）によっている。

46章

（1）「新法」 十二表法を指している。

（2）サルスティウス『カティリナ戦記』 Bellum Catilinarium LI.

47章

（1）パコウィウス・カラヌスはカプアの貴族。前二一八年頃カプアを支配していた。

49章

（1）マメルクスは前四三三年に臨時独裁執政官となり、監察官の任期に制限を加えた。

（2）カピターノ〔市政長官〕capitano. この制度は、本来、都市内の派閥抗争にとらわれることのない外国人の中立性、客観性を高く評価して設けられたものである。第一巻8章（注4）参照。

（3）「四十人会」la quarantia. 民事・刑事の最高機関。一一七九年に創設された。大議会から選出され、政治・行政にも発言した。

（4）「プレガイ」i pregai. 一二九七年以後に法令によって創設された。特に対外政策、通商・経済政策、軍事問題について、大議会を補佐する任務を持っていた。通常七十人からなり、毎年改選が行なわれた。のちに定員三百人となった。十四世紀末には、元老院 senato と呼ばれるようになった。

51章

（1）この給料支払いの決定は前四〇五年、対ウェイイ戦争に際して下された。

52章

（1）コジモ・デ・メディチは一四三三年、追放された。

(2) ピエロ・ソデリーニは一五一二年九月一日、メディチ与党の圧力に屈して、フィレンツェを離れた。以後レオ十世の庇護を受けて、死ぬまでローマに住んだ。

(3) マルクス・アントニウス（前八二～三〇）。カエサルの部将として活躍し、雄弁家として有名。カエサルの死後、カエサルの養子オクタウィアヌス、レピドゥスと第二回三頭政治を組織した。クレオパトラの容色に迷い、妻の兄オクタウィアヌスと対立し、アクティウム沖の海戦に敗れて自殺した。

(4) ヒルティウスとパンサは、前四三年、モデナ近郊でアントニウスと戦いこれを破ったが、二人とも戦死した。

(5) オクタウィアヌスは正しくは姪の子である。

53章

(1) 『帝政論』De monarchia というのは間違いで、『饗宴』Il convivio（I, 11, 54）が正しい。

(2) 「君主間の同盟」 カンブレイ同盟のこと。

(3) クィントゥス・ファビウス・マクシムス・ウェルコスス（前二七五～二〇三頃）。ローマ軍がハンニバルに敗れてのち執政官に選ばれた。戦略を誤解され臆病といわれたが、カンナエでローマ軍が大敗してからは、その戦術の意義を認められた。「時間稼ぎ」の名手と呼ばれた。

(4) ミヌキウスはファビウスの騎士の長（magister equitum）。臨時独裁執政官と同様の指揮権を与えられて、ハンニバルの軍と戦ったが、敗れた。
(5) ワロ。第一巻31章参照。
(6) ニキアス(前四七〇頃～四一三)。ペロポンネソス戦役当時のアテナイの政治家、将軍。シケリア遠征の司令官となったが敗れ、処刑された。
(7) エルコーレ・ベンティヴォリオ。フィレンツェの傭兵隊長。『君主論』19章の鍛冶屋の小せがれと思われていたサンテ・ベンティヴォリオの父親である。
(8) アントニオ・ジャコミーニ。マキァヴェッリと親交があったフィレンツェの傭兵隊長。マキァヴェッリの軍事思想の形成に影響を与えていると言われる。晩年は不遇だった。
(9) 「サン・ヴィンチェンティ」 カンピリア近郊のサン・ヴィンチェンティの塔のこと。この戦いは一五〇五年八月十七日に行なわれた。
(10) バルトロメオ・ダルヴィアーノ(一四五五～一五一五)。ヴェネツィアにつかえた傭兵隊長で、アニャデッロの会戦で捕虜となった。マリニャーノの戦いでは、フランソワ一世の勝利に貢献した。

55章

(1) フリウス・カミルス。第一巻8章参照。
(2) アポロはオリンポス十二神の一人。ローマはウェイイに広大な神殿を持っていた。この神殿で行なわれる祈願は神を宥《なだ》めるためのもので、軍事行動と密接に結びついていることが多かった。

(3) 第一巻5章、49章、50章参照。

57章

(1) 第一巻44章参照。

58章

(1) マンリウス・カピトリヌス。第一巻8章、24章参照。

(2) クリトゥスはアレクサンドロスの腹心の部下。アレクサンドロスをいさめて殺された。

(3) ヘロデス(前七三～七四)。ユダヤ王(在位、前三七～三四)。妻マリアムネを嫉妬のために殺した。

(4) 第一巻29章、30章参照。

(5) 世論の力に注意を払っている点に、マキァヴェッリの思想の特色が表われている。

59章

(1) デメトリオス一世(前三三六～二八三、在位、前二九四～二八三)。アテナイをカサンドロスから解放した。

(2) フランス王シャルル八世の南下を契機として、ナポリ王国の貴族は、アラゴン派とフランス派に分裂した。
(3) ローマ人に対する忠誠を守ったため、前二一八年、ハンニバルによってサグントゥムは破壊された。
(4) ラヴェンナでフランスが敗れた後も、フィレンツェはフランスに加担し続けた。そのため、ソデリーニの支配が崩れ、メディチの復帰をもたらした。
(5) テミストクレス(前五二八頃~四六四頃)。アテナイの政治家。ペルシアに対してアテナイの自由を守った。前四七一年に追放され、ペルシア王のもとで死んだ。プルタルコス『テミストクレス伝』Vita Themistocles 20.

60章

(1) ワレリウス・コルウィヌスはローマの執政官。前三四九年に就任した。第三巻22章参照。
(2) ヴェネツィアを指す。第一巻55章参照。

第二巻

はしがき

(1) ここで述べられているような、歴史が循環するという立場は、ポリュビオスをはじめとする古代の歴史家の歴史観に影響を受けたものと考えられる。

1章

（1）アエクウィ人は前三〇四年、ウォルスキ人は前三一三～三〇三年に、それぞれ平定された。

（2）シリア王アンティオコス三世。テルモピュライでローマに前一九一年に敗れた。

（3）前三四八年、ローマ、カルタゴ間の条約が締結され、約一世紀間守られた。

（4）『君主論』3章参照。

（5）「諸部族」　原語は popoli（諸人民）である。

2章

（1）一地方とはドイツを指している。

（2）この個所は、マキァヴェッリの共和政に対する態度を示すものとして重要である。彼を共和主義者としてとらえる場合、多くこの個所が引用される。しかし、彼を共和主義者として性急に断定することはできない。他の個所では、彼はこれと矛盾する考えを述べているからである。

（3）ここでマキァヴェッリは、君主政体についての考えを述べているが、『君主論』における英雄待望論的な態度とは矛盾している。

（4）クセノポン『僭主論』De Tyrannide.

（5）「ペロポンネソス戦役」前四三一～四〇四年、アテナイ海上帝国と、ペロポンネソス同盟を率いるスパルタとの戦争。民主政国家対貴族政国家の戦いであった。スパルタの勝利に帰した。

（6）このエピソードは、トゥキュディデス『ペロポンネソス戦争史』（IV, 46-48）に述べられている。

（7）人間についてのこの考えは、マキァヴェッリの思想の一つの柱となっている。

（8）この個所以下の一節は、マキァヴェッリの宗教観を知る手がかりとして、重要である。

（9）ルネサンス末期以後、イタリアでは経済的に生活が困難となり、結婚を避けて多くの男女が修道院入りしたことと似ている。

3章

（1）スパルタは、前三八二年、全ギリシアを征服した。それに引き続き、前三七九年、テーバイにペロピダスの反乱が起こっている。ポリュビオス『歴史』（VI, 50）。

4章

（1）当時イタリアでは、この種の同盟は三つあった。すなわち、ポー川流域諸国の同盟、中部イタリア諸国の同盟、及びカンパニア諸国の同盟である。

（2）ティトゥス・フラミニヌスはマケドニア王フィリッポス五世を破ったローマの執政官。『君主論』24章参照。

（3）「シュワーベン同盟」 神聖ローマ皇帝マクシミリアン一世の要請で、シュワーベンの二十二都市が、歩兵一万二千と騎士千二百を提供して結んだ同盟である。この同盟は一四八八年に成立し、一五三三年まで続いた。ここでは、この同盟がスイスと戦った一四九九年のシュワーベン戦争を指していると思われる。

（4）第二巻18章、19章参照。

5章

（1）教皇グレゴリウス一世（五四〇〜六〇四、在位五九〇〜六〇四）。キケロやリウィウスの著書を焼却した、と非難されている。

（2）シケリア生まれの歴史家ディオドロス（前八〇頃〜二〇頃）が残した『図書館』Bibliotheke と呼ばれる歴史書。編年体で、有史以前より前五四年のカエサルのガリア征服までを取り扱っている万国史。全四十巻のうち、第一〜五巻、第十一〜二十巻、及びその他の巻の断片が現存している。

6章

（1）この個所は、ポリュビオス『歴史』（III, 4）が典拠と考えられる。

（2） 第一巻51章参照。

7章

（1） マキァヴェッリが当時の尺度に換算して記入するつもりで、忘れたままになっている。だいたい二エーカー以下である。

8章

（1） 第二巻6章参照。

（2） 『ユグルタ戦記』 Bellum Iugurthinum（114）．ガイウス・サルスティウス・クリスプス（前八六～三四頃）はローマの歴史家で、政治家でもあった。

（3） ガリア人ではなく、キンブリ人とテュートン人であった。

（4） リウィウス『ローマ史』（II, 4; V, 33)。

（5） この国名変更については、マキァヴェッリ『フィレンツェ史』第一巻5章に詳しい。

（6） 「マウルシア人」ギリシア人、ローマ人がマウリタニアの住民を呼んだ名称。時代が下ると、北アフリカ西部地帯の住民全部に適用されるようになる。すなわち、ムーア人のことである。

（7） ベリサリオス（五〇五頃～五六五）。ゲルマン民族移動期の東ローマ帝国の将軍。

（8） プロコピオス『ヴァンダル戦記』 De bello vandalico（II, 10)。

(9) アエネアスはローマの伝説上の始祖。第一巻1章参照。

(10) ディドはカルタゴの伝説上の開国の女王。フェニキアの王女ディドは、夫シュカイオスの謀殺を知り、財宝と共にアフリカに逃れた。彼女は切羽詰まって、王イアルバースの援助を受けて、城塞を築きカルタゴの町を建設した。後に征服者であるトロイア軍のイリオネウスに求婚されたディドは、亡き夫への貞節を貫いて自害した。

(11) 「マッシリア人」 現在のフランスのマルセイユを開いたといわれる部族。

(12) 「スキュティア地方」 南ロシアのドナウ川とドン川の間の地方をいう。この地方にスキュティア人(スキタイ人)が住んでいた。

(13) 「大規模な侵入」 一例をあげれば、チンギス汗の孫バトゥ(一二〇七～五五)はロシアに侵入し、さらに、ポーランド、シュレジエン、ハンガリーに侵入している。特にリーグニッツの戦いでドイツ軍を撃破したことは有名である。

9章

(1) 一三一一年、ハインリッヒ七世及びギベリン派と対決するために、フィレンツェ人はナポリ王ロベルト・ダンジオ(在位一三〇九～四三)に助力を求めた。ロベルトは、その後、一三一六年から一三二二年の間フィレンツェの支配権を握った。

(2) フィレンツェは、カストルッチョ・カストラカーニにアルトパシオの戦いで撃破され、再びナポリ王ロベルトに援助を求め、王は息子カラブリア公を派遣した。フィレンツェは彼を支配者として迎え、一三二五年から一三二八年にかけて、その支配に甘んじた。

10章

（1）十五世紀のイタリアの戦争は、主として傭兵を使用していた。そのため、優秀な傭兵軍を雇うのに多額の費用を必要としたので、戦争を決定するものは経済力だという思想が普通のことになっていた。ルネサンス人の打算的な面と結びついたこの思想に対して、マキァヴェッリは強く挑戦していたのである。この態度こそ、彼の思想の中心をなすものである。

（2）アンティパトロス（前三九七〜三一九）。フィリッポス二世及びアレクサンドロス大王につかえたマケドニアの武将。スパルタ王アギス三世を破った。

（3）クィントゥス・クルティウス・ルフス『アレクサンドロス大王伝』De rebus gestis Alexandri Magni (IV, 6)。

（4）アレクサンドロスの死去は前三二三年であり、この戦争は前三三一年のことである。したがって、この個所の記述は正しくない。

（5）ウルビーノ公フランチェスコ・マリーア・デッラ・ロヴェーレ。レオ十世に取り上げられた公国を一五一七年二月に再び手に入れ、同年九月十七日まで守っていた。

（6）一五〇九年のアニャデッロの会戦を指している。

（7）積極的に運命を賭けようというマキァヴェッリのヴィルトゥの思想がうかがえる。

（8）ここで見られるような議論の運び方は、マキァヴェッリの最も得意とするところである。

通説を打ち破ることに、マキァヴェッリは大きな喜びを感じていたと思われる。

11章

(1) フィレンツェでパッツィの乱が失敗に帰すと、教皇シクストゥス四世とナポリ王フェルナンド・ダラゴーナとがフィレンツェを攻撃した。

(2) マクシミリアン一世(一四五九～一五一九、在位一四九三～一五一九)。ハプスブルク家出身の神聖ローマ皇帝。ミラノ公女と結婚してイタリア経営に乗り出し、ヴェネツィアと戦った。

(3) カプアはカンパニアの首都であった。

12章

(1) 「マッサゲタイ人」 イラン系の住民。カスピ海、アラル海の周辺に住んでいた。

(2) この逸話はヘロドトス『歴史』第一巻二〇五以下にある。

(3) 「アガトクレスの実例」 シチリア島のシュラクサイ〔シラクサ〕の僭主アガトクレス(前三六一～二八九)は、前三一一年、カルタゴ軍により包囲されたが、逆にアフリカに攻め入り、前三〇五か三〇四年頃、シチリア王となる。

(4) 前四一五年、アテナイ人はシケリア遠征を行ない、これを期として、ギリシア覇権の崩壊がはじまる。

（5）第二巻9章参照。
（6）実際は三回ではなく、四回である。ローマ人は、ハンニバルにティキヌス、トレビア、トラシメヌス、カンナエで、敗れている。
（7）アウラシオは現在のフランスのオランジュだが、元テキストの注にしたがった。

13章
（1）クセノポン『キュロス王の教育』Ciropedia（II, 4, 32）。
（2）第一次サムニウム戦役における前三四三年のモンテ・グラウロス及びスエッサラの敗北を指している。

15章
（1）この意見は、マキァヴェッリの根本的態度の一つとして注目すべきである。

16章
（1）「先鋒」アスターティという軍事用語は、エトルスキ語に由来している。
（2）ガストン・ド・フォァア。ルイ十二世の甥にあたるイタリアにおけるフランス軍司令官。第二巻17章、24章、第三巻44章参照。
（3）「ラヴェンナの会戦」教皇軍、イスパニア、スイス、ヴェネツィアの四万の大軍と、ド・フォアが指揮を執るフランス軍との戦い（一五一二年）。フランス軍の勝利に終わった。

（4）一四九八年五月二十一日、フィレンツェ軍はピサ軍に敗れた。海に面していないフィレンツェにとって、その通商を支えるためには、ピサを支配下に置くことが絶対に必要であった。したがって、ピサの反乱は、生命線を脅かす大問題であった。

17章

（1）イタリアの戦乱は、一四九四年からはじまる。したがって、マキァヴェッリは、ここの文章を一五一七年に書いていたと推定される。

18章

（1）マルクス・アティリウス・レグルスを指している。前二六七年と前二五六年に執政官となった。前二五五年、カルタゴとアフリカで戦って捕虜となった。和平交渉のためローマに帰ったが、カルタゴの提案を受け入れることを元老院に思いとどまらせて、死刑を覚悟できた捕虜の身に戻った。

（2）正しくはソラではなく、サティコラである。リウィウス『ローマ史』（IX, 22）。

（3）一五一五年のマリニャーノの会戦。

（4）カルミニョーラ（一三八〇頃～一四三二）。フランチェスコ・ブッソーネ（通称「カルマニョーラ生まれの人」）。最初、ヴィスコンティ家の勢力復興のためのミラノ傭兵隊長となり、後に一四二五年、ヴィスコンティ家との関係を絶ち、ヴェネツィアに仕え、同盟軍のフィレンツェと共に、一四二六年、ブレッシアで、一四二七年、マクロディオの戦いでヴィスコンティ軍を破った。一四三二年、日和見的態度が疑われて、ヴェネツィアに召還され処刑された。『フィレンツェ史』第四巻13参照。

（5）一四二二年七月五日のアルベドの会戦。

19章

（1）ルキウス・ルクッルス（前一一七頃～前五六）。スッラに同調した執政官。前七二年にティグラネスを破った。

（2）第一巻6章参照。

（3）フライブルクは一二七七年から一四五二年までの間ハプスブルク家に支配されていた。

（4）ユニウス・ユウェナリス（六〇頃～一三〇頃）。ローマの風刺詩人。作品は十六残っている。

（5）『風刺詩』（VI, 291-292）。

20章

（1）『君主論』12章、13章参照。

（2）第三巻6章参照。

（3）ここで述べられている事件は、第二次ポエニ戦役直後のことである。ポリュビオス『歴史』（I, 7）に詳しい。

22章

（1）第三巻16章参照。

（2）ヌミキウス。リウィウス『ローマ史』（VIII, 11）に詳しい。

（3）アングレームのフランソワ一世（一四九四〜一五四七、在位一五一五〜四七）。従兄ルイ十二世を継いで即位し、イタリア戦争を続け、一五一五年、マリニャーノで大勝した。一五二五年、パヴィアで敗れ捕虜となる。釈放後、晩年までイタリア経営に熱中した。人文主義の素養のある彼のもとで、フランス・ルネサンスがはじまったことは注目される。

（4）レオ十世（在位、一五一三〜二一）。本名ジョヴァンニ・デ・メディチ。大ロレンツォの次男。ルネサンスの芸術復興の機運をフィレンツェからローマに移した教皇で、他面、免罪符を発売して宗教改革を招いた。『君主論』第十二章でもレオ十世に触れているが、そこに、メディチ家出身の新教皇が誕生し、マキァヴェッリの公職復帰の期待をにじませた心境がうかがえる。

（5）マリニャーノの会戦（一五一五）として有名。

23章

（1）リウィウス『ローマ史』（VIII, 13, 14-18）。

（2）「プリウェルヌム住民の反乱」前三三〇年のこと。

（3）ヘレンニウス・ポンティウス。サムニウム人の司令官。クラウディウス・ポンティウスの父。第三巻40章、42章参照。

24章

（1）ユウェナリス『風刺詩』（VIII, 124）。

（2）ウェルギリウス『アエネイス』（I, 150）。

（3）第二巻17章参照。

（4）フランチェスコ・スフォルツァ伯は傭兵隊長としてミラノのヴィスコンティに雇われたが、やがてミラノの政権を奪った。傭兵隊長から国家の元首に成り上がった好例である。『君主論』12章参照。

（5）ポルタ・ジョヴィア、通称スフォルツァの城塞のこと。一四五〇年の建設。

（6）フランチェスコ・スフォルツァの子ガレアッツォ・マリーア（一四四四〜七六）は、暴君の典型とされている。これに続くジャン・ガレアッツォ・マリーア、ルドヴィーコ・イル・モーロ（一四五二〜一五〇八）も、共に悪名高い暴君とされている。

（7）グィドバルド・ダ・モンテフェルトロ（在位、一四八二〜一五〇八）。フェデリーゴ・

ダ・モンテフェルトロの息子で、ウルビーノ領主を継ぐ。一五〇二年と翌年の二度、チェーザレのために君位を奪われた。教皇没後の翌一五〇四年、復位したが、「彼は国内にあるあらゆる城塞は、危ないと判断して、一つ残らずとり壊した」。この時、ルネサンス期の典型的なウルビーノ城も破壊された。のちに、シニガッリアの惨劇後、再び逃れ、教皇の没後に復位を果たした。

(8) アレクサンデル六世（在位、一四九二〜一五〇三）。ロドリーゴ・ボルジア。教皇カリストゥス三世の甥で、枢機卿たちを買収して教皇位（一四九二）についたとされる。息子チェーザレ・ボルジアに、名目上の教皇領ロマーニャ地方の統治権の奪取を命じた。一五〇〇〜〇二年、チェーザレは瞬く間にこの地域を席巻した。もっとも彼の真意は、教皇領の勢力拡張より、自分の国を興し強めることにあった。

(9) チェーザレ・ボルジア（一四七五頃〜一五〇七）。教皇アレクサンデル六世の庶子。一四九二年、ヴァレンシア大司教、翌年、枢機卿に選ばれた。教皇の後押しでロマーニャ地方に教皇領の版図を広げようとし、一四九九年、教皇と仏王ルイ十二世の交渉で、枢機卿の地位を返し、ヴァランチノア伯爵に任じられた。一四九九〜一五〇一年にロマーニャ地方の大部分を仏軍と傭兵隊により征服したが、後楯《うしろだて》の教皇の急死（一五〇三）に遭い、新教皇ユリウス二世に烈しく敵視され、彼自身の国造りの夢は潰えた。

(10) ポルタ・ガッリエーラ要塞。一五〇六年、ユリウスのために君位を追われたジョヴァンニ・ベンティヴォリオの後継者たちは、一五一一年、復位と同時に、教皇の築いたガッリエーラ門にある城塞などを壊した。

(11) ニッコロ・ダ・カステッロ。ニッコロ・ヴィテッリ(一四九七没)。パオロとヴィテロッツォの父。傭兵隊長として名声をはせ、メディチ家の支援でチッタ・ディ・カステッロの城の領主となった。一四七四年、教皇シクストゥス四世に君位を奪われ、八二年に復帰し、教皇の死後、「国を維持するのに必要なのは、城塞ではなく、民衆の好意に他ならない」(第二巻第二四章)と信じて、教皇軍の築いた二個所の城塞をとり壊した。

(12) シクストゥス四世。『君主論』11章参照。

(13) この城塞は一五〇七年に数カ月のうちに築かれたが、一五一四年には土台から破壊された。

(14) オッタヴィアーノ・フレゴーソ(一四七〇〜一五二四)。ウルビーノ公につかえた傭兵隊長。一五〇六年、ボローニャ攻撃に参加した。ジェノヴァから亡命し、一五一三年帰還、総督 doge として迎えられた。

(15) 一五一五年、ジェノヴァに対して、ミラノ公、スイス兵、それにジェノヴァ人の亡命者(アドルノ家、フィエスコ家)によって加えられた攻撃のことを指している。

(16) 前二〇九年、第二次ポエニ戦役の最中のタレントゥムでの出来事を指している。

(17) 一五一二年四月、ブレッシアがフランスに叛き、ヴェネツィアに投じた時のことを指している。第二巻17章参照。

(18) ファビウス・マクシムス。第一巻53章(注3)参照。

(19) 第三巻44章参照。
(20) プルタルコス『モラリア』Moralia 212 E.
(21) フランチェスコ・マリーア。ウルビーノ公(在位、一五〇八〜三八)。教皇軍の司令官として、一五〇九年にはヴェネツィアと、一五一一年にはフェッラーラと戦った。なお、この事件は、一五一七年一月に起こった事件であるので、これから逆にマキァヴェッリが執筆した時期を推定できる。

25章

(1) マンリウスとファビウスについては、第一巻53章参照。
(2) 『君主論』20章参照。
(3) 第二巻21章参照。
(4) ピストイアは、一三〇六年四月、白派、黒派と呼ばれる二派の間で抗争が行なわれた。
(5) 一四二八年のマクロディオの敗戦、一四三〇年のルッカ戦争へ介入した時の失敗、一四四〇年のアンギアリの敗戦など。また、その死の前年、一四四六年にも敗北を喫している。

26章

(1) プロコピオス『ペルシア戦記』Bellum Persanum (I, 7, 12-29)。
(2) 第三巻6章参照。

（3）タキトゥス『年代記』（XV, 68）。

27章

（1）リウィウス『ローマ史』（XXIII, 11-13）。

（2）ここに述べられているエピソードは、ルフス『アレクサンドロス大王伝』によるものであろうと推定される。なおテュロスはフェニキア海岸のシドンの南にあった有力なカルタゴの都市。

（3）カルタゴの将軍ハスドルバルとヌミディア王シュファックスは、スキピオと戦って敗れた。

29章

（1）これ以下の一節は、マキァヴェッリの運命（フォルトゥナ）の概念を知る上で重要である。

30章

（1）支払われた黄金は千ポンドであった。

（2）歴代のフランス王は、スイス軍のために金を浪費させられている。ルイ十二世は、スイス軍を敵としたために、ノヴァーラ会戦（一五一三年六月六日）に敗戦の苦杯をなめた。フランソワ一世は、四千人のスイス兵を雇うために、年々七十万スクディを支払い、スイス十三州それぞれに貢納を行ない、さらに二千フランを支払った。
（3）ギーヌガットの戦いを指している。第一巻21章参照。
（4）「三度の敗戦」第二巻12章（注6）参照。
（5）「ラテン諸都市の連合」リウィウスの用語では、Docii Latini Nominis.

31章

（1）一巻59章（注5）参照。
（2）テミストクレスが亡命したのは、前四七一年より後のことである。ところが、ダレイオス一世は前四八五年にすでに死んでいるので、実際はアルタクセルクセスの所に亡命したのである。したがってテミストクレスの進言によってダレイオスがギリシア遠征を企てたというマキァヴェッリの記述は誤りである。さらに彼が自殺したということも誤りのようである。

32章

（1）「王冠式攻撃」aggredi urbem corona.
（2）「新カルタゴ」ハスドルバルが前二二八年、スペインの地中海沿岸にこれを築き、ハンニバルはここを拠点として、イタリアに侵入した。スキピオがここを占領したのは、前二〇九年のことである。

(3)「パラエポリス」 ナポリの一角の古名。前三二七年に包囲された。
(4) シュキオンのアラトス（前二七一頃～二一三頃）。アカイア同盟の戦略家。プルタルコス『アラトス伝』。
(5) 第二巻6章参照。

33章

(1) ファビウス・マクシムス・ルリアヌス。第一巻31章（注5）参照。
(2) マキァヴェッリが形式にこだわる官僚主義を批判していることは興味深いことである。彼がかつて中層官僚であった時の体験が当然反映していると考えられる。

第三巻

1章

(1)「循環の道」 マキァヴェッリは古代史家ポリュビオスの歴史観の影響を受け、歴史は循環するものと考えている（第一巻2章参照）。ここで彼の言う「道」も、完全な循環の過程を指しているものと考えられる。
(2) アヴィケンナの言葉を、中世風のまずいラテン語に翻訳したものであろうと言われている。

（3）第二巻28章参照。

（4）「ブルトゥスの息子たち」第一巻16章（注2）参照。

（5）「十人会の委員」十人会の委員は、死刑にはならず追放されている。

（6）スプリウス・マエリウスは平民出身であるが、僭主への野望を抱いていたため、元老院の命令でガイウス・セルウィウス・アハラに殺された。第三巻28章参照。

（7）「マンリウス・カピトリヌスの死」第一巻8章、24章参照。

（8）「トルクァトゥスの息子の死」第二巻16章参照。

（9）「パピリウス・クルソル」第一巻14章、15章参照。

（10）「ファビウスを処刑」第一巻31章、第三巻36章参照。

（11）「スキピオ家の告発」スキピオ・アフリカヌスはアンティオコスを破った時、分捕り品を私した疑いで監察官カトーに告発された。弟スキピオ・アシアティクスもこれに連座した。

（12）メディチ家の統治期間にあたる。

（13）ホラティウス・コクレスとスカエウォラは、ともにエトルスキ王ポルセンナと戦ったローマの伝説中の英雄である。第一巻24章参照。

（14）ファブリキウスはエペイロス王ピュロスと戦ったローマの清廉な将軍。第三巻20章参照。

（15）両デキウス。第二巻16章、第三巻39章参照。同名の息子については第三巻45章参照。

（16）アティリウス・レグルス。第二巻18章（注1）参照。

(17) 両カトー。大カトーはスキピオ家を弾劾し（前二〇五、第一巻29章参照）、小カトーもカティリナ事件のとき、カエサルに反抗して弾劾した。

(18) 聖フランチェスコ（一一八二～一二二六）。教会の財産所有を否定し、清貧を志してフランチェスコ教団を設立した。

(19) 聖ドメニコ（一一七〇頃～一二二一）。イスパニアの聖人。ドメニコ教団を創設した。意志強く統率力優れ、中世キリスト教に転機をもたらした。

(20) マキァヴェッリのフランス観は著書『フランス事情報告』Ritratti delle cose della Franciaに詳しい。

2章

(1) このエピソードはリウィウス『ローマ史』（I, 50-56; II, 1-2）によるものであるが、史実ではない。リウィウスによれば、ブルトゥスは白痴を装い、国王タルクィニウス・スペルブスをあざむき、ローマを解放したという。

(2) これはマキァヴェッリを「悪の教師」と解釈する者のよりどころとなっている個所の一つである。

(3) おそらく本章は、マキァヴェッリの感情が最もよく表われている個所の一つである。彼は支配者に対する自分の卑屈な態度の理由づけを与えているように思われる。このような発言は彼の友人グィッチャルディーニにも認められる。

3章

（1）ピエロ・ソデリーニの死は一五二二年、この書物が一応完成したのは遅くとも一五一七年と考えられるから、訳者は、後になってこの部分が書き加えられたものと考える。この問題について、従来のマキァヴェッリ研究者が注意を向けたことはなかったようである。

（2）他の個所と同様、ここでもマキァヴェッリはソデリーニを批判している。しかし、かつて彼に引き立ててもらい、その下で長く働いていたマキァヴェッリは、彼の善意だけははっきり認めている。

4章

（1）タルクィニウス・プリスクスはローマ五代目の王（在位、前六一六〜五七九）、エトルスキ人の出であったろうと言われる。三十八年間統治したのち、前五七九年、先王アンクス・マルキウスの息子たちに殺された。

（2）セルウィウス・トゥリウスはローマ六代目の王（在位、前五七八〜五三五）。

（3）「プリスクスの息子たち」　スペルブスとアルンの兄弟のこと。この二人にトゥリウスは二人の娘を嫁がせた。のち、スペルブスは弟の妻と通じた。

5章

(1) 第三巻2章、リウィウス『ローマ史』(I) 参照。

(2) コリントのティモレオンは僭主を狙う兄弟を殺して、前三四四年、シケリアの解放者となった。第一巻10章、17章参照。

(3) シュキオンのアラトス。第二巻32章(注4) 参照。

6章

(1) タキトゥス『同時代史』(IV, 8)。

(2) 第二巻32章参照。

(3) 『君主論』19章、20章、21章参照。

(4) この個所は、マキァヴェッリの主張を冷酷無残なものとしてとらえる者のよりどころの一つである。

(5) 第二巻28章参照。

(6) パンドルフォ・ペトルッツィ(一四五〇〜一五一二)。義父ニッコロ・ボルゲーゼを殺して、シエナ領主(一五〇〇〜一二)となった。チェーザレ・ボルジアがトスカーナ地方に魔手を伸ばし始めた時、一五〇二年のマッジョーネ城の密議に代理を派遣した。一度、チェーザレにシエナの政権の座を追われたが、二カ月後ルイ十二世に支援されて君位に復した。密議のただ一人の生残者となった。マキァヴェッリは三度、使節として接し、特に一五〇五年の第三回の訪問の折に、彼の巧妙な外交手腕を体験した。『君主論』22章参照。

(7) ルツィオ・ベランティはシエナ市民。

(8)「パッツィ家」 フィレンツェの有力家門。メディチ家に陰謀を企み発覚した。

(9) ファラリス家はアグリジェントの僭主。ダンテ『神曲』地獄篇二七歌、七〜一二に歌われている。

(10) ユウェナリス『風刺詩』(X, 112-113)。

(11) バヤジット〔二世〕。第一巻19章参照。

(12) ペレンニスはローマ皇帝アウレリウス・コンモドゥス(在位一八〇〜一九二)の近衛隊長。この軍隊を使って皇帝を殺した。コンモドゥス帝はマルクス・アウレリウスの長男。親衛隊長を務め、側近中心の政治を行ない、妹ルキラの陰謀を察知して彼女を殺害、十九歳で帝位につく。元老院を無視して側近政治にまかせ、自らヘラクレスの化身と称して、その英雄の扮装で闘技場に出場した。

(13) プラウティアヌスはローマ皇帝セウェルス(在位、一九三〜二一一)の近衛隊長。カラカラ帝に殺された。セウェルスは北アフリカに生まれ、軍隊の支持で皇帝に推された。ローマに着くと近衛軍を解散、新たな親衛軍を組織して、各地の政敵を倒した。元老院の勢力を抑え、専制支配のため機構を改革した。また、凱旋門や野外劇場など、公共建築に力を尽した。

(14) セイアヌスはローマ皇帝ティベリウス(在位、一四〜三七)の寵を受け、位を奪おうとしたが殺された。

(15) ヤコポ・ディ・アッピアーノ（一三二五～九八）。一三九二年十月二十一日、ピエロ・ジャンバコルティからピサを奪った人物。

(16) コッポラ（一四二〇～八七）はサルノ侯。ナポリにおける貴族の反乱（一四八五～八六）の指導者であったが、一四八六年捕えられ、裁判にかけられた。

(17) 『君主論』19章参照。

(18) ピソはローマの貴族。皇帝ネロ（在位、五四～六八）に対する陰謀の首魁となったが、露見して殺された。タキトゥス『年代記』(XV, 49-50)。

(19) 「パッツィの陰謀」 この陰謀事件については、マキァヴェッリ『フィレンツェ史』第八巻（3～9）に詳しい。なお本章後半で再び取り上げられている。

(20) この話は、たぶんクルティウス・ルフス『アレクサンドロス大王伝』Hist. Alexandri (VI, 7) から借りてきたものと考えられる。

(21) エペイロスの僭主アリストティムスに対して陰謀を企てたのは、実際にはネレマトスではなくて、エラニコスという人物である。

(22) ガウマタはペルシア王位を奪ったが、のち前五二一年に殺された。

(23) このオルタネスのエピソードの出典は、ヘロドトス『歴史』Historiai (III, 70-78) と思われる。

(24) 第一巻10章、40章参照。

(25) タキトゥス『年代記』(XV, 51)。

(26) カラカラ帝(本名マルクス・アウレリウス・アントニヌス、一八八〜二一七)。セウェルス帝の長男。最初弟ゲタと共同統治したが、弟を殺し権力を独占した。狂気じみた政策を次々と行なったが、軍事的には成功し、ローマ帝国の版図を拡げた。軍隊の支持を得るため給与を増額したり、ローマ帝国の全自由人に市民権を与えるなどした。また有名なカラカラ大浴場を造営し、悦楽に耽ったが、部下の兵士にメソポタミアで殺された。

(27)「サン・ジョルジョの枢機卿」ピサにいたラファエッロ・リアリオ。一四七八年四月二十六日の土曜日、サンタ・マリア・デル・フィオーレ教会のミサにこの枢機卿が出席の意向を持っていたので、メディチ家もその正餐に義理でも出席するだろうと、陰謀者側は予測していたのである。『フィレンツェ史』第八巻5章参照。

(28) プルタルコス『ガイウス・マリウス伝』(37-40)。

(29) シタルケスは、実はオドリシイの王である。マキァヴェッリはたぶんコリントの僭主キプセロと混同したのであろう。

(30) ヘロディアヌスは二、三世紀頃のシリアの歴史家。彼の作品は十五世紀後半の一流の人文主義者アンジェロ・ポリツィアーノ(一四五四〜九四)の手によって翻訳されていた。そのおかげで、マキァヴェッリの知るところとなったのだろう。

(31) ディオクレスは誤りで、正しくはヒッパルコスである。ヒッパルコスは、アテナイの僭主ペイシストラトスの子で、兄のヒッピアスとともに権力を受け継いだ。のち、前五一四年、ハルモディオスらによって殺されたが、ヒッピアスが僭主を継いだ。
(32) クレアルコス。第一巻16章参照。
(33) ペロピダス。第一巻6章、21章、第三巻13章参照。
(34) プルタルコス『ペロピダス伝』(7-13)。
(35) 「ルツィオの家」 たいていのテキストでは、「ジュリオの家……」となっているが、これは誤りである。
(36) ランポニャーノたちは、一四七六年のクリスマスにミラノ公ガレアッツォ・マリーア・スフォルツァを殺した。
(37) ジロラモ・リアリオ(一四八八没)。フォルリおよびイモラの領主。教皇シクストゥス四世の甥である。
(38) マドンナ・カテリーナ(一四六三～一五〇九)。ガレアッツォ・マリーア・スフォルツァの娘で、フォルリ領主ジロラモ・リアリオ伯の妻。夫は八八年、フランチェスコ・ドルソの反乱にあい殺害された。その後、ジョヴァンニ・デ・メディチと再婚し、後の傭兵隊長「黒旗隊」のジョヴァンニをもうけた。
(39) 『君主論』19章参照。
(40) サルスティウス『カティリナ戦記』(XXXI)。
(41) レントゥルスはローマの政治家。司法官や執政官をつとめたが、その悪行を責められて元老院を除名されたため、カティリナの陰謀に加担した。

(42) プルタルコス『ソロン伝』(XXX)。
(43) 第二巻26章参照。リウィウス『ローマ史』(VII, 38-41)。
(44) アテネ公(一三五六没)。一三四一年から四二年にかけて、フィレンツェにつかえ、ピサと戦った。一三四二年、終身の市政長官 Signore a vita に任じられたが、翌年の暴動で追放された。『フィレンツェ史』第二巻33以下参照。
(45) ヴィテロッツォ・ヴィテッリは当時、チェーザレ・ボルジアにつかえていた。兄パオロと共に、フィレンツェの傭兵隊長だったが、後にチッタ・ディ・カステッロ領主となり、マッジョーネの密議に加わった。一五〇二年、シニガッリアで殺害された。
(46) ディオン(前四〇八頃~三五四)はシュラクサイの貴族。プラトンの讃美者で理想政治をシュラクサイの僭主ディオニュシオス二世に行なわせようとして失敗し、プラトンとともに追放された。のち軍を率いてシュラクサイに帰ってディオニュシオスを追い、代わって支配者となった。アテナイ人カリッポスによって暗殺された。プルタルコス『ディオン伝』(54)。

8章

(1) 第一巻55章参照。
(2) 第三巻6章参照。
(3) スプリウス・カッシウスはローマの執政官。農地法の期限を延長したが、王政を企むものとして告発され、前四八八年、死刑に処せられた。
（4） マンリウス・カピトリヌス。第一巻8章、24章、58章参照。

9章

（1） ファビウス・マクシムス。第一巻53章（注3）及び『君主論』17章参照。
（2） ピエロ・ソデリーニ。第一巻7章、52章、第三巻3章参照。
（3） ユリウス二世。本名はジュリアーノ・デッラ・ロヴェレ。叔父シクストゥス四世を後楯《うしろだて》に枢機卿となり、教皇就位の後、一五〇六年、ボローニャを手中に収め、一五〇八年、カンブレイ同盟を結んでヴェネツィアを叩き、一一年にはヴェネツィアと神聖同盟を結成して、フランス軍を駆逐した。第一巻27章及び『君主論』25章参照。
（4） 本章ならびに前章で、マキァヴェッリが、時代の性格を見極めてそれに合わせて行動せよ、と説いている点は注目に値する。それまで、歴史は時の経過を示すものとしか考えられていなかったが、彼によってはじめて、時代の性格、時代の精神というものが自覚されるようになった。しかも時代性はいかなる個性にも優先すると強調されるようになった。これは彼の歴史解釈の重要な側面である。このような態度は、彼が一官僚として、時代の大きな流れに遭遇したという経験に基づくものだろう。本文のたくさんの例に見られるように、そこにはいかなる人間の努力にも優越する歴史の必然（ネチェシタ）の流れがある。これはマキァヴェッリ、グィッチャルディーニに共通の傾向である。但し、マキァヴェッリには、この必然をなんとか利用して、運命を打開しようとする一面がある。

（5） 第三巻1章参照。

10章

（1） グナエウス・スルピキウスはローマの臨時独裁執政官として、前三五八年、ガリア軍と戦った人物。第三巻14章参照。

（2） リウィウス『ローマ史』（VII, 11, 12）。ただし原文通りではない。文章をマキァヴェッリが再構成している。

（3） 前一九八年、エペイロス北方でローマ軍がフィリッポス五世と戦った戦争を指している。

（4） この会戦は、前一九七年、テッサリアのキノケファルスで行なわれた。

（5） 第一巻15章参照。

（6） 第二巻17章、18章参照。

11章

（1） 第一巻3章～7章、37章、39章参照。

（2） アッピウス・クラウディウスは十人会を作った同姓同名の人物の甥である。リウィウス『ローマ史』（IV, 48）。

（3） シャルル八世に対する同盟（一四九五）、または「数年前」とあることから考えると、神聖同盟とも考えられる。

（4）スペイン王フェルナンド五世はシャルル八世に対する同盟から途中で脱退し、一四九七年二月二十五日、単独でフランスとの停戦協定に調印した。

12章

（1）トマス・アクィナス『君主政』De Regimine Principum（I, 1）によるものと思われる。

（2）支配者と民衆との関係については、第一巻16章、17章参照。

（3）フィレンツェが一五一二年、スペインとの平和条約に調印したばかりに、メディチ復帰の道を開いた事実を指している。

（4）プルタルコス『マルクス・クラッスス伝』（27-31）。

（5）クラウディウス・ポンティウスはヘレンニウス・ポンティウスの息子。サムニウム軍の指揮をつとめた。第三巻40章、42章参照。

（6）リウィウス『ローマ史』（IX. 1. 10）。同じ引用が『君主論』26章にもある。

（7）グナエイウス・マンリウス。第一巻36章参照。

13章

（1）「二人の指揮官」　コルネリウス・スキピオ・カルウスとプブリウス・コルネリウス・スキピオを指している。

（2）アフラニウスはポンペイウスに派遣され、イスパニアでカエサルと戦ったが敗れた（前四九）。
（3）ペトレイウスはカティリナ戦役（前六二）で戦功を立てたが、イスパニアでカエサルに敗れた（前四九）。
（4）スエトニウス『カエサルたちの伝記八巻』（34）。スエトニウスは一世紀のローマの伝記作家。
（5）ルクッルスはスッラの支持者。但し本文はプルタルコス『ルクッルス』の内容と一致しない。マキァヴェッリは別の人フラクスと混同しているのではないか。
（6）第一巻6章、21章、第二巻3章、『君主論』5章参照。

14章

（1）クィンティウス。第三巻15章、19章参照。
（2）"Fatevi indietro!"が"Addietro!"に変わった。
（3）一四九五年、オッディ派が行なった陰謀を指すものと思われる。
（4）『戦争の技術』第三巻、第五巻に詳しい。
（5）グナエウス・スルピキウス。第三巻10章参照。
（6）セミラミスはアッシリアの伝説上の女王。この内容はギリシアのディオドロス・シケロスの『図書館』（II, 16）から引用したもの。

（7）マメルクスは臨時独裁執政官（前四三三）。前四二六年にフィデナエ人を破った。

15章

（1）このとき臨時独裁執政官に就任したのがマメルクスである。リウィウス『ローマ史』(IV, 30)。

（2）マキァヴェッリはこの二人の司令官に随行して、同年五月ピサ戦線に赴いた。その間の事情はその著『ピサ戦線報告』Legazione al campo di Pisa に詳しい。彼が後年軍事問題に関心を寄せるようになった第一歩である。ジョヴァンバッティスタ・リドルフィは、反ピエロ・ソデリーニ派の貴族の首領。

（3）フィレンツェが雇っていたガスコーニュ兵の反乱を指す。

16章

（1）この主題はマキァヴェッリの主張の中でも重要なものである。本文からは時代に対する彼の苛立ちが汲み取れる。

（2）トゥキュディデス『ペロポンネソス戦争史』(IV, 8-24)。

（3）アルキビアデス（前四五〇頃～四〇四）。アテナイの政治家、将軍。彼の主張が通って、シュラクサイに遠征したが、遠征中に瀆神罪で死刑を宣せられ、スパルタに奔った。

（4）ニキアス。第一巻53章（注6）。実際はニキアスの忠告は通らず、アルキビアデスはシユラクサイに遠征して惨敗した。ニキアスもこの時捕えられ殺された。
(5) このような心理的要素を含んだ考え方は、当時としてはきわめて新しいものである。
(6) 第二巻1章参照。
(7) アエミリウス・パウルスは古代ローマの執政官。前一六八年、マケドニアのペルセウスに対し勝利を収めた。武勇に優れていた彼も、平時には無視されていた。
(8) アントニオ・ジャコミーニ。第一巻53章(注8)参照。

17章

(1) ガイウス・クラウディウス・ネロは古代ローマの執政官。前二〇七年リウィウス・サリナトルとともに執政官に選ばれた。同年、メタウルスでハスドルバルを破った。皇帝ネロとは別人である。
(2) 第二巻10章参照。
(3) リウィウス『ローマ史』(XXVII, 40, 9)によれば、これはクラウディウス自身の言葉ではなく、同僚の執政官リウィウス・サリナトルの言葉である。

18章

(1) エパメイノンダスの言葉ではなく、アテナイの将軍カブリアスの言葉であるという説もある。

（2）前四二年、ブルトゥスがフィリッピの戦いでオクタウィアヌス、アントニウスに敗れた時のことを指す。プルタルコス『ブルトゥス伝』（42-43）。
（3）一五一五年のマリニャーノの会戦。フランソワ一世はヴェネツィア、ジェノヴァの援助を得てスペイン、教皇、スイス、ミラノの連合軍を撃破した。
（4）センプロニウスは前四二三年、ローマの執政官としてアエクウィ人を破った。第三巻46章にもセンプロニウスという人物が出てくるが、別人である。
（5）これについてはグィッチャルディーニ『イタリア史』Istoria d'Italia（IV, 3）に述べられている。

19章
（1）ティトゥス・クィンクティウス・バルバトゥス・カピトリヌス、及びアッピウスの子アッピウス・クラウディウス。
（2）タキトゥス『年代記』（III, 55, 4）。
（3）マンリウス・トルクァトゥス。第一巻11章、第二巻16章、第三巻22章、34章参照。
（4）『君主論』17章参照。

20章
（1）マルクス・カミルス。第一巻8章（注1）参照。本書にはその他にも彼に関する記述は多い。この個所はリウィウス『ローマ史』(V, 27) による。

(2) 第二巻13章参照。

22章

(1) マンリウス・トルクァトゥス。第一巻11章、第二巻16章、第三巻19章、34章参照。

(2) ワレリウス・コルウィヌスは占拠されたカンピドリオを奪還した執政官。第一巻60章参照。

(3) 「マンリウス式命令」 Manliana imperia.

(4) アリストテレス『政治学』(1286b)。

(5) 第三巻1章参照。

(6) 第三巻21章参照。

(7) クセノポン『キュロス王の教育』(IV, 2, 34; V)。

(8) リウィウス『ローマ史』(VII, 33, 1-4)。

(9) マキァヴェッリがここであげているのはヴィットル・ピザーニであろう。ヴェネツィアの提督であった彼は、一三七九年三月、ジェノヴァとの戦いに敗れた。本文のようないきさつののち投獄されたが、民衆の暴動によって解放され、再び最高司令官となった。

23章

（1）第一巻55章参照。

24章

（1）プブリウス・ピロはローマの執政官。前三二六年に軍の指揮権の期限を延長した。

25章

（1）第一巻37章参照。

（2）ミヌキウスはローマの執政官（前四五九）。アエクウィ人に包囲されたが、キンキナトゥスに救出された。

（3）第二巻7章（注1）参照。

（4）アエミリウスについては第三巻16章参照。「アエミリウスの時代」とは前二世紀のことで、アエミリウスがペルセウスを破った前一六六年までのことを指している。

26章

（1）第三巻2章参照。

（2）第一巻40章参照。

（3）アリストテレス『政治学』（1311a; 1314b）。

（4）第三巻6章参照。

27章

（1）この事件は一五〇一年十月から一五〇二年一月にわたって起こった。したがってマキァヴェッリがこの個所を執筆したのは一五一六年暮から一五一七年はじめということになる。

（2）『君主論』14章参照。

（3）『君主論』20章参照。

（4）第二巻24章参照。

（5）フラヴィオ・ビオンド『歴史』Historia（V）。ビオンド（一三九二〜一四六三）は人文主義者で歴史家。

（6）「マルツォッコ党」マルツォッコはフィレンツェ共和国の紋章のライオン像のことで、フィレンツェ派を意味する。

28章

（1）スプリウス・マエリウス。第三巻1章（注6）参照。

（2）第三巻1章参照。

29章

(1) アレクサンデル六世。第二巻24章（注8）参照。

(2) ロレンツォ・デ・メディチ Rappresentazione di San Giovanni e Paolo による。

30章

(1) セルウィリウス・フィデナス。カミルスの下で執政官権限を持っていた護民官。

(2) クィンクティウス・キンキンナトゥス。但し同名異人の執政官（前四六〇就任）もいる。

(3) ホラティウス・プルウィルス。前三八六年、執政官権限を持つ護民官。

(4) コルネリウス・マルギネゼス。前記三人の同僚。この他カミルスの指揮下で働いた第五の人物としてワレリウスがいたが、マキァヴェッリは触れていない。

(5) 『旧約聖書』出エジプト記（XXXII, 25-28）。

(6) アラマンノ・サルヴィアーティとジョヴァンバッティスタ・リドルフィを指している。

31章

(1) 第二巻12章（注6）参照。

(2) 第二巻30章参照。

(3) ベルガモ並びにブレッシアで起こった反乱を指している。

32章

（1）カルタゴがアフリカに撤収させたのは、シケリアからの兵士だけである。

（2）『君主論』12章参照。

33章

（1）第一巻14章参照。

（2）アッピウス・クラウディウス・クラッスス。第三巻11章（注2）参照。

（3）リウィウス『ローマ史』（VI, 41, 8）。

（4）前三九〇年。第二巻29章参照。

（5）ティトゥス・クィンクティウス・キンキンナトゥスがセンプロニウス・アトラキヌスに言った言葉である。

（6）G・マンリウスとP・マンリウスのこと。但し、執政官ではなく、前三七九年に軍団司令官であった。

（7）ファビウス・マクシムス・ルリアヌスのこと。

34章

（1）ティトゥス・マンリウス。第一巻11章（注1）参照。

（2）トルクァトゥス。Torquatus. ラテン語で Torques は「首飾り」を意味する。

（3）第三巻20章参照。

35章

（1）ルキニウス・セクスティウスのこと。前三六七年、彼ははじめて平民出身の執政官となった。

36章

（1）第三巻22章、34章参照。

（2）このことについて、マキァヴェッリは、本書の執筆より前に、『フランス事情報告』で触れている。

（3）ヴィルトゥには環境を打開しうる力がある、とマキァヴェッリが述べている個所として注目される。

（4）パピリウス・クルソル。第一巻31章、第二巻2章、第三巻1章参照。

37章

（1）第一巻23章参照。

（2）リウィウス『ローマ史』（VII, 32, 5）。但し、マキァヴェッリは原典の文章を変えて引用している。

（3）一人の戦士が敗れたため全ガリア軍が敗走したこと。第三巻36章参照。
（4）この話の典拠は、プルタルコス『マリウス伝』（11-14）と思われる。

38章

（1）第三巻22章、37章参照。
（2）リウィウス『ローマ史』（VII, 32, 10-13）。
（3）グラックス。第一巻4章（注2）参照。
（4）エパメイノンダス。第一巻17章（注4）参照。

39章

（1）プブリウス・デキウスは前三四〇年のローマの執政官。ラティウム人との戦いに自ら犠牲となった。第三巻45章に登場する同名のデキウスは、この人の息子である。
（2）リウィウス『ローマ史』（VII, 34, 3-5, 14-15）。

40章

（1）リウィウス『ローマ史』（XI, 2）が典拠と思われる。
（2）第二巻23章参照。

41章

（1）リウィウス『ローマ史』（IX, 4）が典拠である。

42章

（1）リウィウス『ローマ史』（IX, 8-12）が典拠である。

（2）『君主論』13章参照。

43章

（1）リウィウス『ローマ史』（X, 10）が典拠となっている。

44章

（1）マントヴァ侯。フランチェスコ・ゴンツァーガ（在位、一四八四〜一五一九）。一四九五年、フォルノヴォでフランス軍と戦った同盟軍の指揮官。一五〇六年、教皇軍を指揮してボローニャを征服した。さらに、ルイ十二世と同盟を結んだが、ヴェネツィアに捕われた。

（2）教皇軍は一五〇六年八月二十六日、ローマを出発した。マキァヴェッリも、同月二十八日、チヴィタ・カステラーナで教皇軍に加わっている。マキァヴェッリ『ローマへの使節覚書』Il legazione a Roma にその間の事情が書かれている。

（3）第二巻17章、24章参照。

45章

(1) デキウス。第三巻39章(注1)参照。

(2) ファビウス・マクシムス・ルリアヌスのこと。

(3) リウィウス『ローマ史』(X, 28-29)が典拠となっている。

47章

(1) 第二次サムニウム戦役(前三一〇)のこと。

(2) パピリウス・クルソルはサムニウム戦役時代のローマの執政官。前三二五年及び前三一〇年に臨時独裁執政官となる。第一巻31章、第二巻2章、第三巻1章参照。

48章

(1) 執政官ではなく、臨時独裁執政官のマルクス・ワレリウス・マクシムスである。マキァヴェッリは、前章のエピソードと混同している。

(2) フルウィウス。前二九八年、執政官となる。

(3) リウィウス『ローマ史』(V, 39)が典拠となっている。

49章

（1）第三巻1章参照。

（2）この奇妙な事件（前三三一）については、リウィウス『ローマ史』（VIII, 18）が典拠となっている。

（3）「バッカス祭の陰謀」前一八六年に発覚した事件である。深夜の宗教儀式がしだいに淫猥な様子を帯びるようになっただけでなく、政治的陰謀が企まれるようになって、弾圧された。但し、根絶されるまでには至らなかった。

解説　『ディスコルシ』──パワー・ポリティックスと人文主義と──

永井三明

最初に本書の書名の訳出について一言する必要がある。明治三十九（一九〇六）年に博文館から当時の駐英公使林　董《はやしただす》伯爵によって英訳からの翻訳が『羅馬史論』の名で訳出された。時代が下って昭和十五（一九四〇）年より多賀善彦（大岩誠）によるマキァヴェッリ選集（創元社）でも『ローマ史論』の訳名が使用された。さらに昭和四十一（一九六六）年、中央公論社の『世界の名著』16にマキァヴェッリの『君主論』と並んで、拙訳では『政略論』──ティトゥス・リウィウス『ローマ史』にもとづく論考──と訳した。これは『君主論』と対応して、内容を重視して敢《あ》えて意訳したものであったが、一般に混乱を引き起こしたそしりをまぬがれるものではない。このたび、文庫版収録に際し、メインタイトルとして『ローマ史論』を採用しなかったのは、本書は確かにリウィウスの『ローマ史』始めの十章を下じきにしているとはいえ、その他マキァヴェッリが体験したり見聞したりした同時代（彼にとっての現代史）の記述が含まれている個所が多く、しかもそれらの多くが重要な論証を果たしていることから、本書はあながちローマ史の解説にはとどまらず、彼の意図はローマ史及び現代史を拠りどころとして、何らかの教訓を得ようとしており、さらに、進んで教養人グループを啓発しようとしているからである。イタリアでは、簡略に Discorsi と専門家の間で呼ばれ、（すでに一五三一年頃からそう呼ばれている）英訳でも The Discourses と呼ばれることが普通である。そこで本書でも思いきって『ディスコルシ』を題名と定めたのである。但し、長く『ローマ史論』として親しまれていることから、サブタイトルにその名残を残した。（さて『ディスコルシ』の印刷はバルド書店とジュンティ書店ではじめて行なわれたが、それは一五三一年のことであった。両方とも別々にオリジナルから転写したものであろう。）

さて、この『ディスコルシ――「ローマ史」論』は『君主論』と並んでマキァヴェッリの二大主著とされている。両者とも後世に及ぼす影響が最も大きく、かつ彼の真情が吐露されていると考えられるからである。絶対主義の時代には『君主論』のみが評価されていたのが、啓蒙主義の時代には『ディスコルシ』が唱えている共和主義が重んぜられ、現代では両著は一組の切り離すことのできぬものであるという人もある。

事実、『ディスコルシ』は『君主論』と切り離して論ずることはできない。しかも、両者のそれぞれの執筆年代の比較はゆるがせにできない問題である。というのは、これは一見瑣末《さまつ》なことのように思われがちであるが、両作品が書かれるまでに至るマキァヴェッリのフィレンツェ共和国官吏としての経歴の背景はもちろん同一であり、一転して苦難を背負って歩みはじめたその時をほぼ同じくして、どうして、主として共和主義を唱える『ディスコルシ』が書かれ、またその同一人が君主に期待を寄せる『君主論』を著すという矛盾した行動に出るようになったのか。この謎ともいえるマキァヴェッリの二面性を追究していくことは、両著の最も深い部分をえぐり出すことになろう。

さて、一般には以下のように言われている。マキァヴェッリが一五一二年に失脚し、一五一三年はじめの投獄の不運から立ちなおるために残されていたのは、政治を論ずることであった。これが『ディスコルシ』の始まりである。この作品は古代ローマを称讃することを第一義とする人文主義の影響だけではなく、人民に支えられた健康な共和主義への信念によって論じ始められる。そこでは貴族と平民との闘争さえも健全なローマをもたらした（第一巻4章）として評価される。ところが、彼は突如として立ち止まる。それは多分、第一巻の16・17章あたりであろう。18章になると共和主義へのためらいが見られるからである。それは一五一三年から一四年はじめの間に、共和政を念頭におかぬ『君主論』が完成したことと対応する。こうして古代ローマ世界は見捨てられ、現代世界への転進が見られる。冷酷で打算的な新しい君主像が浮かんでくる。

この間のマキァヴェッリの心理の動きは、以下のように推論される。『ディスコルシ』のはじめの部分で人民のエネルギーについて述べてきたマキァヴェッリは、第一巻16、17、18章に達したときに彼が生きている時代の現実に思いをいたしたに違いないと。すなわち「腐敗した国家にあっては、自由な共和政体を維持したり、新たに生み出すことはとても難しいか、あるいは不可能」（第一巻18章）であると実感した彼は、当面の困難から脱出するためには非常手段に訴える君主に期待しなければならぬと考え、『ディスコルシ』を中断して『君主論』を執筆したのかもしれない。当時、イタリア都市国家群は、ヨーロッパの絶対主義大国の成立のもとで、ますます無力な存在となっていったことを考えれば、マキァヴェッリの転向も当然のことであったであろう。

『ディスコルシ』のはじめの部分が『君主論』の執筆に先立ってすでに書かれていたという根拠は、『君主論』2章冒頭の「共和国のことは、べつのところでながながと論じたので、その論述ははぶかせていただこう」とあって、「べつのところ」とあるのは『ディスコルシ』以外にはありえない。そして友人フランチェスコ・ヴェットーリへの有名な近況報告の一五一三年十二月十日付の書簡によって、一五一三年秋から一五一四年一月頃の間に『君主論』が書かれたと考えるなら、『ディスコルシ』のはじめの部分（少なくとも第一巻16・17章まで）はほぼ一五一三年七月以前に書かれていたに違いない。だから『ディスコルシ』のはじめの部分は一五一三年夏までに書かれ、さらにその年の秋から冬にかけて『君主論』が作られ、その直後か、あるいは二、三年後に『ディスコルシ』の残りが書きつづられたということができる。

この考え方に反対して、以下のような意見がある。『ディスコルシ』の献詞にあげられているザノービ・ブォンデルモンティとコジモ・ルチェッライによって『ディスコルシ』の執筆が激励されたと明記されているし、当時の歴史家ネーリやナルディも『ディスコルシ』はオリチェラーリ庭園に集うこれらの教養人の求めに応じて書かれたものであることを裏面から証言している。ところがマキァヴェッリは一五一三年ではなく一五一五年からその集会に招かれるようになったのであり、一五一三年には確かに出席していない。しかも『ディスコルシ』のはじめの総論的文章は社会の力の分析まで入り込み、歴史的見通しまで掘り下げている。ところで、その後で執筆されたことになっている『君主論』は、社会の分析どころか政治的現象の探索のみに終わっている。『君主論』は『ディスコルシ』に比べて分析の緻密さで風下に立ち、深さと視野の広さにおいて劣ると考えられている。一人の思想家にあってはたして視野が狭められ深さが失われることが、一つの作品(『ディスコルシ』)から次の『君主論』に移る時にありうるだろうか。

しかも上述の、『君主論』が書かれる以前に『ディスコルシ』の一部が書き進められていたという論拠、すなわち『君主論』2章冒頭の「共和国のことは、べつのところでながながと論じたので」という文言は、必ずしもあてにならぬとする意見がある。

確かに、マキァヴェッリの手によって一五一三年に書かれた『君主論』の手稿本が現存していれば、それは動かぬ証拠となるのだが、現存する手稿本は全部ロレンツォ・デ・メディチ殿(大ロレンツォとは別人)への献詞を含んでいる。ということは、これらの手稿本は一五一五年秋から一五一六年秋の間に書かれたことを証明する。(なぜならロレンツォ・デ・メディチがウルビーノ公になったのは一五一六年十月八日だったので、この手稿本がこの日付以後に献詞が書かれていたら、ロレンツォ・デ・メディチ公と書かれていたはずである。このロレンツォ・デ・メディチがフィレンツェ軍総司令官に就任したのが一五一五年九月なので、それ以前に『君主論』を献げる理由はありえない。）したがって、「べつのところで」という『ディスコルシ』の文章は、一五一五年九月から一五一六年三月までの間に書き加えられたに違いない。さらに、『君主論』作成の第一の証拠とされる例の一五一三年十二月十日付のヴェットーリあての書簡で、『君主論』を書いたことを報告しておきながら、もしこの時点で『ディスコルシ』の一部ができあがっていたのなら、最も親しい友人への近況報告の中で何も触れられていないのはおかしいではないか。さらに一五一三年に『ディスコルシ』のはじめの部分が書かれていたのなら、マキァヴェッリがメディチ家に仕えようととりわけ熱心に考えていたその時点で、共和国精神を論じるなどということは一種の裏切りであり、最もありえないことであろう。

他方、一四九八年から一五一二年の間にマキァヴェッリの意識の中に、すでに『君主論』の萌芽があるものと考えられてきた。ところが、『ディスコルシ』の基調をなすローマ共和国の偉大さを形成したのはローマ人の社会的政治的生活であったという主張は、一四九八年から一五一二年の間のマキァヴェッリの著作のどこにも見られない。例えば一五〇六年の市民軍創設についての文章にも、古代ローマ軍制については全く触れられていない。またドイツやフランスについてのリポートの中でも、共和国の平等、自由について関心がなく、パリの高等法院についても王権の側に光をあてているだけである。

なるほど、マキァヴェッリは若い時からリウィウスに親しんできたことは明らかである。しかし、彼がリウィウスから吸収したのは、後年まで彼の中心思想だった中途半端で優柔不断な態度への警告なのである。筑摩書房版『マキァヴェッリ全集』第一巻の『君主論』についての解説ですでに詳しく述べたように、彼が十四年間の政府勤務で知りえたのはパワー・ポリティックスの一語に尽るだろう。失脚して貧困と失望の中にあった彼は、権力者の庇護を受けたい一心で『君主論』に立ち向かったはずである。したがって『君主論』執筆以前に、古代ローマの共和政の構想を練ったことは考えられない。つまり、バロンという研究者によれば、『君主論』に先立って『ディスコルシ』のいかなる部分も一五一三年には書かれていないこと、つまり『君主論』の完成後に『ディスコルシ』がはじめて書かれたこと、『君主論』2章冒頭の例の文言は後になって書き加えられたと結論を下す。はじめに掲げた意見によれば『ディスコルシ』→『君主論』→『ディスコルシ』の執筆順序が主張されたが、バロンではそれが破棄され、『君主論』→『ディスコルシ』、君主主義者から共和主義者へという自然な精神の発展へとおきかえられた。

体験的行動的な『君主論』から社会的歴史的分析を基礎とする『ディスコルシ』への転向をもたらした誘因は、人文主義による触発が考えられる。マキァヴェッリは市民に活力《ヴィルトウ》を持たせて、彼らを国家に献身させうるような社会的な制度のあり方に焦点を合わせようとする。しかし、マキァヴェッリは完全な共和主義者に脱皮したのではなく、市民的平等による共和主義と、外国勢力に対抗できる新君主待望との間を揺れ動いたに違いない（それは『ディスコルシ』のいたるところで散見される）。『ディスコルシ』執筆の中途で、機を見てロレンツォ・デ・メディチに『君主論』を献げて職を得ようとしたことも、これで説明がつこう。そしてこれも失敗した時、普通の著者がするのとは違い君主には献げずに『ディスコルシ』を一般貴族のブォンデルモンティとルチェッライに献呈したのであった。(そしてさらに第三の段階が彼の『フィレンツェ史』の中に実現する。それは、当時のフィレンツェの中に自由を追求するエネルギーが次第におとろえてゆき、メディチ支配の下で安定した秩序に安易に身をまかせるというメランコリックな見通しに立つ最初の作品となった。こうして初期の現実主義的実証主義から人文主義による古典主義への展開を、バロンはマキァヴェッリの中に発見することになるのである。)

しかし、ここで重大な分岐点が出てくる。両派がマキァヴェッリに思想上の転向をもたらした要因を考えるにあたって、現実主義による『君主論』はイタリアの現実による体験を主軸に据えているのに対して、『ディスコルシ』はマキァヴェッリが現実政治の限界に苦しみながら、人文主義に触発されて、政治を掘り下げて社会的な拡がりや歴史的な深みの中に発展していったものである。すなわち体験 esperienza と学問 lezione とのいずれに重点を置くかということになる。マキァヴェッリの思想の変遷をたどって説明をほどこす方法は魅力のあるもので、その方法自体批判の余地はない。ところが人間には終生、固定の観念や思想に縛りつけられているという場合もありうるし、あるいは二つ以上の思想や立場の間を動揺し続けるということもある。

ここで重要な問題が浮かび上がってくる。というのはフェリックス・ギルバートの見解が出現する。すなわちマキァヴェッリが終始一貫した思想の持ち主であったという主張がそこにある。マキァヴェッリの終生の狙いは〝力の政治〟を表現することにあった。そして僭主のハンドブックである『君主論』を書いた彼にとって、自由な共和国の理想像である『ディスコルシ』を、ほとんど同時期に書くことがどうして可能であったかという疑問については、ギルバートは以下のように考えている。

マキァヴェッリの時代の人びとは一般に、現代の我々がマキァヴェッリの二つのテーマの不均衡について感じるほどには不自然さを感じなかったのではなかろうか。というのは当時の人びとは外的な刺激によって、ものを書くことに馴れており、パトロンの寵を得ようとする意識を常に持っていたからである。マキァヴェッリと同時代の読者で、両著の矛盾を指摘した者は誰もない。また、同一人が共和国と君主国とについて論じることは、そう珍しいことではなかった。したがって、『君主論』と『ディスコルシ』とのコントラストは根本的なものではなく外面的なものである。『君主論』と『ディスコルシ』に本質的な差異を認めないギルバートは、書かれたものは必ず作者の世界観の発露だと思い込んでしまう現代人の盲点を見事についているのである。

しかしギルバートの判断は、一つの見方なのであって傍証があるわけではない。そのまま受け入れることのできない不安感がつきまとう。しかし、ギルバートは早くからマキァヴェッリの同時代人（例えばパレンティィやチェレターニやグィッチャルディーニ）の作品がマキァヴェッリ理解の重要な鍵となることに注目してきた。つまりギルバートは第三の鍵を持って登場するのである。

当時、論文を書いたり、歴史について見識を持ち、またひとかどの才智あふれる人物は、おそらくフィレンツェでは百名から二百名くらいしかいなかったであろう。中産階級（男子）と見なされる人が三千人に満たないところから推測して、イタリアの情勢を理解し諸外国についての知識を備えていた知識人となると百名以下の実数であったろう。いや、一段と知的に優れ批判力を備えたエリートは、ほんの一握りにすぎなかったのではなかろうか。当時の狭いフィレンツェにあっては、たとえ個人的に交友がなくても、彼ら相互の間の知的交流は、今日、我々が考える以上に濃厚なものであったに違いない。作品は互に読みあっていたであろうし、相手の政治的立場をはっきり摑んでいた。そればかりでなく人柄については、それ以上知られていたことであろう。自己の政治上の色分けを明確にしなければならぬのが中世都市のしきたりでもあったろうし、話題、情報の多くない当時の都市生活では、他人に対する興味も想像以上のものであったであろう。それは「噂」の世界だった。その上、懇意の間柄でもあれば、その人の証言は千鈞の重みを持つことになってくる。このように見てくると、マキァヴェッリ自身の著作よりも、同時代人である第三者の冷静な判断が重要な手がかりとなることがある。例えば有名なフランチェスコ・グィッチャルディーニの兄弟であるルイージは、自作の対話の中でマキァヴェッリを登場させて、彼を他人の意見に容易には納得しないで、反対を事《こと》とする人物に仕立てている。とうてい受け入れられそうもない意見を、論理の力で実証して見せて満足する人物としてマキァヴェッリが描かれているが、これは他のいかなる史料よりも的を射ているかもしれない。それは真理そのものを重視する哲学者の態度ではなく、論証の過程を重要なものとする評論家の立場である。

ところでマキァヴェッリと、フランチェスコ・グィッチャルディーニが運命の絆で結ばれるのは、一五二一年五月中頃であった。グィッチャルディーニが教皇庁の総督としてモデナを統治していた時である。定職を持たないマキァヴェッリは、フィレンツェのフランチェスコ修道会から本部のカルピに折衝（支部修道会の独立の件）を委託されて交渉に赴く途中であった。彼はモデナにグィッチャルディーニを訪ねたのである。彼は歓待されたが、確実なのはグィッチャルディーニは『ディスコルシ』をすでに読んでいたことである。これから両者の間に書簡の往復がはじまる。堂々たる、かつ尊大な君主然とした総督グィッチャルディーニと、風来坊で風采のあがらないマキァヴェッリとのコントラストはいささか滑稽じみていたであろうが、両者は一五二五年から二六年にかけて、政治のことを真剣に取り上げるようになる。外国の侵略からイタリアを守ろうとする努力は、二人を結びつけた。この時期のグィッチャルディーニの心の動きを考えることは興味深い。この尊大なロマーニャ総督は、貧相な素浪人のマキァヴェッリに対して心の中で冷笑していたのか、いつも実現不可能な理論を持ち出す彼に何を感じていたのかはわからない。ただ一つ重要な点を指摘しておきたい。グィッチャルディーニが一五二五年頃完成させた『フィレンツェ政体対話』はそれ以前の作品と比べると、はるかに個性的で野心的な作品であるが、この中で往年のピサ戦争において、ベルナルド・デル・ネーロの口を籍《か》りて、食糧節約のためにピサ軍の捕虜は奴隷にするか殺してしまえ、と説いている。この作品は、まさにマキァヴェッリとの交流の時期に書かれたのである。最初のマキァヴェッリ主義者としての非倫理的アプローチがこの冷静で口の固いグィッチャルディーニの中で生まれたのかもしれない。そうはいっても、グィッチャルディーニはマキァヴェッリの『ディスコルシ』を取り上げて『ディスコルシに関する考案』を書いている事実にも注目しなければならない。それはその時代の唯一の『ディスコルシ』批判なのである。これが一番大切なのである。（おそらくマキァヴェッリの死後、一五三〇年頃で未完。）それはマキァヴェッリの思想が彼にとって、いかに気にかかるものとなっていたかを示すものである。その一つの柱は、マキァヴェッリが古代のことについては無批判に受け入れて合理的に考えようとしない、当時の人文主義的風潮にかぶれていることについてである。この傾向は、その著第二巻24章の批判「人は古代をほめそやすべきではないし、ローマ人になかった近代の習慣を悪くいうべきではない」においても同一である。また理論化を急いで個別的現実を尊重しないマキァヴェッリの態度にあきたらず、より合理的柔軟に考えるべきことをグィッチャルディーニは感じていた。『ディスコルシ』の第一巻4章で、「平民と元老院の対立により、ローマ共和国は自由かつ強大なものとなった」という意表外のかつ得意の論議を展開する時、グィッチャルディーニはこの考えを否定して「平民と元老院との分裂がローマを自由に、かつ強大にしたということはない。なぜならそのような分裂がなかったなら、いっそう良かったからである。……不和を称賛することは病人に用いられている治療法が優れているからといって、その病人の病気をほめそやすようなものだ。……共和国を造ろうと思えば、ローマの制度を手本としてはならない」。それは多年にわたる統治者としての体験から、統一の欠如が都市の破壊の原因であることを誰よりも承知していたからである。しかし、このマキァヴェッリ批判の著作の立場は全面的なマキァヴェッリの否定ではない。多くの場合『ディスコルシ』の問題提起には歩調を合わせる。ただ問題の結論を出すためのマキァヴェッリの性急な方法に反対しているのである。逆に言えば『ディスコルシ』全体にこの性急な傾向が満ちているということができる。

ここでマキァヴェッリの立場そのものに戻る。彼が共和主義者から君主主義者に転向したのか、逆に君主主義者より共和主義者へ脱皮したのかという例の疑問は、ギルバートの線をたどっていくと、マキァヴェッリが両方の側に同時に意見を表明する立場にあったということである。以上のことをふまえて、『ディスコルシ』の中で最も長大で、かつ一番興味をそそる第三巻6章の「陰謀について」の彼の立場を読めば、事柄はいっそう判然としてくる。すなわち「君主にはこの危険から身を守る術《すべ》を教え、人民にはみだりに陰謀に加担せず、運命によって与えられた政府のもとで満足して暮らしていくように勧めるために、私はこの問題には十分の紙面を割くつもりである。そして、両者どちらかに役に立つ事柄ならば、大小漏らさず書きとどめたいと思っている」と。マキァヴェッリの立場が君主にも人民にも同時に役立つことを教えるということは、彼の精神の内奥に、そのような立場をとらせるなにものかが実在しなければならぬはずである。ではマキァヴェッリの中にある固定した立場とはどのようなものであるのか。

確かに、マキァヴェッリが力の信奉者であるというのは確実であるが、(『ディスコルシ』の中にも随所に散見される)その彼が同時に詩を書き、数篇の喜劇の作者であり、そして「力の政治」を感じることのできぬ『フィレンツェ史』の著者であることを考えあわせるとき、若干の疑問を感じないわけにはいかない。たとえ『フィレンツェ史』が注文に応じた委託作品であるにしても。

すでに述べたように、マキァヴェッリを見抜いていたグィッチャルディーニは、マキァヴェッリが結論を先に決めておいて、理屈にあった論証をしないこと、事実を重視しないで法則を作り上げることに不満を示した。このようなマキァヴェッリの態度の中で、少なくとも彼の古代ローマ礼賛は人文主義の古代崇拝と一致する。では人文主義とは何であろうか。

人文主義の目的は、倫理的規準をいかに人間行為に適用するべきかということにある。したがって過去の偉大な思想家の学説を人びとに理解させ、さらにそれに倣《なら》って行動させるために、古代人の所説をわかりやすく提示することを目的とする。ここに人文主義の古代模倣の傾向が生じ、それが修辞学の復活につながる。このような倫理性を社会生活の中に適用させようとする動きは、中世では、〝君主の鑑《かがみ》〟に見られるが、ルネサンス期に入って市民倫理が都市国家で必要とされるようになると、〝良き市民〟〝真の貴族〟というテーマが取り上げられ、そのためにキリスト教倫理観と古典の倫理観とが併存するようになった。ペトラルカは君主の理想について語ったが、それはポッジョ、ポンターノ、フィチーノに受け継がれた。彼らの共通点は、君主は君主の道徳を守り、市民は市民としての倫理生活を全うすべきことを説いている。人文主義者が、君主と市民に焦点を合わせると同時に、理想としての政体を考えようとしたのは当然である。それはプラトンやキケロの理想としての国家の模倣である。彼らは〝最良の王国とは何か〟、〝最良の共和国とは何か〟というテーマを好んで用いた。このことは必然的に王政と共和政への比較となる。しかしこの場合、人文主義は国家の一般的な理想を追求しているために、王政と共和政のいずれを選択すべきかという今日なら当然起こってくる論議には発展するようなことはなかった。したがって同一人が〝最良の王国〟について論じると同時に、〝最良の共和国〟について論じることが珍しくなかった。人文主義は現実の政治に興味を示さない。現実の政治を改革して理想の国家へと成長させるという現代では当然すぎる思考様式には考え及ばず、いきなり理想国家を掲げて、現実とは関わりなく追求していくのが人文主義の立場である。したがって改革案を提出するわけでもなく、現状分析にも関心がない。現実の諸条件を無視しているから、事実の無視と論理の不正確さは当然なのである。

すでに述べたように、少なからぬ同時代人が『ディスコルシ』に不満を抱いた点は、実はマキァヴェッリの人文主義的立場なのである。『ディスコルシ』で、その事実が正確でないこと、論理の運びがあいまいであると批判されるのは、『ディスコルシ』がその根底に人文主義の根を持っているからである。したがって、マキァヴェッリが『君主論』と

『ディスコルシ』をほぼ時を同じくして論じるという、今日から見れば矛盾した立場は、人文主義というもののあり方を確認すれば、その疑問は氷解するであろう。しかも、彼の数年後の『フィレンツェ史』――これは人文主義歴史記述の典型である――を見るならば、マキァヴェッリの根底には確固とした人文主義があると考えてよいであろう。（蛇足ながら人文主義歴史とは、多くの巻に分かれていること、各巻のはじめは歴史を述べるのではなく、一般的なかつ空疎な議論――例えば事件の前兆のような――が入る。また内容に多くの架空のスピーチが挿入される。戦闘の情況描写は特に克明であり、歴史記述はすでに存在しているフィレンツェ史をリライトしたものにとどまる。）

しかし、すでに述べた意見として、以下のようなものがあった。マキァヴェッリが人文主義に脱皮するのは、一五一五年、オリチェラーリ庭園の人文主義のサークルに出席するようになってからで、それ以前の作品には人文主義的傾向は認められず、「力の政策」に終始せよ、という主張が一貫している。たぶんマキァヴェッリが第二書記局が多忙のため、人文主義に触れる機会がなく、失職してはじめて古典に親しみ、さらに人文主義者と交わるようになってから、人文主義者へと脱皮したのであろうと。しかし法律家として彼の父であるベルナルドは人文主義の熱心な支持者であったことが知られ、一流の人文主義者バルトロメーオ・スカーラと親交があった。リウィウスの『歴史』を蔵書として備え、少年時代マキァヴェッリもそれに親しんだことが、彼の父の『覚え書き《リコルディ》』から推察される。彼は例外的に二十九歳まで就職しなかったが、この後ればせの就職の事実から見れば人文主義の研学に十分の時間的余裕があったかもしれない。そればかりでなく、一四九八年に書記局に採用されたことが、人文主義者であったことの決定的証左なのである。なぜなら、書記局は人文主義者を採用することが鉄則だったからである。歴代の書記官長には一流の人文主義者が就任した。国の内外の政策の複雑化に伴ない、古典語の正確な知識と現代の政策を決定するのに参考となる歴史知識を持っている人が国務を処理する必要があった。人文主義者とは新しいタイプの事務官であった。

しかし、当時の書記局は人文主義の伝統を守り、それを研究する一種の研究所であったと考えられる。したがってマキァヴェッリの上司には、アドリアーニ、ガッディ、ヴェリーノなどの一流の人文主義者が並んでいた。このようなメンバーの中に、全然人文主義者と関係のない人物が採用されるなどということは、とうてい考えることはできない。書記局に職を奉ずることは生涯にわたる経済的保証と身分保証があるから、任期の短い一般職に比べて垂涎の的であったろう。彼らの関心は実務より文学上、哲学上の研究だった。マキァヴェッリが一五〇四年に書いた三行詩『十年史』は彼の文学精神の表現であるとしても、マキァヴェッリの在職中の著作は政治リポートであって、人文主義の精神が認められないではないかという当然の反論にどう対処したらよいだろう。

というのはもともと、フィレンツェがイタリアの政局の中で自らをどう対処したらよいかという問題は、当然十四世紀から十五世紀にかけての時代の要求のもとに機能すべきものであった。特に十五世紀後半のイタリア半島は政治的に均衡の時代であった。その上、メディチ家の政治指導が確立していたから、書記局には実務の必要はなかった。ところが一四九四年を境として情勢は激変する。フランスの侵入によりメディチ家は追放され、フィレンツェの外港でかつフィレンツェ経済繁栄の基礎であるピサは離反した。今やフィレンツェはイタリア半島の政局の中ではなく、ヨーロッパ政局に浮かぶ孤島となった。しかも、共和国となって貴族の力が大幅にそがれ、政治や外交の熟練者が少なくなると、軍事外交の実務はどうしても書記局の仕事となった。書記局は今や学問研究の府ではなくなった。毎日が多忙な実務の連続である。人文主義の理想はかたすみにおしやられた。例えば就任まもないマキァヴェッリが、一四九九年にフォルリのカテリーナ・スフォルツァのもとに傭兵契約に赴き、一五〇〇年はピサ戦線へ、引き続きフランスへという足跡が物語る。このことは彼が人文主義を放棄したということではない。彼は一貫して人文主義者であった。しかし時代が、政治の理想ではなく政治の現実を要求したのである。

共和国の瓦解とともに彼が失脚した時、彼に残されていたものは力の政治と本来の人文主義だった。彼はごく自然に『君主論』（これのみは緊急な就職用論文としてやや例外に属す）、『ディスコルシ』、『戦争の技術』、『フィレンツェ史』に向かって、人文主義者として進んでいった。ただし、共和国時代に体験した人文主義の理想と現実政治のギャップについては人一倍悩んだことであろう。人文主義をどうしたら現実の要請に近づけることが出来るかと。したがって、彼が『ディスコルシ』を作成する時、それまでの人文主義者とは違って実用性に重点をおかなければならなかった。「私の狙いは読者が直接役に立つものを書くことだ」と『ディスコルシ』と『君主論』とにおいてたびたび口にしている。

以上述べたように、マキァヴェッリの思想は各作品を通じて一貫したものを具えているが、『君主論』がやや実現にほど遠い政治的意見を開陳するのに対し、『ディスコルシ』の修辞的な柔軟性は他の政治形態に比して共和国の優れた特徴を強調することが根本であった。「共和国は君主国に比べてはるかに繁栄し、かつ長期にわたって幸福を享受できることが理解できよう。なぜなら共和国では国内にいろいろな才能を具えた人間が控えているので、時局がどのように推移しようと、これにより巧みに対応していくことができる」(第三巻9章)と。共和国は変化や偶然性に対応しやすい、とマキァヴェッリは主張する。その上マキァヴェッリには歴史に対する一つの考えがあった。それは古典のポリュビオスの説いた循環史観である(第一巻2章、第三巻1章)。俗に言えば歴史は繰り返すという単純な歴史観である。これがローマ共和国に熱中したマキァヴェッリに、現在の絶望的なイタリアおよびフィレンツェに今いちど、古代ローマの夢をもたらすという希望を与え、それが『ディスコルシ』を生み出す原動力となっていったのであった。

現代人から見れば『ディスコルシ』は、その外面的形態が『君主論』とは著しく異っているのであるが、ルネサンス当時の人びとにとっては、両者は、話題と手法において似ていることを認めていたようである。というのは、既に述べた通り同時代人で両作品の乖離について異議を差し挟む者はなかった。人びとは、両方のテキストの中に多用される力(ライオン)とあざむき(狐)の使用をむしろ納得していた。それは『君主論』にして当然すぎることであるが、『ディスコルシ』においても認められる。例えば『君主論』(15章)にある「一つの悪徳を行使しなくては、政権の存亡にかかわる容易ならざるばあいには、悪徳の評判など、かまわず受けるがよい」とか「戦いに勝つには、二種の方策があることを心得なくてはならない。その一つは法律により、他は力による。前者は、人間ほんらいのものであり、後者は獣のものである。だが多くのばあい、前者だけでは不十分であって、後者の助けを借りなくてはならない」(同18章)という有名な文章と並んで『ディスコルシ』においても、国家を造る時に「たとえ、その行為が非難されるようなものでも、もたらした結果さえよければ、それでいいのだ」(第一巻9章)を強調することができる。それらは、ソデリーニの下で辛抱強い話し合いに絶望した暴力肯定の思想である。

あるいは『君主論』に並んで『ディスコルシ』も、いつわりの効用を重視している。しかもそれは、これ見よがしの劇場的なディスプレイである。また、同じく人間不信のペシミズムは『ディスコルシ』の至る処にちりばめられている。例えば「すべての人間はよこしまなものであり、勝手気ままに振舞える時はいつなんどきでも、すぐさま本来の邪悪な性格を発揮するものだ」(第一巻3章)にも見られる。

最後に強調しておきたいのは、マキァヴェッリが宗教を取り扱っている態度である。キリスト教が人びとの両肩に重くのしかかっていた当時に、彼は冷静に宗教が有効に利用されれば現実の政治にいかに有利であるかを『ディスコルシ』(第一巻11・12・13章)にためらわずに明言していることである。

本稿を閉じるにあたり、『君主論』は、与えられたイタリアの情況に彼の「力の法則」を適用した唯一の実例であり、他方『ディスコルシ』は彼のフィレンツェ書記局における体験——市民の協力を得なければ事が運べぬ——から来たものであり、『君主論』の論理的帰結が『ディスコルシ』であったと結んでおきたい。

さらに、この長大で、いささかためらいがちの『ディスコルシ』の翻訳にあたって、訳者としての印象を述べるなら、個々の章の論旨は明解で首尾一貫しているのに、三巻全体として見ると、そこにいくらかの矛盾や迷いが感じられる。『君主論』が単純な力の論理で貫き、しかも読者を飽きさせぬ短さによって、マキァヴェッリの代表作となっているのに対し、『ディスコルシ』は前者ほど読まれることはなかったとはいえ、内容の豊富なこと、さらには、社会の内面にまで入り込み（しかも力の論理も包摂し）、歴史の洞察に至っていることを考えると、この作品の中にこそマキァヴェッリの人間としての振幅や教養の魅力を感じることができるのではなかろうか。

この度『ディスコルシ——「ローマ史」論』がちくま学芸文庫に収録されることになった機会に、新しい読者、とりわけ若い世代の読者に向けて一言つけ加えさせて頂きたい。二十一世紀初頭の読者各位と、一四六九～一五二七年に生涯を展開したマキァヴェッリとの間に通じるものがあるとすれば、それは両者の時代背景の類似であろう。マキァヴェッリは祖国の繁栄と安定の頂点を体験し、かつ共和国に書記の職を得たものの、フィレンツェ共和国崩壊につらなって失職と投獄という失意の時代を迎える。一方、現代の日本の読者は、二十世紀後半の華やかな体験を忘るいとまもなく、二十一世紀はじめの不安感、閉塞感にさいなまれている。五〇〇年の時間をはさみつつも、マキァヴェッリの焦慮感・不安感はわが国の現代の読者の共感を呼ぶであろう。

マキァヴェッリが、その『君主論』の中で、パワー・ポリティックスという、実現には程遠いが切れ味の良い刃で一刀両断、結論に導くのに対し、『ディスコルシ』においては、現実政治と人文主義との間を苦しみ、かつためらいながら、快刀乱麻の姿を弱めて、自らの悲運の中で、社会科学の道を模索し、さらに心理学的な考察までも包括する分野に達しているのを新しい読者に認識していただきたいと思う。そこには生みの苦しみが感じられるからである。

なお本書では、『君主論』に依拠する処も大きいのであるが、その際利用させて頂いたのは、池田廉訳、『君主論』（中公クラシックス）であることを申し添えておきたい。

わたしの城下町　木下直之

攻防の要である城は、明治以降、新たな価値を担い、日本人の心の拠り所として生き延びる。城と城のようなものを歩く著者の主著、ついに文庫に！

東京の下層社会　紀田順一郎

性急な近代化の陰で生みだされた都市の下層民。落伍者として捨て去られた彼らの実態に迫り、日本人の人間観の歪みを焙りだす。（長山靖生）

土方歳三日記（上）　菊地明編著

幕末を疾走したその生涯を、綿密な考証で明らかに。上巻は元治元年まで。新選組結成、芹沢鴨斬殺、池田屋事件……時代はいよいよ風雲急を告げる。

土方歳三日記（下）　菊地明編著

鳥羽伏見の戦に敗れ東走する新選組。近藤亡き後、敗軍の将・土方は会津、そして北海道へ。下巻は慶応元年から明治二年、函館で戦死するまでを追う。

独立自尊　北岡伸一

国家の発展に必要なものとは何か――。福沢諭吉は生涯をかけてこの課題に挑んだ。今こそ振り返るべき思想を明らかにした画期的福沢伝。（細谷雄一）

賤民とは何か　喜田貞吉

非人、河原者、乞胸、奴婢、声聞師……。差別と被差別の根源的構造を歴史的に考察する賤民研究の決定版。『賤民概説』他六篇収録。（塩見鮮一郎）

増補 絵画史料で歴史を読む　黒田日出男

歴史学は文献研究だけではない。絵巻・曼荼羅・肖像画など過去の絵画を史料として読み解き、斬新な手法で日本史を掘り下げた一冊。（三浦篤）

滞日十年（上）　ジョセフ・C・グルー　石川欣一訳

日米開戦にいたるまでの激動の十年、どのような外交交渉が行われたのか。駐日アメリカ大使による貴重な記録。上巻は1932年から1939年まで。

滞日十年（下）　ジョセフ・C・グルー　石川欣一訳

知日派の駐日大使グルーは日米開戦の回避に奔走。下巻は、ついに日米が戦端を開き、1942年、戦時交換船で帰国するまでの迫真の記録。（保阪正康）

東京裁判　幻の弁護側資料　小堀桂一郎編

我々は東京裁判の真実を知っているのか？　準備されたものの未提出に終わった膨大な裁判資料から18篇を精選。緻密な解説とともに裁判の虚構に迫る。

一揆の原理　呉座勇一

虐げられた民衆たちの決死の抵抗として語られてきた一揆。だがそれは戦後歴史学が生んだ幻想にすぎない。これまでの通俗的理解を覆す痛快な一揆論！

甲陽軍鑑　佐藤正英校訂・訳

武田信玄と甲州武士団の思想と行動の集大成。大部から、山本勘助の物語や川中島の合戦など、その白眉を収録。新校訂の原文に現代語訳を付す。

機関銃下の首相官邸　迫水久常

二・二六事件では叛乱軍を欺いて岡田首相を救出し、終戦時には鈴木首相を支えた著者が明かす、天皇・軍部・内閣をめぐる迫真の秘話記録。（井上寿一）

増補　八月十五日の神話　佐藤卓己

ポツダム宣言を受諾した「八月十四日」や降伏文書に調印した「九月二日」でなく、「終戦」はなぜ「八月十五日」なのか。「戦後」の起点の謎を解く。

考古学と古代史のあいだ　白石太一郎

巨大古墳、倭国、卑弥呼。多くの謎につつまれた日本の古代。考古学と古代史学の交差する視点からその謎を解明するスリリングな論考。（森下章司）

江戸はこうして造られた　鈴木理生

家康江戸入り後の百年間は謎に包まれている。海岸部へ進出し、河川や自然地形をたくみに生かした都市の草創期を復原する。（野口武彦）

増補　革命的な、あまりに革命的な　絓《すが》秀実

「一九六八年の革命は「勝利」し続けている」とは何を意味するのか。ニューレフトの諸潮流を丹念に跡づけた批評家の主著、増補文庫化！（王寺賢太）

考古学はどんな学問か　鈴木公雄

物的証拠から過去の行為を復元する考古学は時に歴史的通説をも覆す。犯罪捜査さながらにスリリングな学問の魅力を味わう最高の入門書。（櫻井準也）

戦国の城を歩く　千田嘉博

室町時代の館から戦国の山城へ、そして信長の安土城へ。城跡を歩いて、その形の変化を読み、新しい中世の歴史像に迫る。（小島道裕）

性愛の日本中世　田中貴子

稚児を愛した僧侶、「愛法」を求めて稲荷山にもうでる貴族の姫君。中世の性愛信仰・説話を介して、日本のエロスの歴史を覗く。（川村邦光）

琉球の時代　高良倉吉

いまだ多くの謎に包まれた古琉球王国。成立の秘密や、壮大な交易ルートにより花開いた独特の文化を探り、悲劇と栄光の歴史ドラマに迫る。（与那原恵）

博徒の幕末維新　高橋敏

黒船来航の動乱期、アウトローたちが歴史の表舞台に躍り出てくる。虚実を腑分けし、稗史を歴史の中に位置付けなおした記念碑的労作。（鹿島茂）

朝鮮銀行　多田井喜生

植民地政策のもと設立された朝鮮銀行。その銀行券等の発行により、日本は内地経済破綻を防ぎつつ軍費調達ができた。隠れた実態を描く。（板谷敏彦）

近代日本とアジア　坂野潤治

近代日本外交は、脱亜論とアジア主義の対立構図により描かれてきた。そうした理解が虚像であることを精緻な史料読解で暴いた記念碑的論考。（苅部直）

増補 モスクが語るイスラム史　羽田正

モスクの変容——そこには宗教、政治、経済、美術、人々の生活をはじめ、イスラム世界の全歴史が刻み込まれている。その軌跡を色鮮やかに描き出す。

日本大空襲　原田良次

帝都防衛を担った兵士がひそかに綴った日記。各地の空爆被害、斃れゆく戦友への思い、そして国への疑念……空襲の実像を示す第一級資料。（吉田裕）

陸軍将校の教育社会史（上）　広田照幸

戦時体制を支えた精神構造は、「滅私奉公」ではなく「活私奉公」だった。第19回サントリー学芸賞を受賞した歴史社会学の金字塔、待望の文庫化！

世界史のなかの戦国日本　村井章介

増補　中世日本の内と外　村井章介

武家文化と同朋衆　村井康彦

古代史おさらい帖　森浩一

大元帥　昭和天皇　山田朗

明治富豪史　横山源之助

つくられた卑弥呼　義江明子

北一輝　渡辺京二

中世を旅する人びと　阿部謹也

世界史の文脈の中で日本列島を眺めてみるとそこには意外な発見が！　戦国時代の日本はそうとうにグローバルだった！（橋本雄）

国家間の争いなんておかまいなし。中世の東アジア人は海を自由に行き交い生計を立てていた。私たちの「内と外」の認識を歴史からたどる。（榎本渉）

足利将軍家に仕え、茶や花、香、室礼等を担ったクリエイター集団「同朋衆」。日本らしさの源流を生んだ彼らの実像をはじめて明らかにする。（橋本雄）

考古学・古代史の重鎮が、「土地」「年代」「人」の基本概念を徹底的に再検証。「古代史」をめぐる諸問題の見取り図がわかる名著。

昭和天皇は、豊富な軍事知識と非凡な戦略・戦術眼の持ち主でもあった。軍事を統帥する大元帥としての積極的な戦争指導の実像を描く。（茶谷誠一）

維新そっちのけで海外投資に励み、贋札を発行してまで資本の蓄積に邁進する新興企業家・財閥創業者たちの姿を明らかにした明治裏面史。（色川大吉）

邪馬台国の卑弥呼は「神秘的な巫女」だった？　明治以降に創られたイメージを覆し、古代の女性支配者たちを政治的実権を持つ王として位置づけなおす。

明治天皇制国家を批判し、のち二・二六事件に連座して刑死した日本最大の政治思想家北一輝の生涯。第33回毎日出版文化賞受賞の名著。（臼井隆一郎）

西洋中世の庶民の社会史。旅籠が客に課す厳格なルールや、遍歴職人必須の身分証明のための暗号など、興味深い史実を紹介。（平野啓一郎）

中世の星の下で 阿部謹也

中世ヨーロッパの庶民の暮らしを具体的、克明に描き、その歓びと涙、人と人との絆、深層意識を解き明かした中世史研究の傑作。（網野善彦）

中世の窓から 阿部謹也

中世ヨーロッパに生じた産業革命にも比する大転換――。名もなき人びとの暮らしを丹念に辿り、その全体像を描き出す。大佛次郎賞受賞。（樺山紘一）

1492 西欧文明の世界支配 ジャック・アタリ 斎藤広信訳

1492年コロンブスが新大陸を発見したことで、アメリカをはじめ中国・イスラム等の独自文明は抹殺された。現代世界の来歴を解き明かす一冊。

憲法で読むアメリカ史（全） 阿川尚之

建国から南北戦争、大恐慌と二度の大戦をへて現代まで。アメリカの歴史は常に憲法を通じ形づくられてきた。この国の底力の源泉へと迫る壮大な通史！

専制国家史論 足立啓二

封建的な共同団体性を欠いた専制国家・中国。歴史的にこの国はいかなる展開を遂げてきたのか。中国の特質と世界の行方を縦横に考察した比類なき論考。

暗殺者教国 岩村忍

政治外交手段として暗殺をくり返したニザリ・イスマイリ教国。広大な領土を支配したこの国の奇怪な活動を支えた教義とは？（鈴木規夫）

増補 魔女と聖女 池上俊一

魔女狩りの嵐が吹き荒れた中近世、美徳と超自然的力により崇められる聖女も急増する。女性嫌悪と礼賛の熱狂へ人々を駆りたてたものの正体に迫る。

ムッソリーニ ロマノ・ヴルピッタ

統一国家となって以来、イタリア人が経験した激動の歴史。その象徴ともいうべき指導者の実像とは。既成のイメージを刷新する画期的ムッソリーニ伝。

資本主義と奴隷制 エリック・ウィリアムズ 中山毅訳

産業革命は勤勉と禁欲と合理主義の精神などではなく、黒人奴隷の血と汗がもたらしたことを告発した歴史的名著。待望の文庫化。（川北稔）

増補 中国「反日」の源流　岡本隆司

「愛国」が「反日」と結びつく中国。この心情は何に由来するのか。近代史の大家が20世紀の日中関係を解き、中国の論理を描き切る。（五百旗頭薫）

世界システム論講義　川北稔

近代の世界史を有機的な展開過程として捉える見方、それが〈世界システム論〉にほかならない。第一人者が豊富なトピックとともにこの理論を解説する。

インド文化入門　辛島昇

異なる宗教・言語・文化が多様なまま統一された稀有な国インド。なぜ多様性は排除されなかったのか。共存の思想をインドの歴史に学ぶ。（竹中千春）

中国の歴史　岸本美緒

中国とは何か。独特の道筋をたどった中国社会の変遷を、東アジアとの関係に留意して解説。初期王朝から現代に至る通史を簡明かつダイナミックに描く。

大都会の誕生　喜安朗　川北稔

都市型の生活様式は、歴史的にどのように形成されてきたのか。この魅力的な問いに、碩学がふたつの都市の豊富な事例をふまえて重層的に描写する。

共産主義黒書〈ソ連篇〉　ステファヌ・クルトワ／ニコラ・ヴェルト　外川継男訳

史上初の共産主義国家〈ソ連〉は、大量殺人・テロル・強制収容所を統治形態にまで高めた。レーニン以来行われてきた犯罪を赤裸々に暴いた衝撃の書。

共産主義黒書〈アジア篇〉　ステファヌ・クルトワ／ジャン＝ルイ・マルゴラン　高橋武智訳

アジアの共産主義国家は抑圧政策においてソ連以上の悲惨を生んだ。中国、北朝鮮、カンボジアなどでの実態は我々に歴史の重さを突き付けてやまない。

ヨーロッパの帝国主義　アルフレッド・W・クロスビー　佐々木昭夫訳

15世紀末の新大陸発見以降、ヨーロッパ人はなぜ次々と植民地を獲得できたのか。病気や動植物に着目して帝国主義の謎を解き明かす。（川北稔）

民のモラル　近藤和彦

統治者といえど時代の約束事に従わざるをえなかった18世紀イギリス。新聞記事や裁判記録、ホーガースの風刺画などから騒擾と制裁の歴史をひもとく。

台湾総督府　黄昭堂

清朝中国から台湾を割譲させた日本は、新たな統治機関として台北に台湾総督府を組織した。抵抗と抑圧と建設。植民地統治の実態を追う。（檜山幸夫）

増補 大衆宣伝の神話　佐藤卓己

祝祭、漫画、シンボル、デモなど政治の視覚化は大衆の感情をどのように動員したか。ヒトラーが学んだプロパガンダを読み解く「メディア史」の出発点。

ユダヤ人の起源　シュロモー・サンド　高橋武智監訳　佐々木康之／木村高子訳

〈ユダヤ人〉はいかなる経緯をもって成立したのか。歴史記述の精緻な検証によって実像に迫り、そのアイデンティティを根本から問う画期的試論。

中国史談集　澤田瑞穂

皇帝、彫青、男色、刑罰、宗教結社など中国裏面史を彩った人物や事件を中国文学の碩学が独自の視点で解き明かす。怪力乱「神」をあえて語る！（堀誠）

ヨーロッパとイスラーム世界　R・W・サザン　鈴木利章訳

〈無知〉から〈洞察〉へ。キリスト教文明とイスラーム文明との関係を西洋中世にまで遡って考察し、読者に歴史的見通しを与える名講義。（山本芳久）

消費社会の誕生　ジョオン・サースク　三好洋子訳

グローバル経済は近世イギリスの新規起業が生み出した！　産業が多様化し雇用と消費が拡大する産業革命前夜を活写した名著を文庫化。（山本浩司）

図説　探検地図の歴史　R・A・スケルトン　増田義郎／信岡奈生訳

世界はいかに〈発見〉されていったか。人類の知が全地球を覆っていく地理的発見の歴史を、時代ごとの地図に沿って描き出す。貴重図版二〇〇点以上。

レストランの誕生　レベッカ・L・スパング　小林正巳訳

革命期、突如パリに現れたレストラン。なぜ生まれ、なぜ人気のスポットとなったのか？　その秘密を膨大な史料から複合的に描き出す。（関口涼子）

同時代史　タキトゥス　國原吉之助訳

古代ローマの暴帝ネロ自殺のあと内乱が勃発。絡みあう人間ドラマ、陰謀、凄まじい政争を、臨場感あふれる鮮やかな描写で展開した大古典。（本村凌二）

戦争の起源　アーサー・フェリル　鈴木主税／石原正毅訳

人類誕生とともに戦争は始まった。先史時代からアレクサンドロス大王までの壮大なるその歴史をダイナミックに描く。地図・図版多数。（森谷公俊）

近代ヨーロッパ史　福井憲彦

ヨーロッパの近代は、その後の世界を決定づけた。現代をさまざまな面で規定しているヨーロッパ近代の歴史と意味を、平明かつ総合的に考える。

イタリア・ルネサンスの文化（上）　ヤーコプ・ブルクハルト　新井靖一訳

中央集権化がすすみ緻密に構成されていく国家あってこそ、イタリア・ルネサンスは可能となった。ブルクハルト若き日の着想に発した畢生の大著。

イタリア・ルネサンスの文化（下）　ヤーコプ・ブルクハルト　新井靖一訳

緊張の続く国家間情勢の下にあって、類稀な文化と個性的な人物達は生みだされた。近代的な社会に向かう時代の、人間の生活文化様式を描ききる。

増補　普通の人びと　クリストファー・R・ブラウニング　谷喬夫訳

ごく平凡な市民が無抵抗なユダヤ人を並べ立たせ、ひたすら銃殺する――なぜ彼らは八万人もの大虐殺に荷担したのか。その実態と心理に迫る戦慄の書。

叙任権闘争　オーギュスタン・フリシュ　野口洋二訳

十一世紀から十二世紀にかけ、西欧では聖職者の任命をめぐり教俗両権の間に巨大な争いが起きた。この出来事を広い視野から捉えた中世史の基本文献。

大航海時代　ボイス・ペンローズ　荒尾克己訳

人類がはじめて世界の全体像を識っていく大航海時代。その二百年の膨大な史料を、一般読者むけに俯瞰図としてまとめ上げた決定版通史。（伊高浩昭）

20世紀の歴史（上）　エリック・ホブズボーム　大井由紀訳

第一次世界大戦の勃発が20世紀の始まりとなった。この「短い世紀」の諸相を英国を代表する歴史家が渾身の力で描く。全二巻、文庫オリジナル新訳。

20世紀の歴史（下）　エリック・ホブズボーム　大井由紀訳

一九七〇年代を過ぎ、世界に再び危機が訪れる。不確実性がいやますなか、ソ連崩壊が20世紀の終焉を印した。歴史家の考察は我々に何を伝えるのか。

アラブが見た十字軍
アミン・マアルーフ
牟田口義郎／新川雅子訳

十字軍とはアラブにとって何だったのか？ 豊富な史料を渉猟し、激動の12、13世紀をあざやかに、しかも手際よくまとめた反十字軍史。

バクトリア王国の興亡
前田耕作

ゾロアスター教が生まれ、のちにヘレニズムが開花したバクトリア。様々な民族・宗教が交わるこの地に栄えた王国の歴史を描く唯一無二の概説書。

ディスコルシ
ニッコロ・マキァヴェッリ
永井三明訳

ローマ帝国はなぜあれほどまでに繁栄しえたのか。その鍵は〝ヴィルトゥ〟。パワー・ポリティクスの教祖が、したたかに歴史を解読する。

戦争の技術
ニッコロ・マキァヴェッリ
服部文彦訳

出版されるや否や各国語に翻訳された最強にして安全な軍隊の作り方。この理念により創設された新生フィレンツェ軍は一五〇九年、ピサを奪回する。

マクニール世界史講義
ウィリアム・H・マクニール
北川知子訳

ベストセラー『世界史』の著者が人類の歴史を読み解くための三つの視点を易しく語る白熱の入門講義。本物の歴史感覚を学べます。文庫オリジナル。

古代ローマ旅行ガイド
フィリップ・マティザック
安原和見訳

タイムスリップして古代ローマを訪れるなら？ そんな想定で作られた前代未聞のトラベル・ガイド。必見の名所・娯楽ほか情報満載。カラー頁多数。

古代アテネ旅行ガイド
フィリップ・マティザック
安原和見訳

古代ギリシャに旅行できるなら何を観て何を食べる？ そうだソクラテスにも会ってみよう！ 神殿等の名所・娯楽ほか現地情報満載。カラー図版多数。

古代ローマ帝国軍 非公式マニュアル
フィリップ・マティザック
安原和見訳

帝国は諸君を必要としている！ ローマ軍兵士として必要な武器、戦闘訓練、敵の攻略法等々、超実践的な詳細ガイド。血沸き肉躍るカラー図版多数。

世界市場の形成
松井透

世界システム論のウォーラーステイン、グローバルヒストリーのポメランツに先んじて、各世界が接続される過程を描いた歴史的名著を文庫化。（秋田茂）

甘さと権力

シドニー・W・ミンツ
川北稔／和田光弘訳

砂糖は産業革命の原動力となり、その甘さは人々のアイデンティティや社会構造をも変えていった。モノから見る世界史の名著をついに文庫化。（川北稔）

オリンピア

村川堅太郎

古代ギリシア世界最大の競技祭とはいかなるものであったのか。遺跡の概要から競技精神の盛衰まで、綿密な考証と卓抜な筆致で迫った名著。（橋場弦）

アレクサンドロスとオリュンピアス

森谷公俊

彼女は怪しい密儀に没頭し、残忍に邪魔者を殺す悪女なのか、息子を陰で支え続けた賢母なのか。大王母の激動の生涯を追う。（澤田典子）

古代地中海世界の歴史

本村凌二
中村るい

メソポタミア、エジプト、ギリシア、ローマ——古代に花開き、密接な交流や抗争をくり広げた文明を一望に見渡し、歴史の躍動を大きくつかむ！

大衆の国民化

ジョージ・L・モッセ
佐藤卓己／佐藤八寿子訳

ナチズムを国民主義の極致ととらえ、フランス革命以降の国民主義の展開を大衆的儀礼やシンボルから考察した、ファシズム研究の橋頭堡。（板橋拓己）

増補 十字軍の思想

山内進

欧米社会にいまなお色濃く影を落とす「十字軍」の思想。人々を聖なる戦争へと駆り立てるものとは？その歴史を辿り、キリスト教世界の深層に迫る。

インド洋海域世界の歴史

家島彦一

陸中心の歴史観に異を唱え、海から歴史を見る重要性を訴えた記念碑的名著。世界を一つにつなげた文明の交流の場、インド洋海域世界の歴史を紐解く。

子どもたちに語るヨーロッパ史

ジャック・ル・ゴフ
前田耕作監訳
川崎万里訳

歴史学の泰斗が若い人に贈る、とびきりの入門書。地理的要件や歴史、とくに中世史を、たくさんのエピソードとともに語った魅力あふれる一冊。

中東全史

バーナード・ルイス
白須英子訳

キリスト教の勃興から20世紀末まで。中東学の世界的権威が、中東全域における二千年の歴史を一般読者に向けて書いた、イスラーム通史の決定版。

書名	著者/訳者	内容紹介
隊商都市	ミカエル・ロストフツェフ　青柳正規訳	通商交易で繁栄した古代オリエント都市のペトラ、パルミュラなどの遺跡に立ち、往時に思いを馳せたロマン溢れる歴史紀行の古典的名著。（前田耕作）
法然の衝撃	阿満利麿	法然こそ日本仏教を代表する巨人であり、ラディカルな革命家だった。鎮魂慰霊を超えて救済の原理を指し示した法然の思想の本質に迫る。
親鸞・普遍への道	阿満利麿	絶対他力の思想はなぜ、どのように誕生したのか。日本の精神風土と切り結びつつ普遍的救済への回路を開いた親鸞の思想の本質に迫る。（西谷修）
歎異抄	阿満利麿訳/注/解説	没後七五〇年を経てなお私たちの心を捉える、親鸞の言葉。わかりやすい注と現代語訳、今どう読んだらよいか道標を示す懇切な解説付きの決定版。
親鸞からの手紙	阿満利麿	現存する親鸞の手紙全42通を年月順に編纂し、現代語訳と解説で構成。これにより、親鸞の人間的苦悩と宗教的深化が、鮮明に現代に立ち現れる。
行動する仏教	阿満利麿	21世紀にふさわしい新たな仏教の提案。
無量寿経	阿満利麿注解	戦争、貧富の差、放射能の恐怖……。このどうしようもない世の中でも、絶望せずに生きてゆける、なぜ阿弥陀仏の名を称えるだけで救われるのか。法然や親鸞がその理解に心血を注いだ経典の本質を、懇切丁寧に説き明かす。文庫オリジナル。
道元禅師の『典座教訓』を読む	秋月龍珉	「食」における禅の心とはなにか。道元が禅寺の食事係である典座の心構えを説いた一書を現代人の日常の視点で読み解き、禅の核心に迫る。（竹村牧男）
原典訳 アヴェスター	伊藤義教訳	ゾロアスター教の聖典『アヴェスター』から最重要部分を精選。原典から訳出した唯一の邦訳である。比較思想に欠かせない必携書。（前田耕作）

ちくま学芸文庫

ディスコルシ「ローマ史《し》」論《ろん》

二〇一一年三月十日 第一刷発行
二〇二五年六月十五日 第九刷発行

著 者 ニッコロ・マキァヴェッリ
訳 者 永井三明（ながい・みつあき）
発行者 増田健史
発行所 株式会社 筑摩書房
東京都台東区蔵前二―五―三 〒一一一―八七五五
電話番号 〇三―五六八七―二六〇一（代表）
装幀者 安野光雅
印刷所 三松堂印刷株式会社
製本所 三松堂印刷株式会社

ISBN978-4-480-09352-3 C0122